Le cahier supprimé entre les ff. 440
et 448 appartenait à un autre ouvrage
de G. Sand.

J.B.
25.XI.54.

ŒUVRES

DE

GEORGE SAND

LIBRAIRIES DE MICHEL LÉVY FRÈRES

ŒUVRES
DE
GEORGE SAND
Nouvelle édition
Format grand in-18

André.....................................	1	vol.
Antonia....................................	1	—
La Confession d'une jeune fille.............	2	—
Constance Verrier..........................	1	—
Le Dernier Amour..........................	1	—
La Daniella................................	1	—
Elle et Lui................................	1	—
La Famille de Germandre...................	1	—
François le Champi.........................	1	—
Un Hiver a Majorque — Spiridion............	1	—
Indiana....................................	1	—
Jacques....................................	1	—
Jean de la Roche...........................	1	—
Jean Zyska — Gabriel.......................	1	—
Laura.....................................	1	—
Lettres d'un Voyageur......................	1	—
Mademoiselle La Quintinie..................	1	—
Les Maîtres mosaïstes......................	1	—
Les Maîtres sonneurs.......................	1	—
La Mare au Diable..........................	1	—
Le Marquis de Villemer.....................	1	—
Mauprat...................................	1	—
Monsieur Sylvestre.........................	1	—
Mont-Revêche..............................	1	—
Nouvelles..................................	1	—
La Petite Fadette..........................	1	—
Tamaris...................................	1	—
Théâtre complet............................	4	—
Théâtre de Nohant.........................	1	—
Valentine..................................	1	—
Valvèdre..................................	1	—
La Ville noire..............................	1	—

POISSY. — TYP. ET STÉR. DE A. BOURET.

UN HIVER
A
MAJORQUE
— SPIRIDION —

PAR

GEORGE SAND

NOUVELLE ÉDITION

PARIS
MICHEL LÉVY FRÈRES, LIBRAIRES ÉDITEURS
RUE VIVIENNE, 2 BIS, ET BOULEVARD DES ITALIENS, 15
A LA LIBRAIRIE NOUVELLE
—
1867
Tous droits réservés

C.

NOTICE

Ce livre porte sa date dans une lettre dédicace à mon ami François Rollinat, et sa raison d'être dans les réflexions qui ouvrent le chapitre IV ; je ne saurais que les répéter : « Pourquoi voyager quand on n'y est pas forcé ? » Aujourd'hui, revenant des mêmes latitudes traversées sur un autre point de l'Europe méridionale, je m'adresse la même réponse qu'autrefois à mon retour de Majorque : « C'est qu'il ne s'agit pas tant de voyager que de partir : quel est celui de nous qui n'a pas quelque douleur à distraire ou quelque joug à secouer ? »

GEORGE SAND.

Nohant, 25 août 1855.

UN HIVER
A MAJORQUE

LETTRE
D'UN EX-VOYAGEUR A UN AMI SÉDENTAIRE.

Sédentaire par devoir, tu crois, mon cher François, qu'emporté par le fier et capricieux *dada* de l'indépendance, je n'ai pas connu de plus ardent plaisir en ce monde que celui de traverser mers et montagnes, lacs et vallées. Hélas! mes plus beaux, mes plus doux voyages, je les ai faits au coin de mon feu, les pieds dans la cendre chaude et les coudes appuyés sur les bras râpés du fauteuil de ma grand'mère. Je ne doute pas que tu n'en fasses d'aussi agréables et de plus poétiques mille fois : c'est pourquoi je te conseille de ne pas trop regretter ton temps, ni ta peine, ni tes sueurs sous les tropiques, ni tes pieds glacés sur les plaines neigeuses du pôle, ni les affreuses tempêtes essuyées sur mer, ni les attaques de brigands, ni aucun des dangers, ni aucune des fatigues que tous les soirs tu affrontes en imagination sans quitter tes pantoufles, et sans autre dommage que quelques brûlures de cigare à la doublure de ton pourpoint.

Pour te réconcilier avec la privation d'espace réel et de mouvement physique, je t'envoie la relation du dernier voyage que j'ai fait hors de France, certain que tu me plaindras plus que tu ne m'envieras, et que tu trouveras trop chèrement achetés quelques élans d'admiration et quelques heures de ravissement disputés à la mauvaise fortune.

Cette relation, déjà écrite depuis un an, m'a valu de la part des habitants de Majorque une diatribe des plus fulminantes et des plus comiques. Je regrette qu'elle soit trop longue pour être publiée à la suite de mon récit; car le ton dont elle est conçue et l'aménité des reproches qui m'y sont adressés confirmeraient mes assertions sur l'hospitalité, le goût et la délicatesse des Majorquins à l'égard des étrangers. Ce serait une pièce justificative assez curieuse : mais qui pourrait la lire jusqu'au bout? Et puis, s'il y a de la vanité et de la sottise à publier les compliments qu'on reçoit, n'y en aurait-il pas peut-être plus encore, par le temps qui court, à faire bruit des injures dont on est l'objet?

Je t'en fais donc grâce, et me bornerai à te dire, pour compléter les détails que je te dois sur cette naïve population majorquine, qu'après avoir lu ma relation, les plus habiles avocats de Palma, au nombre de quarante, m'a-t-on dit, se réunirent pour composer à frais communs d'imagination un terrible factum contre l'*écrivain immoral* qui s'était permis de rire de leur amour pour le gain et de leur sollicitude pour l'éducation du porc. C'est le cas de dire *avec l'autre* qu'à eux tous ils eurent de l'esprit comme quatre.

Mais laissons en paix ces bonnes gens, si échauffés contre moi; ils ont eu le temps de se calmer, et moi celui d'oublier leur façon d'agir, de parler et d'écrire. Je ne me rappelle plus, des insulaires de ce beau pays, que les cinq ou six personnes dont l'accueil obligeant et les manières affectueuses seront toujours dans mon souvenir comme une compensation et un bienfait du sort. Si je ne les ai pas nommées, c'est parce que je ne me considère pas comme un personnage assez important pour les honorer et les illustrer par ma reconnaissance ; mais je suis sûr (et je crois l'avoir dit dans le courant de mon récit) qu'elles auront gardé aussi de moi un souvenir amical qui les empêchera de se croire comprises dans mes irrévérencieuses moqueries, et de douter de mes sentiments pour elles.

Je ne t'ai rien dit de Barcelone, où nous avons passé cependant quelques jours fort remplis avant de nous embarquer pour Majorque. Aller par mer de Port-Vendres à Barcelone, par un beau temps et un bon bateau à vapeur, est une promenade charmante. Nous commençâmes à retrouver sur le rivage de Catalogne l'air printanier qu'au mois de novembre nous venions de respirer à Nîmes, mais qui nous avait quittés à Perpignan ; la chaleur de l'été nous attendait à Majorque. A Barcelone, une fraîche brise de mer tempérait un soleil brillant, et balayait de tout nuage les vastes horizons encadrés au loin de cimes tantôt noires et chauves, tantôt blanches de neige. Nous fîmes une excursion dans la campagne, non sans que les bons petits chevaux andalous qui nous conduisaient eussent bien mangé l'avoine, afin de pouvoir, en cas de mauvaise rencontre, nous ramener lestement sous les murs de la citadelle.

Tu sais qu'à cette époque (1838) les factieux parcouraient tout ce pays par bandes vagabondes, coupant les routes, faisant invasion dans les villes et villages, rançonnant jusqu'aux moindres habitations, élisant domicile dans les maisons de plaisance jusqu'à une demi-lieue de la ville, et sortant à l'improviste du creux de chaque rocher pour demander au voyageur la bourse ou la vie.

Nous nous hasardâmes cependant jusqu'à plusieurs

lieues au bord de la mer, et ne rencontrâmes que des détachements de christinos qui descendaient à Barcelone. On nous dit que c'étaient les plus belles troupes de l'Espagne : c'étaient d'assez beaux hommes, et pas trop mal tenus pour des gens qui viennent de faire campagne; mais hommes et chevaux étaient si maigres, les uns avaient la face si jaune et si hâve, les autres la tête si basse et les flancs si creusés, qu'on sentait en les voyant le mal de la faim.

Un spectacle plus triste encore, c'était celui des fortifications élevées autour des moindres hameaux et devant la porte des plus pauvres chaumières : un petit mur d'enceinte en pierres sèches, une tour crénelée grande et épaisse comme un nougat devant chaque porte, ou bien de petites murailles à meurtrières autour de chaque toit, attestaient qu'aucun habitant de ces riches campagnes ne se croyait en sûreté. En bien des endroits, ces petites fortifications ruinées portaient les traces récentes de l'attaque et de la défense.

Quand on avait franchi les formidables et immenses fortifications de Barcelone, je ne sais combien de portes, de ponts-levis, de poternes et de remparts, rien n'annonçait plus qu'on fût dans une ville de guerre. Derrière une triple enceinte de canons, et isolée du reste de l'Espagne par le brigandage et la guerre civile, la brillante jeunesse se promenait au soleil sur la *rambla*, longue allée plantée d'arbres et de maisons comme nos boulevards : les femmes, belles, gracieuses et coquettes, occupées uniquement du pli de leurs mantilles et du jeu de leurs éventails; les hommes occupés de leurs cigares, riant, causant, lorgnant les dames, s'entretenant de l'opéra italien, et ne paraissant pas se douter de ce qui se passait de l'autre côté de leurs murailles. Mais quand la nuit était venue, l'opéra fini, les guitares éloignées, la ville livrée aux vigilantes promenades des *sérénos*, on n'entendait plus, au milieu du bruissement monotone de la mer, que les cris sinistres des sentinelles, et des coups de feu, plus sinistres encore, qui, à intervalles inégaux, partaient, tantôt rares, tantôt précipités, de plusieurs points, soit tour à tour, soit spontanément, tantôt bien loin, parfois bien près, et toujours jusqu'aux premières lueurs du matin. Alors tout rentrait dans le silence pendant une heure ou deux, et les bourgeois semblaient dormir profondément, pendant que le port s'éveillait et que le peuple des matelots commençait à s'agiter.

Si aux heures du plaisir et de la promenade on s'avisait de demander quels étaient ces bruits étranges et effrayants de la nuit, il vous était répondu en souriant que cela ne regardait personne et qu'il n'était pas prudent de s'en informer.

PREMIÈRE PARTIE.

I.

Deux touristes anglais découvrirent, il y a, je crois, une cinquantaine d'années, la vallée de Chamounix, ainsi que l'atteste une inscription taillée sur un quartier de roche à l'entrée de la Mer-de-Glace.

La prétention est un peu forte, si l'on considère la position géographique de ce vallon, mais légitime jusqu'à un certain point, si ces touristes, dont je n'ai pas retenu les noms, indiquèrent les premiers aux poëtes et aux peintres ces sites romantiques où Byron rêva son admirable drame de *Manfred*.

On peut dire en général, et en se plaçant au point de

vue de la mode, que la Suisse n'a été découverte par le beau monde et par les artistes que depuis le siècle dernier. Jean-Jacques Rousseau est le véritable Christophe Colomb de la poésie alpestre, et, comme l'a très-bien observé M. de Chateaubriand, il est le père du romantisme dans notre langue.

N'ayant pas précisément les mêmes titres que Jean-Jacques à l'immortalité, et en cherchant bien ceux que je pourrais avoir, j'ai trouvé que j'aurais peut-être pu m'illustrer de la même manière que les deux Anglais de la vallée de Chamounix, et réclamer l'honneur d'avoir découvert l'île de Majorque. Mais le monde est devenu si exigeant, qu'il ne m'eût pas suffi aujourd'hui de faire inciser mon nom sur quelque roche baléarique. On eût exigé de moi une description assez exacte, ou tout au moins une relation assez poétique de mon voyage, pour donner envie aux touristes de l'entreprendre sur ma parole; et comme je ne me sentis point dans une disposition d'esprit extatique en ce pays-là, je renonçai à la gloire de ma découverte, et ne la constatai ni sur le granit ni sur le papier.

Si j'avais écrit sous l'influence des chagrins et des contrariétés que j'éprouvais alors, il ne m'eût pas été possible de me vanter de cette découverte; car chacun, après m'avoir lu, m'eût répondu qu'il n'y avait pas de quoi. Et cependant il y avait de quoi, j'ose le dire aujourd'hui; car Majorque est pour les peintres un des plus beaux pays de la terre et un des plus ignorés. Là où il n'y a que la beauté pittoresque à décrire, l'expression littéraire est si pauvre et si insuffisante, que je ne songeai même pas à m'en charger. Il faut le crayon et le burin du dessinateur pour révéler les grandeurs et les grâces de la nature aux amateurs de voyages.

Donc, si je secoue aujourd'hui la léthargie de mes

souvenirs, c'est parce que j'ai trouvé un de ces derniers matins sur ma table un joli volume intitulé :

Souvenirs d'un Voyage d'art à l'Ile de Majorque, par J.-B. Laurens.

Ce fut pour moi une véritable joie que de retrouver Majorque avec ses palmiers, ses aloès, ses monuments arabes et ses costumes grecs. Je reconnaissais tous les sites avec leur couleur poétique, et je retrouvais toutes mes impressions effacées déjà, du moins à ce que je croyais. Il n'y avait pas une masure, pas une broussaille, qui ne réveillât en moi un monde de souvenirs, comme on dit aujourd'hui ; et alors je me suis senti, sinon la force de raconter mon voyage, du moins celle de rendre compte de celui de M. Laurens, artiste intelligent, laborieux, plein de rapidité et de conscience dans l'exécution, et auquel il faut certainement restituer l'honneur que je m'attribuais d'avoir découvert l'île de Majorque.

Ce voyage de M. Laurens au fond de la Méditerranée, sur des rives où la mer est parfois aussi peu hospitalière que les habitants, est beaucoup plus méritoire que la promenade de nos deux Anglais au Montanvert. Néanmoins, si la civilisation européenne était arrivée à ce point de supprimer les douaniers et les gendarmes, ces manifestations visibles des méfiances et des antipathies nationales; si la navigation à la vapeur était organisée directement de chez nous vers ces parages, Majorque ferait bientôt grand tort à la Suisse; car on pourrait s'y rendre en aussi peu de jours, et on y trouverait certainement des beautés aussi suaves et des grandeurs étranges et sublimes qui fourniraient à la peinture de nouveaux aliments.

Pour aujourd'hui, je ne puis en conscience recommander ce voyage qu'aux artistes robustes de corps et passionnés d'esprit. Un temps viendra sans doute où les amateurs délicats, et jusqu'aux jolies femmes, pourront aller à Palma sans plus de fatigue et de déplaisir qu'à Genève.

Longtemps associé aux travaux artistiques de M. Taylor sur les vieux monuments de la France, M. Laurens, livré maintenant à ses propres forces, a imaginé, l'an dernier, de visiter les Baléares, sur lesquelles il avait eu si peu de renseignements, qu'il confesse avoir éprouvé un grand battement de cœur en touchant ces rives où tant de déceptions l'attendaient peut-être en réponse à ses songes dorés. Mais ce qu'il allait chercher là, il devait le trouver, et toutes ses espérances furent réalisées; car, je le répète, Majorque est l'Eldorado de la peinture. Tout y est pittoresque, depuis la cabane du paysan, qui a conservé dans ses moindres constructions la tradition du style arabe, jusqu'à l'enfant drapé dans ses guenilles, et triomphant dans sa *malpropreté grandiose*, comme dit Henri Heine à propos des femmes du marché aux herbes de Vérone. Le caractère du paysage, plus riche en végétation que celui de l'Afrique ne l'est en général, a tout autant de largeur, de calme et de simplicité. C'est la verte Helvétie sous le ciel de la Calabre, avec la solennité et le silence de l'Orient.

En Suisse, le torrent qui roule partout et le nuage qui passe sans cesse donnent aux aspects une mobilité de couleur et pour ainsi dire une continuité de mouvement que la peinture n'est pas toujours heureuse à reproduire. La nature semble s'y jouer de l'artiste. A Majorque, elle semble l'attendre et l'inviter. Là, la végétation affecte des formes altières et bizarres; mais elle ne déploie pas ce luxe désordonné sous lequel les lignes du paysage suisse disparaissent trop souvent. La cime du rocher dessine ses contours bien arrêtés sur un ciel étincelant, le palmier se penche de lui-même sur les précipices sans que la brise capricieuse dérange la majesté de sa chevelure, et, jusqu'au moindre cactus rabougri au bord du chemin, tout semble poser avec une sorte de vanité pour le plaisir des yeux.

Avant tout, nous donnerons une description très-succincte de la grande Baléare, dans la forme vulgaire d'un article de dictionnaire géographique. Cela n'est point si facile qu'on le suppose, surtout quand on cherche à s'instruire dans le pays même. La prudence de l'Espagnol et la méfiance de l'insulaire y sont poussées si loin, qu'un étranger ne doit adresser à qui que ce soit la question la plus oiseuse du monde, sous peine de passer pour un agent politique. Ce bon M. Laurens, pour s'être permis de *croquer* un castillo en ruines dont l'aspect lui plaisait, a été fait prisonnier par l'ombrageux gouverneur, qui l'accusait de lever le plan de sa forteresse[1]. Aussi notre voyageur, résolu à compléter son album ailleurs que dans les prisons d'État de Majorque, s'est-il bien gardé de s'enquérir d'autre chose que des sentiers de la montagne et d'interroger d'autres documents que les pierres des ruines. Après avoir passé quatre mois à Majorque, je ne serais pas plus avancé que lui, si je n'eusse consulté le peu de détails qui nous ont été transmis sur

---

[1] « La seule chose qui captiva mon attention sur ce rivage fut une masure couleur d'ocre foncée et entourée d'une haie de cactus. C'était le castillo de Soller. A peine avais-je arrêté les lignes de mon dessin, que je vis fondre sur moi quatre individus montrant une mine à faire peur, ou plutôt à faire rire. J'étais coupable de lever, contrairement aux lois du royaume, le plan d'une forteresse. Elle devint à l'instant une prison pour moi.

« J'étais trop loin d'avoir de l'éloquence dans la langue espagnole pour démontrer à ces gens l'absurdité de leur procédé. Il fallut recourir à la protection du consul français de Soller, et, quel que fût son empressement, je n'en restai pas moins captif pendant trois mortelles heures, gardé par

ces contrées. Mais là ont recommencé mes incertitudes; car ces ouvrages, déjà anciens, se contredisent tellement entre eux, et, selon la coutume des voyageurs, se démentent et se dénigrent si superbement les uns les autres, qu'il faut se résoudre à redresser quelques inexactitudes, sauf à en commettre beaucoup d'autres. Voici toutefois mon article de dictionnaire géographique; et, pour ne pas me départir de mon rôle de voyageur, je commence par déclarer qu'il est incontestablement supérieur à tous ceux qui le précèdent.

II.

Majorque, que M. Laurens appelle *Balearis Major*, comme les Romains, que le roi des historiens majorquins, le docteur Juan Dameto, dit avoir été plus anciennement appelée *Clumba* ou *Columba*, se nomme réellement aujourd'hui par corruption Mallorca, et la capitale ne s'est jamais appelée Majorque, comme il a plu à plusieurs de nos géographes de l'établir, mais Palma.

Cette île est la plus grande et la plus fertile de l'archipel Baléare, vestige d'un continent dont la Méditer-

---

le señor *Sel-Dedos*, gouverneur du fort, véritable dragon des Hespérides. La tentation me prenait quelquefois de jeter à la mer, du haut de son bastion, ce dragon risible et son accoutrement militaire; mais sa mine désarmait toujours ma colère. Si j'avais eu le talent de Charlet, j'aurais passé mon temps à étudier mon gouverneur, excellent modèle de caricature. Au reste, je lui pardonnais son dévouement trop aveugle au salut de l'État. Il était bien naturel que ce pauvre homme, n'ayant d'autre distraction que celle de fumer son cigare en regardant la mer, profitât de l'occasion que je lui offrais de varier ses occupations. Je revins donc à Soller, riant de bon cœur d'avoir été pris pour un ennemi de la patrie et de la constitution. » (*Souvenirs d'un voyage d'art à l'île de Majorque*, par J.-B. Laurens.)

ranée doit avoir envahi le bassin, et qui, ayant uni sans doute l'Espagne à l'Afrique, participe du climat et des productions de l'une et de l'autre. Elle est située à 25 lieues sud-est de Barcelone, à 45 du point le plus voisin de la côte africaine, et je crois à 95 ou 100 de la rade de Toulon. Sa surface est de 1,234 milles carrés [1], son circuit de 143, sa plus grande extension de 54, et la moindre de 28. Sa population, qui, en l'année 1787, était de 136,000 individus, est aujourd'hui d'environ 160,000. La ville de Palma en contient 36,000, au lieu de 32,000 qu'elle comptait à cette époque.

La température varie assez notablement suivant les diverses expositions. L'été est brûlant dans toute la plaine; mais la chaîne de montagnes qui s'étend du nord-est au sud-ouest (indiquant par cette direction son identité avec les territoires de l'Afrique et de l'Espagne, dont les points les plus rapprochés affectent cette inclinaison et correspondent à ses angles les plus saillants) influe beaucoup sur la température de l'hiver. Ainsi Miguel de Vargas rapporte qu'en rade de Palma, durant le terrible hiver de 1784, le thermomètre de Réaumur se trouva une seule fois à 6 degrés au-dessus de glace dans un jour de janvier; que d'autres jours il monta à 16, et que le plus souvent il se maintint à 11. — Or, cette température fut à peu près celle que nous eûmes dans un hiver ordinaire sur la montagne de Valldemosa, qui est réputée une des plus froides régions de l'île. Dans les nuits les plus rigoureuses, et lorsque nous avions deux pouces de neige, le thermomètre n'était qu'à 6 ou 7 degrés. A huit heures du matin, il était remonté à 9 ou 10, et à midi il s'élevait à 12 ou 14. Ordinairement, vers

---

[1] « Medida por el ayre. Cada milla de mil pasos geometricos y un paso de 5 pies geometricos. » (Miguel de Vargas, *Descripciones de las islas Pitiusas y Baleares.* Madrid, 1787.)

trois heures, c'est-à-dire après que le soleil était couché pour nous derrière les pics de montagnes qui nous entouraient, le thermomètre redescendait subitement à 9 et même à 8 degrés.

Les vents du nord y soufflent souvent avec fureur, et, dans certaines années, les pluies d'hiver tombent avec une abondance et une continuité dont nous n'avons en France aucune idée. En général, le climat est sain et généreux dans toute la partie méridionale qui s'abaisse vers l'Afrique, et que préservent de ces furieuses bourrasques du nord la Cordillère médiane et l'escarpement considérable des côtes septentrionales. Ainsi, le plan général de l'île est une surface inclinée du nord-ouest au sud-est, et la navigation, à peu près impossible au nord à cause des déchirures et des précipices de la côte, *escarpada y horrorosa, sin abrigo ni resguardo* (Miguel de Vargas), est facile et sûre au midi.

―――

Malgré ses ouragans et ses aspérités, Majorque, à bon droit nommée par les anciens l'île dorée, est extrêmement fertile, et ses produits sont d'une qualité exquise. Le froment y est si pur et si beau, que les habitants l'exportent, et qu'on s'en sert exclusivement à Barcelone pour faire la pâtisserie blanche et légère, appelée *pan de Mallorca*. Les Marjorquins font venir de Galice et de Biscaye un blé plus grossier et à plus bas prix, dont ils se nourrissent; ce qui fait que, dans le pays le plus riche en blé excellent, on mange du pain détestable. J'ignore si cette spéculation leur est fort avantageuse.

Dans nos provinces du centre, où l'agriculture est le plus arriérée, l'usage du cultivateur ne prouve rien autre chose que son obstination et son ignorance. A plus forte raison en est-il ainsi à Majorque, où l'agriculture, bien que fort minutieusement soignée, est à l'état d'enfance. Nulle part je n'ai vu travailler la terre si patiemment et si mollement. Les machines les plus simples sont inconnues ; les bras de l'homme, bras fort maigres et fort débiles, comparativement aux nôtres, suffisent à tout, mais avec une lenteur inouïe. Il faut une demi-journée pour bêcher moins de terre qu'on n'en expédierait chez nous en deux heures, et il faut cinq ou six hommes des plus robustes pour remuer un fardeau que le moindre de nos portefaix enlèverait gaiement sur ses épaules.

Malgré cette nonchalance, tout est cultivé, et en apparence bien cultivé à Majorque. Ces insulaires ne connaissent point, dit-on, la misère ; mais au milieu de tous les trésors de la nature, et sous le plus beau ciel, leur vie est plus rude et plus tristement sobre que celle de nos paysans.

Les voyageurs ont coutume de faire des phrases sur le bonheur de ces peuples méridionaux, dont les figures et les costumes pittoresques leur apparaissent le dimanche aux rayons du soleil, et dont ils prennent l'absence d'idées et le manque de prévoyance pour l'idéale sérénité de la vie champêtre. C'est une erreur que j'ai souvent commise moi-même, mais dont je suis bien revenu, surtout depuis que j'ai vu Majorque.

Il n'y a rien de si triste et de si pauvre au monde que ce paysan qui ne sait que prier, chanter, travailler, et qui ne pense jamais. Sa prière est une formule stupide qui ne présente aucun sens à son esprit ; son travail est une opération des muscles qu'aucun effort de son intelligence ne lui enseigne à simplifier, et son chant est l'expression de cette morne mélancolie qui l'accable à son insu, et dont la poésie nous frappe sans se révéler à lui. N'était la vanité qui l'éveille de temps en temps de sa torpeur pour le pousser à la danse, ses jours de fête seraient consacrés au sommeil.

Mais je m'échappe déjà hors du cadre que je me suis tracé. J'oublie que, dans la rigueur de l'usage, l'article géographique doit mentionner avant tout l'économie productive et commerciale, et ne s'occuper qu'en dernier ressort, après les céréales et le bétail, de l'espèce Homme.

Dans toutes les géographies descriptives que j'ai consultées, j'ai trouvé à l'article *Baléares* cette courte indication que je confirme ici, sauf à revenir plus tard sur les considérations qui en atténuent la vérité : « Ces insulaires sont *fort affables* (on sait que, dans toutes les îles, la race humaine se classe en deux catégories : ceux qui sont anthropophages et ceux qui sont fort affables). Ils sont doux, hospitaliers; il est rare qu'ils commettent des crimes, et le vol est presque inconnu chez eux. » En vérité, je reviendrai sur ce texte.

Mais, avant tout, parlons des produits; car je crois qu'il a été prononcé dernièrement à la chambre quelques paroles (au moins imprudentes) sur l'occupation réalisable de Majorque par les Français, et je présume que, si cet écrit tombe entre les mains de quelqu'un de nos députés, il s'intéressera beaucoup plus à la partie des denrées qu'à mes réflexions philosophiques sur la situation intellectuelle des Majorquins.

Je dis donc que le sol de Majorque est d'une fertilité admirable, et qu'une culture plus active et plus savante en déculperait les produits. Le principal commerce extérieur consiste en amandes, en oranges et en cochons. O belles plantes hespérides gardées par ces dragons immondes, ce n'est pas ma faute si je suis for[cé] d'accoler votre souvenir à celui de ces ignobles p[ourc]eaux dont le Majorquin est plus jaloux et plus fier que [de] vos fleurs embaumées et de vos pommes d'or! Mais ce Majorquin qui vous cultive n'est pas plus poétique que le député qui me lit.

Je reviens donc à mes cochons. Ces animaux, cher lecteur, sont les plus beaux de la terre, et le docteur Miguel Vargas fait, avec la plus naïve admiration, le portrait d'un jeune porc qui, à l'âge candide d'un an et demi, pesait vingt-quatre arrobes, c'est-à-dire six cents livres. En ce temps-là, l'exploitation du cochon ne jouissait pas à Majorque de cette splendeur qu'elle a acquise de nos jours. Le commerce des bestiaux était entravé par la rapacité des *assentistes* ou fournisseurs, auxquels le gouvernement espagnol confiait, c'est-à-dire vendait l'entreprise des approvisionnements. En vertu de leur pouvoir discrétionnaire, ces spéculateurs s'opposaient à toute exportation de bétail, et se réservaient la faculté d'une importation illimitée.

Cette pratique usuraire eut le résultat de dégoûter les cultivateurs du soin de leurs troupeaux. La viande se vendant à vil prix et le commerce extérieur étant prohibé, ils n'eurent plus qu'à se ruiner ou à abandonner complétement l'éducation du bétail. L'extinction en fut rapide. L'historien que je cite déplore pour Majorque le temps où les Arabes la possédaient, et où la seule montagne d'Arta comptait plus de têtes de vaches fécondes et de nobles taureaux qu'on n'en pourrait rassembler aujourd'hui, dit-il, dans toute la plaine de Majorque.

Cette dilapidation ne fut pas la seule qui priva le pays de ses richesses naturelles. Le même écrivain rapporte que les montagnes, et particulièrement celles de Torella et de Galatzo, possédaient de son temps les plus beaux arbres du monde. Certain olivier avait quarante-deux pieds de tour et quatorze de diamètre; mais ces bois magnifiques furent dévastés par les charpentiers de marine, qui, lors de l'expédition espagnole contre Alger, en tirèrent toute une flottille de chaloupes canonnières. Les vexations auxquelles les propriétaires de ces bois furent soumis alors, et la mesquinerie des dédommagements qui leur furent donnés, engagèrent les Majorquins à détruire leurs bois, au lieu de les augmenter. Aujourd'hui la végétation est encore si abondante et si belle que le voyageur ne songe point à regretter le passé; mais aujourd'hui comme alors, et à Majorque comme dans toute l'Espagne, l'*abus* est encore le premier de tous les pouvoirs. Cependant le voyageur n'entend jamais une plainte, parce qu'au commencement d'un régime injuste le faible se tait par crainte, et que, quand le mal est fait, il se tait encore par habitude.

Quoique la tyrannie des *assentistes* ait disparu, le bétail ne s'est point relevé de sa ruine, et il ne s'en relèvera pas, tant que le droit d'exportation sera limité au commerce des pourceaux. On voit fort peu de bœufs et de vaches dans la plaine, aucunement dans la montagne. La viande est maigre et coriace. Les brebis sont de belle race, mais mal nourries et mal soignées; les chèvres, qui sont de race africaine, ne donnent pas la dixième partie du lait que donnent les nôtres.

L'engrais manque aux terres, et, malgré tous les éloges que les Majorquins donnent à leur manière de les cultiver, je crois que l'algue qu'ils emploient est un très-maigre fumier, et que ces terres sont loin de rapporter ce qu'elles devraient produire sous un ciel aussi généreux. J'ai regardé attentivement ce blé si précieux que les habitants ne se croient pas dignes de le manger:

c'est absolument le même que nous cultivons dans nos provinces centrales, et que nos paysans appellent blé blanc ou blé d'Espagne ; il est chez nous tout aussi beau, malgré la différence du climat. Celui de Majorque devrait avoir pourtant une supériorité marquée sur celui que nous disputons à nos hivers si rudes et à nos printemps si variables. Et pourtant notre agriculture est fort barbare aussi, et, sous ce rapport, nous avons tout à apprendre ; mais le cultivateur français a une persévérance et une énergie que le Majorquin mépriserait comme une agitation désordonnée.

La figue, l'olive, l'amande et l'orange viennent en abondance à Majorque ; cependant, faute de chemins dans l'intérieur de l'île, ce commerce est loin d'avoir l'extension et l'activité nécessaires. Cinq cents oranges se vendent sur place environ 3 francs ; mais, pour faire transporter à dos de mulet cette charge volumineuse du centre à la côte, il faut dépenser presque autant que la valeur première. Cette considération fait négliger la culture de l'oranger dans l'intérieur du pays. Ce n'est que dans la vallée de Soller et dans le voisinage des criques, où nos petits bâtiments viennent charger, que ces arbres croissent en abondance. Pourtant ils réussiraient partout ; et dans notre montagne de Valldemosa, une des plus froides régions de l'île, nous avions des citrons et des oranges magnifiques, quoique plus tardives que celles de Soller. A la Granja, dans une autre région montagneuse, nous avons cueilli des limons gros comme la tête. Il me semble qu'à elle seule l'île de Majorque pourrait entretenir de ces fruits exquis toute la France, au même prix que les détestables oranges que nous tirons d'Hyères et de la côte de Gênes. Ce commerce, tant vanté à Majorque, est donc, comme le reste, entravé par une négligence superbe.

On peut en dire autant du produit immense des oliviers, qui sont certainement les plus beaux qu'il y ait au monde, et que les Majorquins, grâce aux traditions arabes, savent cultiver parfaitement. Malheureusement ils ne savent en tirer qu'une huile rance et nauséeuse qui nous ferait horreur, et qu'ils ne pourront jamais exporter abondamment qu'en Espagne, où le goût de cette huile infecte règne également. Mais l'Espagne elle-même est très-riche en oliviers, et si Majorque lui fournit de l'huile, ce doit être à fort bas prix.

Nous faisons une immense consommation d'huile d'olive en France, et nous l'avons fort mauvaise à un prix exorbitant. Si notre fabrication était connue à Majorque et si Majorque avait des chemins, enfin si la navigation commerciale était réellement organisée dans cette direction, nous aurions l'huile d'olive beaucoup au-dessous de ce que nous la payons, et nous l'aurions pure et abondante, quelle que fût la rigueur de l'hiver. Je sais bien que les industriels qui cultivent l'olivier de paix en France préfèrent de beaucoup vendre au poids de l'or quelques tonnes de ce précieux liquide, que nos épiciers noient dans des foudres d'huile d'œillet et de colza pour nous l'offrir au *prix coûlant;* mais il serait étrange qu'on s'obstinât à disputer cette denrée à la rigueur du climat, si, à vingt-quatre heures de chemin, nous pouvions nous la procurer meilleure à bon marché.

Que nos *assentistes* français ne s'effraient pourtant pas trop : nous promettrions au Majorquin, et, je crois, à l'Espagnol en général, de nous approvisionner chez eux et de décupler leur richesse, qu'ils ne changeraient rien à leur coutume. Ils méprisent si profondément l'amélioration qui vient de l'étranger, et surtout de la France, que je ne sais si pour de l'argent (cet argent que cependant ils ne méprisent pas en général) ils se résoudraient à changer quelque chose au procédé qu'ils tiennent de leurs pères[1].

III.

Ne sachant ni engraisser les bœufs, ni utiliser la laine, ni traire les vaches (le Majorquin déteste le lait et le beurre autant qu'il méprise l'industrie); ne sachant pas faire pousser assez de froment pour oser en manger; ne daignant guère cultiver le mûrier et recueillir la soie; ayant perdu l'art de la menuiserie autrefois très-florissant chez lui et aujourd'hui complétement oublié; n'ayant pas de chevaux (l'Espagne s'empare maternellement de tous les poulains de Majorque pour ses armées, d'où il résulte que le pacifique Majorquin n'est pas si sot que de travailler pour alimenter la cavalerie du royaume); ne jugeant pas nécessaire d'avoir une seule route, un seul sentier praticable dans toute son île, puisque le droit d'exportation est livré au caprice d'un gouvernement qui n'a pas le temps de s'occuper de si peu de chose, le Majorquin végétait et n'avait plus rien à faire qu'à dire son chapelet et rapiécer ses chausses, plus malades que celles

1. Cette huile est si infecte qu'on peut dire que dans l'île de Majorque, maisons, habitants, voitures, et jusqu'à l'air des champs, tout est imprégné de sa puanteur. Comme elle entre dans la composition de tous les mets, chaque maison la voit fumer deux ou trois fois par jour, et les murailles en sont imbibées. En pleine campagne, si vous êtes égaré, vous n'avez qu'à ouvrir les narines; et, si une odeur d'huile rance arrive sur les ailes de la brise, vous pouvez être sûr que derrière le rocher ou sous le massif de cactus vous allez trouver une habitation. Si dans le lieu le plus sauvage et le plus désert cette odeur vous poursuit, levez la tête; vous verrez à cent pas de vous un Majorquin sur son âne descendre la colline et se diriger vers vous. Ceci n'est ni une plaisanterie ni une hyperbole; c'est l'exacte vérité.

de don Quichotte, son patron en misère et en fierté, lorsque le cochon est venu tout sauver. L'exportation de ce quadrupède a été permise, et l'ère nouvelle, l'ère du salut, a commencé.

Les Majorquins nommeront ce siècle, dans les siècles futurs, l'âge du cochon, comme les musulmans comptent dans leur histoire l'âge de l'éléphant.

Maintenant l'olive et la caroube ne jonchent plus le sol, la figue du cactus ne sert plus de jouet aux enfants, et les mères de famille apprennent à économiser la fève et la patate. Le cochon ne permet plus de rien gaspiller, car le cochon ne laisse rien perdre; et il est le plus bel exemple de voracité généreuse, jointe à la simplicité des goûts et des mœurs, qu'on puisse offrir aux nations. Aussi jouit-il à Majorque des droits et des prérogatives qu'on n'avait point songé jusque là à offrir aux hommes. Les habitations ont été élargies, aérées; les fruits qui pourrissaient sur la terre ont été ramassés, triés et conservés, et la navigation à la vapeur, qu'on avait jugée superflue et déraisonnable, a été établie de l'île au continent.

C'est donc grâce au cochon que j'ai visité l'île de Majorque; car si j'avais eu la pensée d'y aller il y a trois ans, le voyage, long et périlleux sur les caboteurs, m'y eût fait renoncer. Mais, à dater de l'exportation du cochon, la civilisation a commencé à pénétrer.

On a acheté en Angleterre un joli petit *steamer*, qui n'est point de taille à lutter contre les vents du nord, si terribles dans ces parages; mais qui, lorsque le temps est serein, transporte une fois par semaine deux cents cochons et quelques passagers par-dessus le marché, à Barcelone.

Il est beau de voir avec quels égards et quelle tendresse ces messieurs (je ne parle point des passagers) sont traités à bord, et avec quel amour on les dépose à terre. Le capitaine du steamer est un fort aimable homme, qui, à force de vivre et de causer avec ces nobles bêtes, a pris tout à fait leur cri et même un peu de leur désinvolture. Si un passager se plaint du bruit qu'ils font, le capitaine répond que c'est le son de l'or monnayé roulant sur le comptoir. Si quelque femme est assez bégueule pour remarquer l'infection répandue dans le navire, son mari est là pour lui répondre que l'argent ne sent point mauvais, et que sans le cochon il n'y aurait pour elle ni robe de soie, ni chapeau de France, ni mantille de Barcelone. Si quelqu'un a le mal de mer, qu'il n'essaie pas de réclamer le moindre soin des gens de l'équipage; car les cochons aussi ont le mal de mer, et cette indisposition est chez eux accompagnée d'une langueur spleenétique et d'un dégoût de la vie qu'il faut combattre à tout prix. Alors, abjurant toute compassion et toute sympathie pour conserver l'existence à ses chers clients, le capitaine en personne, armé d'un fouet, se précipite au milieu d'eux, et derrière lui les matelots et les mousses, chacun saisissant ce qui lui tombe sous la main, qui une barre de fer, qui un bout de corde : en un instant toute la bande muette et couchée sur le flanc est fustigée d'une façon paternelle, obligée de se lever, de s'agiter, et de combattre par cette émotion violente l'influence funeste du roulis.

Lorsque nous revînmes de Majorque à Barcelone, au mois de mars, il faisait une chaleur étouffante; cependant il ne nous fut point possible de mettre le pied sur le pont. Quand même nous eussions bravé le danger d'avoir les jambes avalées par quelque pourceau de mauvaise humeur, le capitaine ne nous eût point permis, sans doute, de les contrarier par notre présence.

Ils se tinrent fort tranquilles pendant les premières heures; mais, au milieu de la nuit, le pilote remarqua qu'ils avaient un sommeil bien morne, et qu'ils semblaient en proie à une noire mélancolie. Alors on leur administra le fouet, et régulièrement, à chaque quart d'heure, nous fûmes réveillés par des cris et des clameurs si épouvantables, d'une part la douleur et la rage des cochons fustigés, de l'autre les encouragements du capitaine à ses gens et les jurements que l'émulation inspirait à ceux-ci, que plusieurs fois nous crûmes que le troupeau dévorait l'équipage.

Quand nous eûmes jeté l'ancre, nous aspirions certainement à nous séparer d'une société aussi étrange, et j'avoue que celle des insulaires commençait à me peser presque autant que l'autre; mais il ne nous fut permis de prendre l'air qu'après le débarquement des cochons. Nous eussions pu mourir asphyxiés dans nos chambres que personne ne s'en fût soucié, tant qu'il y avait un cochon à mettre à terre et à délivrer du roulis.

Je ne crains point la mer, mais quelqu'un de ma famille était dangereusement malade. La traversée, la mauvaise odeur et l'absence de sommeil n'avaient pas contribué à diminuer ses souffrances. Le capitaine n'avait eu d'autre attention pour nous que de nous prier de ne pas faire coucher notre malade dans le meilleur lit de la cabine, parce que, selon le préjugé espagnol, toute maladie est contagieuse; et comme notre homme pensait déjà à faire brûler la couchette où reposait le malade, il désirait que ce fût la plus mauvaise. Nous le renvoyâmes à ses cochons; et quinze jours après, lorsque nous revenions en France sur *le Phénicien*, un magnifique bateau à vapeur de notre nation, nous comparions le dévouement du Français à l'hospitalité de l'Espagnol. Le capitaine d'*el Mallorquin* avait disputé un lit à un mourant; le capitaine marseillais, ne trouvant pas notre malade assez bien couché, avait ôté les matelas de son propre lit pour les lui donner... Quand je voulus solder notre passage, le Français me fit observer que je lui donnais trop; le Majorquin m'avait fait payer double.

D'où je ne conclus pas que l'homme soit exclusivement bon sur un coin de ce *globe terraqué*, ni exclusivement mauvais sur un autre coin. Le mal moral n'est, dans l'humanité, que le résultat du mal matériel. La souffrance engendre la peur, la méfiance, la fraude, la lutte dans tous les sens. L'Espagnol est ignorant et superstitieux; par conséquent il croit à la contagion, il craint la maladie et la mort, il manque de foi et de charité. — Il est misérable et pressuré par l'impôt; par conséquent il est avide, égoïste, fourbe avec l'étranger. Dans l'histoire, nous voyons que là où il a pu être grand, il a montré que la grandeur était en lui; mais il est homme, et, dans la vie privée, là où l'homme doit succomber, il succombe.

J'ai besoin de poser ceci en principe avant de parler des hommes tels qu'ils me sont apparus à Majorque; car aussi bien j'espère qu'on me tient quitte de parler davantage des olives, des vaches et des pourceaux. La longueur même de ce dernier article n'est pas de trop bon goût. J'en demande pardon à ceux qui pourraient s'en trouver personnellement blessés, et je prends maintenant mon récit au sérieux; car je croyais n'avoir rien à faire ici, qu'à suivre M. Laurens pas à pas dans son *Voyage d'art*, et je vois que beaucoup de réflexions viendront m'assaillir en repassant par la mémoire dans les âpres sentiers de Majorque.

IV.

Mais, puisque vous n'entendez rien à la peinture, me dira-t-on, *que diable alliez-vous faire sur cette maudite galère?* — Je voudrais bien entretenir le lecteur le moins possible de moi et des miens; cependant je serai forcé de dire souvent, en parlant de ce que j'ai vu à Majorque, *moi* et *nous;* moi et nous, c'est la *subjectivité* fortuite sans laquelle l'*objectivité* majorquine ne se fût point révélée sous de certains aspects, sérieusement utiles peut-être à révéler maintenant au lecteur. Je prie donc ce dernier de regarder ici ma personnalité comme une chose toute passive, comme une lunette d'approche à travers laquelle il pourra regarder ce qui se passe en ces pays lointains desquels on dit volontiers avec le proverbe : J'aime mieux croire que d'y aller voir. Je le supplie en outre d'être bien persuadé que je n'ai pas la prétention de l'intéresser aux accidents qui me concernent. J'ai un but quelque peu philosophique en les retraçant ici; et quand j'aurai formulé ma pensée à cet égard, on me rendra la justice de reconnaître qu'il n'y entre pas la moindre préoccupation de moi-même.

Je dirai donc sans façon à mon lecteur, pourquoi j'allai dans cette galère, et le voici en deux mots : c'est que j'avais envie de voyager. — Et, à mon tour, je ferai une question à mon lecteur : Lorsque vous voyagez, cher lecteur, pourquoi voyagez-vous? — Je vous entends d'ici me répondre ce que je répondrais à votre place : Je voyage pour voyager. — Je sais bien que le voyage est un plaisir par lui-même; mais, enfin, qui vous pousse à ce plaisir dispendieux, fatigant, périlleux parfois, et toujours semé de déceptions sans nombre? — Le besoin de voyager. — Eh bien! dites-moi donc ce que c'est que ce besoin-là, pourquoi nous en sommes tous plus ou moins obsédés, et pourquoi nous y cédons tous, même après avoir reconnu mainte et mainte fois que lui-même monte en croupe derrière nous pour ne nous point lâcher, et ne se contenter de rien?

Si vous ne voulez pas me répondre, moi, j'aurai la franchise de le faire à votre place. C'est que nous ne sommes réellement bien nulle part en ce temps-ci, et que de toutes les faces que prend l'idéal (ou, si ce mot vous ennuie, le sentiment du *mieux*), le voyage est une des plus souriantes et des plus trompeuses. Tout va mal dans le monde officiel : ceux qui le nient le sentent aussi profondément et plus amèrement que ceux qui l'affirment. Cependant la divine espérance va toujours son train, poursuivant son œuvre dans nos pauvres cœurs, et nous soufflant toujours ce sentiment du mieux, cette recherche de l'idéal.

L'ordre social, n'ayant pas même les sympathies de ceux qui le défendent, ne satisfait aucun de nous, et chacun va de son côté où il lui plaît. Celui-ci se jette dans l'art, cet autre dans la science, le plus grand nombre s'étourdit comme il peut. Tous, quand nous avons un peu de loisir et d'argent, nous voyageons, ou plutôt nous fuyons, car il ne s'agit pas tant de voyager que de partir, entendez-vous? Quel est celui de nous qui n'a pas quelque douleur à distraire ou quelque joug à secouer? Aucun.

Quiconque n'est pas absorbé par le travail ou engourdi par la paresse est incapable, je le soutiens, de rester longtemps à la même place sans souffrir et sans désirer le changement. Si quelqu'un est heureux (il faut être très-grand ou très-lâche pour cela aujourd'hui), il s'imagine ajouter quelque chose à son bonheur en voyageant; les amants, les nouveaux époux partent pour la Suisse et l'Italie tout comme les oisifs et les hypocondriaques. En un mot, quiconque se sent vivre ou dépérir est possédé de la fièvre du juif errant, et s'en va chercher bien vite au loin quelque nid pour aimer ou quelque gîte pour mourir.

A Dieu ne plaise que je déclame contre le mouvement des populations, et que je me représente dans l'avenir les hommes attachés au pays, à la terre, à la maison, comme les polypes à l'éponge! mais si l'intelligence et la moralité doivent progresser simultanément avec l'industrie, il me semble que les chemins de fer ne sont pas destinés à promener d'un point du globe à l'autre des populations attaquées de spleen ou dévorées d'une activité maladive.

Je veux me figurer l'espèce humaine plus heureuse, par conséquent plus calme et plus éclairée, ayant deux vies: l'une, sédentaire, pour le bonheur domestique, les devoirs de la cité, les méditations studieuses, le recueillement philosophique; l'autre, active, pour l'échange loyal qui remplacerait le honteux trafic que nous appelons le commerce, pour les inspirations de l'art, les recherches scientifiques et surtout la propagation des idées. Il me semble, en un mot, que le but normal des voyages est le besoin de contact, de relation et d'échange sympathique avec les hommes, et qu'il ne devrait pas y avoir plaisir là où il n'y aurait pas devoir. Et il me semble qu'au contraire, la plupart d'entre nous, aujourd'hui, voyagent en vue du mystère, de l'isolement, et par une sorte d'ombrage que la société de nos semblables porte à nos impressions personnelles, soit douces, soit pénibles.

Quant à moi, je me mis en route pour satisfaire un besoin de repos que j'éprouvais à cette époque-là particulièrement. Comme le temps manque pour toutes choses dans ce monde que nous nous sommes fait, je m'imaginai encore une fois qu'en cherchant bien, je trouverais quelque retraite silencieuse, isolée, où je n'aurais ni billets à écrire, ni journaux à parcourir, ni visites à recevoir; où je pourrais ne jamais quitter ma robe de chambre, où les jours auraient douze heures, où je pourrais m'affranchir de tous les devoirs du savoir-vivre, me détacher du mouvement d'esprit qui nous travaille tous en France, et consacrer un ou deux ans à étudier un peu l'histoire et à apprendre ma langue *par principes* avec mes enfants.

Quel est celui de nous qui n'a pas fait ce rêve égoïste de planter là un beau matin ses affaires, ses habitudes, ses connaissances et jusqu'à ses amis, pour aller dans quelque île enchantée vivre sans soucis, sans tracasseries, sans obligations, et surtout sans journaux?

On peut dire sérieusement que le journalisme, cette première et cette dernière des choses, comme eût dit Ésope, a créé aux hommes une vie toute nouvelle, pleine de progrès, d'avantages et de soucis. Cette voix de l'humanité qui vient chaque matin à notre réveil nous raconter comment l'humanité a vécu la veille, proclamant tantôt de grandes vérités, tantôt d'effroyables mensonges, mais toujours marquant chacun des pas de l'être humain, et sonnant toutes les heures de la vie collective, n'est-ce pas quelque chose de bien grand, malgré toutes les taches et les misères qui s'y trouvent?

Mais en même temps que cela est nécessaire à l'ensemble de nos pensées et de nos actions, n'est-ce pas bien affreux et bien repoussant à voir dans le détail, lorsque la lutte est partout, et que des semaines, des mois s'écoulent dans l'injure et la menace, sans avoir éclairé une seule question, sans avoir marqué un progrès sensible? Et dans cette attente qui paraît d'autant plus longue qu'on nous en signale toutes les phases minutieusement, ne nous prend-il pas souvent envie, à nous autres artistes qui n'avons point d'action au gouvernail, de nous endormir dans les flancs du navire, et de ne nous éveiller qu'au bout de quelques années pour saluer alors la terre nouvelle en vue de laquelle nous nous trouverons portés?

Oui, en vérité, si cela pouvait être, si nous pouvions nous abstenir de la vie collective, et nous isoler de tout contact avec la politique pendant quelque temps, nous serions frappés, en y rentrant, du progrès accompli hors de nos regards. Mais cela ne nous est pas donné; et, quand nous fuyons le foyer d'action pour chercher l'oubli et le repos chez quelque peuple à la marche plus lente et à l'esprit moins ardent que nous, nous souffrons là des maux que nous n'avions pu prévoir, et nous nous repentons d'avoir quitté le présent pour le passé, les vivants pour les morts.

Voilà tout simplement quel sera le texte de mon récit, et pourquoi je prends la peine de l'écrire, bien qu'il ne me soit point agréable de le faire, et que je me fusse promis, en commençant, de me garder le plus possible des impressions personnelles; mais il me semble à présent que cette paresse serait une lâcheté, et je me rétracte.

V.

Nous arrivâmes à Palma au mois de novembre 1838, par une chaleur comparable à celle de notre mois de juin. Nous avions quitté Paris quinze jours auparavant, par un temps extrêmement froid; ce nous fut un grand plaisir, après avoir senti les premières atteintes de l'hiver, de laisser l'ennemi derrière nous. A ce plaisir se joignit celui de parcourir une ville très-caractérisée, et qui possède plusieurs monuments de premier ordre comme beauté ou comme rareté.

Mais la difficulté de nous établir vint nous préoccuper bientôt, et nous vîmes que les Espagnols qui nous avaient recommandé Majorque comme le pays le plus hospitalier et le plus fécond en ressources s'étaient fait grandement illusion, ainsi que nous. Dans une contrée aussi voisine des grandes civilisations de l'Europe, nous ne nous attendions guère à ne pas trouver une seule auberge. Cette absence de pied-à-terre pour les voyageurs eût dû nous apprendre, en un seul fait, ce qu'était Majorque par rapport au reste du monde, et nous engager à retourner sur-le-champ à Barcelone, où du moins il y a une méchante auberge appelée emphatiquement l'*hôtel des Quatre-Nations*.

A Palma, il faut être recommandé et annoncé à vingt personnes des plus marquantes, et attendu depuis plusieurs mois, pour espérer de ne pas coucher en plein champ. Tout ce qu'il fut possible de faire pour nous, ce fut de nous assurer deux petites chambres garnies, ou plutôt dégarnies, dans une espèce de mauvais lieu, où les étrangers sont bien heureux de trouver chacun un lit de sangle avec un matelas douillet et rebondi comme une ardoise, une chaise de paille, et, en fait d'aliments, du poivre et de l'ail à discrétion.

En moins d'une heure, nous pûmes nous convaincre que, si nous n'étions pas enchantés de cette réception, nous serions vus de mauvais œil, comme des impertinents et des brouillons, ou tout au moins regardés en pitié comme des fous. Malheur à qui n'est pas content de tout en Espagne! La plus légère grimace que vous feriez en trouvant de la vermine dans les lits et des scorpions dans la soupe vous attirerait le mépris le plus profond et soulèverait l'indignation universelle contre vous. Nous nous gardâmes donc bien de nous plaindre, et peu à peu nous comprîmes à quoi tenaient ce manque de ressources et ce manque apparent d'hospitalité.

Outre le peu d'activité et d'énergie des Majorquins, la guerre civile, qui bouleversait l'Espagne depuis si longtemps, avait intercepté, à cette époque, tout mouvement entre la population de l'île et celle du continent. Majorque était devenue le refuge d'autant d'Espagnols qu'il y en pouvait tenir, et les indigènes, retranchés dans leurs foyers, se gardaient bien d'en sortir pour aller chercher des aventures et des coups dans la mère patrie.

A ces causes il faut joindre l'absence totale d'industrie et les douanes, qui frappent tous les objets nécessaires au bien-être[1] d'un impôt démesuré. Palma est arrangée pour un certain nombre d'habitants ; à mesure que la population augmente, on se serre un peu plus, et on ne bâtit guère. Dans ces habitations, rien ne se renouvelle. Excepté peut-être chez deux ou trois familles, le mobilier n'a guère changé depuis deux cents ans. On ne

---

1. Pour un piano que nous fîmes venir de France, on exigeait de nous 700 francs de droits d'entrée ; c'était presque la valeur de l'instrument. Nous voulûmes le renvoyer, cela n'est point permis ; le laisser dans le port jusqu'à nouvel ordre, cela est défendu ; le faire passer hors de la ville (nous étions à la campagne), afin d'éviter au moins les droits de la porte, qui sont distincts des droits de douane, cela était contraire aux lois ; le laisser dans la ville, afin d'éviter les droits de sortie, qui sont autres que les droits d'entrée, cela ne se pouvait pas ; le jeter à la mer, c'est tout au plus si nous en avions le droit.

Après quinze jours de négociations, nous obtînmes qu'au lieu de sortir de la ville par une certaine porte, il sortirait par une autre ; et nous en fûmes quittes pour 400 francs environ.

connaît ni l'empire de la mode, ni le besoin du luxe, ni celui des aises de la vie. Il y a apathie d'une part, difficulté de l'autre; on reste ainsi. On a le strict nécessaire, mais on n'a rien de trop. Aussi toute l'hospitalité se passe en paroles.

Il y a une phrase consacrée à Majorque, comme dans toute l'Espagne, pour se dispenser de rien prêter; elle consiste à tout offrir : *La maison et tout ce qu'elle contient est à votre disposition.* Vous ne pouvez pas regarder un tableau, toucher une étoffe, soulever une chaise, sans qu'on vous dise avec une grâce parfaite : *Es a la disposicion de uste.* Mais gardez-vous bien d'accepter, fût-ce une épingle, car ce serait une indiscrétion grossière.

Je commis une impertinence de ce genre dès mon arrivée à Palma, et je crois bien que je ne m'en relèverai jamais dans l'esprit du marquis de ***. J'avais été très-recommandé à ce jeune *lion* palmesan, et je crus pouvoir accepter sa voiture pour faire une promenade. Elle m'était offerte d'une manière si aimable! Mais le lendemain un billet de lui me fit bien sentir que j'avais manqué à toutes les convenances, et je me hâtai de renvoyer l'équipage sans m'en être servi.

J'ai pourtant trouvé des exceptions à cette règle, mais c'est de la part de personnes qui avaient voyagé, et qui, sachant bien le monde, étaient véritablement de tous les pays. Si d'autres étaient portées à l'obligeance et à la franchise par la bonté de leur cœur, aucune (il est bien nécessaire de le dire pour constater la gêne que la douane et le manque d'industrie ont apportée dans ce pays si riche), aucune n'eût pu nous céder un coin de sa maison sans s'imposer de tels embarras et de telles privations, que nous eussions été véritablement indiscrets de l'accepter.

Ces impossibilités de leur part, nous fûmes bien à même de les reconnaître lorsque nous cherchâmes à nous installer. Il était impossible de trouver dans toute la ville un seul appartement qui fût habitable.

Un appartement à Palma se compose de quatre murs absolument nus, sans portes ni fenêtres. Dans la plupart des maisons bourgeoises, on ne se sert pas de vitres; et lorsqu'on veut se procurer cette douceur, bien nécessaire en hiver, il faut faire faire les châssis. Chaque locataire, en se déplaçant (et l'on ne se déplace guère), emporte donc les fenêtres, les serrures, et jusqu'aux gonds des portes. Son successeur est obligé de commencer par les remplacer, à moins qu'il n'ait le goût de vivre en plein vent, et c'est un goût fort répandu à Palma.

Or, il faut au moins six mois pour faire faire non-seulement les portes et fenêtres, mais les lits, les tables, les chaises, tout enfin, si simple et si primitif que soit l'ameublement. Il y a fort peu d'ouvriers; ils ne vont pas vite, ils manquent d'outils et de matériaux. Il y a toujours quelque raison pour que le Majorquin ne se presse pas. La vie est si longue! Il faut être Français, c'est-à-dire extravagant et forcené, pour vouloir qu'une chose soit faite tout de suite. Et si vous avez attendu déjà six mois, pourquoi n'attendriez-vous pas six mois de plus? Et si vous n'êtes pas content du pays, pourquoi y restez-vous? Avait-on besoin de vous ici? On s'en passait fort bien. Vous croyez donc que vous allez mettre tout sens dessus dessous? Oh! que non pas! Nous autres, voyez-vous, nous laissons dire, et nous faisons à notre guise. — Mais n'y a-t-il donc rien à louer? — Louer? qu'est-ce que cela? louer des meubles? Est-ce qu'il y en a de trop pour qu'on en loue? — Mais il n'y en a donc pas à vendre? — Vendre? il faudrait qu'il y en eût de tout faits. Est-ce qu'on a du temps de reste pour faire des meubles d'avance? Si vous en voulez, faites-en venir de France, puisqu'il y a de tout dans ce pays-là. — Mais pour faire venir de France, il faut attendre six mois tout au moins, et payer les droits. Or donc, quand on fait la sottise de venir ici, la seule manière de la réparer, c'est de s'en aller? — C'est ce que je vous conseille, ou bien prenez patience, beaucoup de patience; *mucha calma*, c'est la sagesse majorquine.

Nous allions mettre ce conseil à profit, lorsqu'on nous rendit, à bonne intention certainement, le mauvais service de nous trouver une maison de campagne à louer.

C'était la villa d'un riche bourgeois qui pour un prix très-modéré, selon nous, mais assez élevé pour le pays (environ cent francs par mois), nous abandonna toute son habitation. Elle était meublée comme toutes les maisons de plaisance du pays. Toujours les lits de sangle ou de bois peint en vert, quelques-uns composés de deux tréteaux sur lesquels on pose deux planches et un mince matelas; les chaises de paille; les tables de bois brut; les murailles nues bien blanchies à la chaux, et, par surcroît de luxe, des fenêtres vitrées dans presque toutes les chambres; enfin, en guise de tableaux, dans la pièce qu'on appelait le salon, quatre horribles devants de cheminée, comme ceux qu'on voit dans nos plus misérables auberges de village, et que le señor Gomez, notre propriétaire, avait eu la naïveté de faire encadrer avec soin comme des estampes précieuses, pour en décorer les lambris de son manoir. Du reste, la maison était vaste, aérée (trop aérée), bien distribuée, et dans une très-riante situation, au pied de montagnes aux flancs arrondis et fertiles, au fond d'une vallée plantureuse que terminaient les murailles jaunes de Palma, la masse de sa cathédrale, et la mer étincelante à l'horizon.

Les premiers jours que nous passâmes dans cette retraite furent assez bien remplis par la promenade et la douce *flânerie* à laquelle nous conviaient un climat délicieux, une nature charmante et tout à fait neuve pour nous.

Je n'ai jamais été bien loin de mon pays, quoique j'aie passé une grande partie de ma vie sur les chemins. C'était donc la première fois que je voyais une végétation et des aspects de terrain essentiellement différents de ceux que présentent nos latitudes tempérées. Lorsque je vis l'Italie, je débarquai sur les plages de la Toscane, et l'idée grandiose que je m'étais faite de ces contrées m'empêcha d'en goûter la beauté pastorale et la grâce riante. Aux bords de l'Arno, je me croyais sur les rives de l'Indre, et j'allai jusqu'à Venise sans m'étonner ni m'émouvoir de rien. Mais à Majorque il n'y avait pour moi aucune comparaison à faire avec des sites connus. Les hommes, les maisons, les plantes, et jusqu'aux moindres cailloux du chemin, avaient un caractère à part. Mes enfants en étaient si frappés, qu'ils faisaient collection de tout, et prétendaient remplir nos malles de ces beaux pavés de quartz et de marbres veinés de toutes couleurs, dont les talus à *pierres sèches* bordent tous les enclos. Aussi les paysans, en nous voyant ramasser jusqu'aux branches mortes, nous prenaient les uns pour des apothicaires, les autres nous regardaient comme de francs idiots.

VI.

L'île doit la grande variété de ses aspects au mouvement perpétuel que présente un sol labouré et tourmenté par des cataclysmes postérieurs à ceux du monde primitif. La partie que nous habitions alors, nommée *Establiments*, renfermait, dans un horizon de quelques lieues, des sites fort divers.

Autour de nous, toute la culture, inclinée sur des tertres fertiles, était disposée en larges gradins irrégulièrement jetés autour de ces monticules. Cette culture en terrasse, adoptée dans toutes les parties de l'île que les pluies et les crues subites des ruisseaux menacent continuellement, est très-favorable aux arbres, et donne à la campagne l'aspect d'un verger admirablement soigné.

A notre droite, les collines s'élevaient progressivement depuis le pâturage en pente douce jusqu'à la montagne couverte de sapins. Au pied de ces montagnes coule, en hiver et dans les orages de l'été, un torrent qui ne présentait encore à notre arrivée qu'un lit de cailloux en désordre. Mais les belles mousses qui couvraient ces pierres, les petits ponts verdis par l'humidité, fendus par la violence des courants, et à demi cachés dans les branches pendantes des saules et des peupliers, l'entrelacement de ces beaux arbres sveltes et touffus qui se penchaient pour faire un berceau de verdure d'une rive à l'autre, un mince filet d'eau qui courait sans bruit parmi les joncs et les myrtes, et toujours quelque groupe d'enfants, de femmes et de chèvres accroupis dans les encaissements mystérieux, faisaient de ce site quelque chose d'admirable pour la peinture. Nous allions tous les jours nous promener dans le lit du torrent, et nous appelions ce coin de paysage *le Poussin*, parce que cette nature libre, élégante et fière dans sa mélancolie, nous rappelait les sites que ce grand maître semble avoir chéris particulièrement.

A quelques centaines de pas de notre ermitage, le

torrent se divisait en plusieurs ramifications, et son cours semblait se perdre dans la plaine. Les oliviers et les caroubiers pressaient leurs rameaux au-dessus de la terre labourée, et donnaient à cette région cultivée l'aspect d'une forêt.

Sur les nombreux mamelons qui bordaient cette partie boisée s'élevaient des chaumières d'un grand style, quoique d'une dimension réellement lilliputienne. On ne se figure pas combien de granges, de hangars, d'étables, de cours et de jardins, un *pagès* (paysan propriétaire) accumule dans un arpent de terrain, et quel goût inné préside à son insu à cette disposition capricieuse. La maisonnette est ordinairement composée de deux étages avec un toit plat dont le rebord avancé ombrage une galerie percée à jour, comme une rangée de créneaux que surmonterait un toit florentin. Ce couronnement symétrique donne une apparence de splendeur et de force aux constructions les plus frêles et les plus pauvres, et les énormes grappes de maïs qui sèchent à l'air, suspendues entre chaque ouverture de la galerie, forment un lourd feston alterné de rouge et de jaune d'ambre, dont l'effet est incroyablement riche et coquet. Autour de cette maisonnette s'élève ordinairement une forte haie de cactus ou nopals, dont les raquettes bizarres s'entrelacent en muraille et protégent contre les vents du froid les frêles abris d'algues et de roseaux qui servent à serrer les brebis. Comme ces paysans ne se volent jamais entre eux, ils n'ont pour fermer leurs propriétés qu'une barrière de ce genre. Des massifs d'amandiers et d'orangers entourent le jardin, où l'on ne cultive guère d'autre légume que le piment et la pomme d'amour; mais tout cela est d'une couleur magnifique, et souvent, pour couronner le joli tableau que forme cette habitation, un seul palmier déploie au milieu son gracieux parasol, ou se penche sur le côté avec grâce, comme une belle aigrette.

Cette région est une des plus florissantes de l'île, et les motifs qu'en donne M. Grasset de Saint-Sauveur dans son Voyage aux îles Baléares confirment ce que j'ai dit précédemment de l'insuffisance de la culture en général à Majorque. Les remarques que ce fonctionnaire impérial faisait, en 1807, sur l'apathie et l'ignorance des *pagès* majorquins le conduisirent à en rechercher les causes. Il en trouva deux principales.

La première, c'est la grande quantité de couvents, qui absorbait une partie de la population déjà si restreinte. Cet inconvénient a disparu, grâce au décret énergique de M. Mendizabal, que les dévots de Majorque ne lui pardonneront jamais.

La seconde est l'esprit de domesticité qui règne chez eux, et qui les parque par douzaines au service des riches et des nobles. Cet abus subsiste encore dans toute sa vigueur. Tout aristocrate majorquin a une suite nombreuse que son revenu suffit à peine à entretenir, quoiqu'elle ne lui procure aucun bien-être; il est impossible d'être plus mal servi qu'on ne l'est par cette espèce de serviteurs honoraires. Quand on se demande à quoi un riche majorquin peut dépenser son revenu dans un pays où il n'y a ni luxe ni tentations d'aucun genre, on ne se l'explique qu'en voyant sa maison pleine de sales fainéants des deux sexes, qui occupent une portion des bâtiments réservée à cet usage, et qui, dès qu'ils ont passé une année au service du maître, ont droit pour toute leur vie au logement, à l'habillement et à la nourriture. Ceux qui veulent se dispenser du service le peuvent en renonçant à quelques bénéfices; mais l'usage les autorise encore à venir chaque matin manger le chocolat avec leurs anciens confrères, et à prendre part, comme Sancho chez Gamache, à toutes les bombances de la maison.

Au premier abord, ces mœurs semblent patriarcales, et on est tenté d'admirer le sentiment républicain qui préside à ces rapports de maître à valet; mais on s'aperçoit bientôt que c'est un républicanisme à la manière de l'ancienne Rome, et que ces valets sont des clients enchaînés par la paresse ou la misère à la vanité de leurs patrons. C'est un luxe à Majorque d'avoir quinze domestiques pour un état de maison qui en comporterait deux tout au plus. Et quand on voit de vastes terrains en friche, l'industrie perdue, et toute idée de progrès proscrite par l'ineptie et la nonchalance, on ne sait lequel mépriser le plus, du maître qui encourage et perpétue ainsi l'abaissement moral de ses semblables, ou de l'esclave qui préfère une oisiveté dégradante au travail qui lui ferait recouvrer une indépendance conforme à la dignité humaine.

Il est arrivé cependant qu'à force de voir augmenter le budget de leurs dépenses et diminuer celui de leurs revenus, de riches propriétaires majorquins se sont décidés à remédier à l'incurie de leurs tenanciers et à la disette des travailleurs. Ils ont vendu une partie de leurs terres en viager à des paysans, et M. Grasset de Saint-Sauveur s'est assuré que, dans toutes les grandes propriétés où l'on avait essayé de ce moyen, la terre, frappée en apparence de stérilité, avait produit en telle abondance entre les mains d'hommes intéressés à son amélioration, qu'en peu d'années les parties contractantes s'étaient trouvées soulagées de part et d'autre.

Les prédictions de M. Grasset à cet égard se sont réalisées tout à fait, et aujourd'hui la région d'Establiments, entre autres, est devenue un vaste jardin; la population y a augmenté, de nombreuses habitations se sont élevées sur les tertres, et les paysans y ont acquis une certaine aisance qui ne les a pas beaucoup éclairés encore, mais qui leur a donné plus d'aptitude au travail. Il faudra bien des années encore pour que le Majorquin soit actif et laborieux; et s'il faut que, comme nous, il traverse la douloureuse phase de l'âpreté au gain individuel pour arriver à comprendre que ce n'est pas encore là le but de l'humanité, nous pouvons bien lui laisser sa guitare et son rosaire pour tuer le temps. Mais sans doute de meilleures destinées que les nôtres sont réservées à ces peuples enfants que nous initierons quelque jour à une civilisation véritable, sans leur reprocher tout ce que nous aurons fait pour eux. Ils ne sont pas assez grands pour braver les orages révolutionnaires que le sentiment de notre perfectibilité a soulevés sur nos têtes. Seuls, désavoués, raillés et combattus par le reste de la terre, nous avons fait des pas immenses, et le bruit de nos luttes gigantesques n'a pas éveillé de leur profond sommeil ces petites peuplades qui dorment à la portée de notre canon au sein de la Méditerranée. Un jour viendra où nous leur conférerons le baptême de la vraie liberté, et ils s'assiéront au banquet comme les ouvriers de la douzième heure. Trouvons le mot de notre destinée sociale, réalisons nos rêves sublimes; et tandis que les nations environnantes entreront peu à peu dans notre église révolutionnaire, ces malheureux insulaires, que leur faiblesse livre sans cesse comme une proie aux nations marâtres qui se les disputent, accourront à notre communion.

En attendant ce jour où, les premiers en Europe, nous proclamerons la loi de l'égalité pour tous les hommes et de l'indépendance pour tous les peuples, la loi du plus fort à la guerre ou du plus rusé au jeu de la diplomatie gouverne le monde; le droit des gens n'est qu'un mot, et le sort de toutes les populations isolées et restreintes,

Comme le Transylvain, le Ture ou le Hongrois[1],

est d'être dévorées par le vainqueur. S'il en devait être toujours ainsi, je ne souhaiterais Majorque ni l'Espagne, ni l'Angleterre, ni même la France pour tutrice, et je m'intéresserais aussi peu à l'issue fortuite de son existence, qu'à la civilisation étrange que nous portons en Afrique.

VII.

Nous étions depuis trois semaines à Establiments lorsque les pluies commencèrent. Jusque-là nous avions eu un temps adorable; les citronniers et les myrtes étaient encore en fleurs, et, dans les premiers jours de décembre, je restai en plein air sur une terrasse jusqu'à cinq heures du matin, livré au bien-être d'une température délicieuse. On peut s'en rapporter à moi, car je ne connais personne au monde qui soit plus frileux, et l'enthousiasme de la belle nature n'est pas capable de me rendre insensible au moindre froid. D'ailleurs, malgré le charme du paysage éclairé par la lune et le parfum des fleurs qui montait jusqu'à moi, ma veillée n'était pas fort émouvante. J'étais là, non comme eût fait un poëte cherchant l'inspiration, mais comme un oisif qui contemple et qui écoute. J'étais fort occupé, je m'en souviens, à recueillir les bruits de la nuit et à m'en rendre compte.

Il est bien certain, et chacun le sait, que chaque pays a ses harmonies, ses plaintes, ses cris, ses chuchote-

1. La Fontaine, fable des Voleurs et l'Âne.

ments mystérieux, et cette langue matérielle des choses n'est pas un des moindres signes caractéristiques dont le voyageur est frappé. Le clapotement mystérieux de l'eau sur les froides parois des marbres, le pas pesant et mesuré des sbires sur le quai, le cri aigu et presque enfantin des mulots, qui se poursuivent et se querellent sur les dalles limoneuses ; enfin tous les bruits furtifs et singuliers qui troublent faiblement le morne silence des nuits de Venise, ne ressemblent en rien au bruit monotone de la mer, au *qulen vive* des sentinelles et au chant mélancolique des *serenos* de Barcelone. Le lac Majeur a des harmonies différentes de celles du lac de Genève. Le perpétuel craquement des pommes de pin dans les forêts de la Suisse ne ressemble en rien non plus aux craquements qui se font entendre sur les glaciers.

A Majorque, le silence est plus profond que partout ailleurs. Les ânesses et les mules qui passent la nuit au pâturage l'interrompent parfois en secouant leurs clochettes, dont le son est moins grave et plus mélodique que celles des vaches suisses. Le boléro y résonne dans les lieux les plus déserts et dans les plus sombres nuits. Il n'est pas un paysan qui n'ait sa guitare et qui ne marche avec elle à toute heure. De ma terrasse, j'entendais aussi la mer, mais si lointaine et si faible que la poésie étrangement fantastique et saisissante des Djins me revenait en mémoire.

> J'écoute,
> Tout fuit.
> On doute,
> La nuit,
> Tout passe ;
> L'espace
> Efface
> Le bruit.

Dans la ferme voisine, j'entendais le vagissement d'un

petit enfant, et j'entendais aussi la mère, qui, pour l'endormir, lui chantait un joli air du pays, bien monotone, bien triste, bien arabe. Mais d'autres voix moins poétiques vinrent me rappeler la partie grotesque de Majorque.

Les cochons s'éveillèrent et se plaignirent sur un mode que je ne saurais point définir. Alors le *pagès*, père de famille, s'éveilla à la voix de ses porcs chéris, comme la mère s'était éveillée aux pleurs de son nourrisson. Je l'entendis mettre la tête à la fenêtre et gourmander les hôtes de l'étable voisine d'une voix magistrale. Les cochons l'entendirent fort bien, car ils se turent. Puis le pagès, pour se rendormir apparemment, se mit à réciter son rosaire d'une voix lugubre, qui, à mesure que le sommeil venait et se dissipait, s'éteignait ou se ranimait comme le murmure lointain des vagues. De temps en temps encore les cochons laissaient échapper un cri sauvage; le pagès élevait alors la voix sans interrompre sa prière, et les dociles animaux, calmés par un *Ora pro nobis* ou un *Ave Maria* prononcé d'une certaine façon, se taisaient aussitôt. Quant à l'enfant, il écoutait sans doute, les yeux ouverts, livré à l'espèce de stupeur où les bruits incompris plongent cette pensée naissante de l'homme au berceau, qui fait un si mystérieux travail sur elle-même avant de se manifester.

Mais tout à coup, après des nuits si sereines, le déluge commença. Un matin, après que le vent nous eut bercés toute la nuit de ses longs gémissements, tandis que la pluie battait nos vitres, nous entendîmes, à notre réveil, le bruit du torrent qui commençait à se frayer une route parmi les pierres de son lit. Le lendemain, il parlait plus haut; le surlendemain, il roulait les roches qui gênaient sa course. Toutes les fleurs des arbres étaient tombées, et la pluie ruisselait dans nos chambres mal closes.

On ne comprend pas le peu de précautions que prennent les Majorquins contre ces fléaux du vent et de la pluie. Leur illusion ou leur fanfaronnade est si grande à cet égard, qu'ils nient absolument ces inclémences accidentelles, mais sérieuses, de leur climat. Jusqu'à la fin des deux mois de déluge que nous eûmes à essuyer, ils nous soutinrent qu'il ne pleuvait jamais à Majorque. Si nous avions mieux observé la position des pics de montagne et la direction habituelle des vents, nous nous serions convaincus d'avance des souffrances inévitables qui nous attendaient.

Mais une autre déception nous était réservée : c'est celle que j'ai indiquée plus haut, lorsque j'ai commencé à raconter mon voyage par la fin. Un d'entre nous tomba malade. D'une complexion fort délicate, étant sujet à une forte irritation du larynx, il ressentit bientôt les atteintes de l'humidité. La Maison du Vent (*Son-Vent* en patois), c'est le nom de la villa que le señor Gomez nous avait louée, devint inhabitable. Les murs en étaient si minces, que la chaux dont nos chambres étaient crépies se gonflait comme une éponge. Jamais, pour mon compte, je n'ai tant souffert du froid, quoiqu'il ne fît pas très-froid en réalité : mais pour nous, qui sommes habitués à nous chauffer en hiver, cette maison sans cheminée était sur nos épaules comme un manteau de glace, et je me sentais paralysé.

Nous ne pouvions nous habituer à l'odeur asphyxiante des braseros, et notre malade commença à souffrir et à tousser.

De ce moment nous devînmes un objet d'horreur et d'épouvante pour la population. Nous fûmes atteints et convaincus de phthisie pulmonaire, ce qui équivaut à la peste dans les préjugés contagionistes de la médecine espagnole. Un riche médecin, qui, pour la modique rétribution de 45 francs, daigna venir nous faire une visite, déclara pourtant que ce n'était rien, et n'ordonna rien. Nous l'avions surnommé *Malcavisco*, à cause de sa prescription unique.

Un autre médecin vint obligeamment à notre secours; mais la pharmacie de Palma était dans un tel dénûment que nous ne pûmes nous procurer que des drogues détestables. D'ailleurs, la maladie devait être aggravée par des causes qu'aucune science et aucun dévouement ne pouvaient combattre efficacement.

Un matin, que nous étions livrés à des craintes sérieuses sur la durée de ces pluies et de ces souffrances qui étaient liées les unes aux autres, nous reçûmes une lettre du farouche Gomez, qui nous déclarait, dans le style espagnol, que nous *tenions* une personne, laquelle *tenait* une maladie qui portait la contagion dans ses foyers, et menaçait par anticipation les jours de sa famille; en vertu de quoi il nous priait de déguerpir de son palais dans le plus bref délai possible.

Ce n'était pas un grand regret pour nous, car nous ne pouvions plus rester là sans crainte d'être noyés dans nos chambres; mais notre malade n'était pas en état d'être transporté sans danger, surtout avec les moyens de transport qu'on a à Majorque, et le temps qu'il faisait. Et puis la difficulté était de savoir où nous irions; car le bruit de notre phthisie s'était répandu instantanément, et nous ne devions plus espérer de trouver un gîte nulle part, fût-ce à prix d'or, fût-ce pour une nuit. Nous savions bien que les personnes obligeantes qui nous en feraient l'offre n'étaient pas elles-mêmes à l'abri du préjugé, et que d'ailleurs nous attirerions sur elles, en les approchant, la réprobation qui pesait sur nous. Sans l'hospitalité du consul de France, qui fit des miracles pour nous recueillir tous sous son toit, nous étions menacés de camper dans quelque caverne comme des Bohémiens véritables.

Un autre miracle se fit, et nous trouvâmes un asile pour l'hiver. Il y avait à la chartreuse de Valldemosa un Espagnol réfugié qui s'était caché là pour je ne sais quel motif politique. En allant visiter la chartreuse, nous avions été frappés de la distinction de ses manières, de la beauté mélancolique de sa femme, et de l'ameublement rustique et pourtant confortable de leur cellule. La poésie de cette chartreuse m'avait tourné la tête. Il se trouva que le couple mystérieux voulut quitter précipitamment le pays, et qu'il fut aussi charmé de nous céder son mobilier et sa cellule que nous l'étions d'en faire l'acquisition. Pour la modique somme de mille francs, nous eûmes donc un ménage complet, mais tel que nous eussions pu nous le procurer en France pour cent écus, tant les objets de première nécessité sont rares, coûteux, et difficiles à rassembler à Majorque.

Comme nous passâmes alors quatre jours à Palma, quoique j'y aie peu quitté cette fois la cheminée que le consul avait le bonheur de posséder (le déluge continuant toujours), je ferai ici une lacune à mon récit pour décrire un peu la capitale de Majorque. M. Laurens, qui vint l'explorer et en dessiner les plus beaux aspects l'année suivante, sera le cicérone que je présenterai maintenant au lecteur, comme plus compétent que moi sur l'archéologie.

DEUXIÈME PARTIE.

I.

Quoique Majorque ait été occupée pendant quatre cents ans par les Maures, elle a gardé peu de traces réelles de leur séjour. Il ne reste d'eux à Palma qu'une petite salle de bains.

Des Romains, il ne reste rien, et des Carthaginois, quelques débris seulement vers l'ancienne capitale Alcudia, et la tradition de la naissance d'Annibal, que M. Grasset de Saint-Sauveur attribue à l'outrecuidance majorquine, quoique ce fait ne soit pas dénué de vraisemblance[1].

Mais le goût mauresque s'est perpétué dans les moindres constructions, et il était nécessaire que M. Laurens redressât toutes les erreurs archéologiques de ses devanciers, pour que les voyageurs ignorants comme moi ne crussent pas retrouver à chaque pas d'authentiques vestiges de l'architecture arabe.

« Je n'ai point vu dans Palma, dit M. Laurens, de maisons dont la date parût fort ancienne. Les plus intéressantes par leur architecture et leur antiquité appartenaient toutes au commencement du seizième siècle ; mais l'art gracieux et brillant de cette époque ne s'y montre pas sous la même forme qu'en France.

« Ces maisons n'ont au-dessus du rez-de-chaussée

---

[1] « Les Majorquins prétendent qu'Hamilcar, passant d'Afrique en Catalogne avec sa femme, alors enceinte, s'arrêta sur une pointe de l'île où était bâti un temple dédié à Lucine, et qu'Annibal naquit en cet endroit. On trouve ce même conte dans l'*Histoire de Majorque*, par Dameto. » (Grasset de Saint-Sauveur.)

qu'un étage et un grenier très-bas [1]. L'entrée, dans la rue, consiste en une porte à plein cintre, sans aucun ornement; mais la dimension et le grand nombre de pierres disposées en longs rayons lui donnent une grande physionomie. Le jour pénètre dans les grandes salles du premier étage à travers de hautes fenêtres divisées par des colonnes excessivement effilées, qui leur donnent une apparence entièrement arabe.

« Ce caractère est si prononcé, qu'il m'a fallu examiner plus de vingt maisons construites d'une manière identique, et les étudier dans toutes les parties de leur construction pour arriver à la certitude que ces fenêtres n'avaient pas été enlevées à quelques murs de ces palais mauresques, vraiment féeriques, dont l'Alhambra de Grenade nous reste comme échantillon.

« Je n'ai rencontré qu'à Majorque des colonnes qui, avec une hauteur de six pieds, n'ont qu'un diamètre de trois pouces. La finesse des marbres dont elles sont faites, le goût du chapiteau qui les surmonte, tout cela m'avait fait supposer une origine arabe. Quoi qu'il en soit, l'aspect de ces fenêtres est aussi joli qu'original.

« Le grenier qui constitue l'étage supérieur est une galerie, ou plutôt une suite de fenêtres rapprochées et copiées exactement sur celles qui forment le couronnement de la *Lonja*. Enfin, un toit fort avancé, soutenu par des poutres artistement ciselées, préserve cet étage de la pluie ou du soleil, et produit des effets piquants de lumière par les longues ombres qu'il projette sur la maison, et par l'opposition de la masse brune de la charpente avec les tons brillants du ciel.

[1]. Ce ne sont pas précisément des greniers, mais bien des étendoirs, appelés dans le pays *porchos*.

L'escalier, travaillé avec un grand goût, est placé dans une cour, au centre de la maison, et séparé de l'entrée sur la rue par un vestibule où l'on remarque des pilastres dont le chapiteau est orné de feuillages sculptés, ou de quelque blason supporté par des anges.

« Pendant plus d'un siècle encore après la renaissance, les Majorquins ont mis un grand luxe dans la construction de leurs habitations particulières. Tout en suivant la même distribution, ils ont apporté dans les vestibules et dans les escaliers les changements de goût que l'architecture devait amener. Ainsi l'on trouve partout la colonne toscane ou dorienne; des rampes, des balustrades, donnent toujours une apparence somptueuse aux demeures de l'aristocratie.

« Cette prédilection pour l'ornement de l'escalier et ce souvenir du goût arabe se retrouvent aussi dans les plus humbles habitations, même lorsqu'une seule échelle conduit directement de la rue au premier étage. Alors, chaque marche est recouverte de carreaux en faïence peinte de fleurs brillantes, bleues, jaunes ou rouges. »

Cette description est fort exacte, et les dessins de M. Laurens rendent bien l'élégance de ces intérieurs dont le péristyle fournirait à nos théâtres de beaux décors d'une extrême simplicité.

Ces petits cours pavées en dalles, et parfois entourées de colonnes comme le *cortile* des palais de Venise, ont aussi pour la plupart un puits d'un goût très-pur au milieu. Elles n'ont ni le même aspect ni le même usage que nos cours malpropres et nues. On n'y place jamais l'entrée des écuries et des remises. Ce sont de véritables préaux, peut-être un souvenir de l'atrium des Romains. Le puits du milieu y tient évidemment la place de l'impluvium.

Lorsque ces péristyles sont ornés de pots de fleurs et

de tendines de jonc, ils ont un aspect à la fois élégant et sévère, dont les seigneurs majorquins ne comprennent nullement la poésie; car ils ne manquent guère de s'excuser sur la vétusté de leurs demeures; et si vous en admirez le style, ils sourient, croyant que vous les raillez, ou méprisant peut-être en eux-mêmes ce ridicule excès de courtoisie française.

Au reste, tout n'est pas également poétique dans la demeure des nobles majorquins. Il est certains détails de malpropreté dont je serais fort embarrassé de donner l'idée à mes lecteurs, à moins, comme écrivait Jacquemont en parlant des mœurs indiennes, d'achever ma lettre en latin.

Ne sachant pas le latin, je renvoie les curieux au passage que M. Grasset de Saint-Sauveur, écrivain moins sérieux que M. Laurens, mais fort véridique sur ce point, consacre à la situation des garde-mangers à Majorque et dans beaucoup d'anciennes maisons d'Espagne et d'Italie. Ce passage est remarquable à cause d'une prescription de la médecine espagnole qui règne encore dans toute sa vigueur à Majorque, et qui est des plus étranges [1].

L'intérieur de ces palais ne répond nullement à l'extérieur. Rien de plus significatif, chez les nations comme chez les individus, que la disposition et l'ameublement des habitations.

A Paris, où les caprices de la mode et l'abondance des produits industriels font varier si étrangement l'aspect des appartements, il suffit bien, n'est-ce pas, d'entrer chez une personne aisée pour se faire en un clin d'œil une idée de son caractère, pour se dire si elle a du goût ou de l'ordre, de l'avarice ou de la négligence,

---

[1]. Voyez Grasset de Saint-Sauveur, p. 119.

un esprit méthodique ou romanesque, de l'hospitalité ou de l'ostentation.

J'ai mes systèmes là-dessus, comme chacun a les siens, ce qui ne m'empêche pas de me tromper fort souvent dans mes inductions, ainsi qu'il arrive à bien d'autres.

J'ai particulièrement horreur d'une pièce peu meublée et très-bien rangée. A moins qu'une grande intelligence et un grand cœur, tout à fait emportés hors de la sphère des petites observations matérielles, n'habitent là comme sous une tente, je m'imagine que l'hôte de cette demeure est une tête vide et un cœur froid.

Je ne comprends pas que, lorsqu'on habite réellement entre quatre murailles, on n'éprouve pas le besoin de les remplir, ne fût-ce que de bûches et de paniers, et d'y voir vivre quelque chose autour de soi, ne fût-ce qu'une pauvre giroflée ou un pauvre moineau.

Le vide et l'immobile me glacent d'effroi, la symétrie et l'ordre rigoureux me navrent de tristesse; et si mon imagination pouvait se représenter la damnation éternelle, mon enfer serait certainement de vivre à jamais dans certaines maisons de province où règne l'ordre le plus parfait, où rien ne change jamais de place, où l'on ne voit rien traîner, où rien ne s'use ni se brise, et où pas un animal ne pénètre, sous prétexte que les choses animées gâtent les choses inanimées. Eh ! périssent tous les tapis du monde, si je ne dois en jouir qu'à la condition de n'y jamais voir gambader un enfant, un chien ou un chat.

Cette propreté rigide ne prend pas sa source dans l'amour véritable de la propreté, mais dans une excessive paresse, ou dans une économie sordide. Avec un peu plus de soin et d'activité, la *ménagère* sympathique à mes goûts peut maintenir dans notre intérieur cette propreté, dont je ne puis pas me passer non plus.

Mais que dire et que penser des mœurs et des idées d'une famille dont le *home* est vide et immobile, sans avoir l'excuse ou le prétexte de la propreté?

S'il arrive qu'on se trompe aisément, comme je le disais tout à l'heure, dans les inductions particulières, il est difficile de se tromper dans les inductions générales. Le caractère d'un peuple se révèle dans son costume et dans son ameublement, aussi bien que dans ses traits et dans son langage.

Ayant parcouru Palma pour y chercher des appartements, je suis entré dans un assez grand nombre de maisons; tout s'y ressemblait si exactement que je pouvais conclure de là à un caractère général chez leurs occupants. Je n'ai pénétré dans aucun de ces intérieurs sans avoir le cœur serré de déplaisir et d'ennui, rien qu'à voir les murailles nues, les dalles tachées et poudreuses, les meubles rares et malpropres. Tout y portait témoignage de l'indifférence et de l'inaction; jamais un livre, jamais un ouvrage de femme. Les hommes ne lisent pas, les femmes ne cousent même pas. Le seul indice d'une occupation domestique, c'est l'odeur de l'ail qui trahit le travail culinaire; et les seules traces d'un amusement intime, ce sont les bouts de cigare semés sur le pavé.

Cette absence de vie intellectuelle fait de l'habitation quelque chose de mort et de creux qui n'a pas d'analogue chez nous, et qui donne au Majorquin plus de ressemblance avec l'Africain qu'avec l'Européen.

Ainsi toutes ces maisons où les générations se succèdent sans rien transformer autour d'elles, et sans marquer aucune empreinte individuelle sur les choses qui ordinairement participent en quelque sorte à notre vie humaine, font plutôt l'effet de caravansérails que de maisons véritables; et tandis que les nôtres donnent l'idée d'un nid pour la famille, celles-là semblent des gîtes où les groupes d'une population errante se retireraient indifféremment pour passer la nuit. Des personnes qui connaissaient bien l'Espagne m'ont dit qu'il en était généralement ainsi dans toute la Péninsule.

Ainsi que je l'ai dit plus haut, le péristyle ou l'*atrium* des palais des *chevaliers* (c'est ainsi que s'intitulent encore les patriciens de Majorque) ont un grand caractère d'hospitalité et même de bien-être. Mais dès que vous avez franchi l'élégant escalier et pénétré dans l'intérieur des chambres, vous croyez entrer dans un lieu disposé uniquement pour la sieste. De vastes salles, ordinairement dans la forme d'un carré long, très-élevées, très-froides, très-sombres, toutes nues, blanchies à la chaux sans aucun ornement, avec de grands vieux portraits de famille tout noirs et placés sur une seule ligne, si haut qu'on n'y distingue rien; quatre ou cinq chaises d'un cuir gras et mangé aux vers, bordées de gros clous dorés qu'on n'a pas nettoyés depuis deux cents ans; quelques nattes valenciennes, ou seulement quelques peaux de mouton à longs poils jetées çà et là sur le pavé; des croisées placées très-haut et recouvertes de pagnes épaisses; de larges portes de bois de chêne noir ainsi que le plafond à solives, et parfois une antique portière de drap d'or portant l'écusson de la famille richement brodé, mais terni et rongé par le temps: tels sont les palais majorquins à l'intérieur. On n'y voit guère d'autres tables que celles où l'on mange; les glaces sont fort rares, et tiennent si peu de place dans ces panneaux immenses, qu'elles n'y jettent aucune clarté.

On trouve le maître de la maison debout et fumant dans un profond silence, la maîtresse assise sur une grande chaise et jouant de l'éventail sans penser à rien. On ne voit jamais les enfants : ils vivent avec les domestiques, à la cuisine ou au grenier, je ne sais; les parents ne s'en occupent pas. Un chapelain va et vient dans la maison sans rien faire. Les vingt ou trente valets font la sieste, pendant qu'une vieille servante hérissée ouvre la porte au quinzième coup de sonnette du visiteur.

Cette vie ne manque certainement pas de *caractère*, comme nous dirions dans l'acception illimitée que nous donnons aujourd'hui à ce mot; mais, si l'on condamnait à vivre ainsi le plus calme de nos bourgeois, il y deviendrait certainement fou de désespoir, ou démagogue par réaction d'esprit.

II.

Les trois principaux édifices de Palma sont la cathédrale, la Lonja (bourse) et le Palacio-Real.

La cathédrale, attribuée par les Majorquins à don Jaime le Conquérant, leur premier roi chrétien et en quelque sorte leur Charlemagne, fut en effet entreprise sous ce règne, mais elle ne fut terminée qu'en 1601. Elle est d'une immense nudité; la pierre calcaire dont elle est entièrement bâtie est d'un grain très-fin et d'une belle couleur d'ambre.

Cette masse imposante, qui s'élève au bord de la mer, est d'un grand effet lorsqu'on entre dans le port; mais elle n'a de vraiment estimable, comme goût, que le portail méridional, signalé par M. Laurens comme le plus beau spécimen de l'art gothique qu'il ait jamais eu occasion de dessiner. L'intérieur est des plus sévères et des plus sombres.

Les vents maritimes pénétrant avec fureur par les larges ouvertures du portail principal et renversant les tableaux et les vases sacrés au milieu des offices, on a muré les portes et les rosaces de ce côté. Ce vaisseau n'a pas moins de cinq cent quarante palmes [1] de longueur sur trois cent soixante-quinze de largeur.

Au milieu du chœur on remarque un sarcophage de marbre fort simple, qu'on ouvre aux étrangers pour leur montrer la momie de don Jaime II, fils du *Conquistador*, prince dévot, aussi faible et aussi doux que son père fut entreprenant et belliqueux.

Les Majorquins prétendent que leur cathédrale est très-supérieure à celle de Barcelone; de même que leur Lonja est infiniment, selon eux, plus belle que celle de Valence. Je n'ai pas vérifié le dernier point; quant au premier, il est insoutenable.

Dans l'une et dans l'autre cathédrale on remarque le singulier trophée qui orne la plupart des métropoles de l'Espagne : c'est la hideuse tête de Maure en bois peint, coiffée d'un turban, qui termine le pendentif de l'orgue. Cette représentation d'une tête coupée est souvent ornée d'une longue barbe blanche et peinte en rouge en dessous pour figurer le sang impur du vaincu.

On voit sur les clefs de voûte des nefs de nombreux écussons armoriés. Apposer ainsi son blason dans la maison de Dieu était un privilége que les chevaliers majorquins payaient fort cher ; et c'est grâce à cet impôt prélevé sur la vanité que la cathédrale a pu être achevée dans un siècle où la dévotion était refroidie. Il faudrait être bien injuste pour attribuer aux seuls Majorquins une faiblesse qui leur a été commune avec les nobles dévots du monde entier à cette époque.

1. Le *palmo* espagnol est le *pan* de nos provinces méridionales.

La Lonja est le monument qui m'a le plus frappé par ses proportions élégantes et un caractère d'originalité que n'excluent ni une régularité parfaite ni une simplicité pleine de goût.

Cette bourse fut commencée et terminée dans la première moitié du quinzième siècle. L'illustre Jovellanos l'a décrite avec soin, et le *Magasin Pittoresque* l'a popularisée par un dessin fort intéressant, publié il y a déjà plusieurs années. L'intérieur est une seule vaste salle soutenue par six piliers cannelés en spirale, d'une ténuité élégante.

Destinée jadis aux réunions des marchands et des nombreux navigateurs qui affluaient à Palma, la Lonja témoigne de la splendeur passée du commerce majorquin; aujourd'hui elle ne sert plus qu'aux fêtes publiques. Ce devait être une chose intéressante de voir les Majorquins, revêtus des riches costumes de leurs pères, s'ébattre gravement dans cette antique salle de bal; mais la pluie nous tenait alors captifs dans la montagne, et il ne nous fut pas possible de voir ce carnaval, moins renommé et moins triste peut-être que celui de Venise. Quant à la Lonja, quelque belle qu'elle m'ait paru, elle n'a pas fait tort dans mes souvenirs à cet adorable bijou qu'on appelle la Cadoro, l'ancien hôtel des monnaies, sur le Grand-Canal.

Le Palacio-Real de Palma, que M. Grasset de Saint-Sauveur n'hésite point à croire romain et mauresque (ce qui lui a inspiré des émotions tout a fait dans le goût de l'empire), a été bâti, dit-on, en 1309. M. Laurens se déclare troublé dans sa conscience à l'endroit des petites fenêtres géminées, et des colonnettes énigmatiques qu'il a étudiées dans ce monument.

Serait-il donc trop audacieux d'attribuer les anomalies de goût qu'on remarque dans tant de constructions majorquines à l'intercalation d'anciens fragments dans des constructions subséquentes? De même qu'en France et en Italie le goût de la renaissance introduisit des médaillons et des bas-reliefs vraiment grecs et romains dans les ornements de sculpture, n'est-il pas probable que les chrétiens de Majorque, après avoir renversé tous les ouvrages mauresques[1], en utilisèrent les riches débris et les incrustèrent de plus en plus dans leurs constructions postérieures?

Quoi qu'il en soit, le Palacio-Real de Palma est d'un aspect fort pittoresque. Rien de plus irrégulier, de plus incommode et de plus sauvagement moyen âge que cette habitation seigneuriale; mais aussi rien de plus fier, de plus caractérisé, de plus hidalgo que ce manoir composé de galeries, de tours, de terrasses et d'arcades grimpant les unes sur les autres à une hauteur considé-

---

[1]. La prise et le sac de Palma par les chrétiens, au mois de décembre de l'année 1229, sont très-pittoresquement décrits dans la chronique de Marsigli (inédite). En voici un fragment:

« Les pillards et les voleurs fouillant dans les maisons trouvaient de très-belles femmes et de charmantes filles maures qui tenaient dans leur giron des pièces de monnaie d'or et d'argent, des perles et pierres précieuses, des bracelets en or et en argent, des saphirs et toute sorte de joyaux de prix. Elles étalaient tous ces objets aux yeux des hommes armés qui se présentaient à elles, et, pleurant amèrement, elles leur disaient en sarrasin : « — Que tout ceci soit à toi, mais donne-moi seulement de quoi vivre. »

« L'avidité du gain fut telle, tel fut le déportement, que les hommes de la maison du roi d'Aragon ne parurent de huit jours en sa présence, occupés qu'ils étaient à chercher les objets cachés pour se les approprier.

« C'était à tel point que le lendemain, comme on n'avait pu découvrir le cuisinier ni les officiers de la maison du roi, un noble aragonais, Ladro, lui dit :

« — Seigneur, je vous invite parce que j'ai bien de quoi manger, et qu'on m'annonce que j'ai à mon logis une bonne vache; là vous prendrez un repas et coucherez cette nuit. »

« Le roi en eut une grande joie et suivit ledit noble. »

rable, et terminées par un ange gothique, qui, du sein des nues, regarde l'Espagne par-dessus la mer.

Ce palais, qui renferme les archives, est la résidence du capitaine général, le personnage le plus éminent de l'île. Voici comment M. Grasset de Saint-Sauveur décrit l'intérieur de cette résidence :

« La première pièce est une espèce de vestibule servant de corps de garde. On passe à droite dans deux grandes salles, où à peine rencontre-t-on un siége.

« La troisième est la salle d'audience ; elle est décorée d'un trône en velours cramoisi enrichi de crépines en or, porté sur une estrade de trois marches couvertes d'un tapis. Aux deux côtés sont deux lions en bois doré. Le dais qui couvre le trône est également de velours cramoisi surmonté de panaches en plumes d'autruche. Au-dessus du trône sont suspendus les portraits du roi et de la reine.

« C'est dans cette salle que le général reçoit, les jours d'étiquette ou de *gala*, les différents corps de l'administration civile, les officiers de la garnison, et les étrangers de considération. »

Le capitaine général, faisant les fonctions de gouverneur, pour qui nous avions des lettres, nous fit en effet l'honneur de recevoir dans cette salle celui de nous qui se chargea d'aller les lui présenter. Notre compagnon trouva ce haut fonctionnaire près de son trône, le même à coup sûr que décrivait Grasset de Saint-Sauveur en 1807 ; car il était usé, fané, râpé, et quelque peu taché d'huile et de bougie. Les deux lions n'étaient plus guère dorés, mais ils faisaient toujours une grimace très-féroce. Il n'y avait de changé que l'effigie royale ; cette fois, c'était l'innocente Isabelle, monstrueuse enseigne de cabaret, qui occupait le vieux cadre doré où ses augustes ancêtres s'étaient succédé comme les modèles dans le *passe-partout* d'un élève en peinture. Le gouverneur, pour être logé comme le duc d'Irénéus d'Hoffmann, n'en était pas moins un homme fort estimé et un prince fort affable.

Un quatrième monument fort remarquable est le palais de l'Ayuntamiento, ouvrage du seizième siècle, dont on compare avec raison le style à celui des palais de Florence. Le toit est surtout remarquable par l'avancement de ses bords, comme ceux des palais florentins et des chalets suisses; mais il a cela de particulier, qu'il est soutenu par des caissons à rosaces fort richement sculptées sur bois, alternées avec de longues cariatides couchées sous cet auvent, qu'elles semblent porter en gémissant, car la plupart d'entre elles ont la face cachée dans leurs mains.

Je n'ai pas vu l'intérieur de cet édifice, dans lequel se trouve la collection des portraits des grands hommes de Majorque. Au nombre de ces illustres personnages, on voit le fameux don Jaime, sous les traits d'un *roi de carreau*. On y voit aussi un très-ancien tableau représentant les funérailles de Raymond Lulle, Majorquin, lequel offre une série très-intéressante et très-variée des anciens costumes revêtus par l'innombrable cortége du docteur illuminé. Enfin on voit dans ce palais consistorial un magnifique *Saint Sébastien* de Van Dyck, dont personne, à Majorque, ne m'a daigné signaler l'existence.

« Palma possède une école de dessin, ajoute M. Laurens, qui a déjà formé, dans notre dix-neuvième siècle seulement, trente-six peintres, huit sculpteurs, onze architectes et six graveurs, tous professeurs célèbres, s'il faut en croire le Dictionnaire des artistes célèbres de Majorque, que vient de publier le savant Antonio Furio. J'avoue ingénument que pendant mon séjour à

Palma je ne me suis pas cru entouré de tant de grands hommes, et que je n'ai rien vu qui me fît deviner leur existence...

« Quelques riches familles conservent plusieurs tableaux de l'école espagnole... Mais si vous parcourez les magasins, si vous entrez dans la maison du simple citoyen, vous n'y trouverez que ces images coloriées étalées par des colporteurs sur nos places publiques, et qui ne trouvent accès en France que sous l'humble toit du pauvre paysan. »

Le palais dont Palma se glorifie le plus est celui du comte de Montenegro, vieillard octogénaire, autrefois capitaine général, un des personnages de Majorque les plus illustres par la naissance et les plus importants par la richesse.

Ce seigneur possède une bibliothèque que nous fûmes admis à visiter, mais dont je n'ouvris pas un seul volume, et dont je ne saurais absolument rien dire (tant mon respect pour les livres est voisin de l'épouvante), si un savant compatriote ne m'eût appris l'importance des trésors devant lesquels j'étais passé indifférent, comme le coq de la fable au milieu des perles.

Ce compatriote[1], qui est resté près de deux ans en Catalogne et à Majorque pour y faire des études sur la langue romane, m'a communiqué obligeamment ses notes, et m'a autorisé, avec une générosité bien rare chez les érudits, à y puiser à discrétion. Je ne le ferai pas sans prévenir mon lecteur que ce voyageur a été aussi enthousiasmé de toutes choses à Majorque que j'y ai été désappointé.

Je pourrais dire, pour expliquer cette divergence

---

[1]. M. Tasta, un de nos linguistes les plus érudits, et l'époux d'une de nos muses au talent le plus pur et au caractère le plus noble.

d'impressions, que, lors de mon séjour, la population majorquine s'était gênée et resserrée pour faire place à vingt mille Espagnols que la guerre y avait refoulés, et que j'ai pu, sans erreur et sans prévention, trouver Palma moins habitable, et les Majorquins moins disposés à accueillir un nouveau surcroît d'étrangers qu'ils ne l'étaient sans doute deux ans auparavant. Mais j'aime mieux encourir le blâme d'un bienveillant redresseur que d'écrire sous une autre impression que la mienne propre.

Je serai bien heureux, d'ailleurs, d'être contredit et réprimandé publiquement, comme je l'ai été en particulier; car le public y gagnera un livre bien plus exact et bien plus intéressant sur Majorque que cette relation décousue, et peut-être injuste à mon insu, que je suis forcé de lui donner.

Que M. Tastu publie donc son voyage; je lirai avec grand contentement de cœur, je le jure, tout ce qui me pourra faire changer d'opinion sur les Majorquins : j'en ai connu quelques-uns que je voudrais pouvoir considérer comme les représentants du type général, et qui, je l'espère, ne douteront pas de mes sentiments à leur égard, si cet écrit tombe jamais entre leurs mains.

Je trouve donc dans les notes de M. Tastu, à l'endroit des richesses intellectuelles que possède encore Majorque, cette bibliothèque du comte de Montenegro, que j'ai parcourue peu révérencieusement à la suite du chapelain de la maison, occupé que j'étais d'examiner cet intérieur d'un vieux chevalier majorquin célibataire; intérieur triste et grave s'il en fut, régi silencieusement par un prêtre.

« Cette bibliothèque, dit M. Tastu, a été composée par l'oncle du comte de Montenegro, le cardinal Antonio Despuig, l'ami intime de Pie VI.

« Le savant cardinal avait réuni tout ce que l'Espagne, l'Italie et la France avaient de remarquable en bibliographie. La partie qui traite de la numismatique et des arts de l'antiquité y est surtout au grand complet.

« Parmi le petit nombre de manuscrits qu'on y trouve, il en est un fort curieux pour les amateurs de calligraphie : c'est un livre d'heures. Les miniatures en sont précieuses ; il est des meilleurs temps de l'art.

« L'amateur de blason y trouvera encore un armorial où sont dessinés avec leurs couleurs les écus d'armes de la noblesse espagnole, y compris ceux des familles aragonaises, mallorquines, roussillonnaises et languedociennes. Le manuscrit, qui paraît être du seizième siècle, a appartenu à la famille Dameto, alliée aux Despuig et aux Montenegro. En le feuilletant, nous y avons trouvé l'écu de la famille des *Bonapart*, d'où descendait notre grand Napoléon, et dont nous avons tiré le *fac-simile* qu'on verra ci-après...

« On trouve encore dans cette bibliothèque la belle carte nautique du Mallorquin Valsequa, manuscrit de 1439, chef-d'œuvre de calligraphie et de dessin topographique, sur lequel le miniaturiste a exercé son précieux travail. Cette carte avait appartenu à Améric Vespuce, qui l'avait achetée fort cher, comme l'atteste une légende en écriture du temps, placée sur le dos de ladite carte : « *Questa ampla pelle di geographia fù pagata da Amerigo Vespucci CXXX ducati di oro di marco.*

« Ce précieux monument de la géographie du moyen âge sera incessamment publié pour faire suite à l'Atlas catalan-mallorquin de 1375, inséré dans le xiv° vol., 2° partie, des Notices de manuscrits de l'Académie des Inscriptions et Belles-Lettres. »

En transcrivant cette note, les cheveux me dressent à la tête, car une scène affreuse se retrace à ma pensée.

Nous étions dans cette même bibliothèque de Montenegro, et le chapelain déroulait devant nous cette même carte nautique, ce monument si précieux et si rare, acheté par Améric Vespuce 130 ducats d'or, et Dieu sait combien par l'amateur d'antiquités le cardinal Despuig !.. lorsqu'un des quarante ou cinquante domestiques de la maison imagina de poser un encrier de liége sur un des coins du parchemin pour le tenir ouvert sur la table. L'encrier était plein, mais plein jusqu'aux bords !

Le parchemin, habitué à être roulé, et poussé peut-être en cet instant par quelque malin esprit, fit un effort, un craquement, un saut, et revint sur lui-même entraînant l'encrier, qui disparut dans le rouleau bondissant et vainqueur de toute contrainte. Ce fut un cri général ; le chapelain devint plus pâle que le parchemin.

On déroula lentement la carte, se flattant encore d'une vaine espérance ! Hélas ! l'encrier était vide ! La carte était inondée, et les jolis petits souverains peints en miniature voguaient littéralement sur une mer plus noire que le Pont-Euxin.

Alors chacun perdit la tête. Je crois que le chapelain s'évanouit. Les valets accoururent avec des seaux d'eau, comme s'il se fût agi d'un incendie, et, à grands coups d'éponge et de balai, se mirent à nettoyer la carte, emportant pêle-mêle rois, mers, îles et continents.

Avant que nous eussions pu nous opposer à ce zèle fatal, la carte fut en partie gâtée, mais non pas sans ressource; M. Tastu en avait pris le calque exact, et on pourra, grâce à lui, réparer tant bien que mal le dommage.

Mais quelle dut être la consternation de l'aumônier lorsque son seigneur s'en aperçut ! Nous étions tous à six pas de la table au moment de la catastrophe ; mais je suis bien certain que nous n'en portâmes pas moins tout le poids de la faute, et que ce fait, imputé à des

Français, n'aura pas contribué à les remettre en bonne odeur à Majorque.

Cet événement tragique nous empêcha d'admirer et même d'apercevoir aucune des merveilles que renferme le palais de Montenegro, ni le cabinet de médailles, ni les bronzes antiques, ni les tableaux. Il nous tardait de fuir avant que le patron rentrât, et, certains d'être accusés auprès de lui, nous n'osâmes y retourner. La note de M. Tastu suppléera donc encore ici à mon ignorance.

« Attenant à la bibliothèque du cardinal se trouve un cabinet de médailles celtibériennes, mauresques, grecques, romaines et du moyen âge; inappréciable collection, aujourd'hui dans un désordre affligeant, et qui attend un érudit pour être rangée et classée.

« Les appartements du comte de Montenegro sont décorés d'objets d'art en marbre ou en bronze antique, provenant des fouilles d'Ariccia, ou achetés à Rome par le cardinal. On y voit aussi beaucoup de tableaux des écoles espagnole et italienne, dont plusieurs pourraient figurer avec éclat dans les plus belles galeries de l'Europe. »

Il faut que je parle du château de Belver ou Bellver, l'ancienne résidence des rois de Majorque, quoique je ne l'aie vue que de loin, sur la colline d'où il domine la mer avec beaucoup de majesté. C'est une forteresse d'une grande antiquité, et une des plus dures prisons d'État de l'Espagne.

« Les murailles qui existent aujourd'hui, dit M. Laurens, ont été élevées à la fin du treizième siècle, et elles montrent dans un bel état de conservation un des plus curieux monuments de l'architecture militaire au moyen âge. »

Lorsque notre voyageur le visita, il y trouva une cinquantaine de prisonniers carlistes, couverts de haillons et presque nus, quelques-uns encore enfants, qui man-

4.

geaient à la gamelle avec une gaieté bruyante un chaudron de macaroni grossier cuit à l'eau. Ils étaient gardés par des soldats qui tricotaient des bas, le cigare à la bouche.

C'était au château de Belver qu'on transférait effectivement à cette époque le trop-plein des prisons de Barcelone. Mais des captifs plus illustres ont vu se fermer sur eux ces portes redoutables.

Don Gaspar de Jovellanos, un des orateurs les plus éloquents et des écrivains les plus énergiques de l'Espagne, y expia son célèbre pamphlet *Pan y toros*, dans la *torre de homenage, cuya cura*, dit Vargas, *es la mas cruda prision*. Il y occupa ses tristes loisirs à décrire scientifiquement sa prison, et à retracer l'histoire des événements tragiques dont elle avait été le théâtre au temps des guerres du moyen âge.

Les Majorquins doivent aussi à son séjour dans leur île une excellente description de leur cathédrale et de leur Lonja. En un mot, ses Lettres sur Majorque sont les meilleurs documents qu'on puisse consulter.

Le même cachot qu'avait occupé Jovellanos, sous le règne parasite du prince de la Paix, reçut bientôt après une autre illustration scientifique et politique.

Cette anecdote peu connue de la vie d'un homme aussi justement célèbre en France que Jovellanos l'est en Espagne, intéressera d'autant plus qu'elle est un des chapitres romanesques d'une vie que l'amour de la science jeta dans mille aventures périlleuses et touchantes.

III.

Chargé par Napoléon de la mesure du méridien, M. Arago était, en 1808, à Majorque, sur la montagne appelée le *Clot de Galatzo*, lorsqu'il reçut la nouvelle des événements de Madrid et de l'enlèvement de Ferdinand. L'exaspération des habitants de Majorque fut telle alors qu'ils s'en prirent au savant français, et se dirigèrent en foule vers le Clot de Galatzo pour le tuer.

Cette montagne est située au-dessus de la côte où descendit Jaime Ier lorsqu'il conquit Majorque sur les Maures; et comme M. Arago y faisait souvent allumer des feux pour son usage, les Majorquins s'imaginèrent qu'il faisait des signaux à une escadre française portant une armée de débarquement.

Un de ces insulaires nommé Damian, maître de timonnerie sur le brick affecté par le gouvernement espagnol aux opérations de la mesure du méridien, résolut d'avertir M. Arago du danger qu'il courait. Il devança ses compatriotes, et lui porta en toute hâte des habits de marin pour le déguiser.

M. Arago quitta aussitôt sa montagne et se rendit à Palma. Il rencontra en chemin ceux-là mêmes qui allaient pour le mettre en pièces, et qui lui demandèrent des renseignements sur le maudit *gabacho* dont ils voulaient se défaire. Parlant très-bien la langue du pays, M. Arago répondit à toutes leurs questions, et ne fut pas reconnu.

En arrivant à Palma, il se rendit à son brick; mais le capitaine don Manoel de Vacaro, qui jusque là avait toujours déféré à ses ordres, refusa formellement de le conduire à Barcelone, et ne lui offrit à son bord pour tout refuge qu'une caisse dans laquelle, vérification faite, M. Arago ne pouvait tenir.

Le lendemain, un attroupement menaçant s'étant formé sur le rivage, le capitaine Vacaro avertit M. Arago qu'il ne pouvait plus désormais répondre de sa vie; ajoutant, sur l'avis du capitaine général, qu'il n'y avait pour lui d'autre moyen de salut que d'aller se constituer prisonnier dans le fort de Belver. On lui fournit à cet effet une chaloupe sur laquelle il traversa la rade. Le peuple s'en aperçut, et, s'élançant à sa poursuite, allait l'atteindre au moment où les portes de la forteresse se fermèrent sur lui.

M. Arago resta deux mois dans cette prison, et le capitaine général lui fit dire enfin qu'il fermerait les yeux sur son évasion. Il s'échappa donc par les soins de M. Rodriguez, son associé espagnol dans la mesure du méridien.

Le même Majorquin Damian, qui lui avait sauvé la vie au Clot de Galatzo, le conduisit à Alger sur une barque de pêcheur, ne voulant à aucun prix débarquer en France ou en Espagne.

Durant sa captivité, M. Arago avait appris des soldats suisses qui le gardaient, que des moines de l'île leur avaient promis de l'argent s'ils voulaient l'empoisonner.

En Afrique, notre savant eut bien d'autres revers, auxquels il échappa d'une façon encore plus miraculeuse ; mais ceci sortirait de notre sujet, et nous espérons qu'un jour il écrira cette intéressante relation.

Au premier abord, la capitale majorquine ne révèle pas tout le caractère qui est en elle. C'est en la parcourant dans l'intérieur, en pénétrant le soir dans ses rues profondes et mystérieuses, qu'on est frappé du style élégant et de la disposition originale de ses moindres constructions. Mais c'est surtout du côté du nord, lorsqu'on y arrive de l'intérieur des terres, qu'elle se présente avec toute sa physionomie africaine.

M. Laurens a senti cette beauté pittoresque, qui n'eût

point frappé un simple archéologue, et il a retracé un des aspects qui m'avait le plus pénétré par sa grandeur et sa mélancolie; c'est la partie du rempart sur laquelle s'élève, non loin de l'église de Saint-Augustin, un énorme massif carré sans autre ouverture qu'une petite porte cintrée.

Un groupe de beaux palmiers couronne cette fabrique, dernier vestige d'une forteresse des templiers, premier plan, admirable de tristesse et de nudité, au tableau magnifique qui se déroule au bas du rempart, la plaine riante et fertile terminée au loin par les montagnes bleues de Valldemosa. Vers le soir, la couleur de ce paysage varie d'heure en heure en s'harmonisant toujours de plus en plus; nous l'avons vu au coucher du soleil d'un rose étincelant, puis d'un violet splendide, et puis d'un lilas argenté, et enfin d'un bleu pur et transparent à l'entrée de la nuit.

M. Laurens a dessiné plusieurs autres vues prises des remparts de Palma.

« Tous les soirs, dit-il, à l'heure où le soleil colore vivement les objets, j'allais lentement par le rempart, m'arrêtant à chaque pas pour contempler les heureux accidents qui résultaient de l'arrangement des lignes des montagnes ou de la mer avec les sommités des édifices de la ville.

« Ici, le talus intérieur du rempart était garni d'une effrayante haie d'aloès d'où sortaient par centaines ces hautes tiges dont l'inflorescence rappelle si bien un candélabre monumental. Au delà, des groupes de palmiers s'élevaient dans les jardins au milieu des figuiers, des cactus, des orangers et des ricins arborescents; plus loin apparaissaient des belvédères et des terrasses ombragées de vignes; enfin, les aiguilles de la cathédrale, les clochers et les dômes des nombreuses églises se détachaient en silhouettes sur le fond pur et lumineux du ciel. »

Une autre promenade dans laquelle les sympathies de M. Laurens ont rencontré les miennes; c'est celle des ruines du couvent de Saint-Dominique.

Au bout d'un berceau de vigne soutenu par des piliers de marbre se trouvent quatre grands palmiers que l'élévation de ce jardin en terrasse fait paraître gigantesques, et qui font vraiment partie, à cette hauteur, des monuments de la ville avec lesquels leur cime se trouve de niveau. A travers leurs rameaux on aperçoit le sommet de la façade de Saint-Étienne, la tour massive de la célèbre horloge baléarique[1], et la tour de l'Ange du Palacio-Real.

Ce couvent de l'inquisition, qui n'offre plus qu'un monceau de débris, où quelques arbrisseaux et quelques plantes aromatiques percent çà et là les décombres, n'est pas tombé sous la main du temps. Une main plus prompte et plus inexorable, celle des révolutions, a renversé et presque mis en poudre, il y a peu d'années, ce monument que l'on dit avoir été un chef-d'œuvre, et dont les vestiges, les fragments de riche mosaïque,

---

1. « Cette horloge, que les deux principaux historiens de Majorque, Dameto et Mut, ont longuement décrite, fonctionnait encore il y a trente ans, et voici ce qu'en dit M. Grasset de Saint-Sauveur : « Cette machine, très-ancienne, est appelée l'*horloge du Soleil*. Elle marque les heures depuis le lever jusqu'au coucher de cet astre, suivant l'étendue plus ou moins grande de l'arc diurne et nocturne; de manière que le 19 juin, elle frappe la première heure du jour à cinq heures et demie, et la quatorzième à sept et demie, la première de la nuit à huit et demie, la neuvième à quatre et demie de la matinée suivante. C'est l'inverse à commencer du 40 décembre. Pendant tout le cours de l'année, les heures sont exactement réglées, suivant les variations du lever et du coucher du soleil. Cette horloge n'est pas d'une grande utilité pour les gens du pays, qui se règlent d'après les horloges modernes; mais elle sert aux jardiniers pour déterminer les heures de l'arrosage. On ignore d'où et à quelle époque cette

quelques arcs légers encore debout et se dressant dans le vide comme des squelettes, attestent du moins la magnificence.

C'est un grand sujet d'indignation pour l'aristocratie palmesane, et une source de regrets bien légitimes pour les artistes, que la destruction de ces sanctuaires de l'art catholique dans toute l'Espagne. Il y a dix ans, peut-être eussé-je été, moi aussi, plus frappé du vandalisme de cette destruction que de la page historique dont elle est la vignette.

Mais, quoiqu'on puisse avec raison, comme le fait M. Marliani dans son *Histoire politique de l'Espagne moderne*, déplorer le côté faible et violent à la fois des mesures que ce décret devait entraîner, j'avoue qu'au milieu de ces ruines je sentais une émotion qui n'était pas la tristesse que les ruines inspirent ordinairement. La foudre était tombée là, et la foudre est un instrument aveugle, une force brutale comme la colère de l'homme; mais la loi providentielle qui gouverne les éléments et préside à leurs apparents désordres sait bien que les principes d'une vie nouvelle sont cachés dans la cendre des débris. Il y eut dans l'atmosphère politique

machine a été apportée à Palma; on ne suppose pas que ce soit d'Espagne, de France, d'Allemagne ou d'Italie, où les Romains avaient introduit l'usage de diviser le jour en douze heures, à commencer au lever du soleil.

« Cependant un ecclésiastique, recteur de l'Université de Palma, assure, dans la troisième partie d'un ouvrage sur la religion séraphique, que des Juifs fugitifs, du temps de Vespasien, retirèrent cette fameuse horloge des ruines de Jérusalem et la transportèrent à Majorque, où ils s'étaient réfugiés. Voilà une origine merveilleuse, conséquente avec le penchant caractéristique de nos insulaires pour tout ce qui tient du prodige.

« L'historien Dameto et Mut, son continuateur, ne font remonter qu'à l'année 1385 l'antiquité de l'horloge baléarique. Elle fut achetée des pères dominicains et placée dans la tour où elle existe. » (*Voyage aux îles Baléares et Pithiuses*, 1807.)

de l'Espagne, le jour où les couvents tombèrent, quelque chose d'analogue à ce besoin de renouvellement qu'éprouve la nature dans ses convulsions fécondes.

Je ne crois pas ce qu'on m'a dit à Palma, que quelques mécontents avides de vengeances ou de dépouilles aient consommé cet acte de violence à la face de la population consternée. Il faut beaucoup de mécontents pour réduire ainsi en poussière une énorme masse de bâtiments, et il faut qu'il y ait bien peu de sympathies dans une population pour qu'elle voie ainsi accomplir un décret contre lequel elle protesterait dans son cœur.

Je crois bien plutôt que la première pierre arrachée du sommet de ces dômes fit tomber de l'âme du peuple un sentiment de crainte et de respect qui n'y tenait pas plus que le clocher monacal sur sa base; et que chacun, sentant remuer ses entrailles par une impulsion mystérieuse et soudaine, s'élança sur le cadavre avec un mélange de courage et d'effroi, de fureur et de remords. Le monachisme protégeait bien des abus et caressait bien des égoïsmes; la dévotion est bien puissante en Espagne, et sans doute plus d'un démolisseur se repentit et se confessa le lendemain au religieux qu'il venait de chasser de son asile. Mais il y a dans le cœur de l'homme le plus ignorant et le plus aveugle quelque chose qui le fait tressaillir d'enthousiasme quand le destin lui confère une mission souveraine.

Le peuple espagnol avait bâti de ses deniers et de ses sueurs ces insolents palais du clergé régulier, à la porte desquels il venait recevoir depuis des siècles l'obole de la mendicité fainéante et le pain de l'esclavage intellectuel. Il avait participé à ses crimes, il avait trempé dans ses lâchetés. Il avait élevé les bûchers de l'inquisition. Il avait été complice et délateur dans les persécutions atroces dirigées contre des races entières qu'on voulait extirper de son sein. Et quand il eut consommé la ruine de ces juifs qui l'avaient enrichi, quand il eut banni ces Maures auxquels il devait sa civilisation et sa grandeur, il eut pour châtiment céleste la misère et l'ignorance. Il eut la persévérance et la piété de ne pas s'en prendre à ce clergé, son ouvrage, son corrupteur et son fléau. Il souffrit longtemps, courbé sous ce joug façonné de ses propres mains. Et puis, un jour, des voix étranges, audacieuses, firent entendre à ses oreilles et à sa conscience des paroles d'affranchissement et de délivrance. Il comprit l'erreur de ses ancêtres, rougit de son abaissement, s'indigna de sa misère, et malgré l'idolâtrie qu'il conservait encore pour les images et les reliques, il brisa ces simulacres, et crut plus énergiquement à son droit qu'à son culte.

Quelle est donc cette puissance secrète qui transporta tout d'un coup le dévot prosterné, au point de tourner son fanatisme d'un jour contre les objets de l'adoration de toute sa vie? Ce n'est, à coup sûr, ni le mécontentement des hommes, ni l'ennui des choses. C'est le mécontentement de soi-même, c'est l'ennui de sa propre timidité.

Et le peuple espagnol fut plus grand qu'on ne pense ce jour-là. Il accomplit un fait décisif, et s'ôta à lui-même les moyens de revenir sur sa détermination, comme un enfant qui veut devenir homme, et qui brise ses jouets, afin de ne plus céder à la tentation de les reprendre.

Quant à don Juan Mendizabal (son nom vaut bien la peine d'être prononcé à propos de tels événements), si ce que j'ai appris de son existence politique m'a été fidèlement rapporté, ce serait plutôt un homme de principes qu'un homme de faits, et, selon moi, c'est le plus bel éloge qu'on puisse faire de lui. De ce que cet homme d'État aurait trop présumé de la situation intellectuelle de l'Espagne en de certains jours, et trop douté en de certains autres, de ce qu'il aurait pris parfois des mesures intempestives ou incomplètes, et semé son idée sur des champs stériles où la semence devait être étouffée ou dévorée, c'est peut-être une raison suffisante pour qu'on lui dénie l'habileté d'exécution et la persistance de caractère nécessaires au succès immédiat de ses entreprises; mais ce n'en est pas une pour que l'histoire, prise d'un point de vue plus philosophique qu'on ne le fait ordinairement, ne le signale un jour comme un des esprits les plus généreux et les plus ardemment progressifs de l'Espagne [1].

Ces réflexions me vinrent souvent parmi les ruines des couvents de Majorque, lorsque j'entendais maudire son nom, et qu'il n'était peut-être pas sans inconvénient pour nous de le prononcer avec éloge et sympathie. Je me disais alors qu'en dehors des questions politiques du moment, pour lesquelles il m'est bien permis de n'avoir ni goût ni intelligence, il y avait un jugement synthétique que je pouvais porter sur les hommes et même

1. Cette pensée droite, ce sentiment élevé de l'histoire, a inspiré M. Marliani lorsqu'il a tracé l'éloge de M. Mendizabal en tête de la critique de son ministère : «... Ce qu'on ne pourra jamais lui refuser, ce sont des qualités d'autant plus admirables qu'elles se sont rarement trouvées dans les hommes qui l'ont précédé au pouvoir : c'est une foi vive dans l'avenir du pays, c'est un dévouement sans bornes à la cause de la liberté, c'est un sentiment passionné de nationalité, un élan sincère vers les idées progressives et même révolutionnaires pour opérer les réformes que réclame l'état de l'Espagne; c'est une grande tolérance, une grande générosité envers ses ennemis; c'est enfin un désintéressement personnel qui lui a fait en tout temps et en toute occasion sacrifier ses intérêts à ceux de sa patrie, et qu'il a porté assez loin pour être sorti de ses différents ministères sans un ruban à sa boutonnière... Il est le premier ministre qui ait pris au sérieux la régénération de son pays. Son passage aux affaires a marqué un progrès réel. Le ministre parlait cette fois le

sur les faits, sans crainte de m'abuser. Il n'est pas si nécessaire qu'on le croit et qu'on le dit de connaître directement une nation, d'en avoir étudié à fond les mœurs et la vie matérielle, pour se faire une idée droite, et concevoir un sentiment vrai de son histoire, de son avenir, de sa vie morale en un mot. Il me semble qu'il y a dans l'histoire générale de la vie humaine une grande ligne à suivre et qui est la même pour tous les peuples, et à laquelle se rattachent tous les fils de leur histoire particulière. Cette ligne, c'est le sentiment et l'action perpétuelle de l'idéal, ou, si l'on veut, de la perfectibilité, que les hommes ont porté en eux-mêmes, soit à l'état d'instinct aveugle, soit à l'état de théorie lumineuse. Les hommes vraiment éminents l'ont tous ressenti et pratiqué plus ou moins à leur manière, et les plus hardis, ceux qui en ont eu la plus lucide révélation, et qui ont frappé les plus grands coups dans le présent pour hâter le développement de l'avenir, sont ceux que les contemporains ont presque toujours le plus mal jugés. On les a flétris et condamnés sans les connaître, et ce n'est qu'en recueillant le fruit de leur travail qu'on les a replacés sur le piédestal d'où quelques

---

langage du patriote. Il n'eut pas la force d'abolir la censure, mais il eut la générosité de délivrer la presse de toute entrave en faveur de ses ennemis contre lui-même. Il soumit ses actes administratifs au libre examen de l'opinion publique; et quand une opposition violente s'éleva contre lui du sein des cortès, soulevée par ses anciens amis, il eut assez de grandeur d'âme pour respecter la liberté du député dans le fonctionnaire public. Il déclara à la tribune qu'il se couperait la main plutôt que de signer la destitution d'un député qui avait été comblé de ses bienfaits et qui était devenu son plus ardent ennemi politique. Noble exemple donné par M. Mendizabal avec d'autant plus de mérite qu'il n'avait en ce genre aucun modèle à suivre! Depuis il ne s'est pas trouvé de disciples de cette vertueuse tolérance.» (*Histoire politique de l'Espagne moderne*, par M. Marliani.)

déceptions passagères, quelques revers incompris les avaient fait descendre.

Combien de noms fameux dans notre révolution ont été tardivement et timidement réhabilités! et combien leur mission et leur œuvre sont encore mal comprises et mal développées! En Espagne, Mendizabal a été un des ministres les plus sévèrement jugés, parce qu'il a été le plus courageux, le seul courageux peut-être; et l'acte qui marque sa courte puissance d'un souvenir ineffaçable, la destruction radicale des couvents, lui a été si durement reproché, que j'éprouve le besoin de protester ici en faveur de cette audacieuse résolution et de l'enivrement avec lequel le peuple espagnol l'adopta et la mit en pratique.

Du moins c'est le sentiment dont mon âme fut remplie soudainement à la vue de ces ruines que le temps n'a pas encore noircies, et qui, elles aussi, semblent protester contre le passé et proclamer le réveil de la vérité chez le peuple. Je ne crois pas avoir perdu le goût et le respect des arts, je ne sens pas en moi des instincts de vengeance et de barbarie; enfin je ne suis pas de ceux qui disent que le culte du beau est inutile, et qu'il faut dégrader les monuments pour en faire des usines; mais un couvent de l'inquisition rasé par le bras populaire est une page de l'histoire tout aussi grande, tout aussi instructive, tout aussi émouvante qu'un aqueduc romain ou un amphithéâtre. Une administration gouvernementale qui ordonnerait de sang-froid la destruction d'un temple, pour quelque raison d'utilité mesquine ou d'économie ridicule, serait un acte grossier et coupable; mais un chef politique qui, dans un jour décisif et périlleux, sacrifie l'art et la science à des biens plus précieux, la raison, la justice, la liberté religieuse, et un peuple qui, malgré ses instincts pieux, son amour pour la pompe catholique et son respect pour ses moines, trouve assez de cœur et de bras pour exécuter ce décret en un clin d'œil, font comme l'équipage battu de la tempête, qui se sauve en jetant ses richesses à la mer.

Pleure donc qui voudra sur les ruines! Presque tous ces monuments dont nous déplorons la chute sont des cachots où a langui durant des siècles, soit l'âme, soit le corps de l'humanité. Et viennent donc des poètes qui, au lieu de déplorer la fuite des jours de l'enfance du monde, célèbrent dans leurs vers, sur ces débris de hochets dorés et de férules ensanglantées, l'âge viril qui a su s'en affranchir! Il y a de bien beaux vers de Chamisso sur le château de ses ancêtres rasé par la révolution française. Cette pièce se termine par une pensée très-neuve en poésie, comme en politique :

« Béni sois-tu, vieux manoir, sur qui passe maintenant le soc de la charrue! et béni soit celui qui fait passer la charrue sur toi! »

Après avoir évoqué le souvenir de cette belle poésie, oserai-je transcrire quelques pages que m'inspira le couvent des dominicains? Pourquoi non, puisque aussi bien le lecteur doit s'armer d'indulgence, là où il s'agit pour lui de juger une pensée que l'auteur lui soumet en immolant son amour-propre et ses anciennes tendances? Puisse ce fragment, quel qu'il soit, jeter un peu de variété sur la sèche nomenclature d'édifices que je viens de faire!

IV.

LE COUVENT DE L'INQUISITION.

Parmi les décombres d'un couvent ruiné, deux hommes se rencontrèrent à la clarté sereine de la lune. L'un semblait à la fleur de l'âge, l'autre courbé sous le poids des années, et pourtant celui-là était le plus jeune des deux.

Tous deux tressaillirent en se trouvant face à face; car la nuit était avancée, la rue déserte, et l'heure sonnait lugubre et lente au clocher de la cathédrale.

Celui qui paraissait vieux prit le premier la parole :

« Qui que tu sois, dit-il, homme, ne crains rien de moi; je suis faible et brisé : n'attends rien de moi non plus, car je suis pauvre et nu sur la terre.

— Ami, répondit le jeune homme, je ne suis hostile qu'à ceux qui m'attaquent, et, comme toi, je suis trop pauvre pour craindre les voleurs.

— Frère, reprit l'homme aux traits flétris, pourquoi donc as-tu tressailli tout à l'heure à mon approche?

— Parce que je suis un peu superstitieux, comme tous les artistes, et que je t'ai pris pour le spectre d'un de ces moines qui ne sont plus, et dont nous foulons les tombes brisées. Et toi, l'ami, pourquoi as-tu également frémi à mon approche?

— Parce que je suis très-superstitieux, comme tous les moines, et que je t'ai pris pour le spectre d'un de ces moines qui m'ont renfermé vivant dans les tombes que tu foules.

— Que dis-tu? Es-tu donc un de ces hommes que j'ai avidement et vainement cherchés sur le sol de l'Espagne?

— Tu ne nous trouveras plus nulle part à la clarté du soleil; mais, dans les ombres de la nuit, tu pourras nous rencontrer encore. Maintenant ton attente est remplie; que veux-tu faire d'un moine?

— Le regarder, l'interroger, mon père; graver ses traits dans ma mémoire, afin de les retracer par la peinture; recueillir ses paroles, afin de les redire à mes compatriotes; le connaître enfin, pour me pénétrer de ce qu'il y a de mystérieux, de poétique et de grand dans la personne du moine et dans la vie du cloître.

— D'où te vient, ô voyageur! l'étrange idée que tu te fais de ces choses? N'es-tu pas d'un pays où la domination des papes est abattue, les moines proscrits, les cloîtres supprimés?

— Il est encore parmi nous des âmes religieuses envers le passé, et des imaginations ardentes frappées de la poésie du moyen âge. Tout ce qui peut nous en apporter un faible parfum, nous le cherchons, nous le vénérons, nous l'adorons presque. Ah! ne crois pas, mon père, que nous soyons tous des profanateurs aveugles. Nous autres artistes, nous haïssons ce peuple brutal qui souille et brise tout ce qu'il touche. Bien loin de ratifier ses arrêts de meurtre et de destruction, nous nous efforçons dans nos tableaux, dans nos poésies, sur nos théâtres, dans toutes nos œuvres enfin, de rendre la vie aux vieilles traditions, et de ranimer l'esprit de mysticisme qui engendra l'art chrétien, cet enfant sublime!

— Que dis-tu là, mon fils? Est-il possible que les artistes de ton pays libre et florissant s'inspirent ailleurs que dans le présent? Ils ont tant de choses nouvelles à chanter, à peindre, à illustrer! et ils vivraient, comme tu le dis, courbés sur la terre où dorment leurs aïeux? Ils chercheraient dans la poussière des tombeaux une inspiration riante et féconde, lorsque Dieu, dans sa bonté, leur a fait une vie si douce et si belle?

— J'ignore, bon religieux, en quoi notre vie peut être telle que tu te la représentes. Nous autres artistes, nous ne nous occupons point des faits politiques, et les questions sociales nous intéressent encore moins. Nous chercherions en vain la poésie dans ce qui se passe autour de nous. Les arts languissent, l'inspiration est étouffée, le mauvais goût triomphe, la vie matérielle absorbe les hommes; et, si nous n'avions pas le culte du passé et les monuments des siècles de foi pour nous retremper, nous perdrions entièrement le feu sacré que nous gardons à grand'peine.

— On m'avait dit pourtant que jamais le génie humain n'avait porté aussi loin que dans vos contrées la science du bonheur, les merveilles de l'industrie, les bienfaits de la liberté. On m'avait donc trompé?

— Si on t'a dit, mon père, qu'en aucun temps on n'avait puisé dans les richesses matérielles un si grand luxe, un tel bien-être, et, dans la ruine de l'ancienne société, une si effrayante diversité de goûts, d'opinions et de croyances, on t'a dit la vérité. Mais si on ne t'a pas dit que toutes ces choses, au lieu de nous rendre heureux, nous ont avilis et dégradés, on ne t'a pas dit toute la vérité.

— D'où peut donc venir un résultat si étrange? Toutes les sources du bonheur se sont empoisonnées sur vos lèvres, et ce qui fait l'homme grand, juste et bon, le bien-être et la liberté, vous a faits petits et misérables? Explique-moi ce prodige.

— Mon père, est-ce à moi de te rappeler que l'homme ne vit pas seulement de pain? Si nous avons perdu la foi, tout ce que nous avons acquis d'ailleurs n'a pu profiter à nos âmes.

— Explique-moi encore, mon fils, comment vous avez perdu la foi, alors que, les persécutions religieuses cessant chez vous, vous avez pu élargir vos âmes et lever vos yeux vers la lumière divine? C'était le moment de croire, puisque c'était le moment de savoir. Et, à ce moment-là, vous avez douté? Quel nuage a donc passé sur vos têtes?

— Le nuage de la faiblesse et de la misère humaines.

L'examen n'est-il pas incompatible avec la foi, mon père?

— C'est comme si tu demandais, ô jeune homme! si la foi est compatible avec la vérité. Tu ne crois donc à rien, mon fils? ou bien tu crois au mensonge?

— Hélas! moi, je ne crois qu'à l'art. Mais n'est-ce pas assez pour donner à l'âme une force, une confiance et des joies sublimes?

— Je l'ignorais, mon fils, et je ne le comprends pas. Il y a donc encore chez vous quelques hommes heureux? Et toi-même, tu t'es donc préservé de l'abattement et de la douleur?

— Non, mon père; les artistes sont les plus malheureux, les plus indignés, les plus tourmentés des hommes; car ils voient chaque jour tomber plus bas l'objet de leur culte, et leurs efforts sont impuissants pour le relever.

— D'où vient que des hommes aussi pénétrés laissent périr les arts au lieu de les faire revivre?

— C'est qu'ils n'ont plus de foi, et que sans la foi il n'y a plus d'art possible.

— Ne viens-tu pas de me dire que l'art était pour toi une religion? Tu te contredis, mon fils, ou bien je ne sais pas te comprendre.

— Et comment ne serions-nous pas en contradiction avec nous-mêmes, ô mon père! nous autres à qui Dieu a confié une mission que le monde nous dénie, nous à qui le présent ferme les portes de la gloire, de l'inspiration, de la vie; nous qui sommes forcés de vivre dans le passé, et d'interroger les morts sur les secrets de l'éternelle beauté dont les hommes d'aujourd'hui ont perdu le culte et renversé les autels? Devant les œuvres des grands maîtres, et lorsque l'espérance de les égaler nous sourit, nous sommes remplis de force et d'enthousiasme; mais lorsqu'il faut réaliser nos rêves ambitieux, et qu'un monde incrédule et borné souffle sur nous le froid du dédain et de la raillerie, nous ne pouvons rien produire qui soit conforme à notre idéal, et la pensée meurt dans notre sein avant que d'éclore à la lumière.

Le jeune artiste parlait avec amertume, la lune éclairait son visage triste et fier, et le moine immobile le contemplait avec une surprise naïve et bienveillante.

— Asseyons-nous ici, dit ce dernier après un moment de silence, en s'arrêtant près de la balustrade massive d'une terrasse qui dominait la ville, la campagne et la mer. »

C'était à l'angle de ce jardin des dominicains, naguère riche de fleurs, de fontaines et de marbres précieux, aujourd'hui jonché de décombres et envahi par toutes les longues herbes qui poussent avec tant de vigueur et de rapidité sur les ruines.

Le voyageur, dans son agitation, en froissa une dans sa main, et la jeta loin de lui avec un cri de douleur. Le moine sourit :

« Cette piqûre est vive, dit-il, mais elle n'est point dangereuse. Mon fils, cette ronce que tu touches sans ménagement et qui te blesse, c'est l'emblème de ces hommes grossiers dont tu te plaignais tout à l'heure. Ils envahissent les palais et les couvents. Ils montent sur les autels, et s'installent sur les débris des antiques splendeurs de ce monde. Vois avec quelle sève et quelle puissance ces herbes folles ont rempli les parterres où nous cultivions avec soin des plantes délicates et précieuses dont pas une n'a résisté à l'abandon! De même les hommes simples et à demi sauvages qu'on jetait dehors comme des herbes inutiles ont repris leurs droits, et ont étouffé cette plante vénéneuse qui croissait dans l'ombre et qu'on appelait l'inquisition.

— Ne pouvaient-ils donc l'étouffer sans détruire avec

elle les sanctuaires de l'art chrétien et les œuvres du génie?

—Il fallait arracher la plante maudite, car elle était vivace et rampante. Il a fallu détruire jusque dans leurs fondements ces cloîtres où sa racine était cachée.

—Eh bien, mon père, ces herbes épineuses qui croissent à la place, en quoi sont-elles belles et à quoi sont-elles bonnes? »

Le moine rêva un instant et répondit :

« Comme vous me dites que vous êtes peintre, sans doute vous ferez un dessin d'après ces ruines?

—Certainement. Où voulez-vous en venir?

—Éviterez-vous de dessiner ces grandes ronces qui retombent en festons sur les décombres, et qui se balancent au vent, ou bien en ferez-vous un accessoire heureux de votre composition, comme je l'ai vu dans un tableau de Salvator Rosa?

—Elles sont les inséparables compagnes des ruines, et aucun peintre ne manque d'en tirer parti.

—Elles ont donc leur beauté, leur signification, et par conséquent leur utilité.

—Votre parabole n'en est pas plus juste, mon père; asseyez des mendiants et des bohémiens sur ces ruines, elles n'en seront que plus sinistres et plus désolées. L'aspect du tableau y gagnera; mais l'humanité, qu'y gagne-t-elle?

—Un beau tableau peut-être, et à coup sûr une grande leçon. Mais vous autres artistes, qui donnez cette leçon-là, vous ne comprenez pas ce que vous faites, et vous ne voyez ici que des pierres qui tombent et de l'herbe qui pousse.

—Vous êtes sévère; vous qui parlez ainsi, on pourrait vous répondre que vous ne voyez dans cette catastrophe que votre prison détruite et votre liberté recouvrée; car je soupçonne, mon père, que le couvent n'était pas de votre goût.

— Et vous, mon fils, auriez-vous poussé l'amour de l'art et de la poésie jusqu'à vivre ici sans regret?

— Je m'imagine que c'eût été pour moi la plus belle vie du monde. Oh! que ce couvent devait être vaste et d'un noble style! Que ces vestiges annoncent de splendeur et d'élégance! Qu'il devait être doux de venir ici, le soir, respirer une douce brise et rêver au bruit de la mer, lorsque ces légères galeries étaient pavées de riches mosaïques, que des eaux cristallines murmuraient dans des bassins de marbre, et qu'une lampe d'argent s'allumait comme une pâle étoile au fond du sanctuaire! De quelle paix profonde, de quel majestueux silence vous deviez jouir lorsque le respect et la confiance des hommes vous entouraient d'une invincible enceinte, et qu'on se signait en baissant la voix chaque fois qu'on passait devant vos mystérieux portiques! Eh! qui n'eût voulu pouvoir abjurer tous les soucis, tous les fatigues et toutes les ambitions de la vie sociale pour venir s'enterrer ici, dans le calme et l'oubli du monde entier, à la condition d'y rester artiste et d'y pouvoir consacrer dix ans, vingt ans peut-être, à un seul tableau qu'on eût poli lentement, comme un diamant précieux, et qu'on eût vu placer sur un autel, non pour y être jugé et critiqué par le premier ignorant venu, mais salué et invoqué comme une digne représentation de la Divinité même!

— Étranger, dit le moine d'un ton sévère, tes paroles sont pleines d'orgueil, et tes rêves ne sont que vanité. Dans cet art dont tu parles avec tant d'emphase et que tu fais si grand, tu ne vois que toi-même, et l'isolement que tu souhaiterais ne serait à tes yeux qu'un moyen de te grandir et de déifier. Je comprends maintenant comment tu peux croire à cet art égoïste sans croire à aucune religion ni à aucune société. Mais peut-être n'as-tu pas mûri ces choses dans ton esprit avant de les dire; peut-être ignores-tu ce qui se passait dans ces antres de corruption et de terreur. Viens avec moi, et peut-être ce que je vais t'en apprendre changera tes sentiments et tes pensées. »

A travers des montagnes de décombres et des précipices incertains et croulants, le moine conduisit, non sans danger, le jeune voyageur au centre du monastère détruit; et là, à la place où avaient été les prisons, il le fit descendre avec précaution le long des parois d'un massif d'architecture épais de quinze pieds, que la bêche et la pioche avaient fendu dans toute sa profondeur. Au sein de cette affreuse croûte de pierre et de ciment s'ouvraient, comme des gueules béantes du sein de la terre, des loges sans air et sans jour, séparées les unes des autres par des massifs aussi épais que ceux qui pesaient sur leurs voûtes lugubres.

« Jeune homme, dit le moine, ces fosses que tu vois, ce ne sont pas des puits, ce ne sont pas même des tombes; ce sont les cachots de l'inquisition. C'est là que, durant plusieurs siècles, ont péri lentement tous les hommes qui, soit coupables, soit innocents devant Dieu, soit dégradés par le vice, soit égarés par la fureur, soit inspirés par le génie et la vertu, ont osé avoir une pensée différente de celle de l'inquisition.

« Ces pères dominicains étaient des savants, des lettrés, des artistes même. Ils avaient de vastes bibliothèques où les subtilités de la théologie, reliées dans l'or et la moire, étalaient sur des rayons d'ébène leurs marges reluisantes de perles et de rubis; et cependant l'homme, ce livre vivant où de sa propre main Dieu a écrit sa pensée, ils le descendaient vivant et le tenaient caché dans les entrailles de la terre. Ils avaient des vases d'argent ciselés, des calices étincelants de pierreries, des tableaux magnifiques et des madones d'or et d'ivoire ; et cependant l'homme, ce vase d'élection, ce calice rempli de la grâce céleste, cette vivante image de Dieu, ils le livraient vivant au froid de la mort et aux vers du sépulcre. Tel d'entre eux cultivait des roses et des jonquilles avec autant de soin et d'amour qu'on en met à élever un enfant, qui voyait sans pitié son semblable, son frère, blanchir et pourrir dans l'humidité de la tombe.

« Voilà ce que c'est que le moine, mon fils, voilà ce que c'est que le cloître. Férocité brutale d'un côté, de l'autre lâche terreur ; intelligence égoïste ou dévotion sans entrailles, voilà ce que c'est que l'inquisition.

« Et de ce qu'en ouvrant ces caves infectes à la lumière des cieux la main des libérateurs a rencontré quelques colonnes et quelques dorures qu'elle a ébranlées ou ternies, faut-il replacer la dalle du sépulcre sur les victimes expirantes, et verser des larmes sur le sort de leurs bourreaux, parce qu'ils vont manquer d'or et d'esclaves? »

L'artiste était descendu dans une des caves pour en examiner curieusement les parois. Un instant il essaya de se représenter la lutte que la volonté humaine, ensevelie vivante, pouvait soutenir contre l'horrible désespoir d'une telle captivité. Mais à peine ce tableau se fut-il peint à son imagination vive et impressionnable, qu'elle en fut remplie d'angoisse et de terreur. Il crut sentir ces voûtes glacées peser sur son âme ; ses membres frémirent, l'air manqua à sa poitrine, il se sentit défaillir en voulant s'élancer hors de cet abîme, et il s'écria en étendant les bras vers le moine, qui était resté à l'entrée :

« Aidez-moi, mon père, au nom du ciel, aidez-moi à sortir d'ici!

— Eh bien, mon fils, dit le moine en lui tendant la main, ce que tu éprouves en regardant maintenant les étoiles brillantes sur ta tête, imagine comment je l'éprouvai lorsque je revis le soleil après dix ans d'un pareil supplice!

— Vous, malheureux moine! s'écria le voyageur en se hâtant de marcher vers le jardin; vous avez pu supporter dix ans de cette mort anticipée sans perdre la raison ou la vie? Il me semble que, si j'étais resté là un instant de plus, je serais devenu idiot ou furieux. Non, je ne croyais pas que la vue d'un cachot pût produire d'aussi subites, d'aussi profondes terreurs, et je ne comprends pas que la pensée s'y habitue et s'y soumette. J'ai vu les instruments de torture à Venise; j'ai vu aussi les cachots du palais ducal, avec l'impasse ténébreuse où l'on tombait frappé par une main invisible, et la dalle percée de trous par où le sang allait rejoindre les eaux du canal sans laisser de traces. Je n'ai eu là que l'idée d'une mort plus ou moins rapide. Mais dans ce cachot où je viens de descendre, c'est l'épouvantable idée de la vie qui se présente à l'esprit. O mon Dieu! être là et ne pouvoir mourir!

— Regarde-moi, mon fils, dit le moine en découvrant sa tête chauve et flétrie; je ne compte pas plus d'années que n'en révèlent ton visage mâle et ton front serein, et pourtant tu m'as pris sans doute pour un vieillard.

« Comment je méritai et comment je supportai ma lente agonie, il n'importe. Je ne demande pas ta pitié; je n'en ai plus besoin, heureux et jeune que je me sens aujourd'hui en regardant ces murs détruits et ces cachots vides. Je ne veux pas non plus t'inspirer l'horreur des moines; ils sont libres, je le suis aussi; Dieu est bon pour tous. Mais, puisque tu es artiste, il te sera salutaire d'avoir connu une de ces émotions sans lesquelles l'artiste ne comprendrait pas son œuvre.

« Et si maintenant tu veux peindre ces ruines sur lesquelles tu venais tout à l'heure pleurer le passé, et parmi lesquelles je reviens chaque nuit me prosterner pour remercier Dieu du présent, ta main et ton génie seront animés peut-être d'une pensée plus haute que celle d'un lâche regret ou d'une stérile admiration. Bien des monuments, qui sont pour les antiquaires des objets d'un prix infini, n'ont d'autre mérite que de rappeler les faits que l'humanité consacra par leur érection, et souvent ce furent des faits iniques ou puérils. Puisque tu as voyagé, tu as vu à Gênes un pont jeté sur un abîme, des quais gigantesques, une riche et pesante église coûteusement élevée dans un quartier désert par la vanité d'un patricien qui ne voulait point passer l'eau ni s'agenouiller dans un temple avec les dévots de sa paroisse. Tu as vu peut-être aussi ces pyramides d'Égypte qui sont l'effrayant témoignage de l'esclavage des nations, ou ces dolmens sur lesquels le sang humain coulait par torrents pour satisfaire la soif inextinguible des divinités barbares. Mais vous autres artistes, vous ne considérez, pour la plupart, dans les œuvres de l'homme que la beauté ou la singularité de l'exécution, sans vous pénétrer de l'idée dont cette œuvre est la forme. Ainsi votre intelligence adore souvent l'expression d'un sentiment que votre cœur repousserait s'il en avait conscience.

« Voilà pourquoi vos propres œuvres manquent souvent de la vraie couleur de la vie, surtout lorsque, au lieu d'exprimer celle qui circule dans les veines de l'humanité agissante, vous vous efforcez froidement d'interpréter celle des morts que vous ne voulez pas comprendre.

— Mon père, répondit le jeune homme, je comprends les leçons et je ne les rejette pas absolument; mais crois-tu donc que l'art puisse s'inspirer d'une telle philosophie? Tu expliques, avec la raison de notre âge, ce qui fut conçu dans un poétique délire par l'ingénieuse superstition de nos pères. Si, au lieu des riantes divinités de la Grèce, nous mettions à nu les banales allégories cachées sous leurs formes voluptueuses; si, au lieu de la divine madone des Florentins, nous peignions, comme les Hollandais, une robuste servante d'estaminet; enfin, si nous faisions de Jésus, fils de Dieu, un philosophe naïf de l'école de Platon; au lieu de divinités n'aurions plus que des hommes, de même qu'ici, au lieu d'un temple chrétien, nous n'avons plus sous les yeux qu'un monceau de pierres.

— Mon fils, reprit le moine, si les Florentins ont donné des traits divins à la Vierge, c'est parce qu'ils y croyaient encore; et si les Hollandais lui ont donné des traits vulgaires, c'est parce qu'ils n'y croyaient déjà plus. Et vous vous flattez aujourd'hui de peindre des sujets sacrés, vous qui ne croyez qu'à l'art, c'est-à-dire à vous-mêmes! vous ne réussirez jamais. N'essayez donc de retracer que ce qui est palpable et vivant pour vous. »

« Si j'avais été peintre, moi, j'aurais fait un beau tableau consacré à retracer le jour de ma délivrance; j'aurais représenté des hommes hardis et robustes, le marteau dans une main et le flambeau dans l'autre, pénétrant dans ces limbes de l'inquisition que je viens de te montrer, et relevant de la dalle fétide des spectres à l'œil terne, au sourire effaré. On aurait vu, en guise d'auréole, au-dessus de toutes ces têtes, la lumière des cieux tombant sur elles par la fente des voûtes brisées, et c'eût été un sujet aussi beau, aussi approprié à mon temps que le Jugement dernier de Michel-Ange le fut au sien : car ces hommes du peuple, qui te semblent si grossiers et si méprisables dans l'œuvre de la destruction, m'apparurent plus beaux et plus nobles que tous les anges du ciel; de même que cette ruine, qui est pour toi un objet de tristesse et de consternation, est pour moi un monument plus religieux qu'il ne le fut jamais avant sa chute.

« Si j'étais chargé d'ériger un autel destiné à transmettre aux âges futurs un témoignage de la grandeur et de la puissance du nôtre, je n'en voudrais pas d'autre que cette montagne de débris, au faîte de laquelle j'écrirais ceci sur la pierre consacrée :

« Au temps de l'ignorance et de la cruauté, les hommes adorèrent sur cet autel le Dieu des vengeances et des supplices. Au jour de la justice, et au nom de l'humanité, les hommes ont renversé ces autels sanguinaires, abominables au Dieu de miséricorde. »

V.

Ce n'est pas à Palma, mais à Barcelone, dans les ruines de la maison de l'inquisition, que j'ai vu ces cachots creusés dans des massifs de quatorze pieds d'épaisseur. Il est fort possible qu'il n'y eût point de prisonniers dans ceux de Palma lorsque le peuple y pénétra. Il est bon de demander grâce à la susceptibilité majorquine pour la *licence poétique* que j'ai prise dans le fragment qu'on vient de lire.

Cependant je dois dire que, comme on n'invente rien qui n'ait un certain fonds de vérité, j'ai vu à Majorque, un prêtre, aujourd'hui curé d'une paroisse de Palma, qui m'a dit avoir passé sept ans de sa vie, *la fleur de sa jeunesse*, dans les prisons de l'inquisition, et n'en être sorti que par la protection d'une dame qui lui portait un vif intérêt. C'était un homme dans la force de l'âge, avec des yeux fort vifs et des manières enjouées. Il ne paraissait pas regretter beaucoup le régime du saint office.

A propos de ce couvent des dominicains, je citerai un passage de Grasset de Saint-Sauveur, qu'on ne peut accuser de partialité; car il fait, au préalable, un pompeux éloge des inquisiteurs avec lesquels il a été en relation à Majorque:

« On voit cependant encore dans le cloître de Saint-Dominique des peintures qui rappellent la barbarie exercée autrefois sur les juifs. Chacun des malheureux qui ont été brûlés est représenté dans un tableau au bas duquel sont écrits son nom, son âge, et l'époque où il fut victime.

« On m'a assuré qu'il y a peu d'années les descendants de ces infortunés, formant aujourd'hui une classe particulière parmi les habitants de Palma, sous la ridicule dénomination de *chouettes*, avaient en vain offert des sommes assez fortes pour obtenir qu'on effaçât ces monuments affligeants. Je me suis refusé à croire ce fait...

« Je n'oublierai cependant jamais qu'un jour, me promenant dans le cloître des dominicains, je considérais avec douleur ces tristes peintures : un moine s'approcha de moi, et me fit remarquer parmi ces tableaux plusieurs marqués d'ossements en croix. — Ce sont, me dit-il, les portraits de ceux dont les cendres ont été exhumées et jetées au vent.

« Mon sang se glaça; je sortis brusquement, le cœur navré et l'esprit frappé de cette scène.

« Le hasard fit tomber entre mes mains une relation

imprimée en 1755 par l'ordre de l'inquisition, contenant les noms, surnoms, qualités et délits des malheureux sentenciés à Majorque depuis l'année 1645 jusqu'en 1691.

« Je lus en frémissant cet écrit : j'y trouvai quatre Majorquins, dont une femme, brûlés vifs pour cause de judaïsme; trente-deux autres morts, pour le même délit ; dans les cachots de l'inquisition, et dont les corps avaient été brûlés ; trois dont les cendres ont été exhumées et jetées au vent ; un Hollandais accusé de luthéranisme ; un Majorquin, de mahométisme ; six Portugais, dont une femme, et sept Majorquins, prévenus de judaïsme, brûlés en effigie, ayant eu le bonheur de s'échapper. Je comptai deux cent seize autres victimes, Majorquins et étrangers, accusés de judaïsme, d'hérésie ou de mahométisme, sortis des prisons, après s'être rétractés publiquement et remis dans le sein de l'Église. »

Cet affreux catalogue était clôturé par un arrêté de l'inquisition non moins horrible.

M. Grasset donne ici le texte espagnol, dont voici la traduction exacte :

« Tous les coupables mentionnés dans cette relation ont été publiquement condamnés par le saint-office, comme hérétiques formels ; tous leurs biens confisqués et appliqués au fisc royal ; déclarés inhabiles et incapables d'occuper ni d'obtenir ni dignités ni bénéfices, tant ecclésiastiques que séculiers, ni autres offices publics ni honorifiques ; ne pouvant porter sur leurs personnes, ni faire porter à celles qui en dépendent, ni or ni argent, perles, pierres précieuses, corail, soie, camelot, ni drap fin ; ni monter à cheval, ni porter des armes, ni exercer et user des autres choses qui, par droit commun, lois et pragmatiques de ce royaume, instructions et style du saint-office, sont prohibées à des individus ainsi dégradés; la même prohibition s'étendant, pour les femmes condamnées au feu, à leurs fils et à leurs filles, et pour les hommes jusqu'à leurs petits-fils en ligne masculine; condamnant en même temps la mémoire de ceux exécutés en effigie, ordonnant que leurs ossements (pouvant les distinguer de ceux des fidèles chrétiens) soient exhumés, remis à la justice et au bras séculier, pour être brûlés et réduits en cendres; que l'on effacera ou raclera toutes inscriptions qui se trouveraient sur les sépultures, ou armes, soit apposées, soit peintes, en quelque lieu que ce soit, de manière *qu'il ne reste d'eux, sur la face de la terre, que la mémoire de leur sentence et de son exécution.* »

Quand on lit de semblables documents, si voisins de notre époque, et quand on voit l'invincible haine qui, après douze ou quinze générations de juifs convertis au christianisme, poursuit encore aujourd'hui cette race infortunée à Majorque, on ne saurait croire que l'esprit de l'inquisition y fût éteint aussi parfaitement qu'on le dit à l'époque du décret de Mendizabal.

Je ne terminerai pas cet article, et je ne sortirai pas du couvent de l'inquisition, sans faire part à mes lecteurs d'une découverte assez curieuse, dont tout l'honneur revient à M. Tastu, et qui eût fait, il y a trente ans, la fortune de cet érudit, à moins qu'il ne l'eût, d'un cœur joyeux, portée au maître du monde, sans songer à en tirer parti pour lui-même, supposition qui est bien plus conforme que l'autre à son caractère d'artiste insouciant et désintéressé.

Cette note est trop intéressante pour que j'essaie de la tronquer. La voici telle qu'elle a été remise entre mes mains, avec l'autorisation de la publier.

COUVENT DE SAINT-DOMINIQUE,

A PALMA DE MALLORCA.

Un compagnon de saint Dominique, Michel de Fabra, fut le fondateur de l'ordre des frères prêcheurs à Mallorca. Il était originaire de la Vieille-Castille, et accompagnait Jacques Ier à la conquête de la grande Baléare, en 1229. Son instruction était grande et variée, sa dévotion remarquable; ce qui lui donnait auprès du *Conquistador*, de ses nobles compagnons, et des soldats même, une puissante autorité. Il haranguait les troupes, célébrait le service divin, donnait la communion aux assistants et combattait les infidèles, comme le faisaient à cette époque les ecclésiastiques. Les Arabes disaient que la sainte Vierge et le père Michel seuls les avaient conquis. Les soldats aragonais-catalans priaient, dit-on, après Dieu et la sainte Vierge, le père Michel Fabra.

L'illustre dominicain avait reçu l'habit de son ordre à Toulouse des mains de son ami Dominique : il fut envoyé par lui à Paris avec deux autres compagnons pour y remplir une mission importante. Ce fut lui qui établit à Palma le premier couvent des dominicains, au moyen d'une donation que lui fit le procureur du premier évêque de Mallorca, D. J. R. de Torella : ceci se passait en l'an 1231.

Une mosquée et quelques toises de terrain qui en dépendaient servirent à la première fondation. Les frères prêcheurs agrandirent plus tard la communauté, au moyen d'un commerce lucratif de toute espèce de marchandises, et des donations assez fréquentes qui leur étaient faites par les fidèles. Cependant le premier fondateur, frère de Michel de Fabra, était allé mourir à Valence, qu'il avait aidé à conquérir.

Jaime Fabra fut l'architecte du couvent des dominicains. On ne dit pas que celui-ci fût de la famille du père Michel, son homonyme; on sait seulement qu'il donna ses plans vers 1296, comme il traça plus tard ceux de la cathédrale de Barcelone (1317), et bien d'autres sur les terres des rois d'Aragon.

Le couvent et son église ont dû éprouver bien des changements avec le temps, si l'on compare un instant, comme nous l'avons fait, les diverses parties des monuments ruinés par la mine. Ici reste à peine debout un riche portail, dont le style tient du quatorzième siècle; mais plus loin, faisant partie du monument, ces arches brisées, ces lourdes clefs de voûte gisantes sur les décombres, vous annoncent que des architectes autres que Jaime Fabra, mais bien inférieurs à lui, ont passé par là.

Sur ces vastes ruines où il n'est resté debout que quelques palmiers séculaires, conservés à notre instante prière, nous avons pu déplorer, comme nous l'avons fait sur celles des couvents de Sainte-Catherine et de Saint-François de Barcelone, que la froide politique eût seule présidé à ces démolitions faites sans discernement.

En effet, l'art et l'histoire n'ont rien perdu à voir tomber les couvents de Saint-Jérôme à Palma, ou le couvent de Saint-François qui bordait en la gênant la *muralla de Mar* à Barcelone; mais, au nom de l'histoire, au nom de l'art, pourquoi ne pas conserver, comme monuments, les couvents de Sainte-Catherine de Barcelone et celui de Saint-Dominique de Palma, dont les nefs abritaient les tombes des gens de bien, *las sepulturas de personas de be*, comme le dit un petit cahier que nous avons eu entre les mains, et qui faisait partie des archives du couvent? On y lisait, après les noms de N. Cotoner, grand maître de Malte, ceux des Damoto, des Muntaner, des Villalonga, des La Romana; des *Bonapart!* Ce livre, ainsi que tout ce qui était le couvent, appartient aujourd'hui à l'entrepreneur des démolitions.

Cet homme, vrai type mallorquin, dont le premier abord vous saisit, mais ensuite vous captive et vous rassure, voyant l'intérêt que nous prenions à ces ruines, à ces souvenirs historiques, et d'ailleurs, comme tout homme du peuple, partisan du grand Napoléon, s'empressa de nous indiquer la tombe armoriée des *Bonapart*, ses aïeux, car telle est la tradition mallorquine. Elle nous a paru assez curieuse pour faire quelques recherches à ce sujet; mais, occupé d'autres travaux, nous n'avons pu y donner le temps et l'attention nécessaires pour les compléter.

Nous avons retrouvé les armoiries des *Bonapart*, qui sont :

Parti d'azur, chargé de six étoiles d'or, à six pointes, deux, deux et deux, et de gueules, au lion d'or léopardé, au chef d'or, chargé d'un aigle naissant de sable;

1° Dans un nobiliaire, ou livre de blason, qui fait partie des richesses renfermées dans la bibliothèque de M. le comte de Montenegro, nous avons pris un *fac-simile* de ces armoiries;

2° A Barcelone, dans un autre nobiliaire espagnol, moins beau d'exécution, appartenant au savant archiviste de la couronne d'Aragon, et dans lequel on trouve, à la date du 15 juin 1549, les preuves de noblesse de la famille des Fortuny, au nombre desquelles figure, parmi les quatre quartiers, celui de l'aïeule maternelle, qui était de la maison de *Bonapart*.

Dans le registre : *Indice : Pedro III*, tome II des

archives de la couronne d'Aragon, se trouvent mentionnés deux actes à la date de 1276, relatifs à des membres de la famille *Bonpar*. Ce nom, d'origine provençale ou languedocienne, en subissant, comme tant d'autres de la même époque, l'altération mallorquine, serait devenu *Bonapart*.

En 1411, *Hugo Bonapart*, natif de Mallorca, passa dans l'île de Corse en qualité de *régent* ou gouverneur pour le roi Martin d'Aragon; et c'est à lui qu'on ferait remonter l'origine des *Bonaparte*, ou, comme on a dit plus tard, *Buonaparte*; ainsi *Bonapart* est le nom roman, *Bonaparte* l'italien ancien, et *Buonaparte* l'italien moderne. On sait que les membres de la famille de Napoléon signaient indifféremment *Bonaparte* ou *Buonaparte*.

Qui sait l'importance que ces légers indices, découverts quelques années plus tôt, auraient pu acquérir, s'ils avaient servi à démontrer à Napoléon, qui tenait tant à être Français, que sa famille était originaire de France?

———

Pour n'avoir plus la même valeur politique aujourd'hui, la découverte de M. Tastu n'en est pas moins intéressante, et si j'avais quelque voix au chapitre des fonds destinés aux lettres par le gouvernement français, je procurerais à ce bibliographe les moyens de la compléter.

Il importe assez peu aujourd'hui, j'en conviens, de s'assurer de l'origine française de Napoléon. Ce grand capitaine, qui, dans mes idées (j'en demande bien pardon à la mode), n'est pas un si grand prince, mais qui, de sa nature personnelle, était certes un grand homme, a bien su se faire adopter par la France, et la postérité ne lui demandera pas si ses ancêtres furent Florentins, Corses, Majorquins ou Languedociens; mais l'histoire sera toujours intéressée à lever le voile qui couvre cette race prédestinée, où Napoléon n'est certes pas un accident fortuit, un fait isolé. Je suis sûr qu'en cherchant bien, on trouverait dans les générations antérieures de cette famille des hommes ou des femmes dignes d'une telle descendance, et ici les blasons, ces insignes dont la loi d'égalité a fait justice, mais dont l'historien doit toujours tenir compte, comme de monuments très-significatifs, pourraient bien jeter quelque lumière sur la destinée guerrière ou ambitieuse des anciens Bonaparte.

En effet, jamais écu fut-il plus fier et plus symbolique que celui de ces chevaliers majorquins? Ce lion dans l'attitude du combat, ce ciel parsemé d'étoiles d'où cherche à se dégager l'aigle prophétique, n'est-ce pas comme l'hiéroglyphe mystérieux d'une destinée peu commune? Napoléon, qui aimait la poésie des étoiles avec une sorte de superstition, et qui donnait l'aigle pour blason à la France, avait-il donc connaissance de son écu majorquin, et, n'ayant pu remonter jusqu'à la source présumée des Bonpar provençaux, gardait-il le silence sur ses aïeux espagnols? C'est le sort des grands hommes, après leur mort, de voir les nations se disputer leurs berceaux ou leurs tombes.

BONAPART.

(Tiré d'un armorial MS., contenant les blasons des principales familles de Mallorca, etc., etc. Le MS. appartenait à D. Juan Dameto, cronista de Mallorca, mort en 1633, et se conserve dans la bibliothèque du comte de Montenegro. Le MS. est du seizième siècle.)

Mallorca, 20 septembre 1837.

J. TASTU.

PROVAS DE PERA FORTUNY A 13 DE JU... DE 1349.

N° 1.
FORTUNY,
SON PARE, SOLAR DE MALLORCA.

—

FORTUNY,

Son père, ancienne maison noble de Mallorca.
Camp de plata, cinq torteus negres, en dos, dos, y un.
Champ d'argent, cinq tourteaux de sable, deux, deux et un.

N° 2.
COS,
SA MARE, SOLAR DE MALLORCA.

—

COS,

Sa mère, maison noble de Mallorca.
Camp vermell; un os de or, portant una flor de lliri sobre lo cap, del mateix.
Champ de gueules, ours d'or couronné d'une fleur de lis de même.

N° 3.
BONAPART,
SA AVIA PATERNA, SOLAR DE MALLORCA.

—

BONAPART,

Son aïeule paternelle, ancienne maison noble de Mallorca.
Ici manquait l'explication du blason : les différences proviennent de celui qui a peint ce nobiliaire : il n'a pas tenu compte qu'il décalquait; d'ailleurs il a manqué d'exactitude.

N° 4.
GARI,
SA AVIA MATERNA, SOLAR DE MALLORCA.

—

GARI,

Son aïeule maternelle, ancienne maison noble de Mallorca.
Partit en pal, primer vermell, ad tres torres de plata, en dos, y una; segon blan, ab tres faxas ondeades, de plata.
Parti de gueules et d'azur, trois tours d'argent, deux, une, et trois fasces ondées, d'argent.

TROISIÈME PARTIE.

I.

Nous partîmes pour Valldemosa, vers la mi-décembre, par une matinée sereine, et nous allâmes prendre possession de notre chartreuse au milieu d'un de ces beaux rayons de soleil d'automne qui allaient devenir de plus en plus rares pour nous. Après avoir traversé les plaines fertiles d'Establiments, nous atteignîmes ces vagues terrains, tantôt boisés, tantôt secs et pierreux, tantôt humides et frais, et partout cahotés de mouvements abrupts qui ne ressemblent à rien.

Nulle part, si ce n'est en quelques vallées des Pyrénées, la nature ne s'était montrée à moi aussi libre dans ses allures que sur ces bruyères de Majorque, espaces assez vastes, et qui portaient dans mon esprit un certain démenti à cette culture si parfaite à laquelle les Majorquins se vantent d'avoir soumis tout leur territoire.

Je ne songeais pourtant pas à leur en faire un reproche; car rien n'est plus beau que ces terrains négligés qui produisent tout ce qu'ils veulent, et qui ne se font faute de rien : arbres tortueux, penchés, échevelés; ronces affreuses, fleurs magnifiques, tapis de mousses et de joncs, câpriers épineux, asphodèles délicates et charmantes; et toutes choses prenant là les formes qu'il plaît à Dieu, ravin, colline, sentier pierreux tombant tout à coup dans une carrière, chemin verdoyant s'enfonçant dans un ruisseau trompeur, prairie ouverte à tout venant et s'arrêtant bientôt devant une montagne à pic; puis des taillis semés de gros rochers qu'on dirait tombés du ciel, des chemins creux au bord du torrent entre des buissons de myrte et de chèvrefeuille; enfin une ferme jetée comme une oasis au sein de ce désert, élevant son palmier comme une vigie pour guider le voyageur dans la solitude.

La Suisse et le Tyrol n'ont pas eu pour moi cet aspect de création libre et primitive qui m'a tant charmé à Majorque. Il me semblait que, dans les sites les plus sauvages des montagnes helvétiques, la nature, livrée à de trop rudes influences atmosphériques, n'échappait à la main de l'homme que pour recevoir du ciel de plus dures contraintes, et pour subir, comme une âme fougueuse livrée à elle-même, l'esclavage de ses propres déchirements. A Majorque, elle fleurit sous les baisers d'un ciel ardent, et sourit sous les coups des tièdes bourrasques qui la rasent en courant les mers. La fleur couchée se relève plus vivace, le tronc brisé enfante de plus nombreux rejetons après l'orage; et quoiqu'il n'y ait point, à vrai dire, de lieux déserts dans cette île, l'absence de chemins frayés lui donne un air d'abandon ou de révolte qui doit la faire ressembler à ces belles savanes de la Louisiane, où, dans les rêves chéris de ma jeunesse, je suivais René en cherchant les traces d'Atala ou de Chactas.

Je suis bien sûr que cet éloge de Majorque ne plairait guère aux Majorquins, et qu'ils ont la prétention d'avoir des chemins très-agréables. Agréables à la vue, je ne le nie pas; mais praticables aux voitures, vous allez en juger.

La voiture *à volonté* du pays est la *tartane*, espèce de coucou-omnibus conduit par un cheval ou par un mulet, et sans aucune espèce de ressort; ou le *birlucho*, sorte de cabriolet à quatre places, portant sur son brancard comme la tartane, comme elle doué de roues solides, de ferrures massives, et garni à l'intérieur d'un demi-pied de bourre de laine. Une telle doublure vous donne bien un peu à penser quand vous vous installez pour la première fois dans ce véhicule aux abords douceroux! Le cocher s'assied sur une planchette qui lui sert de siége, les pieds écartés sur les brancards, et la croupe du cheval entre les jambes, de sorte qu'il a l'avantage de sentir non-seulement tous les cahots de sa brouette, mais encore tous les mouvements de sa bête, et d'être ainsi en carrosse et à cheval en même temps. Il ne paraît point mécontent de cette façon d'aller, car il chante tout le temps, quelque effroyable secousse qu'il reçoive; et il ne s'interrompt que pour proférer d'un air flegmatique des jurements épouvantables lorsque son cheval hésite à se jeter dans quelque précipice, ou à grimper quelque muraille de rochers.

Car c'est ainsi qu'on se promène : ravins, torrents, fondrières, haies vives, fossés, se présentent en vain; on ne s'arrête pas pour si peu. Tout cela s'appelle d'ailleurs le chemin.

Au départ, vous prenez cette course au clocher pour une gageure de mauvais goût, et vous demandez à votre guide quelle mouche le pique. — C'est le chemin, vous répond-il. — Mais cette rivière? — C'est le chemin. — Et ce trou profond? — Le chemin. — Et ce buisson aussi? — Toujours le chemin. — A la bonne heure!

Alors vous n'avez rien de mieux à faire que de prendre votre parti, de bénir le matelas qui tapisse la caisse de la voiture et sans lequel vous auriez infailliblement les membres brisés, de remettre votre âme à Dieu, et de contempler le paysage en attendant la mort ou un miracle.

Et pourtant vous arrivez quelquefois sain et sauf, grâce au peu de balancement de la voiture, à la solidité des jambes du cheval, et peut-être à l'incurie du cocher;

qui le laisse faire, se croise les bras et fume tranquillement son cigare, tandis qu'une roue court sur la montagne et l'autre dans le ravin.

On s'habitue très-vite à un danger dont on voit les autres ne tenir aucun compte : pourtant le danger est fort réel. On ne verse pas toujours ; mais, quand on verse, on ne se relève guère. M. Tastu avait éprouvé l'année précédente un accident de ce genre sur notre route d'Establiments, et il était resté pour mort sur la place. Il en a gardé d'horribles douleurs à la tête, qui ne refroidissent pourtant pas son désir de retourner à Majorque.

Les personnes du pays ont presque toutes une sorte de voiture, et les nobles ont de ces carrosses du temps de Louis XIV, à boîte évasée, quelques-uns à huit glaces, et dont les roues énormes bravent tous les obstacles. Quatre ou six fortes mules traînent légèrement ces lourdes machines mal suspendues, pompeusement disgracieuses, mais spacieuses et solides, dans lesquelles on franchit au galop et avec une incroyable audace les plus effrayants défilés, non sans en rapporter quelques contusions, bosses à la tête, et tout au moins de fortes courbatures.

Le grave Miguel de Vargas, auteur vraiment espagnol, qui ne plaisante jamais, parle en ces termes de *los horrorosos caminos* de Mallorca : « En cuyo esencial ramo « de policía no se puede ponderar bastantemente el « abandono de esta Balear. El que llaman camino es « una cadena de precipicios intratables, y el transito « desde Palma hasta los montes de Galatzó presenta al « infeliz pasagero la muerte a cada paso ; » etc.

Aux environs des villes, les chemins sont un peu moins dangereux ; mais ils ont le grave inconvénient d'être resserrés entre deux murailles ou deux fossés qui ne permettent pas à deux voitures de se rencontrer. Le cas échéant, il faut dételer les bœufs de la charrette ou les chevaux de la voiture, et que l'un des deux équipages s'en aille à reculons, souvent pendant un long trajet. Ce sont alors d'interminables contestations pour savoir qui prendra ce parti; et, pendant ce temps, le voyageur, retardé, n'a rien de mieux à faire qu'à répéter la devise majorquine : *mucha calma*, pour son édification particulière.

Avec le peu de frais où se mettent les Majorquins pour entretenir leurs routes, ils ont l'avantage d'avoir de ces routes-là à discrétion. On n'a que l'embarras du choix. J'ai fait trois fois seulement la route de la Chartreuse à Palma, et réciproquement; six fois j'ai suivi une route différente, et six fois le *birlucho* s'est perdu et nous a fait errer par monts et par vaux, sous prétexte de chercher un septième chemin qu'il disait être le meilleur de tous, et qu'il n'a jamais trouvé.

De Palma à Valldemosa on compte trois lieues, mais trois lieues majorquines, qu'on ne fait pas, en trottant bien, en moins de trois heures. On monte insensiblement pendant les deux premières; à la troisième, on entre dans la montagne et on suit une rampe très-unie (ancien travail des chartreux vraisemblablement), mais très-étroite, horriblement rapide, et plus dangereuse que tout le reste du chemin.

Là on commence à saisir le côté alpestre de Majorque; mais c'est en vain que les montagnes se dressent de chaque côté de la gorge, c'est en vain que le torrent bondit de roche en roche; c'est seulement dans le cœur de l'hiver que ces lieux prennent l'aspect sauvage que les Majorquins leur attribuent. Au mois de décembre, et malgré les pluies récentes, le torrent était encore un charmant ruisseau courant parmi des touffes d'herbes et de fleurs; la montagne était riante, et le vallon encaissé de Valldemosa s'ouvrit devant nous comme un jardin printanier.

Pour atteindre la Chartreuse, il faut mettre pied à terre; car aucune charrette ne peut gravir le chemin pavé qui y mène, chemin admirable à l'œil par son mouvement hardi, ses sinuosités parmi de beaux arbres, et les sites ravissants qui se déroulent à chaque pas, grandissant de beauté à mesure qu'on s'élève. Je n'ai rien vu de plus riant, et de plus mélancolique en même temps, que ces perspectives où le chêne vert, le caroubier, le pin, l'olivier, le peuplier et le cyprès marient leurs nuances variées en berceaux profonds; véritables abîmes de verdure, où le torrent précipite sa course sous des buissons d'une richesse somptueuse et d'une grâce inimitable. Je n'oublierai jamais un certain détour de la gorge où, en se retournant, on distingue, au sommet d'un mont, une de ces jolies maisonnettes arabes que j'ai décrites, à demi cachée dans les raquettes de ses nopals, et un grand palmier qui se penche sur l'abîme en dessinant sa silhouette dans les airs. Quand la vue des boues et des brouillards de Paris me jette dans le spleen, je ferme les yeux, et je revois comme dans un rêve cette montagne verdoyante, ces roches fauves et ce palmier solitaire perdu dans un ciel rose.

La chaîne de Valldemosa s'élève de plateaux en plateaux resserrés jusqu'à une sorte d'entonnoir entouré de hautes montagnes et fermé au nord par le versant d'un dernier plateau à l'entrée duquel repose le monastère. Les chartreux ont adouci, par un travail immense, l'âpreté de ce lieu romantique. Ils ont fait du vallon qui termine la chaîne un vaste jardin ceint de murailles qui ne gênent point la vue, et auquel une bordure de cyprès à forme pyramidale, disposés deux à deux sur divers plans, donne l'aspect *arrangé* d'un cimetière d'opéra.

Ce jardin, planté de palmiers et d'amandiers, occupe tout le fond incliné du vallon, et s'élève en vastes gradins sur les premiers plans de la montagne. Au clair de la lune, et lorsque l'irrégularité de ces gradins est dissimulée par les ombres, on dirait d'un amphithéâtre taillé pour des combats de géants. Au centre et sous un groupe de beaux palmiers, un réservoir en pierre reçoit les eaux de source de la montagne, et les déverse aux plateaux inférieurs par des canaux en dalles, tout semblables à ceux qui arrosent les alentours de Barcelone. Ces ouvrages sont trop considérables et trop ingénieux pour n'être pas, à Majorque comme en Catalogne, un travail des Maures. Ils parcourent tout l'intérieur de l'île, et ceux qui partent du jardin des chartreux, côtoyant le lit du torrent, portent à Palma une eau vive en toute saison.

La Chartreuse, située au dernier plan de ce col de montagnes, s'ouvre au nord sur une vallée spacieuse qui s'élargit et s'élève en pente douce jusqu'à la côte escarpée dont la mer frappe et ronge la base. Un des bras de la chaîne s'en va vers l'Espagne, et l'autre vers l'orient. De cette chartreuse pittoresque on domine donc la mer des deux côtés. Tandis qu'on l'entend gronder au nord, on l'aperçoit comme une faible ligne brillante au delà des montagnes qui s'abaissent, et de l'immense plaine qui se déroule au midi ; tableau sublime, encadré au premier plan par de noirs rochers couverts de sapins, au second par des montagnes au profil hardiment découpé et frangé d'arbres superbes, au troisième et au quatrième par des mamelons arrondis que le soleil couchant dore des nuances les plus chaudes, et sur la croupe desquels l'œil distingue encore, à une lieue de distance, la silhouette microscopique des arbres, fine comme l'antenne des papillons, noire et nette comme un trait de plume à l'encre de Chine sur un fond d'or étincelant. Ce fond lumineux, c'est la plaine; et à cette distance, lorsque les vapeurs de la montagne commencent à s'exhaler et à jeter un voile transparent sur l'abîme, on croirait que c'est déjà la mer. Mais la mer est encore plus loin, et, au retour du soleil, quand la plaine est comme un lac bleu, la Méditerranée trace une bande d'argent vif aux confins de cette perspective éblouissante.

C'est une de ces vues qui accablent parce qu'elles ne laissent rien à désirer, rien à imaginer. Tout ce que le poëte et le peintre peuvent rêver, la nature l'a créé en cet endroit. Ensemble immense, détails infinis, variété inépuisable, formes confuses, contours accusés, vagues profondeurs, tout est là, et l'art n'y peut rien ajouter. L'esprit ne suffit pas toujours à goûter et à comprendre l'œuvre de Dieu; et s'il fait un retour sur lui-même, c'est pour sentir son impuissance à créer une expression quelconque de cette immensité de vie qui le subjugue et l'enivre. Je conseillerais aux gens que la vanité de l'art dévore, de bien regarder de tels sites et de les regarder souvent. Il me semble qu'ils y prendraient pour cet art divin qui préside à l'éternelle création des choses un certain respect qui leur manque, à ce que je m'imagine d'après l'emphase de leur forme.

Quant à moi, je n'ai jamais mieux senti le néant des mots que dans ces heures de contemplation passées à la Chartreuse. Il me venait bien des élans religieux; mais il ne m'arrivait pas d'autre formule d'enthousiasme que celle-ci : Bon Dieu, béni sois-tu pour m'avoir donné de bons yeux!

Au reste, je crois que si la jouissance accidentelle de ces spectacles sublimes est rafraîchissante et salutaire, leur continuelle possession est dangereuse. On s'habitue à vivre sous l'empire de la sensation, et la loi qui préside à tous les abus de la sensation, c'est l'énervement. C'est ainsi que l'on peut s'expliquer l'indifférence des moines en général pour la poésie de leurs monastères, et celle des paysans et des pâtres pour la beauté de leurs montagnes.

Nous n'eûmes pas le temps de nous lasser de tout cela, car le brouillard descendait presque tous les soirs au coucher du soleil, et hâtait la chute des journées déjà si courtes que nous avions dans cet entonnoir. Jusqu'à midi nous étions enveloppés dans l'ombre de la grande montagne de gauche, et à trois heures nous retombions dans l'ombre de celle de droite. Mais quels beaux effets de lumière nous pouvions étudier, lorsque les rayons obliques pénétrant par les déchirures des rochers, ou glissant entre les croupes des montagnes, venaient tracer des crêtes d'or et de pourpre sur nos seconds plans! Quelquefois nos cyprès, noirs obélisques qui servaient de repoussoir au fond du tableau, trempaient leurs têtes dans ce fluide embrasé; les régimes de dattes de nos palmiers semblaient des grappes de rubis, et une grande ligne d'ombre, coupant la vallée en biais, la partageait en deux zones: l'une inondée des clartés de l'été, l'autre bleuâtre et froide à la vue comme un paysage d'hiver.

La chartreuse de Valldemosa contenant tout juste, suivant la règle des chartreux, treize religieux y compris le supérieur, avait échappé au décret qui ordonna, en 1836, la démolition des monastères contenant moins de douze personnes en communauté; mais, comme toutes les autres, celle-là avait été dispersée et le couvent supprimé, c'est-à-dire considéré comme domaine de l'État. L'État majorquin, ne sachant comment utiliser ces vastes bâtiments, avait pris le parti, en attendant qu'ils achevassent de s'écrouler, de louer les cellules aux personnes qui voudraient les habiter. Quoique le prix de ces loyers fût d'une modicité extrême, les villageois de Valldemosa n'en avaient pas voulu profiter, peut-être à cause de leur extrême dévotion et du regret qu'ils avaient de leurs moines, peut-être aussi par effroi superstitieux : ce qui ne les empêchait pas de venir y danser dans les nuits du carnaval, comme je le dirai ci-après; mais ce qui leur faisait regarder de très-mauvais œil notre présence irrévérencieuse dans ces murs vénérables.

Cependant la Chartreuse est en grande partie habitée, durant les chaleurs de l'été, par les petits bourgeois palmesans, qui viennent chercher, sur ces hauteurs et sous ces voûtes épaisses, un air plus frais que dans la plaine ou dans la ville. Mais aux approches de l'hiver le froid les en chasse, et lorsque nous y demeurâmes, la Chartreuse avait pour tous habitants, outre moi et ma famille, le pharmacien, le sacristain et la Maria-Antonia.

La Maria-Antonia était une sorte de femme de charge qui était venue d'Espagne pour échapper, je crois, à la misère, et qui avait loué une cellule pour exploiter les hôtes passagers de la Chartreuse. Sa cellule était située à côté de la nôtre et nous servait de cuisine, tandis que la dame était censée nous servir de ménagère. C'était une ex-jolie femme, fine, proprette en apparence, doucereuse, se disant bien née, ayant de charmantes manières, un son de voix harmonieux, des airs patelins, et exerçant une sorte d'hospitalité fort singulière. Elle avait coutume d'offrir ses services aux arrivants, et de refuser, d'un air outragé, et presque en se voilant la face, toute espèce de rétribution pour ses soins. Elle agissait ainsi, disait-elle, pour l'amour de Dieu, *por l'assistencia*, et dans le seul but d'obtenir l'amitié de ses voisins. Elle possédait, en fait de mobilier, un lit de sangle, une chaufferette, un brasero, deux chaises de paille, un crucifix, et quelques plats de terre. Elle mettait tout cela à votre disposition avec beaucoup de générosité, et vous pouviez installer chez elle votre servante et votre marmite.

Mais aussitôt elle entrait en possession de tout votre ménage, et prélevait pour elle le plus pur de vos nippes et de votre dîner. Je n'ai jamais vu de bouche dévote plus friande, ni de doigts plus agiles pour puiser, sans se brûler, au fond des casseroles bouillantes, ni de gosier plus élastique pour avaler le sucre et le café de ses hôtes chéris à la dérobée, tout en fredonnant un cantique ou un boléro. C'eût été une chose curieuse et divertissante, si on eût pu être tout à fait désintéressé dans la question, que de voir cette bonne Antonia, et la Catalina, cette grande sorcière valldemosane qui nous servait de valet de chambre, et la *niña*, petit monstre ébouriffé qui nous servait de groom, aux prises toutes trois avec notre dîner. C'était l'heure de l'Angelus, et ces trois chattes ne manquaient pas de le réciter : les deux vieilles en duo, faisant main basse sur tous les plats, et la petite répondant *amen*, tout en escamotant avec une dextérité sans égale quelque côtelette ou quelque fruit confit. C'était un tableau à faire et qui valait bien la peine qu'on feignît de ne rien voir ; mais lorsque les pluies interceptèrent fréquemment les communications avec Palma, et que les aliments devinrent rares, *l'assistencia* de la Maria-Antonia et de sa clique devint moins plaisante, et nous fûmes forcés de nous succéder, mes enfants et moi, dans le rôle de planton pour surveiller les vivres. Je me souviens d'avoir couvé, presque sur mon chevet, certains paniers de biscottes bien nécessaires au déjeuner du lendemain, et d'avoir plané comme un vautour sur certains plats de poisson, pour écarter de nos fourneaux en plein vent ces petits oiseaux de rapine qui ne nous eussent laissé que les arêtes.

Le sacristain était un gros gars qui avait peut-être servi la messe aux chartreux dans son enfance, et qui désormais était dépositaire des clefs du couvent. Il y avait une histoire scandaleuse sur son compte; il était atteint et convaincu d'avoir séduit et mis à mal une señorita qui avait passé quelques mois avec ses parents à la Chartreuse, et il disait pour s'excuser, qu'il n'était chargé par l'État que de garder les vierges en peinture. Il n'était pas beau le moins du monde; mais il avait des prétentions au dandysme. Au lieu du beau costume demi-arabe que portent les gens de sa classe, il avait un pantalon européen et des bretelles qui certainement donnaient dans l'œil des filles de l'endroit. Sa sœur était la plus belle Majorquine que j'aie vue. Ils n'habitaient pas le couvent, ils étaient riches et fiers, et avaient une maison dans le village; mais ils faisaient leur ronde chaque jour et fréquentaient la Maria-Antonia, qui les invitait à manger notre dîner quand elle n'avait pas d'appétit.

Le pharmacien était un chartreux qui s'enfermait dans sa cellule pour reprendre sa robe jadis blanche, et réciter tout seul ses offices en grande tenue. Quand on sonnait à sa porte pour lui demander de la guimauve ou du chiendent (les seuls spécifiques qu'il possédât), on le voyait jeter à la hâte son froc sous son lit, et apparaître en culotte noire, en bas et en petite veste, absolument dans le costume des opérateurs que Molière faisait danser en ballet dans ses intermèdes. C'était un vieillard très-méfiant, ne se plaignant de rien, et priant peut-être pour le triomphe de don Carlos et le retour de la sainte inquisition, sans vouloir de mal à personne. Il nous vendait son chiendent à prix d'or, et se consolait par ces petits profits d'avoir été relevé de son vœu de pauvreté. Sa cellule était située bien loin de la nôtre, à l'entrée du monastère, dans une sorte de bouge dont la porte se dissimulait derrière un buisson de ricins et d'autres plantes médicinales de la plus belle venue. Caché là comme un vieux lièvre qui craint de mettre .es chiens sur sa piste, il ne se montrait guère; et si nous n'eussions été plusieurs fois le réclamer pour lui demander ses juleps, nous ne nous serions jamais doutés qu'il y eût encore un chartreux à la Chartreuse.

Cette Chartreuse n'a rien de beau comme ornement d'architecture, mais c'est un assemblage de bâtiments très-fortement et très-largement construits. Avec une pareille enceinte et une telle masse de pierres de taille, il y aurait de quoi loger un corps d'armée; et pourtant cette vaste construction avait été élevée pour douze personnes. Rien que dans le nouveau cloître (car ce monastère se compose de trois chartreuses accolées l'une à l'autre à diverses époques), il y a douze cellules composées chacune de trois pièces spacieuses donnant sur un des côtés du cloître. Sur les deux faces latérales sont situées douze chapelles. Chaque religieux avait la sienne, dans laquelle il s'enfermait pour prier seul. Toutes ces chapelles sont diversement ornées, couvertes de dorures et de peintures du goût le plus grossier, avec des statues de saints en bois colorié, si horribles que je n'aurais pas trop aimé, je le confesse, à les rencontrer la nuit hors de leurs niches. Le pavé de ces oratoires est formé de faïences émaillées et disposées en divers dessins de mosaïque d'un très-bel effet. Le goût arabe règne encore en ceci, et c'est le seul bon goût dont la tradition ait traversé les siècles à Majorque. Enfin chacune de ces chapelles est munie d'une fontaine ou d'une conque en beau marbre du pays, chaque chartreux étant tenu de laver tous les jours son oratoire. Il règne dans ces pièces voûtées, sombres, et carrelées d'émail, une fraîcheur qui pouvait bien faire des longues heures de la prière une sorte de volupté dans les jours brûlants de la canicule.

La quatrième face du nouveau cloître, au centre duquel règne un petit préau planté symétriquement de buis qui n'ont pas encore perdu tout à fait les formes pyramidales imposées par le ciseau des moines, est parallèle à une jolie église dont la fraîcheur et la propreté contrastent avec l'abandon et la solitude du monastère. Nous espérions y trouver des orgues ; nous avions oublié que la règle des chartreux supprimait toute espèce d'instruments de musique, comme un vain luxe et un plaisir des sens. L'église se compose d'une seule nef pavée en belles faïences très-finement peintes, à bouquets de fleurs artistement disposés comme sur un tapis. Les lambris boisés, les confessionnaux et les portes sont d'une grande simplicité ; mais la perfection de leurs nervures et la netteté d'un travail sobrement et délicatement orné attestent une habileté dans la main-d'œuvre qu'on ne trouve plus en France dans les ouvrages de menuiserie. Malheureusement cette exécution consciencieuse est perdue aussi à Majorque. Il n'y a dans toute l'île, m'a dit M. Tastu, que deux ouvriers qui aient conservé cette profession à l'état d'art. Le menuisier que nous employâmes à la Chartreuse était certainement un artiste, mais seulement en musique et en peinture. Étant venu un jour à notre cellule pour y poser quelques rayons de bois blanc, il regarda tout notre petit bagage d'artistes avec cette curiosité naïve et indiscrète que j'avais remarquée autrefois chez les Grecs esclavons. Les esquisses que mon fils avait faites d'après des dessins de Goya représentant des moines en goguette, et dont il avait orné notre chambre, le scandalisèrent un peu ; mais ayant aperçu la *Descente de croix* gravée d'après Rubens, il resta longtemps absorbé dans une contemplation étrange. Nous lui demandâmes ce qu'il en pensait : « Il n'y a rien dans toute l'île de Majorque, nous répondit-il dans son patois, d'aussi beau et d'aussi *naturel*. »

Ce mot de *naturel* dans la bouche d'un paysan qui avait la chevelure et les manières d'un sauvage nous frappa beaucoup. Le son du piano et le jeu de l'artiste le jetaient dans une sorte d'extase. Il abandonnait son travail et venait se placer derrière la chaise de l'exécutant, la bouche entr'ouverte et les yeux hors de la tête. Ces instincts élevés ne l'empêchaient pas d'être voleur comme tous les paysans majorquins le sont avec les étrangers ; et cela sans aucune espèce de scrupule, quoiqu'ils soient d'une loyauté religieuse, dit-on, dans les rapports qu'ils ont entre eux. Il demandait de son travail un prix fabuleux, et il portait les mains avec convoitise sur tous les petits objets d'industrie française que nous avions apportés pour notre usage. J'eus bien de la peine à sauver de ses larges poches les pièces de mon nécessaire de toilette. Ce qui le tentait le plus, c'était un verre de cristal taillé, ou peut-être la brosse à dents qui s'y trouvait, et dont certainement il ne comprenait pas la destination. Cet homme avait les besoins d'art d'un Italien et les instincts de rapine d'un Malais ou d'un Cafre.

Cette digression ne me fera pas oublier de mentionner le seul objet d'art que nous trouvâmes à la Chartreuse. C'était une statue de saint Bruno en bois peint, placée dans l'église. Le dessin et la couleur en étaient remarquables ; les mains, admirablement étudiées, avaient un mouvement d'invocation pieux et déchirant ; l'expression de la tête était vraiment sublime de foi et de douleur. Et pourtant c'était l'œuvre d'un ignorant ; car la statue placée en regard, et exécutée par le même manœuvre, était pitoyable sous tous les rapports ; mais il avait eu en créant saint Bruno un éclair d'inspiration, un élan d'exaltation religieuse peut-être, qui l'avait élevé au-dessus de lui-même. Je doute que jamais le saint fanatique de Grenoble ait été compris et rendu avec un sentiment aussi profond et aussi ardent. C'était la personnification de l'ascétisme chrétien. Mais, à Majorque même, l'emblème de cette philosophie du passé est debout dans la solitude.

L'ancien cloître, qu'il faut traverser pour entrer dans le nouveau, communique à celui-ci par un détour fort simple que, grâce à mon peu de mémoire locale, je n'ai jamais pu retrouver sans me perdre préalablement dans le troisième cloître.

Ce troisième bâtiment, que je devrais appeler le premier parce qu'il est le plus ancien, est aussi le plus petit. Il présente un coup d'œil charmant. Le préau qu'il embrasse de ses murailles brisées est l'ancien cimetière des moines. Aucune inscription ne distingue ces tombes que le chartreux creusait durant sa vie, et où rien ne devait disputer sa mémoire au néant de la mort. Les sépultures sont à peine indiquées par le renflement des touffes de gazon. M. Laurens a retracé la physionomie de ce cloître dans un joli dessin, où j'ai retrouvé avec un plaisir incroyable le petit puits à gable aigu, les fenêtres à croix de pierre où se suspendent en festons toutes les herbes vagabondes des ruines, et les grands cyprès verticaux qui s'élèvent la nuit comme des spectres noirs autour de la croix de bois blanc. Je suis fâché qu'il n'ait pas vu la lune se lever derrière la belle montagne de grès couleur d'ambre qui domine ce cloître, et qu'il n'ait pas mis au premier plan un vieux laurier au tronc énorme et à la tête desséchée qui n'existait peut-être déjà plus lorsqu'il visita la Chartreuse. Mais j'ai retrouvé dans son dessin et dans son texte une mention honorable pour le beau palmier nain (*chamærops*) que j'ai défendu contre l'ardeur naturaliste de mes enfants, et qui est peut-être un des plus vigoureux de l'Europe dans son espèce.

Autour de ce petit cloître sont disposées les anciennes chapelles des chartreux du quinzième siècle. Elles sont hermétiquement fermées, et le sacristain ne les ouvre à personne, circonstance qui piquait beaucoup notre curiosité. A force de regarder au travers des fentes dans nos promenades, nous avons cru apercevoir de beaux débris de meubles et de sculptures en bois très-anciennes. Il pourrait bien se trouver dans ces galetas mystérieux beaucoup de richesses enfouies dont personne à Majorque ne se souciera jamais de secouer la poussière.

Le second cloître a douze cellules et douze chapelles comme les autres. Ses arcades ont beaucoup de caractère dans leur délabrement. Elles ne tiennent plus à rien, et quand nous les traversions le soir par un gros temps, nous recommandions notre âme à Dieu; car il ne passait pas d'ouragan sur la Chartreuse qui ne fit tomber un pan de mur ou un fragment de voûte. Jamais je n'ai entendu le vent promener des voix lamentables et pousser des hurlements désespérés, comme dans ces galeries creuses et sonores. Le bruit des torrents, la course précipitée des nuages, la grande clameur monotone de la mer interrompue par le sifflement de l'orage, et les plaintes des oiseaux de mer qui passaient tout effarés et tout déroutés dans les rafales; puis de grands brouillards qui tombaient tout à coup comme un linceul, et qui, pénétrant dans les cloîtres par les arcades brisées, nous rendaient invisibles et faisaient paraître la petite lampe que nous portions pour nous diriger, comme un esprit follet errant sous les galeries, et mille autres détails de cette vie cénobitique qui se pressent à la fois dans mon souvenir : tout cela faisait bien de cette Chartreuse le séjour le plus romantique de la terre.

Je n'étais pas fâché de voir en plein, et en réalité une bonne fois, ce que je n'avais vu qu'en rêve, ou dans les ballades à la mode, et dans l'acte des nonnes de *Robert le Diable*, à l'Opéra. Les apparitions fantastiques ne nous manquèrent même pas, comme je le dirai tout à l'heure; et à propos de tout ce romantisme matérialisé qui posait devant moi, je n'étais pas sans faire quelques réflexions sur le romantisme en général.

A la masse des bâtiments que je viens d'indiquer, il faut joindre la partie réservée au supérieur, que nous ne pûmes visiter, non plus que bien d'autres recoins mystérieux; les cellules des frères convers, une petite église appartenant à l'ancienne Chartreuse, et plusieurs autres constructions destinées aux personnes de marque qui y venaient faire des retraites ou accomplir des dévotions pénitentiaires; plusieurs petites cours entourées d'étables pour le bétail de la communauté, des logements pour la nombreuse suite des visiteurs; enfin, tout un phalanstère, comme on dirait aujourd'hui, sous l'invocation de la Vierge et de saint Bruno.

Quand le temps était assez mauvais pour nous empêcher de gravir la montagne, nous faisions notre promenade à couvert dans le couvent, et nous en avions pour plusieurs heures à explorer l'immense manoir. Je ne sais quel attrait de curiosité me poussait à surprendre dans ces murs abandonnés le secret intime de la vie monastique. Sa trace était si récente, que je croyais toujours entendre le bruit des sandales sur le pavé et le murmure de la prière sous les voûtes des chapelles. Dans nos cellules, des oraisons latines imprimées et collées sur les murs, jusque dans des réduits secrets où je n'aurais jamais imaginé qu'on allât dire des *oremus*, étaient encore lisibles.

Un jour que nous allions à la découverte dans des galeries supérieures, nous trouvâmes devant nous une jolie tribune, d'où nos regards plongèrent dans une grande et belle chapelle, si meublée et si bien rangée, qu'on l'eût dite abandonnée de la veille. Le fauteuil du supérieur était encore à sa place, et l'ordre des exercices religieux de la semaine, affiché dans un cadre de bois noir, pendait de la voûte au milieu des stalles du chapitre. Chaque stalle avait une petite image de saint collée au dossier, probablement le patron de chaque religieux. L'odeur d'encens dont les murs avaient été si longtemps imprégnés n'était pas encore tout à fait dissipée. Les autels étaient parés de fleurs desséchées, et les cierges à demi consumés se dressaient encore dans leurs flambeaux. L'ordre et la conservation de ces objets contrastaient avec les ruines du dehors, la hauteur des ronces qui envahissaient les fenêtres, et les cris des polissons qui jouaient aux petits palets dans les cloîtres avec des fragments de mosaïque.

Quant à mes enfants, l'amour du merveilleux les portait bien plus vivement encore à ces explorations enjouées et passionnées. Certainement, ma fille s'attendait à trouver quelque palais de fée rempli de merveilles dans les greniers de la Chartreuse, et mon fils espérait découvrir la trace de quelque drame terrible et bizarre enfoui sous les décombres. J'étais souvent effrayé de les voir grimper comme des chats sur des planches déjetées et sur des terrasses tremblantes; et quand, me devançant de quelques pas, ils disparaissaient dans un tournant d'escalier en spirale, je m'imaginais qu'ils étaient perdus pour moi, et je doublais le pas avec une sorte de terreur où la superstition entrait peut-être bien pour quelque chose.

Car, on s'en défendrait en vain, ces demeures sinistres, consacrées à un culte plus sinistre encore, agissent quelque peu sur sur l'imagination, et je défierais le cerveau le plus calme et le plus froid de s'y conserver longtemps dans un état de parfaite santé. Ces petites peurs fantastiques, si je puis les appeler ainsi, ne sont pas sans attrait; elles sont pourtant assez réelles pour qu'il soit nécessaire de les combattre en soi-même. J'avoue que je n'ai guère traversé le cloître le soir sans une certaine émotion mêlée d'angoisse et de plaisir que je n'aurais pas voulu laisser paraître devant mes enfants, dans la crainte de la leur faire partager. Ils n'y paraissaient cependant pas disposés, et ils couraient volontiers au clair de la lune sous ces arceaux rompus qui vraiment avaient l'air d'appeler les danses du sabbat. Je les ai conduits plusieurs fois, vers minuit, dans le cimetière.

Cependant je ne les laissai plus sortir seuls, le soir, après que nous eûmes rencontré un grand vieillard qui se promenait parfois dans les ténèbres. C'était un ancien serviteur ou client de la communauté, à qui le vin et la dévotion faisaient souvent partir la cervelle. Lorsqu'il était ivre, il venait errer dans les cloîtres, frapper aux portes des cellules désertes avec un grand bourdon de pèlerin, où était suspendu un long rosaire, appelant les moines dans ses déclamations avinées, et priant d'une voix lugubre devant les chapelles. Comme il voyait un peu de lumière s'échapper de notre cellule, c'était là surtout qu'il venait rôder avec des menaces et des juremenls épouvantables. Il entrait chez la Maria-Antonia, qui en avait grand'peur, et, lui faisant de longs sermons entrecoupés de jurons cyniques, il s'installait auprès de son brasero jusqu'à ce que le sacristain vînt l'en arracher à force de politesses et de ruses; car le sacristain n'était pas très-brave, et craignait de s'en faire un ennemi. Notre homme venait alors frapper à notre porte à des heures indues; et quand il était fatigué d'appeler en vain le père Nicolas, qui était son idée fixe, il se laissait tomber aux pieds de la madone dont la niche était située à quelques pas de notre porte, et s'y endormait, son couteau ouvert dans une main, et son chapelet dans l'autre.

Son tapage ne nous inquiétait guère, parce que ce n'était point un homme à se jeter sur les gens à l'improviste. Comme il s'annonçait de loin par ses exclamations entrecoupées et le bruit de son bâton sur le pavé, on avait le temps de battre en retraite devant cet animal sauvage, et la double porte en plein chêne de notre cellule eût pu soutenir un siége autrement formidable; mais cet assaut obstiné pendant que nous avions un malade accablé, auquel il disputait quelques heures de repos, n'était pas toujours comique. Il fallait le subir pourtant avec *mucha calma*, car nous n'eussions certes reçu aucune protection de la police de l'endroit; nous n'allions point à la messe, et notre ennemi était un saint homme qui n'en manquait aucune.

Un soir, nous eûmes une alerte et une apparition d'un autre genre, que je n'oublierai jamais. Ce fut d'abord un bruit inexplicable et que je ne pourrais comparer qu'à des milliers de sacs de noix roulant avec continuité sur un parquet. Nous nous hâtâmes de sortir dans le cloître, pour voir ce que ce pouvait être. Le cloître était désert et sombre comme à l'ordinaire; mais le bruit se rapprochait toujours sans interruption, et bientôt une faible clarté blanchit la vaste profondeur des voûtes. Peu à peu elles s'éclairèrent du feu de plusieurs torches, et nous vîmes apparaître, dans la vapeur rouge qu'elles répandaient, un bataillon d'êtres abominables à Dieu et aux hommes. Ce n'était rien moins que Lucifer en personne, accompagné de toute sa cour, un maître diable tout noir, cornu, avec la face couleur de sang; et autour de lui un essaim de diablotins avec des têtes d'oiseau, des queues de cheval, des oripeaux de toutes couleurs, et des diablesses ou des bergères, en habits blancs et roses, qui avaient l'air d'être enlevées par ces vilains gnômes. Après les confessions que je viens de faire, je puis avouer que pendant une ou deux minutes, et même encore un peu de temps après avoir compris ce que c'était, il me fallut un certain effort de volonté pour tenir ma lampe élevée au niveau de cette laide mascarade, à laquelle l'heure, le lieu et la clarté des torches donnaient une apparence vraiment surnaturelle.

C'étaient des gens du village, riches fermiers et petits bourgeois, qui fêtaient le mardi gras et venaient établir leur bal rustique dans la cellule de Maria-Antonia. Le bruit étrange qui accompagnait leur marche était celui des castagnettes, dont plusieurs gamins, couverts de masques sales et hideux, jouaient en même temps, et non sur un rhythme coupé et mesuré, comme en Espagne, mais avec un roulement continu semblable à celui du tambour battant aux champs. Ce bruit, dont ils accompagnent leurs danses, est si sec et si âpre, qu'il faut du courage pour le supporter un quart d'heure. Quand ils sont en marche de fête, ils l'interrompent tout d'un coup pour chanter à l'unisson une *coplita* sur une phrase musicale qui recommence toujours et semble ne finir jamais; puis les castagnettes reprennent leur roulement, qui dure trois ou quatre minutes. Rien de plus sauvage que cette manière de se réjouir, en se brisant le tympan avec le claquement du bois. La phrase musicale, qui n'est rien par elle-même, prend un grand caractère jetée ainsi à de longs intervalles, et par ces voix qui ont aussi un caractère très-particulier. Elles sont voilées dans leur plus grand éclat et traînantes dans leur plus grande animation.

Je m'imagine que les Arabes chantaient ainsi, et M. Tastu, qui a fait des recherches à cet égard, s'est convaincu que les principaux rhythmes majorquins, leurs fioritures favorites, que leur manière, en un mot, est de type et de tradition arabes[1].

Quand tous ces diables furent près de nous, ils nous entourèrent avec beaucoup de douceur et de politesse, car les Majorquins n'ont rien de farouche, ni d'hostile, en général, dans leurs manières. Le roi Belzébuth daigna m'adresser la parole en espagnol, et me dit qu'il

[1]. Lorsque nous allions de Barcelone à Palma, par une nuit tiède et sombre, éclairée seulement par une phosphorescence extraordinaire dans le sillage du navire, tout le monde dormait à bord, excepté le timonier, qui, pour résister au danger d'en faire autant, chanta toute la nuit, mais d'une voix si douce et si ménagée qu'on eût dit qu'il craignait d'éveiller les hommes de quart, ou qu'il était à demi endormi lui-même. Nous ne nous lassâmes point de l'écouter, car son chant était des plus étranges. Il suivait un rhythme et des modulations en dehors de toutes nos habitudes, et semblait laisser aller sa voix au hasard, comme la fumée du bâtiment, emportée et balancée par la brise. C'était une rêverie plutôt qu'un chant, une sorte de divagation nonchalante de la voix, où la pensée avait peu de part, mais qui suivait le balancement du navire, le faible bruit du remous, et ressemblait à une improvisation vague, renfermée pourtant dans des formes douces et monotones.

Cette voix de la contemplation avait un grand charme.

était avocat. Puis il essaya, pour me donner une plus haute idée encore de sa personne, de me parler en français, et, voulant me demander si je me plaisais à la Chartreuse, il traduisit le mot espagnol *cartuxa* par le mot français *cartouche*, ce qui ne laissait pas de faire un léger contre-sens. Mais le diable majorquin n'est pas forcé de parler toutes les langues.

Leur danse n'est pas plus gaie que leur chant. Nous les suivîmes dans la cellule de Maria-Antonia, qui était décorée de petites lanternes de papier suspendues, en travers de la salle, à des guirlandes de lierre. L'orchestre, composé d'une grande et d'une petite guitare, d'une espèce de violon aigu et de trois ou quatre paires de castagnettes, commença à jouer les jotas et les fandangos indigènes, qui ressemblent à ceux de l'Espagne, mais dont le rhythme est plus original et le tour plus hardi encore.

Cette fête était donnée en l'honneur de Raphaël Torres, un riche tenancier du pays, qui s'était marié, peu de jours auparavant, avec une assez belle fille. Le nouvel époux fut le seul homme condamné à danser presque toute la soirée face à face avec une des femmes qu'il allait inviter tour à tour. Pendant ce duo, toute l'assemblée, grave et silencieuse, était assise par terre, accroupie à la manière des Orientaux et des Africains, l'alcade lui-même, avec sa cape de moine et son grand bâton noir à tête d'argent.

Les boléros majorquins ont la gravité des ancêtres, et point de ces grâces profanes qu'on admire en Andalousie. Hommes et femmes se tiennent les bras étendus et immobiles, les doigts roulant avec précipitation et continuité sur les castagnettes. Le beau Raphaël dansait pour l'acquit de sa conscience. Quand il eut fait sa corvée, il alla s'asseoir en chien comme les autres, et les *malins* de l'endroit vinrent briller à leur tour. Un jeune gars, mince comme une guêpe, fit l'admiration universelle par la raideur de ses mouvements et des sauts sur place qui ressemblaient à des bonds galvaniques, sans éclairer sa figure du moindre éclair de gaieté. Un gros laboureur, très-coquet et très-suffisant, voulut passer la jambe et arrondir les bras à la manière espagnole; il fut bafoué, et il le méritait bien, car c'était la plus risible caricature qu'on pût voir. Ce bal rustique nous eût longtemps captivés, n'était l'odeur d'huile rance et d'ail qu'exhalaient ces messieurs et ces dames, et qui prenait réellement à la gorge.

Les déguisements de carnaval avaient moins d'intérêt pour nous que les costumes indigènes; ceux-là sont très-élégants et très-gracieux. Les femmes portent une sorte de guimpe blanche en dentelle ou en mousseline, appelée *rebozillo*, composée de deux pièces superposées; une qui est attachée sur la tête un peu en arrière, passant sous le menton comme une guimpe de religieuse, et qui se nomme *rebozillo en amount*; et l'autre qui flotte en pèlerine sur les épaules, et se nomme *rebozillo en volant*; les cheveux, séparés en bandeaux lissés sur le front, sont attachés derrière pour retomber en une grosse tresse qui sort du rebozillo, flotte sur le dos et se relève sur le côté, passée dans la ceinture. En négligé de la semaine, la chevelure non tressée reste flottante sur le dos *en estoffade*. Le corsage, en mérinos ou en soie noire, décolleté, à manches courtes, est garni, au-dessus du coude et sur les coutures du dos, de boutons de métal et de chaînes d'argent passées dans les boutons avec beaucoup de goût et de richesse. Elles ont la taille fine et bien prise, le pied très-petit et chaussé avec recherche dans les jours de fête. Une simple villageoise a des bas à jour, des souliers de satin, une chaîne d'or au cou, et plusieurs brasses de chaînes d'argent autour de la taille et pendantes à la ceinture. J'en ai vu beaucoup de fort bien faites, peu de jolies ; leurs traits étaient réguliers comme ceux des Andalouses, mais leur physionomie plus candide et plus douce. Dans le canton de Soller, où je ne suis point allé, elles ont une grande réputation de beauté.

Les hommes que j'ai vus n'étaient pas beaux, mais ils le semblaient tous au premier abord, à cause du costume avantageux qu'ils portent. Il se compose, le dimanche, d'un gilet (*guarde-pits*) d'étoffe de soie bariolée, découpé en cœur et très-ouvert sur la poitrine, ainsi que la veste noire (*sayo*) courte et collante à la taille, comme un corsage de femme. Une chemise d'un blanc magnifique, attachée au cou et aux manches par une bandelette brodée, laisse le cou libre et la poitrine couverte de beau linge, ce qui donne toujours un grand lustre à la toilette. Ils ont la taille serrée dans une ceinture de couleur, et de larges caleçons bouffants comme les Turcs, en étoffes rayées, coton et soie, fabriquées dans le pays. Avec cela, ils ont des bas de fil blanc, noir ou fauve, et des souliers de peau de veau sans apprêt et sans teint. Le chapeau à larges bords, en poil de chat sauvage (*moxine*), avec des cordons et des glands noirs en fil de soie et d'or, nuit au caractère oriental de cet ajustement. Dans les maisons, ils roulent autour de leur tête un foulard ou un mouchoir d'indienne en manière de turban, qui leur sied beaucoup mieux. L'hiver, ils ont souvent une calotte de laine noire qui couvre leur tonsure ; car ils se rasent, comme des prêtres, le sommet de la tête, soit par mesure de propreté, et Dieu sait que cela ne leur sert pas à grand'chose ! soit par dévotion. Leur vigoureuse crinière bouffante, rude et crépue, flotte donc (autant que du crin peut flotter) autour de leur cou. Un trait de ciseau sur le front complète cette chevelure, taillée exactement à la mode du moyen âge, et qui donne de l'énergie à toutes les figures.

Dans les champs, leur costume, plus négligé, est plus pittoresque encore. Ils ont les jambes nues ou couvertes de guêtres de cuir jaune jusqu'aux genoux, suivant la saison. Quand il fait chaud, ils n'ont pour tout vêtement que la chemise et le pantalon bouffant. Dans l'hiver, ils se couvrent ou d'une cape grise qui a l'air d'un froc de moine, ou d'une grande peau de chèvre d'Afrique avec le poil en dehors. Quand ils marchent par groupes avec ces peaux fauves traversées d'une raie noire sur le dos, et tombant de la tête aux pieds, on les prendrait volontiers pour un troupeau marchant sur les pieds de derrière. Presque toujours, en se rendant aux champs ou en revenant à la maison, l'un d'eux marche en tête, jouant de la guitare ou de la flûte, et les autres suivent en silence, emboîtant le pas, et baissant le nez d'un air plein d'innocence et de stupidité. Ils ne manquent pourtant pas de finesse, et bien sot qui se fierait à leur mine.

Ils sont généralement grands, et leur costume, en les rendant très-minces, les fait paraître plus grands encore. Leur cou, toujours exposé à l'air, est beau et vigoureux; leur poitrine, libre de gilets étroits et de bretelles, est ouverte et bien développée; mais ils ont presque tous les jambes arquées.

Nous avons cru observer que les vieillards et les hommes mûrs étaient, sinon beaux dans leurs traits, du moins graves et d'un type noblement accentué. Ceux-là ressemblent tous à des moines, tels qu'on se les représente poétiquement. La jeune génération nous a semblé commune et d'un type grivois, qui rompt tout à coup la filiation. Les moines auraient-ils cessé d'intervenir dans l'intimité domestique depuis une vingtaine d'années seulement ?

— Ceci n'est qu'une facétie de voyage.

II.

J'ai dit plus haut que je cherchais à surprendre le secret de la vie monastique dans ces lieux, où sa trace était encore si récente. Je n'entends point dire par là que je m'attendisse à découvrir des faits mystérieux relatifs à la Chartreuse en particulier ; mais je demandais à ces murs abandonnés de me révéler la pensée intime des reclus licencieux qu'ils avaient, durant des siècles, séparés de la vie humaine. J'aurais voulu suivre le fil amoindri ou rompu de la foi chrétienne dans ces âmes jetées là par chaque génération comme un holocauste à ce Dieu jaloux, auquel il avait fallu des victimes humaines aussi bien qu'aux dieux barbares. Enfin j'aurais voulu ranimer un chartreux du quinzième siècle et un du dix-neuvième pour comparer entre eux ces deux catholiques séparés dans leur foi, sans le savoir, par des abîmes, et demander à chacun ce qu'il pensait de l'autre.

Il me semblait que la vie du premier était assez facile à reconstruire avec vraisemblance dans ma pensée. Je voyais ce chrétien du moyen âge tout d'une pièce, fervent, sincère, brisé au cœur par le spectacle des guerres, des discordes et des souffrances de ses contemporains, fuyant cet abîme de maux et cherchant dans la contemplation ascétique à s'abstraire et à se détacher autant que possible d'une vie où la notion de la perfectibilité des masses n'était point accessible aux individus. Mais le chartreux du dix-neuvième siècle, fermant les yeux à la marche devenue sensible et claire de l'humanité, indifférent à la vie des autres hommes, ne comprenant plus ni la religion, ni le pape, ni l'église, ni la société, ni lui-même, et ne voyant plus dans sa Chartreuse qu'une habitation spacieuse, agréable et sûre, dans sa vocation qu'une existence assurée, l'impunité accordée à ses instincts, et un moyen d'obtenir, sans mérite individuel, la déférence et la considération des dévots, des paysans et des femmes, celui-là je ne pouvais me le représenter aussi aisément. Je ne pouvais faire une appréciation exacte de ce qu'il devait avoir eu de remords, d'aveuglement, d'hypocrisie ou de sincérité. Il était impossible qu'il y eût une foi réelle à l'Église romaine dans cet homme, à moins qu'il ne fût absolument dépourvu d'intelligence. Il était impossible aussi qu'il y eût un athéisme prononcé; car sa vie entière eût été un odieux mensonge, et je ne saurais croire à un homme complétement stupide ou complétement vil. C'est l'image de ses combats intérieurs, de ses alternatives de révolte et de soumission, de doute philosophique et de terreur superstitieuse que j'avais devant les yeux comme un enfer; et plus je m'identifiais avec ce dernier chartreux qui avait habité ma cellule avant moi, plus je sentais peser sur mon imagination frappée ces angoisses et ces agitations que je lui attribuais.

Il suffisait de jeter les yeux sur les anciens cloîtres et sur la Chartreuse moderne pour suivre la marche des besoins de bien-être, de salubrité et même d'élégance, qui s'étaient glissés dans la vie de ces anachorètes, mais aussi pour signaler le relâchement des mœurs cénobitiques, de l'esprit de mortification et de pénitence. Tandis que toutes les anciennes cellules étaient sombres, étroites et mal closes, les nouvelles étaient aérées, claires et bien construites. Je ferai la description de celle que nous habitions pour donner une idée de l'austérité de la règle des chartreux, même éludée et adoucie autant que possible.

Les trois pièces qui la composaient étaient spacieuses, voûtées avec élégance et aérées au fond par des rosaces à jour, toutes diverses et d'un très-joli dessin. Ces trois pièces étaient séparées du cloître par un retour sombre et fermé d'un fort battant de chêne. Le mur avait trois pieds d'épaisseur. La pièce du milieu était destinée à la lecture, à la prière, à la méditation, elle avait pour tout meuble un large siége à prie-Dieu et à dossier, de six ou huit pieds de haut, enfoncé et fixé dans la muraille. La pièce à droite de celle-ci était la chambre à coucher du chartreux; au fond était située l'alcôve, très-basse et dallée en dessus comme un sépulcre. La pièce de gauche était l'atelier de travail, le réfectoire, le magasin du solitaire. Une armoire située au fond avait un compartiment de bois qui s'ouvrait en lucarne sur le cloître, et par où on lui faisait passer ses aliments. Sa cuisine consistait en deux petits fourneaux situés au dehors, mais non plus, suivant la règle absolue, en plein air : une voûte ouverte sur le jardin protégeait contre la pluie le travail culinaire du moine, et lui permettait de s'adonner à cette occupation un peu plus que le fondateur ne l'aurait voulu. D'ailleurs une cheminée introduite dans cette troisième pièce annonçait bien d'autres relâchements, quoique la science de l'architecte n'eût pas été jusqu'à rendre cette cheminée praticable.

Tout l'appartement avait en arrière, à la hauteur des rosaces, un boyau long, étroit et sombre, destiné à l'aération de la cellule, et au-dessus un grenier pour serrer le maïs, les oignons, les fèves et autres frugales provisions d'hiver. Au midi, les trois pièces s'ouvraient sur un parterre dont l'étendue répétait exactement celle de la totalité de la cellule, qui était séparé des jardins voisins par des murailles de dix pieds, et s'appuyait sur une terrasse fortement construite, au-dessus d'un petit bois d'orangers, qui occupait ce gradin de la montagne. Le gradin inférieur était rempli d'un beau berceau de vignes, le troisième d'amandiers et de palmiers, et ainsi de suite jusqu'au fond du vallon, qui, ainsi que je l'ai dit, était un immense jardin.

Chaque parterre de cellule avait sur toute sa longueur à droite un réservoir en pierres de taille, de trois à quatre pieds de large sur autant de profondeur, recevant, par des canaux pratiqués dans la balustrade de la terrasse, les eaux de la montagne, et les déversant dans le parterre par une croix de pierre qui le coupait en quatre carrés égaux. Je n'ai jamais compris une telle provision d'eau pour abreuver la soif d'un seul homme, ni un tel luxe d'irrigation pour un parterre de vingt pieds de diamètre. Si on ne connaissait l'horreur particulière des moines pour le bain et la sobriété des mœurs majorquines à cet égard, on pourrait croire que ces bons chartreux passaient leur vie en ablutions comme des prêtres indiens.

Quant à ce parterre planté de grenadiers, de citronniers et d'orangers, entouré d'allées exhaussées en briques et ombragées, ainsi que le réservoir, de berceaux embaumés, c'était comme un joli salon de fleurs et de verdure, où le moine pouvait se promener à pied sec les jours humides et rafraîchir ses gazons d'une nappe d'eau courante dans les jours brûlants, respirer au bord d'une belle terrasse le parfum des orangers, dont la cime touffue apportait sous ses yeux un dôme éclatant de fleurs et de fruits, et contempler, dans un repos absolu, le paysage à la fois austère et gracieux, mélancolique et grandiose, dont j'ai parlé déjà; enfin cultiver pour la volupté de ses regards des fleurs rares et précieuses, cueillir pour étancher sa soif les fruits les plus savoureux, écouter les bruits sublimes de la mer, contempler la splendeur des nuits d'été sous le plus beau ciel, et adorer l'Éternel dans le plus beau temple que jamais il ait ouvert à l'homme dans le sein de la nature. Telles me parurent au premier abord les ineffables jouissances du chartreux, telles je me les promis à moi-même en m'installant dans une de ces cellules qui semblaient avoir été disposées pour satisfaire les magnifiques caprices d'imagination ou de rêverie d'une phalange choisie de poëtes et d'artistes.

Mais quand on se représente l'existence d'un homme sans intelligence et par conséquent sans rêverie et sans méditation, sans foi peut-être, c'est-à-dire sans enthousiasme et sans recueillement, enfouie dans cette cellule aux murs massifs, muets et sourds, soumise aux abrutissantes privations de la règle, et forcée d'en observer la lettre sans en comprendre l'esprit, condamnée à l'horreur de la solitude, réduite à n'apercevoir que de loin, du haut des montagnes, l'espèce humaine rampant au fond de la vallée, à rester éternellement étrangère à quelques autres âmes captives, vouées au même silence, enfermées dans la même tombe, toujours voisines et toujours séparées, même dans la prière; enfin quand on se sent soi-même, être libre et pensant, conduit par sympathie à de certaines terreurs et à de certaines défaillances, tout cela redevient triste et sombre comme une vie de néant, d'erreur et d'impuissance.

Alors on comprend l'ennui incommensurable de ce moine pour qui la nature a épuisé ses plus beaux spectacles, et qui n'en jouit pas, parce qu'il n'a point un autre homme à qui faire partager sa jouissance; la tristesse brutale de ce pénitent qui ne souffre plus que du froid et du chaud, comme un animal, comme une plante; et le refroidissement mortel de ce chrétien chez qui rien ne ranime et ne vivifie l'esprit d'ascétisme. Condamné à manger seul, à travailler seul, à souffrir et à prier seul, il ne doit plus avoir qu'un besoin, celui d'échapper à cette épouvantable claustration; et l'on m'a dit que les derniers chartreux s'en faisaient si peu faute, que certains d'entre eux s'absentaient des semaines et des mois entiers sans qu'il fût possible au prieur de les faire rentrer dans l'ordre.

Je crains bien d'avoir fait une longue et minutieuse description de notre Chartreuse, sans avoir donné la moindre idée de ce qu'elle eut pour nous d'enchanteur au premier abord, et de ce qu'elle perdit de poésie à nos yeux quand nous l'eûmes bien interrogée. J'ai cédé, comme je fais toujours, à l'ascendant de mes souvenirs, et maintenant que j'ai tâché de communiquer mes impressions, je me demande pourquoi je n'ai pas pu dire en vingt lignes ce que j'ai dit en vingt pages, à savoir que le repos insouciant de l'esprit, et tout ce qui le provoque, paraissent délicieux à une âme fatiguée, mais qu'avec la réflexion ce charme s'évanouit. C'est qu'il n'appartient qu'au génie de tracer une vive et complète peinture en un seul trait de pinceau. Lorsque M. La Mennais visita les camaldules de Tivoli, il fut saisi du même sentiment, et il l'exprima en maître :

« Nous arrivâmes chez eux, dit-il, à l'heure de la
« prière commune. Ils nous parurent tous d'un âge assez
« avancé, et d'une stature au-dessus de la moyenne.
« Rangés des deux côtés de la nef, ils demeurèrent après
« l'office à genoux, immobiles, dans une méditation
« profonde. On eût dit que déjà ils n'étaient plus de la
« terre; leur tête chauve ployait sous d'autres pensées
« et d'autres soucis; nul mouvement d'ailleurs, nul signe

« extérieur de vie; enveloppés de leur long manteau
« blanc, ils ressemblaient à ces statues qui prient sur les
« vieux tombeaux.

« Nous concevons très-bien le genre d'attrait qu'a,
« pour certaines âmes fatiguées du monde et désabusées
« de ses illusions, cette existence solitaire. Qui n'a point
« aspiré à quelque chose de pareil? Qui n'a pas, plus
« d'une fois, tourné ses regards vers le désert et rêvé
« le repos en un coin de la forêt, ou dans la grotte de
« la montagne, près de la source ignorée où se désalté-
« rent les oiseaux du ciel?

« Cependant telle n'est pas la vraie destinée de
« l'homme : il est né pour l'action; il a sa tâche qu'il
« doit accomplir. Qu'importe qu'elle soit rude? n'est-ce
« point à l'amour qu'elle est proposée? » (*Affaires de Rome.*)

Cette courte page, si pleine d'images, d'aspirations, d'idées et de réflexions profondes, jetée comme par hasard au milieu du récit des explications de M. La Mennais avec le saint-siége, m'a toujours frappé, et je suis certain qu'un jour elle fournira à quelque grand peintre le sujet d'un tableau. D'un côté, les camaldules en prières, moines obscurs, paisibles, à jamais inutiles, à jamais impuissants, spectres affaissés, dernières manifestations d'un culte près de rentrer dans la nuit du passé, agenouillés sur la pierre du tombeau, froids et mornes comme elle; de l'autre, l'homme de l'avenir, le dernier prêtre, animé de la dernière étincelle du génie de l'Eglise, méditant sur le sort de ces moines, les regardant en artiste, les jugeant en philosophe. Ici, les lévites de la mort immobiles sous leurs suaires; là, l'apôtre de la vie, voyageur infatigable dans les champs infinis de la pensée, donnant déjà un dernier adieu sympathique à la poésie du cloître, et secouant de ses pieds la poussière de la ville des papes, pour s'élancer dans la voie sainte de la liberté morale.

Je n'ai point recueilli d'autres faits historiques sur ma Chartreuse que celui de la prédication de saint Vincent Ferrier à Valldemoza, et c'est encore à M. Tastu que j'en dois la relation exacte. Cette prédication fut l'événement important de Majorque en 1413, et il n'est pas sans intérêt d'apprendre avec quelle ardeur on désirait un missionnaire dans ce temps-là, et avec quelle solennité on le recevait.

« Dès l'année 1409, les Mallorquins, réunis en grande assemblée, décidèrent qu'on écrirait à maître Vincent Ferrer, ou Ferrier, pour l'engager à venir prêcher à Mallorca. Ce fut don Louis de Prades, évêque de Mallorca, camerlingue du pape Benoît XIII (l'anti-pape Pierre de Luna), qui écrivit, en 1412, aux jurats de Valence une lettre pour implorer l'assistance apostolique de maître Vincent, et qui, l'année suivante, l'attendit à Barcelone et s'embarqua avec lui pour Palma. Dès le lendemain de son arrivée, le saint missionnaire commença ses prédications et ordonna des processions de nuit. La plus grande sécheresse régnait dans l'île; mais au troisième sermon de maître Vincent, la pluie tomba. Ces détails furent ainsi mandés au roi Ferdinand par son procureur royal don Pedro de Casaldaguila :

« Très-haut, très-excellent prince et victorieux sei-
« gneur, j'ai l'honneur de vous annoncer que maître
« Vincent est arrivé dans cette cité le premier jour de
« septembre, et qu'il y a été solennellement reçu. Le
« samedi au matin, il a commencé à prêcher devant
« une foule immense, qui l'écoute avec tant de dévo-
« tion, que toutes les nuits on fait des processions dans
« lesquelles on voit des hommes, des femmes et des en-
« fants se flageller. Et comme depuis longtemps il n'é-

« tait tombé de l'eau, le Seigneur Dieu, touché des
« prières des enfants et du peuple, a voulu que ce
« royaume, qui périssait par la sécheresse, vît tomber,
« dès le troisième sermon, une pluie abondante sur
« toute l'île, ce qui a beaucoup réjoui les habitants.

« Que Notre-Seigneur Dieu vous aide longues années,
« très-victorieux seigneur, et exhausse votre royale cou-
« ronne.

« Mallorca, 11 septembre 1413. »

« La foule qui voulait entendre le saint missionnaire
croissait de telle façon, que, ne pouvant l'admettre dans
la vaste église du couvent de Saint-Dominique, on fut
obligé de lui livrer l'immense jardin du couvent, en
dressant des échafauds et abattant des murailles.

« Jusqu'au 3 octobre, Vincent Ferrier prêcha à Palma,
d'où il partit pour visiter l'île. Sa première station fut à
Valldemosa, dans le monastère qui devait le recevoir et
le loger, et qu'il avait choisi sans doute en considération
de son frère Boniface, général de l'ordre des chartreux.
Le prieur de Valldemosa était venu le prendre à Palma
et voyageait avec lui. A Valldemosa plus encore qu'à
Palma, l'église se trouva trop petite pour contenir la
foule avide. Voici ce que rapportent les chroniqueurs :

« La ville de Valldemosa garde la mémoire du temps
où saint Vincent Ferrier y sema la divine parole. Sur le
territoire de ladite ville se trouve une propriété qu'on
appelle *Son Gual*; là se rendit le missionnaire, suivi
d'une multitude infinie. Le terrain était vaste et uni ; le
tronc creusé d'un antique et immense olivier lui servit
de chaire. Tandis que le saint prêchait du haut de l'olivier, la pluie vint à tomber en abondance. Le démon,
promoteur des vents, des éclairs et du tonnerre, semblait vouloir forcer les auditeurs à quitter la place pour

se mettre à l'abri, ce que faisaient déjà quelques-uns d'entre eux, lorsque Vincent leur commanda de ne pas bouger, se mit en prière, et à l'instant un nuage s'étendit comme un dais sur lui et sur ceux qui l'écoutaient, tandis que ceux qui étaient restés travaillant dans le champ voisin furent obligés de quitter leur ouvrage.

« Le vieux tronc existait encore il n'y a pas un siècle, car nos ancêtres l'avaient religieusement conservé. Depuis, les héritiers de la propriété de *Son Gual* ayant négligé de s'occuper de cet objet sacré, le souvenir s'en effaça. Mais Dieu ne voulut pas que la chaire rustique de saint Vincent fût à jamais perdue. Des domestiques de la propriété, ayant voulu faire du bois, jetèrent leur vue sur l'olivier et se mirent en devoir de le dépecer; mais les outils se brisaient à l'instant, et, comme la nouvelle en vint aux oreilles des anciens, on cria au miracle, et l'olivier sacré resta intact. Il arriva plus tard que cet arbre se fendit en trente-quatre morceaux ; et, quoique à portée de la ville, personne n'osa y toucher, le respectant comme une relique.

« Cependant le saint prédicateur allait prêchant dans les moindres hameaux, guérissant le corps et l'âme des malheureux. L'eau d'une fontaine qui coule dans les environs de Valldemosa était le seul remède ordonné par le saint. Cette fontaine ou source est connue encore sous le nom de *Sa bassa Ferrera*.

« Saint Vincent passa six mois dans l'île, d'où il fut rappelé par Ferdinand, roi d'Aragon, pour l'aider à éteindre le schisme qui désolait l'Occident. Le saint missionnaire prit congé des Mallorquins dans un sermon qu'il prêcha le 22 février 1414 à la cathédrale de Palma ; et après avoir béni son auditoire, il partit pour s'embarquer, accompagné des jurés, de la noblesse, et de la multitude du peuple, opérant bien des miracles, comme le racontent les chroniques, et comme la tradition s'en est perpétuée jusqu'à ce jour aux îles Baléares. »

Cette relation qui ferait sourire mademoiselle Fanny Elssler, donne lieu à une remarque de M. Tastu, curieuse sous deux rapports : le premier, en ce qu'elle explique fort naturellement un des miracles de saint Vincent Ferrier ; le second, en ce qu'elle confirme un fait important dans l'histoire des langues. Voici cette note :

« Vincent Ferrier écrivait ses sermons en latin, et les prononçait en langue limosine. On a regardé comme un miracle cette puissance du saint prédicateur, qui faisait qu'il était compris de ses auditeurs quoique leur parlant un idiome étranger. Rien n'est pourtant plus naturel, si on se reporte au temps où florissait maître Vincent. A cette époque, la langue romane des trois grandes contrées du nord, du centre et du midi, était, à peu de chose près, la même ; les peuples et les lettrés surtout s'entendaient très-bien. Maître Vincent eut des succès en Angleterre, en Écosse, en Irlande, à Paris, en Bretagne, en Italie, en Espagne, aux îles Baléares ; c'est que dans toutes ces contrées on comprenait, si on ne la parlait, une langue romane, sœur, parente ou alliée de la langue valencienne, la langue maternelle de Vincent Ferrier.

« D'ailleurs, le célèbre missionnaire n'était-il pas le contemporain du poète Chaucer, de Jean Froissart, de Christine de Pisan, de Boccace, d'Ausias-March, et de tant d'autres célébrités européennes[1] ? »

1. Les peuples baléares parlent l'ancienne langue romane limosine cette langue que M. Raynouard, sans examen, sans distinction, a comprise dans la langue provençale. De toutes les langues romanes, la mallorquine est celle qui a subi le moins de variations, concentrée qu'elle est dans ses îles, où elle est préservée de tout contact étranger. Le languedocien, aujourd'hui même dans son état de décadence, le gracieux patois

III.

Je ne puis continuer mon récit sans achever de compulser les annales dévotes de Valldemosa; car, ayant à parler de la piété fanatique des villageois avec lesquels nous fûmes en rapport, je dois mentionner la sainte dont ils s'enorgueillissent et dont ils nous ont montré la maison rustique.

languedocien de Montpellier et de ses environs, est celui qui offre le plus d'analogie avec le mallorquin ancien et moderne. Cela s'explique par les fréquents séjours que les rois d'Aragon faisaient avec leur cour dans la ville de Montpellier. Pierre II, tué à Muret (1213) en combattant Simon de Montfort, avait épousé Marie, fille d'un comte de Montpellier, et eut de ce mariage Jaime 1er, dit *lo Conquistador*, qui naquit dans cette ville et y passa les premières années de son enfance. Un des caractères qui distinguent l'idiome mallorquin des autres dialectes romans de la langue d'oc, ce sont les articles de sa grammaire populaire, et, chose à remarquer, ces articles se trouvent pour la plupart dans la langue vulgaire de quelques localités de l'île de Sardaigne. Indépendamment de l'article *lo* masculin, *le*, et *la* féminin, *la*, le mallorquin a les articles suivants :

Masculin. — Singulier : *So*, le ; *sos*, les, au pluriel.

Féminin. — Singulier : *Sa*, la ; *sas*, les, au pluriel.

Masculin et Féminin. — Singulier : *Es*, le ; *els*, les, au pluriel.

Masculin. — Singulier : *En*, le ; *na*, la, au féminin singulier ; *nas*, les, au féminin pluriel.

Nous devons déclarer en passant que ces articles, quoique d'un usage antique, n'ont jamais été employés dans les instruments qui datent de la conquête des Baléares par les Aragonais ; c'est-à-dire que dans ces îles, comme dans les contrées italiques, deux langues régnaient simultanément : la rustique, *plebea*, à l'usage des peuples (celle-là change peu) ; et la langue académique littéraire, *aulica illustra*, que le temps, la civilisation ou le génie épurent ou perfectionnent. Ainsi, aujourd'hui, le castillan est la langue littéraire des Espagnes ; cependant chaque province a conservé pour l'usage journalier son dialecte spécial. A Mallorca, le castillan n'est guère employé que dans les circonstances officielles ; mais dans la vie habituelle, chez le peuple comme chez les grands seigneurs, vous n'entendrez parler que le mallorquin. Si vous passez devant le balcon où une

« Valldemosa est aussi la patrie de Catalina Tomas, béatifiée en 1792 par le pape Pie VI. La vie de cette sainte fille a été écrite plusieurs fois, et en dernier lieu par le cardinal Antonio Despuig. Elle offre plusieurs traits d'une gracieuse naïveté. Dieu, dit la légende, ayant favorisé sa servante d'une raison précoce, on la vit observer rigoureusement les jours de jeûne, bien avant l'âge où l'Église les prescrit. Dès ses premiers ans elle s'abstint de faire plus d'un repas par jour. Sa dévo-

jeune fille; une Atlote (du mauresque aila, lella), arrose ses fleurs, c'est dans son doux idiome national que vous l'entendez chanter :

> Ses atlotes, tots es diumenges,
> Quan n' tenen res mes que fer,
> Van à regar es clavellers,
> Dihent-li : Veu! ja que no menjes!

« Les jeunes filles, tous les dimanches,
« Lorsqu'elles n'ont rien de mieux à faire
« Vont arroser le pot d'œillets,
« Et lui disent : Bois, puisque tu ne manges pas! »

La musique qui accompagne les paroles de la jeune fille est rythmée à la mauresque, dans un ton tristement cadencé qui vous pénètre et vous fait rêver. Cependant la mère prévoyante qui a entendu la jeune fille ne manque pas de lui répondre :

> Atlotes, filau! filau!
> Que sa camya se riu;
> Y sino l'apadassau,
> No v's arribar à s'estiu!

« Fillettes, filez! filez!
« Car la chemise va s'usant (littéralement, la chemise rit).
« Et si vous n'y mettez une pièce,
« Elle ne pourra vous durer jusqu'à l'été. »

Le mallorquin, surtout dans la bouche des femmes, a pour l'oreille des étrangers un charme particulier de suavité et de grâce. Lorsqu'une Mallorquine vous dit ces paroles d'adieu, si doucement mélodieuses : « Bona nit tengoa! es meu cò no basta per di li : Adios! » « Bonne nuit! mon cœur

tion à la passion du Rédempteur et aux douleurs de sa sainte mère était si fervente, que dans ses promenades elle récitait continuellement le rosaire, se servant, pour compter les dizaines, des feuilles des oliviers ou des lentisques. Son goût pour la retraite et les exercices religieux, son éloignement pour les bals et les divertissements profanes, l'avaient fait surnommer la *viejecita*, la petite vieille. Mais sa solitude et son abstinence étaient récompensées par les visites des anges et de toute la cour céleste : Jésus-Christ, sa mère et les saints se faisaient ses domestiques; Marie la soignait dans ses maladies; saint Bruno la relevait dans ses chutes; saint Antoine l'accompagnait dans l'obscurité de la nuit, portant et remplissant sa cruche à la fontaine; sainte Catherine sa patronne accommodait ses cheveux et la soignait en tout comme eût fait une mère attentive et vigilante;

ne suffit pas à vous dire : Adieu » il semble qu'on pourrait noter la molle cantilène comme une phrase musicale.

Après ces échantillons de la langue vulgaire mallorquine, je me permettrai de citer un exemple de l'ancienne langue académique. C'est le *Merceder mallorqui* (le marchand mallorquin), troubadour du quatorzième siècle, qui chante les rigueurs de sa dame et prend ainsi congé d'elle :

    Cercats d'uy may, jà siats bella e pros,
    'quels vostres pres, e laus, e ris plesents,
    Car vengut es *lo* temps que m'aurets mens.
    No m' aucirà vostre 'sguard amoros,
        Ne la semblança gaya;
        Car trobat n'ay
        Altra qui m'play,
        Sol que lui playa!
    Altra, sens vos, per que l'in volray be,
    E tindr' en car s'amor, que 'xi s'couve.

« Cherchez désormais, quoique vous soyez belle et noble, [vous;
« Ces mérites, ces louanges, ces sourires charmants qui n'étaient que pour
« Or, le temps est venu où vous m'aurez moins près de vous.
« Votre regard d'amour ne pourra plus me tuer,

saint Côme et saint Damien guérissaient les blessures qu'elle avait reçues dans ses luttes avec le démon, car sa victoire n'était pas sans combat; enfin saint Pierre et saint Paul se tenaient à ses côtés pour l'assister et la défendre dans les tentations.

« Elle embrassa la règle de saint Augustin dans le monastère de Sainte-Madeleine de Palma, et fut l'exemple des pénitentes, et, comme le chante l'Église en ses prières, obéissante, pauvre, chaste et humble. Ses historiens lui attribuent l'esprit de prophétie et le don des miracles. Ils rapportent que, pendant qu'on faisait à Mallorca des prières publiques pour la santé du pape Pie V, un jour Catalina les interrompit tout à coup en disant qu'elles n'étaient plus nécessaires, puisqu'à cette même heure le pontife venait de quitter ce monde, ce qui se trouva vrai.

« Elle mourut le 5 avril 1574, en prononçant ces

« Ni votre sainte gaîté;
« Car j'en ai trouvé
« Une autre qui me plaît :
« Si je pouvais seulement lui plaire !
« Une autre, non plus vous, ce dont je lui saurai gré,
« De qui l'amour me sera cher : ainsi dois-je faire. »

Les Mallorquins, comme tous les peuples méridionaux, sont naturellement musiciens et poètes, ou, comme disaient leurs ancêtres, troubadours, *trobadors*, ce que nous pourrions traduire par improvisateurs. L'île de Mallorca en compte encore plusieurs qui ont une réputation méritée, entre autres les deux qui habitent Soller. C'est à ces *trobadors* que s'adressent ordinairement les amants heureux ou malheureux. Moyennant finance, et d'après les renseignements qu'on leur a donnés, les troubadours vont sous les balcons des jeunes filles, à une heure avancée de la nuit, chantant les *coblas* improvisées sur le ton de l'éloge ou de la plainte, quelquefois même de l'injure, que leur font adresser ceux qui paient le poète-musicien. Les étrangers peuvent se donner ce plaisir, qui ne tire pas à conséquence dans l'île de Mallorca.

(*Note de M. Tasta.*)

paroles du Psalmiste : — « Seigneur, je remets mon esprit entre vos mains. »

« Sa mort fut regardée comme une calamité publique ; on lui rendit les plus grands honneurs. Une pieuse dame de Mallorca, dona Juana de Pochs, remplaça le sépulcre en bois dans lequel on avait déposé d'abord la sainte fille par un autre en albâtre magnifique qu'elle commanda à Gênes ; elle institua en outre, par son testament, une messe pour le jour de la translation de la bienheureuse, et une autre pour le jour de sainte Catherine sa patronne ; elle voulut qu'une lampe brûlât perpétuellement sur son tombeau.

« Le corps de cette sainte fille est conservé aujourd'hui dans le couvent des religieuses de la paroisse Sainte-Eulalie, où le cardinal Despuig lui a consacré un autel et un service religieux. »

J'ai rapporté complaisamment toute cette petite légende, parce qu'il n'entre pas du tout dans mes idées de nier la sainteté, et je dis la sainteté véritable et de bon aloi, des âmes ferventes. Quoique l'enthousiasme et les visions de la petite montagnarde de Valldemosa n'aient plus le même sens religieux et la même valeur philosophique que les inspirations et les extases des saints du beau temps chrétien, la *viejecita Tomasa* n'en est pas moins une cousine germaine de la poétique bergère sainte Geneviève et de la bergère sublime Jeanne d'Arc. En aucun temps l'Église romaine n'a refusé de marquer des places d'honneur dans le royaume des cieux aux plus humbles enfants du peuple ; mais les temps sont venus où elle condamne et rejette ceux des apôtres qui veulent agrandir la place du peuple dans le royaume de la terre. La *pagésa* Catalina était *obéissante, pauvre, chaste et humble :* les pagès valldemosans ont si peu profité de ses exemples et si peu compris sa vie, qu'ils voulurent un jour lapider mes enfants parce que mon fils dessinait les ruines du couvent, ce qui leur parut une profanation. Ils faisaient comme l'Église, qui d'une main allumait les bûchers de l'auto-da-fé et de l'autre encensait l'effigie de ses saints et de ses bienheureux.

Ce village de Valldemosa, qui se targue du droit de s'appeler ville dès le temps des Arabes [1], est situé dans le giron de la montagne, de plain-pied avec la Chartreuse, dont il semble être une annexe. C'est un amas de nids d'hirondelles de mer; il est dans un site presque inaccessible, et ses habitants sont pour la plupart des pêcheurs qui partent le matin pour ne rentrer qu'à la nuit. Pendant tout le jour, le village est rempli de femmes, les plus babillardes du monde, que l'on voit sur le pas des portes, occupées à rapetasser les filets ou les chausses de leurs maris, en chantant à tue-tête. Elles sont aussi dévotes que les hommes; mais leur dévotion est moins intolérante, parce qu'elle est plus sincère. C'est une supériorité que, là comme partout, elles ont sur l'autre sexe. En général, l'attachement des femmes aux pratiques du culte est une affaire d'enthousiasme, d'habitude ou de conviction, tandis que chez les hommes c'est le plus souvent une affaire d'ambition ou d'intérêt. La France en a offert une assez forte preuve sous les règnes de Louis XVIII et de Charles X, alors que l'on achetait les grands et les petits emplois de l'administration et de l'armée avec un billet de confession ou une messe.

L'attachement des Majorquins pour les moines est fondé sur des motifs de cupidité; et je ne saurais mieux le faire comprendre qu'en citant l'opinion de M. Mar-

---

[1]. Les Arabes l'appellent Villa-Arente, nom romain qu'elle avait reçu je pense, des Pisans ou des Génois. (*M. Tastu.*)

liani, opinion d'autant plus digne de confiance qu'en général l'historien de l'Espagne moderne se montre opposé à la mesure de 1836, relative à l'expulsion subite des moines.

« Propriétaires bienveillants, dit-il, et peu soucieux de leur fortune, ils avaient créé des intérêts réels entre eux et les paysans ; les colons qui travaillaient les biens des couvents n'éprouvaient pas de grandes rigueurs, quant à la quotité comme à la régularité des fermages. Les moines, sans avenir, ne thésaurisaient pas, et du moment où les biens qu'ils possédaient suffisaient aux exigences de l'existence matérielle de chacun d'eux, ils se montraient fort accommodants pour tout le reste. La brusque spoliation des moines blessait donc les calculs de fainéantise et d'égoïsme des paysans : ils comprirent fort bien que le gouvernement et le nouveau propriétaire seraient plus exigeants qu'une corporation de parasites sans intérêts de famille ni de société. Les mendiants qui pullulaient aux portes du réfectoire ne reçurent plus les restes d'oisifs repus. »

Le carlisme des paysans majorquins ne peut s'expliquer que par des raisons matérielles ; car il est impossible, d'ailleurs, de voir une province moins liée à l'Espagne par un sentiment patriotique, ni une population moins portée à l'exaltation politique. Au milieu des vœux secrets qu'ils formaient pour la restauration des vieilles coutumes, ils étaient cependant effrayés de tout nouveau bouleversement, quel qu'il pût être ; et l'alerte qui avait fait mettre l'île en état de siége, à l'époque de notre séjour, n'avait guère moins effrayé les partisans de don Carlos à Majorque que les défenseurs de la reine Isabelle. Cette alerte est un fait qui peint assez bien, je ne dirai pas la poltronnerie des Majorquins (je les crois très-capables de faire de bons soldats), mais les anxiétés produites par le souci de la propriété et l'égoïsme du repos.

Un vieux prêtre rêva une nuit que sa maison était envahie par des brigands; il se lève tout effaré, sous l'impression de ce cauchemar, et réveille sa servante; celle-ci partage sa terreur, et, sans savoir de quoi il s'agit, réveille tout le voisinage par ses cris. L'épouvante se répand dans tout le hameau, et de là dans toute l'île. La nouvelle du débarquement de l'armée carliste s'empare de toutes les cervelles, et le capitaine général reçoit la déposition du prêtre, qui, soit la honte de se dédire, soit le délire d'un esprit frappé, affirme qu'il a vu les carlistes. Sur-le-champ toutes les mesures furent prises pour faire face au danger : Palma fut déclarée en état de siége, et toutes les forces militaires de l'île furent mises sur pied.

Cependant rien ne parut, aucun buisson ne bougea, aucune trace d'un pied étranger ne s'imprima, comme dans l'île de Robinson, sur le sable du rivage. L'autorité punit le pauvre prêtre de l'avoir rendue ridicule, et, au lieu de l'envoyer promener comme un visionnaire, l'envoya en prison comme un séditieux. Mais les mesures de précautions ne furent pas révoquées, et, lorsque nous quittâmes Majorque, à l'époque des exécutions de Maroto, l'état de siége durait encore.

Rien de plus étrange que l'espèce de mystère que les Majorquins semblaient vouloir se faire les uns aux autres des événements qui bouleversaient alors la face de l'Espagne. Personne n'en parlait, si ce n'est en famille et à voix basse. Dans un pays où il n'y a vraiment ni méchanceté ni tyrannie, il est inconcevable de voir régner une méfiance aussi ombrageuse. Je n'ai rien lu de si plaisant que les articles du journal de Palma, et j'ai toujours regretté de n'en avoir pas emporté quelques numéros pour échantillons de la polémique majorquine. Mais voici, sans exagération, la forme dans laquelle, après avoir rendu compte des faits, on en commentait le sens et l'authenticité :

« Quelque prouvés que puissent paraître ces événements aux yeux des personnes disposées à les accueillir, nous ne saurions trop recommander à nos lecteurs d'en attendre la suite avant de les juger. Les réflexions qui se présentent à l'esprit en présence de pareils faits demandent à être mûries, dans l'attente d'une certitude que nous ne voulons pas révoquer en doute, mais que nous ne prendrons pas sur nous de hâter par d'imprudentes assertions. Les destinées de l'Espagne sont enveloppées d'un voile qui ne tardera pas à être soulevé, mais auquel nul ne doit porter avant le temps une main imprudente. Nous nous abstiendrons jusque là d'émettre notre opinion, et nous conseillerons à tous les esprits sages de ne point se prononcer sur les actes des divers partis, avant d'avoir vu la situation se dessiner plus nettement, » etc.

La prudence et la réserve sont, de l'aveu même des Majorquins, la tendance dominante de leur caractère. Les paysans ne vous rencontrent jamais dans la campagne sans échanger avec vous un salut; mais si vous leur adressez une parole de plus sans être connu d'eux, ils se gardent bien de vous répondre, quand même vous parleriez leur patois. Il suffit que vous ayez un air étranger pour qu'ils vous craignent et se détournent du chemin pour vous éviter.

Nous eussions pu vivre cependant en bonne intelligence avec ces braves gens, si nous eussions fait acte de présence à leur église. Ils ne nous eussent pas moins rançonnés en toute occasion, mais nous eussions pu nous promener au milieu de leurs champs sans risquer d'être atteints de quelque pierre à la tête au détour d'un buisson. Malheureusement cet acte de prudence ne nous vint pas à l'esprit dans les commencements, et nous restâmes presque jusqu'à la fin sans savoir combien notre manière d'être les scandalisait. Ils nous appelaient païens, mahométans et juifs; ce qui est pis que tout, selon eux. L'alcade nous signalait à la désapprobation de ses administrés; je ne sais pas si le curé ne nous prenait point pour texte de ses sermons. La blouse et le pantalon de ma fille les scandalisaient beaucoup aussi. Ils trouvaient fort mauvais qu'une *jeune personne* de neuf ans courût les montagnes *déguisée en homme*. Ce n'étaient pas seulement les paysans qui affectaient cette pruderie.

Le dimanche, le cornet à bouquin qui retentissait dans le village et sur les chemins pour avertir les retardataires de se rendre aux offices nous poursuivait en vain dans la Chartreuse. Nous étions sourds, parce que nous ne comprenions pas, et quand nous eûmes compris, nous le fûmes encore davantage. Ils eurent alors un moyen de venger la gloire de Dieu, qui n'était pas chrétien du tout. Ils se liguèrent entre eux pour ne nous vendre leur poisson, leurs œufs et leurs légumes qu'à des prix exorbitants. Il ne nous fut permis d'invoquer aucun tarif, aucun usage. A la moindre observation : *Vous n'en voulez pas?* disait le pagès d'un air de grand d'Espagne, en remettant ses oignons ou ses pommes de terre dans sa besace; *vous n'en aurez pas*. Et il se retirait majestueusement, sans qu'il fût possible de le faire revenir pour entrer en composition. Il nous faisait jeûner pour nous punir d'avoir marchandé.

Il fallait jeûner en effet. Point de concurrence ni de rabais entre les vendeurs. Celui qui venait le second demandait le double, et le troisième demandait le triple, si bien qu'il fallait être à leur merci et mener une vie d'anachorètes, plus dispendieuse que n'eût été à Paris une vie de prince. Nous avions la ressource de nous approvisionner à Palma par l'intermédiaire du cuisinier du consul, qui fut notre providence, et dont, si j'étais empereur romain, je voudrais mettre le bonnet de coton au rang des constellations. Mais les jours de pluie, aucun messager ne voulait se risquer sur les chemins, à quelque prix que ce fût; et comme il plut pendant deux mois, nous eûmes souvent du pain comme du biscuit de mer et de véritables dîners de chartreux.

C'eût été une contrariété fort mince si nous eussions tous été bien portants. Je suis fort sobre et même stoïque par nature à l'endroit du repas. Le splendide appétit de mes enfants faisait flèche de tout bois et régal de tout citron vert. Mon fils, que j'avais emmené frêle et malade, reprenait à la vie comme par miracle, et guérissait une affection rhumatismale des plus graves, en courant dès le matin, comme un lièvre échappé, dans les grandes plantes de la montagne, mouillé jusqu'à la ceinture. La Providence permettait à la bonne nature de faire pour lui ces prodiges; c'était bien assez d'un malade.

Mais l'autre, loin de prospérer avec l'air humide et les privations, dépérissait d'une manière effrayante. Quoiqu'il fût condamné par toute la faculté de Palma, il n'avait aucune affection chronique; mais l'absence de régime fortifiant l'avait jeté, à la suite d'un catarrhe, dans un état de langueur dont il ne pouvait se relever. Il se résignait, comme on sait se résigner pour soi-même; nous, nous ne pouvions pas nous résigner pour lui, et je connus pour la première fois de grands chagrins pour de petites contrariétés, la colère pour un bouillon poivré ou *chippé* par les servantes, l'anxiété pour un pain frais qui n'arrivait pas, ou qui s'était changé en éponge en traversant le torrent sur les flancs d'un mulet. Je ne me souviens certainement pas de ce que j'ai mangé à Pise ou à Trieste, mais je vivrais cent ans, que je n'oublierais pas l'arrivée du panier aux provisions à la Chartreuse. Que n'eussé-je pas donné pour avoir un consommé et un verre de bordeaux à offrir tous les jours à notre malade! Les aliments majorquins, et surtout la manière dont ils étaient apprêtés, quand nous n'y avions pas l'œil et la main, lui causaient un invincible dégoût. Dirai-je jusqu'à quel point ce dégoût était fondé? Un jour qu'on nous servait un maigre poulet, nous vîmes sautiller sur son dos fumant d'énormes *maîtres Floh*, dont Hoffmann eût fait autant de malins esprits, mais que certainement il n'eût pas mangés en sauce. Mes enfants furent pris d'un si bon rire d'enfants qu'ils faillirent tomber sous la table.

Le fond de la cuisine majorquine est invariablement le cochon sous toutes les formes et sous tous les aspects. C'est là qu'eût été de saison le dicton du petit Savoyard faisant l'éloge de sa gargotte, et disant avec admiration qu'on y mange cinq sortes de viandes, à savoir : du cochon, du porc, du lard, du jambon et du salé. A Majorque, on fabrique, j'en suis sûr, plus de deux mille sortes de mets avec le porc, et au moins deux cents espèces de boudins, assaisonnés d'une telle profusion d'ail, de poivre, de piment et d'épices corrosives de tout genre, qu'on y risque la vie à chaque morceau. Vous voyez paraître sur la table vingt plats qui ressemblent à toutes sortes de mets chrétiens : ne vous y fiez pas cependant; ce sont des drogues infernales cuites par le diable en personne. Enfin vient au dessert une tarte en pâtisserie de fort bonne mine, avec des tranches de fruit qui ressemblent à des oranges sucrées;

c'est une tourte de cochon à l'ail, avec des tranches de *tomatigas*, de pommes d'amour et de piment, le tout saupoudré de sel blanc que vous prendriez pour du sucre à son air d'innocence. Il y a bien des poulets, mais ils n'ont que la peau et les os. A Valldemosa, chaque graine qu'on nous eût vendue pour les engraisser eût été taxée sans doute un réal. Le poisson qu'on nous apportait de la mer était aussi plat et aussi sec que les poulets.

Un jour nous achetâmes un calmar de la grande espèce, pour avoir le plaisir de l'examiner. Je n'ai jamais vu d'animal plus horrible. Son corps était gros comme celui d'un dindon, ses yeux larges comme des oranges, et ses bras flasques et hideux, déroulés, avaient quatre à cinq pieds de long. Les pêcheurs nous assuraient que c'était un friand morceau. Nous ne fûmes point alléchés par sa mine, et nous en fîmes hommage à la Maria-Antonia, qui l'apprêta et le dégusta avec délices.

Si notre admiration pour le calmar fit sourire ces bonnes gens, nous eûmes bien notre tour quelques jours après. En descendant la montagne, nous vîmes les pages quitter leurs travaux et se précipiter vers des gens arrêtés sur le chemin, qui portaient dans un panier une paire d'oiseaux admirables, extraordinaires, merveilleux, incompréhensibles. Toute la population de la montagne fut mise en émoi par l'apparition de ces volatiles inconnus. « Qu'est-ce que cela mange? » se disait-on en les regardant. Et quelques-uns répondaient : « Peut-être que cela ne mange pas! — Cela vit-il sur terre ou sur mer? — Probablement cela vit toujours dans l'air. » Enfin les deux oiseaux avaient failli être étouffés par l'admiration publique, lorsque nous vérifiâmes que ce n'étaient ni des condors, ni des phénix, ni des hippogriffes, mais bien deux belles oies de basse-cour qu'un riche seigneur envoyait en présent à un de ses amis.

A Majorque comme à Venise, les vins liquoreux sont abondants et exquis. Nous avions pour ordinaire du moscatel aussi bon et aussi peu cher que le chypre qu'on boit sur le littoral de l'Adriatique. Mais les vins rouges, dont la préparation est un art véritable, inconnu aux Majorquins, sont durs, noirs, brûlants, chargés d'alcool, et d'un prix plus élevé que notre plus simple ordinaire de France. Tous ces vins chauds et capiteux étaient fort contraires à notre malade, et même à nous, à telles enseignes que nous bûmes presque toujours de l'eau, qui était excellente. Je ne sais si c'est à la pureté de cette eau de source qu'il faut attribuer un fait dont nous fîmes bientôt la remarque : nos dents avaient acquis une blancheur que tout l'art des parfumeurs ne saurait donner aux Parisiens les plus recherchés. La cause en fut peut-être dans notre sobriété forcée. N'ayant pas de beurre, et ne pouvant supporter la graisse, l'huile nauséuse et les procédés incendiaires de la cuisine indigène, nous vivions de viande fort maigre, de poisson et de légumes, le tout assaisonné, en fait de sauce, de l'eau du torrent à laquelle nous avions parfois le sybaritisme de mêler le jus d'une orange verte fraîchement cueillie dans notre parterre. En revanche, nous avions des desserts splendides : des patates de Malaga et des courges de Valence confites, et du raisin digne de la terre de Chanaan. Ce raisin, blanc ou rose, est oblong, et couvert d'une pellicule un peu épaisse, qui aide à sa conservation pendant toute l'année. Il est exquis, et on en peut manger tant qu'on veut sans éprouver le gonflement d'estomac que donne le nôtre. Le raisin de Fontainebleau est aqueux et frais; celui de Majorque est sucré et charnu. Dans l'un il y a à manger, dans l'autre à boire. Ces grappes, dont quelques-unes pesaient de vingt à vingt-cinq livres, eussent fait l'admiration d'un peintre. C'était notre ressource dans les temps de disette. Les paysans croyaient nous le vendre fort cher en nous le faisant payer quatre fois sa valeur ; mais ils ne savaient pas que, comparativement au nôtre, ce n'était rien encore ; et nous avions le plaisir de nous moquer les uns des autres. Quant aux figues de cactus, nous n'eûmes pas de discussion : c'est bien le plus détestable fruit que je sache.

Si les conditions de cette vie frugale n'eussent été, je le répète, contraires et même funestes à l'un de nous, les autres l'eussent trouvée fort acceptable en elle-même. Nous avions réussi même à Majorque, même dans une chartreuse abandonnée, même aux prises avec les paysans les plus rusés du monde, à nous créer une sorte de bien-être. Nous avions des vitres, des portes et un poêle, un poêle unique en son genre, que le premier forgeron de Palma avait mis un mois à forger, et qui nous coûta cent francs. C'était tout simplement un cylindre de fer avec un tuyau qui passait par la fenêtre. Il fallait bien une heure pour l'allumer, et à peine l'était-il, qu'il devenait rouge, et qu'après avoir ouvert longtemps les portes pour faire sortir la fumée, il fallait les rouvrir presque aussitôt pour faire sortir la chaleur. En outre, le soi-disant fumiste l'avait enduit à l'intérieur, en guise de mastic, d'une matière dont les Indiens enduisent leurs maisons et même leurs personnes par dévotion, la vache étant réputée chez eux, comme on sait, un animal sacré. Quelque purifiante pour l'âme que pût être cette odeur sainte, j'atteste qu'au feu elle est peu détectable pour les sens. Pendant un mois que ce mastic mit à sécher, nous pûmes croire que nous étions dans un des cercles de l'enfer où Dante prétend avoir vu les adulateurs. J'avais beau chercher dans ma mémoire par quelle faute de ce genre j'avais pu mériter un pareil supplice, quel pouvoir j'avais encensé, quel pape ou quel roi j'avais encouragé dans son erreur par mes flatteries; je n'avais pas seulement un garçon de bureau ou un huissier de la chambre sur la conscience, pas même une révérence à un gendarme ou à un journaliste!

Heureusement le chartreux pharmacien nous vendit du benjoin exquis, reste de la provision de parfums dont on encensait naguère, dans l'église de son couvent, l'image de la Divinité; et cette émanation céleste combattit victorieusement, dans notre cellule, les exhalaisons du huitième fossé de l'enfer.

Nous avions un mobilier splendide : des lits de sangle irréprochables, des matelas peu mollets, plus chers qu'à Paris, mais neufs et propres, et de ces grands et excellents couvre-pieds en indienne ouatée et piquée que les juifs vendent assez bon marché à Palma. Une dame française, établie dans le pays, avait eu la bonté de nous céder quelques livres de plume qu'elle avait fait venir pour elle de Marseille et dont nous avions fait deux oreillers à notre malade. C'était certes un grand luxe dans une contrée où les oies passent pour des êtres fantastiques, et où les poulets ont des démangeaisons même en sortant de la broche.

Nous possédions plusieurs tables, plusieurs chaises de paille comme celles qu'on voit dans nos chaumières de paysans, et un sofa voluptueux en bois blanc avec des coussins de toile à matelas rembourrés de laine. Le sol, très-inégal et très-poudreux de la cellule, était couvert de ces nattes valenciennes à longues pailles qui ressemblent à un gazon jauni par le soleil, et de ces belles peaux de moutons à longs poils, d'une finesse et d'une blancheur admirables, qu'on prépare fort bien dans le pays.

Comme chez les Africains et les Orientaux, il n'y a point d'armoires dans les anciennes maisons de Majorque, et surtout dans les cellules de chartreux. On y serre ses effets dans de grands coffres de bois blanc. Nos malles de cuir jaune pouvaient passer là pour des meubles très-élégants. Un grand châle tartan bariolé, qui nous avait servi de tapis de pied en voyage, devint une portière somptueuse devant l'alcôve, et mon fils orna le poêle d'une de ces charmantes urnes d'argile de Felanitz, dont la forme et les ornements sont de pur goût arabe.

Felanitz est un village de Majorque qui mériterait d'approvisionner l'Europe de ces jolis vases, si légers qu'on les croirait de liége, et d'un grain si fin qu'on en prendrait l'argile pour une matière précieuse. On fait là de petites cruches d'une forme exquise dont on se sert comme de carafes, et qui conservent l'eau dans un état de fraîcheur admirable. Cette argile est si poreuse que l'eau s'échappe à travers les flancs du vase, et qu'en moins d'une demi-journée il est vide. Je ne suis pas physicien le moins du monde, et peut-être la remarque que j'ai faite est plus que niaise; quant à moi, elle m'a semblé merveilleuse, et mon vase d'argile m'a souvent paru enchanté : nous le laissions rempli d'eau sur le poêle, dont la table en fer était presque toujours rouge, et quelquefois, quand l'eau s'était enfuie par les pores du vase, le vase, étant resté à sec sur cette plaque brûlante, ne cassa point. Tant qu'il contenait une goutte d'eau, cette eau était d'un froid glacial, quoique la chaleur du poêle fît noircir le bois qu'on posait dessus.

Ce joli vase, entouré d'une guirlande de lierre cueillie sur la muraille extérieure, était plus satisfaisant pour des yeux d'artistes que toutes les dorures de nos Sèvres modernes. Le pianino de Pleyel, arraché aux mains des douaniers après trois semaines de pourparlers et quatre cents francs de contribution, remplissait la voûte élevée et retentissante de la cellule d'un son magnifique. Enfin, le sacristain avait consenti à transporter chez nous une belle grande chaise gothique sculptée en chêne, que les rats et les vers rongeaient dans l'ancienne chapelle des Chartreux, et dont le coffre nous servait de bibliothèque, en même temps que ses découpures légères et ses aiguilles effilées, projetant sur la muraille, au reflet de la lampe du soir, l'ombre de sa riche dentelle noire et de ses clochetons agrandis, rendaient à la cellule tout son caractère antique et monacal.

Le seigneur Gomez, notre ex-propriétaire de *Son-Vent*, ce riche personnage qui nous avait loué sa maison en cachette, parce qu'il n'était pas convenable qu'un citoyen de Majorque eût l'air de spéculer sur sa propriété, nous avait fait un esclandre et menacés d'un procès pour avoir brisé chez lui (*estropeado*) quelques assiettes de terre de pipe qu'il nous fit payer comme des porcelaines de Chine. En outre, il nous fit payer (toujours par menace) le *badigeonnage* et le *repicage* de toute sa maison, à cause de la contagion du rhume. A quelque chose malheur est bon, car il s'empressa de nous vendre le linge de maison qu'il nous avait loué; et, quoiqu'il fût pressé de se défaire de tout ce que nous avions touché, il n'oublia pas de batailler jusqu'à ce que nous eussions payé son vieux linge comme du neuf. Grâce à lui, nous ne fûmes donc pas forcés de semer du lin pour avoir un jour des draps et des nappes, comme ce seigneur italien qui accordait des chemises à ses pages.

Il ne faut pas qu'on m'accuse de puérilité parce que je rapporte des vexations dont, à coup sûr, je n'ai pas conservé plus de ressentiment que ma bourse de regret; mais personne ne contestera que ce qu'il y a de plus intéressant à observer en pays étranger, ce sont les hommes; et quand je dirai que je n'ai pas eu une seule relation d'argent, si petite qu'elle fût, avec les Majorquins, où je n'aie rencontré de leur part une mauvaise foi impudente et une avidité grossière; et quand j'ajouterai qu'ils étalaient leur dévotion devant nous en affectant d'être indignés de notre peu de foi, on conviendra que la piété des âmes simples, si vantée par certains conservateurs de nos jours, n'est pas toujours la chose la plus édifiante et la plus morale du monde, et qu'il doit être permis de désirer une autre manière de comprendre et d'honorer Dieu. Quant à moi, à qui l'on a tant rebattu les oreilles de ces lieux communs : que c'est un crime et un danger d'attaquer même une foi erronée et corrompue, parce que l'on n'a rien à mettre à la place; que les peuples qui ne sont point infectés du poison de l'examen philosophique et de la frénésie révolutionnaire sont seuls moraux, hospitaliers, sincères; qu'ils ont encore de la poésie, de la grandeur et des vertus antiques, etc., etc.!.... j'ai vu à Majorque un peu plus qu'ailleurs, je l'avoue, de ces graves objections. Lorsque je voyais mes petits enfants, élevés dans l'abomination de la désolation de la philosophie, servir et assister avec joie un ami souffrant, eux tout seuls, au milieu de cent soixante mille Majorquins qui se seraient détournés avec la plus dure inhumanité, avec la plus lâche terreur, d'une maladie réputée contagieuse, je me disais que ces petits scélérats avaient plus de raison et de charité que toute cette population de saints et d'apôtres.

Ces pieux serviteurs de Dieu ne manquaient pas de dire que je commettais un grand crime en exposant mes enfants à la contagion, et que, pour me punir de mon aveuglement, le ciel leur enverrait la même maladie. Je leur répondais que, dans notre famille, si l'un de nous avait la peste, les autres ne s'écarteraient pas de son lit; que ce n'était pas l'usage en France, pas plus depuis la révolution qu'auparavant, d'abandonner les malades;

que des prisonniers espagnols affectés des maladies les plus intenses et les plus pernicieuses avaient traversé nos campagnes du temps des guerres de Napoléon, et que nos paysans, après avoir partagé avec eux leur gamelle et leur linge, leur avaient cédé leur lit, et s'étaient tenus auprès pour les soigner, que plusieurs avaient été victimes de leur zèle, et avaient succombé à la contagion, ce qui n'avait pas empêché les survivants de pratiquer l'hospitalité et la charité : le Majorquin secouait la tête et souriait de pitié. La notion du dévouement envers un inconnu ne pouvait pas plus entrer dans sa cervelle que celle de la probité ou même de l'obligeance envers un étranger.

Tous les voyageurs qui ont visité l'intérieur de l'île ont été émerveillés pourtant de l'hospitalité et du désintéressement du fermier majorquin. Ils ont écrit avec admiration que, s'il n'y avait pas d'auberge en ce pays, il n'en était pas moins facile et agréable de parcourir des campagnes où *une simple recommandation* suffit pour qu'on soit reçu, hébergé et fêté gratis. Cette simple recommandation est un fait assez important, ce me semble. Ces voyageurs ont oublié de dire que toutes les castes de Majorque, et partant tous les habitants, sont dans une solidarité d'intérêts qui établit entre eux de bons et faciles rapports, où la charité religieuse et la sympathie humaine n'entrent cependant pour rien. Quelques mots expliqueront cette situation financière.

Les nobles sont riches quant au fonds, indigents quant au revenu, et ruinés grâce aux emprunts. Les juifs, qui sont nombreux, et riches en argent comptant, ont toutes les terres des chevaliers en portefeuille, et l'on peut dire que de fait l'île leur appartient. Les chevaliers ne sont plus que de nobles représentants chargés de se faire les uns aux autres, ainsi qu'aux rares étrangers qui abordent dans l'île, les honneurs de leurs domaines et de leurs palais. Pour remplir dignement ces fonctions élevées, ils ont recours chaque année à la bourse des juifs, et chaque année la boule de neige grossit. J'ai dit précédemment combien le revenu des terres est paralysé à cause du manque de débouchés et d'industrie; cependant il y a un point d'honneur pour les pauvres chevaliers à consommer lentement et paisiblement leur ruine sans déroger au luxe, je ferais mieux de dire à l'indigente prodigalité de leurs ancêtres. Les agioteurs sont donc dans un rapport continuel d'intérêts avec les cultivateurs, dont ils touchent en partie les fermages, en vertu des titres à eux concédés par les chevaliers.

Ainsi le paysan, qui trouve peut-être son compte à cette division dans sa créance, paie à son seigneur le moins possible et au banquier le plus qu'il peut. Le seigneur est dépendant et résigné, le juif est inexorable, mais patient. Il fait des concessions, il affecte une grande tolérance, il donne du temps, car il poursuit son but avec un génie diabolique : dès qu'il a mis sa griffe sur une propriété, il faut que pièce à pièce elle vienne toute à lui, et son intérêt est de se rendre nécessaire jusqu'à ce que la dette ait atteint la valeur du capital. Dans vingt ans il n'y aura plus de seigneurie à Majorque. Les juifs pourront s'y constituer à l'état de puissance, comme ils ont fait chez nous, et relever leur tête encore courbée et humiliée hypocritement sous les dédains mal dissimulés des nobles et l'horreur puérile et impuissante des prolétaires. En attendant, ils sont les vrais propriétaires du terrain, et le pagès tremble devant eux. Il se retourne vers son ancien maître avec douleur; et, tout en pleurant de tendresse, il tire à soi les dernières bribes de sa fortune. Il est donc intéressé à satisfaire ces deux puissances, et même à leur complaire en toutes choses, afin de n'être pas écrasé entre les deux.

Soyez donc recommandé à un pagès, soit par un noble, soit par un riche (et par quels autres le seriez-vous, puisqu'il n'y a point là de classe intermédiaire?), et à l'instant s'ouvrira devant vous la porte du pagès. Mais essayez de demander un verre d'eau sans cette recommandation, et vous verrez!

Et pourtant ce paysan majorquin a de la douceur, de la bonté, des mœurs paisibles, une nature calme et patiente. Il n'aime point le mal, il ne connaît pas le bien. Il se confesse, il prie, il songe sans cesse à mériter le paradis; mais il ignore les vrais devoirs de l'humanité. Il n'est pas plus haïssable qu'un bœuf ou un mouton, car il n'est guère plus homme que les êtres endormis dans l'innocence de la brute. Il récite des prières, il est superstitieux comme un sauvage; mais il mangerait son semblable sans plus de remords, si c'était l'usage de son pays, et s'il n'avait pas du cochon à discrétion. Il trompe, rançonne, ment, insulte et pille, sans le moindre embarras de conscience. Un étranger n'est pas un homme pour lui. Jamais il ne dérobera une olive à son compatriote : au delà des mers l'humanité n'existe dans les desseins de Dieu que pour apporter de petits profits aux Majorquins.

Nous avions surnommé Majorque *l'île des Singes*, parce que, nous voyant environnés de ces bêtes sournoises, pillardes et pourtant innocentes, nous nous étions habitués à nous préserver d'elles sans plus de rancune et de dépit que n'en causent aux Indiens les jockos et les orangs espiègles et fuyards.

Cependant on ne s'habitue pas sans tristesse à voir des créatures revêtues de la forme humaine, et marquées du sceau divin, végéter ainsi dans une sphère qui n'est point celle de l'humanité présente. On sent bien que cet être imparfait est capable de comprendre, que sa race est perfectible, que son avenir est le même que celui des races plus avancées, et qu'il n'y a là qu'une question de temps, grande à nos yeux, inappréciable dans l'abîme de l'éternité. Mais plus on a le sentiment de cette perfectibilité, plus on souffre de la voir entravée par les chaînes du passé. Ce temps d'arrêt, qui n'inquiète guère la Providence, épouvante et contriste notre existence d'un jour. Nous sentons par le cœur, par l'esprit, par les entrailles, que la vie de tous les autres est liée à la nôtre, que nous ne pouvons point nous passer d'aimer ou d'être aimés, de comprendre ou d'être compris, d'assister et d'être assistés. Le sentiment d'une supériorité intellectuelle et morale sur d'autres hommes ne réjouit que le cœur des orgueilleux. Je m'imagine que tous les cœurs généreux voudraient, non s'abaisser pour se niveler, mais élever à eux, en un clin d'œil, tout ce qui est au-dessous d'eux, afin de vivre enfin de la vraie vie de sympathie, d'échange, d'égalité et de communauté, qui est l'idéal religieux de la conscience humaine.

Je suis certain que ce besoin est au fond de tous les cœurs, et que ceux de nous qui le combattent et croient l'étouffer par des sophismes, en ressentent une souffrance étrange, amère, à laquelle ils ne savent pas donner un nom. Les hommes d'en bas s'usent ou s'éteignent quand ils ne peuvent monter ; ceux d'en haut s'indignent et s'affligent de leur tendre vainement la main ; et ceux qui ne veulent aider personne sont dévorés de l'ennui et de l'effroi de la solitude, jusqu'à ce qu'ils retombent dans un abrutissement qui les fait descendre au-dessous des premiers.

IV

Nous étions donc seuls à Majorque, aussi seuls que dans un désert; et quand la subsistance de chaque jour était conquise, moyennant la guerre aux *singes*, nous nous asseyions en famille pour en rire autour du poêle. Mais à mesure que l'hiver avançait, la tristesse paralysait dans mon sein les efforts de gaieté et de sérénité. L'état de notre malade empirait toujours; le vent pleurait dans le ravin, la pluie battait nos vitres, la voix du tonnerre perçait nos épaisses murailles et venait jeter sa note lugubre au milieu des rires et des jeux des enfants. Les aigles et les vautours, enhardis par le brouillard, venaient dévorer nos pauvres passereaux jusque sur le grenadier qui remplissait ma fenêtre. La mer furieuse retenait les embarcations dans les ports; nous nous sentions prisonniers, loin de tout secours éclairé et de toute sympathie efficace. La mort semblait planer sur nos têtes pour s'emparer de l'un de nous, et nous étions seuls à lui disputer sa proie. Il n'y avait pas une seule créature humaine à notre portée qui n'eût voulu au contraire le pousser vers la tombe pour en finir plus vite avec le prétendu danger de son voisinage. Cette pensée d'hostilité était affreusement triste. Nous nous sentions bien assez forts pour remplacer les uns pour les autres, à force de soins et de dévouement, l'assistance et la sympathie qui nous étaient déniées; je crois même que dans de telles épreuves le cœur grandit et l'affection s'exalte, retrempée de toute la force qu'elle puise dans le sentiment de la solidarité humaine. Mais nous souffrions dans nos âmes de nous voir jetés au milieu d'êtres qui ne comprenaient pas ce sentiment, et pour lesquels, loin d'être plaints par eux, il nous fallait ressentir la plus douloureuse pitié.

J'éprouvais d'ailleurs de vives perplexités. Je n'ai aucune notion scientifique d'aucun genre, et il m'eût fallu être médecin, et grand médecin, pour soigner la maladie dont toute la responsabilité pesait sur mon cœur.

Le médecin qui nous voyait, et dont je ne révoque en doute ni le zèle ni le talent, se trompait, comme tout médecin, même des plus illustres, peut se tromper, et comme, de son propre aveu, tout savant sincère s'est trompé souvent. La bronchite avait fait place à une excitation nerveuse qui produisait plusieurs des phénomènes d'une phthisie laryngée.

Le médecin qui avait vu ces phénomènes à de certains moments, et qui ne voyait pas les symptômes contraires, évidents pour moi à d'autres heures, s'était prononcé pour le régime qui convient aux phthisiques, pour la saignée, pour la diète, pour le laitage. Toutes ces choses étaient absolument contraires, et la saignée eût été mortelle. Le malade en avait l'instinct, et moi, qui, sans rien savoir de la médecine, ai soigné beaucoup de malades, j'avais le même pressentiment. Je tremblais pourtant de m'en remettre à cet instinct qui pouvait me tromper, et de lutter contre les affirmations d'un homme de l'art; et quand je voyais la maladie empirer, j'étais véritablement livré à des angoisses que chacun doit comprendre. Une saignée le sauverait, me disait-on, et si vous vous y refusez, il va mourir. Pourtant il y avait une voix qui me disait jusque dans mon sommeil : Une saignée le tuerait, et si tu l'en préserves, il ne mourra pas. Je suis persuadé que cette voix était celle de la Providence, et aujourd'hui que notre ami, la terreur des Majorquins, est reconnu aussi peu phthisique que moi, je remercie le ciel de ne m'avoir pas ôté la confiance qui nous a sauvés.

Quant à la diète, elle était fort contraire. Quand nous en vîmes les mauvais effets, nous nous y conformâmes aussi peu que possible, mais malheureusement il n'y eut guère à opter entre les épices brûlantes du pays et la table la plus frugale. Le laitage, dont nous reconnûmes par la suite l'effet pernicieux, fut, par bonheur, assez rare à Majorque pour n'en produire aucun. Nous pensions encore à cette époque que le lait ferait merveille, et nous nous tourmentions pour en avoir. Il n'y a pas de vaches dans ces montagnes, et le lait de chèvre qu'on nous vendait était toujours bu en chemin par les enfants qui nous l'apportaient, ce qui n'empêchait pas que le vase ne nous arrivât plus plein qu'au départ. C'était un miracle qui s'opérait tous les matins pour le pieux messager, lorsqu'il avait soin de faire sa prière dans la cour de la Chartreuse, auprès de la fontaine. Pour mettre fin à ces prodiges, nous nous procurâmes une chèvre. C'était bien la plus douce et la plus aimable personne du monde, une belle petite chèvre d'Afrique, au poil ras couleur de chamois, avec une tête sans cornes, le nez très-busqué et les oreilles pendantes. Ces animaux diffèrent beaucoup des nôtres. Ils ont la robe du chevreuil et le profil du mouton; mais ils n'ont pas la physionomie espiègle et mutine de nos biquettes enjouées. Au contraire, ils semblent pleins de mélancolie. Ces chèvres diffèrent encore des nôtres en ce qu'elles ont les mamelles fort petites et donnent fort peu de lait. Quand elles sont dans la force de l'âge, ce lait a une saveur âpre et sauvage dont les Majorquins font beaucoup de cas, mais qui nous parut repoussante.

Notre amie de la Chartreuse en était à sa première maternité; elle n'avait pas deux ans, et son lait était fort délicat ; mais elle en était fort avare, surtout lorsque, séparée du troupeau avec lequel elle avait coutume, non de gambader (elle était trop sérieuse, trop majorquine pour cela), mais de rêver au sommet des montagnes ; elle tomba dans un spleen qui n'était pas sans analogie avec le nôtre. Il y avait pourtant de bien belles herbes dans le préau, et des plantes aromatiques, naguère cultivées par les chartreux, croissaient encore dans les rigoles de notre parterre : rien ne la consola de sa captivité. Elle errait éperdue et désolée dans les cloîtres, poussant des gémissements à fendre les pierres. Nous lui donnâmes pour compagne une grosse brebis dont la laine blanche et touffue avait six pouces de long, une de ces brebis comme on n'en voit chez nous que sur la devanture des marchands de joujoux ou sur les éventails de nos grand'mères. Cette excellente compagne lui rendit un peu de calme, et nous donna elle-même un lait assez crémeux. Mais à elles deux, et quoique bien nourries, elles en fournissaient une si petite quantité, que nous nous méfiâmes des fréquentes visites que la Maria-Antonia, la *niña* et la Catalina rendaient à notre bétail. Nous le mîmes sous clef dans une petite cour au pied du clocher, et nous eûmes le soin de traire nous-mêmes. Ce lait, des plus légers, mêlé à du lait d'amandes que nous pilions alternativement, mes enfants et moi, faisait une tisane assez saine et assez agréable. Nous n'en pouvions guère avoir d'autre. Toutes les drogues de Palma étaient d'une malpropreté intolérable. Le sucre mal raffiné qu'on y apporte d'Espagne est noir, huileux, et doué d'une vertu purgative pour ceux qui n'en ont pas l'habitude.

Un jour nous nous crûmes sauvés, parce que nous aperçûmes des violettes dans le jardin d'un riche fermier. Il nous permit d'en cueillir de quoi faire une infusion, et, quand nous eûmes fait notre petit paquet, il nous le fit payer à raison d'un sou par violette : un sou majorquin, qui vaut trois sous de France.

A ces soins domestiques se joignait la nécessité de balayer nos chambres et de faire nos lits nous-mêmes quand nous tenions à dormir la nuit; car la servante majorquine ne pouvait y toucher sans nous communiquer aussitôt, avec une intolérable prodigalité, les mêmes propriétés que mes enfants s'étaient tant réjouis de pouvoir observer sur le dos d'un poulet rôti. Il nous restait à peine quelques heures pour travailler et pour nous promener; mais ces heures étaient bien employées. Les enfants étaient attentifs à la leçon, et nous n'avions ensuite qu'à mettre le nez hors de notre tanière pour entrer dans les paysages les plus variés et les plus admirables. A chaque pas, au milieu du vaste cadre des montagnes, s'offrait un accident pittoresque, une petite chapelle sur un rocher escarpé, un bosquet de rosages jeté à pic sur une pente lézardée, un ermitage auprès d'une source pleine de grands roseaux, un massif d'arbres sur d'énormes fragments de roches mousseuses et brodées de lierre. Quand le soleil daignait se montrer un instant, toutes ces plantes, toutes ces pierres et tous ces terrains lavés par la pluie prenaient une couleur éclatante et des reflets d'une incroyable fraîcheur.

Nous fîmes surtout deux promenades remarquables. Je ne me rappelle pas la première avec plaisir, quoiqu'elle fût magnifique d'aspects. Mais notre malade, alors bien portant (c'était au commencement de notre séjour à Majorque), voulut nous accompagner, et en ressentit une fatigue qui détermina l'invasion de sa maladie.

Notre but était un ermitage situé au bord de la mer, à trois milles de la Chartreuse. Nous suivîmes le bras droit de la chaîne, et montâmes de colline en colline, par un chemin pierreux qui nous hachait les pieds, jusqu'à la côte nord de l'île. A chaque détour du sentier, nous eûmes le spectacle grandiose de la mer, vue à des profondeurs considérables, au travers de la plus belle végétation. C'était la première fois que je voyais des rives fertiles, couvertes d'arbres et verdoyantes jusqu'à la première vague, sans falaises pâles, sans grèves désolées et sans plage limoneuse. Dans tout ce que j'ai vu des côtes de France, même sur les hauteurs de Port-Vendres, où elle m'apparut enfin dans sa beauté, la mer m'a toujours semblé sale ou déplaisante à aborder. Le Lido tant vanté de Venise a des sables d'une affreuse nudité, peuplés d'énormes lézards qui sortent par milliers sous vos pieds, et semblent vous poursuivre de leur nombre toujours croissant, comme dans un mauvais rêve. A Royant, à Marseille, presque partout, je crois, sur nos rivages, une ceinture de varechs gluants et une arène stérile nous gâtent les approches de la mer. A Majorque, je la vis enfin comme je l'avais rêvée, limpide et bleue comme le ciel, doucement ondulée comme une plaine de saphir régulièrement labourée en sillons dont la mobilité est inappréciable, vue d'une certaine hauteur, et encadrée de forêts d'un vert sombre. Chaque pas que nous faisions sur la montagne sinueuse nous présentait une nouvelle perspective toujours plus sublime que la dernière. Néanmoins, comme il nous fallut redescendre beaucoup pour atteindre l'ermitage, la rive, en cet endroit, quoique très-belle, n'eut pas le caractère de grandeur que je lui trouvai en un autre endroit de la côte quelques mois plus tard.

Les ermites qui sont établis là au nombre de quatre ou cinq n'avaient aucune poésie. Leur habitation est aussi misérable et aussi sauvage que leur profession le comporte; et, de leur jardin en terrasse, que nous les trouvâmes occupés à bêcher, la grande solitude de la mer s'étend sous leurs yeux. Mais ils nous parurent personnellement les plus stupides du monde. Ils ne portaient aucun costume religieux. Le supérieur quitta sa bêche et vint à nous en veste ronde de drap bége; ses cheveux courts et sa barbe sale n'avaient rien de pittoresque. Il nous parla des austérités de la vie qu'il menait, et surtout du froid intolérable qui régnait sur ce rivage; mais quand nous lui demandâmes s'il y gelait quelquefois, nous ne pûmes jamais lui faire comprendre ce que c'était que la gelée. Il ne connaissait ce mot dans aucune langue, et n'avait jamais entendu parler de pays plus froids que l'île de Majorque. Cependant il avait une idée de la France pour avoir vu passer la flotte qui marcha en 1830 à la conquête d'Alger; c'avait été le plus beau, le plus étonnant, on peut dire le seul spectacle de sa vie. Il nous demanda si les Français avaient réussi à prendre Alger; et quand nous lui eûmes dit qu'ils venaient de prendre Constantine, il ouvrit de grands yeux et s'écria que les Français étaient un grand peuple.

Il nous fit monter à une petite cellule fort malpropre, où nous vîmes le doyen des ermites. Nous le prîmes pour un centenaire, et fûmes surpris d'apprendre qu'il n'avait que quatre-vingts ans. Cet homme était dans un état parfait d'imbécillité, quoiqu'il travaillât encore machinalement à fabriquer des cuillers de bois avec des mains terreuses et tremblantes. Il ne fit aucune attention à nous, quoiqu'il ne fût pas sourd; et, le prieur l'ayant appelé, il souleva une énorme tête qu'on eût prise pour de la cire, et nous montra une face hideuse d'abrutissement. Il y avait toute une vie d'abaissement intellectuel sur cette figure décomposée, dont je détournai les yeux avec empressement, comme de la chose la plus effrayante et la plus pénible qui soit au monde. Nous leur fîmes l'aumône, car ils appartenaient à un ordre mendiant, et sont encore en grande vénération parmi les paysans, qui ne les laissent manquer de rien.

En revenant à la Chartreuse, nous fûmes assaillis par un vent violent qui nous renversa plusieurs fois, et qui rendit notre marche si fatigante que notre malade en fut brisé.

La seconde promenade eut lieu quelques jours avant notre départ de Majorque, et celle-là m'a fait une impression que je n'oublierai de ma vie. Jamais le spectacle de la nature ne m'a saisi davantage, et je ne sache pas qu'il m'ait saisi à ce point plus de trois ou quatre fois dans ma vie.

Les pluies avaient enfin cessé, et le printemps se faisait tout à coup. Nous étions au mois de février ; tous les amandiers étaient en fleurs, et les prés se remplissaient de jonquilles embaumées. C'était, sauf la couleur du ciel et la vivacité des tons du paysage, la seule différence que l'œil pût trouver entre les deux saisons ; car les arbres de cette région sont vivaces pour la plupart. Ceux qui poussent de bonne heure n'ont point à subir les coups de la gelée ; les gazons conservent toute leur fraîcheur, et les fleurs n'ont besoin que d'une matinée de soleil pour mettre le nez au vent. Lorsque notre jardin avait un demi-pied de neige, la bourrasque balançait, sur nos berceaux treillagés, de jolies petites roses grimpantes, qui, pour être un peu pâles, n'en paraissaient pas moins de fort bonne humeur.

Comme, du côté du nord, je regardais la mer de la porte du couvent, un jour que notre malade était assez bien pour rester seul deux ou trois heures, nous nous mîmes enfin en route, mes enfants et moi, pour voir la grève de ce côté-là. Jusqu'alors je n'en avais pas eu la moindre curiosité, quoique mes enfants, qui couraient comme des chamois, m'assurassent que c'était le plus bel endroit du monde. Soit que la visite à l'ermitage, première cause de notre douleur, m'eût laissé une rancune assez fondée, soit que je ne m'attendisse pas à voir de la plaine un aussi beau déploiement de mer que je l'avais vu du haut de la montagne, je n'avais pas encore eu la tentation de sortir du vallon encaissé de Valldemosa.

J'ai dit plus haut qu'au point où s'élève la Chartreuse la chaîne s'ouvre, et qu'une plaine légèrement inclinée monte entre ses deux bras élargis jusqu'à la mer. Or, en regardant tous les jours la mer monter à l'horizon bien au-dessus de cette plaine, ma vue et mon raisonnement commettaient une erreur singulière : au lieu de voir que la plaine montait et qu'elle cessait tout à coup à une distance très-rapprochée de moi, je m'imaginais qu'elle s'abaissait en pente douce jusqu'à la mer, et que le rivage était plus éloigné de cinq à six lieues. Comment m'expliquer, en effet, que cette mer, qui me paraissait de niveau avec la Chartreuse, fût plus basse de deux à trois mille pieds ? Je m'étonnais bien quelquefois qu'elle eût la voix si haute, étant aussi éloignée que je le supposais ; je ne me rendais pas compte de ce phénomène, et je ne sais pas pourquoi je me permets quelquefois de me moquer des bourgeois de Paris, car j'étais plus que simple dans mes conjectures. Je ne voyais pas que cet horizon maritime dont je repaissais mes regards était à quinze ou vingt lieues de la côte, tandis que la mer battait la base de l'île à une demi-heure du chemin de la Chartreuse. Aussi, quand mes enfants m'engageaient à venir voir la mer, prétendant qu'elle était à deux pas, je n'en trouvais jamais le temps, croyant qu'il s'agissait de deux pas d'enfant, c'est-à-dire, dans la réalité, de deux pas de géant ; car on sait que les enfants marchent par la tête, sans jamais se souvenir qu'ils ont des pieds, et que les bottes de sept lieues du Petit Poucet sont un mythe pour signifier que l'enfance ferait le tour du monde sans s'en apercevoir.

Enfin je me laissai entraîner par eux, certain que nous n'atteindrions jamais ce rivage fantastique qui me semblait si loin! Mon fils prétendait savoir le chemin; mais, comme tout est chemin quand on a des bottes de sept lieues, et que depuis longtemps je ne marche plus dans la vie qu'avec des pantoufles, je lui objectai que je ne pouvais pas, comme lui et sa sœur, enjamber les fossés, les haies et les torrents. Depuis un quart d'heure je m'apercevais bien que nous ne descendions pas vers la mer, car le cours des ruisseaux venait rapidement à notre rencontre, et plus nous avancions, plus la mer semblait s'enfoncer et s'abîmer à l'horizon. Je crus enfin que nous lui tournions le dos, et je pris le parti de demander au premier paysan que je rencontrerais si, par hasard, il ne nous serait pas possible de rencontrer aussi la mer.

Sous un massif de saules, dans un fossé bourbeux, trois pastourelles, peut-être trois fées travesties, remuaient la crotte avec des pelles pour y chercher je ne sais quel talisman ou quelle salade. La première n'avait qu'une dent; c'était probablement la fée Dentue, la même qui remue ses maléfices dans une casserole avec cette unique et affreuse dent. La seconde vieille était, selon toutes les apparences, Carabosse, la plus mortelle ennemie des établissements orthopédiques. Toutes deux nous firent une horrible grimace. La première avança sa terrible dent du côté de ma fille, dont la fraîcheur éveillait son appétit. La seconde hocha la tête et brandit sa béquille pour casser les reins à mon fils, dont la taille droite et svelte lui faisait horreur. Mais la troisième, qui était jeune et jolie, sauta légèrement sur la marge du fossé, et, jetant sa capo sur son épaule, nous fit signe de la main et se mit à marcher devant nous. C'était certainement une bonne petite fée; mais sous son travestissement de montagnarde il lui plaisait de s'appeler *Périca de Pier-Bruno.*

Périca est la plus gentille créature majorquine que j'aie vue. Elle et ma chèvre sont les seuls êtres vivants qui aient gardé un peu de mon cœur à Valldemosa. La petite fille était crottée comme la petite chèvre eût rougi de l'être; mais, quand elle eut un peu marché dans le gazon humide, ses pieds nus redevinrent non pas blancs, mais mignons comme ceux d'une Andalouse, et son joli sourire, son babil confiant et curieux, son obligeance désintéressée, nous la firent trouver aussi pure qu'une perle fine. Elle avait seize ans et les traits les plus délicats, avec une figure toute ronde et veloutée comme une pêche. C'était la régularité de lignes et la beauté de plans de la statuaire grecque. Sa taille était fine comme un jonc, et ses bras nus, couleur de bistre. De dessous son rebozillo de grosse toile sortait sa chevelure flottante et mêlée comme la queue d'une jeune cavale. Elle nous conduisit à la lisière de son champ, puis nous fit traverser une prairie semée et bordée d'arbres et de gros blocs de rochers; et je ne vis plus du tout la mer, ce qui me fit croire que nous entrions dans la montagne, et que la malicieuse Périca se moquait de nous.

Mais tout à coup elle ouvrit une petite barrière qui fermait le pré, et nous vîmes un sentier qui tournait autour d'une grosse roche en pain de sucre. Nous tournâmes avec le sentier, et, comme par enchantement, nous nous trouvâmes au-dessus de la mer, au-dessus de l'immensité, avec un autre rivage à une lieue de distance sous nos pieds. Le premier effet de ce spectacle inattendu fut le vertige, et je commençai par m'asseoir. Peu à peu je me rassurai et m'enhardis jusqu'à descendre le sentier, quoiqu'il ne fût pas tracé pour des pas humains, mais bien pour des pieds de chèvre. Ce que je voyais était si beau, que pour le coup j'avais, non pas des bottes de sept lieues, mais des ailes d'hirondelle dans le cerveau; et je me mis à tourner autour des grandes aiguilles calcaires qui se dressaient comme des géants de cent pieds de haut le long des parois de la côte, cherchant toujours à voir le fond d'une anse qui s'enfonçait sur ma droite dans les terres, et où les barques de pêcheurs paraissaient grosses commes des mouches.

Tout à coup je ne vis plus rien devant moi et au-dessus de moi que la mer toute bleue. Le sentier avait été se promener je ne sais où : la Périca criait au-dessus de ma tête, et mes enfants, qui me suivaient à quatre pattes, se mirent à crier plus fort. Je me retournai et vis ma fille toute en pleurs. Je revins sur mes pas pour l'interroger; et, quand j'eus fait un peu de réflexion, je m'aperçus que la terreur et le désespoir de ces enfants n'étaient pas mal fondés. Un pas de plus, et je fusse descendu beaucoup plus vite qu'il ne fallait, à moins que je n'eusse réussi à marcher à la renverse, comme une mouche sur le plafond; car les rochers où je m'aventurais surplombaient le petit golfe, et la base de l'île était rongée profondément au-dessous. Quand je vis le danger où j'avais failli entraîner mes enfants, j'eus une peur épouvantable, et je me dépêchai de remonter avec eux; mais, quand je les eus mis en sûreté derrière un des gigantesques pains de sucre, il me prit une nouvelle rage de revoir le fond de l'anse et le dessous de l'excavation.

Je n'avais jamais rien vu de semblable à ce que je pressentais là, et mon imagination prenait le grand galop. Je descendis par un autre sentier, m'accrochant aux ronces et embrassant les aiguilles de pierre dont chacune marquait une nouvelle cascade du sentier. Enfin, je commençais à entrevoir la bouche immense de l'excavation où les vagues se précipitaient avec une harmonie étrange. Je ne sais quels accords magiques je croyais entendre, ni quel monde inconnu je me flattais de découvrir, lorsque mon fils, effrayé et un peu furieux, vint me tirer violemment en arrière. Force me fut de tomber de la façon la moins poétique du monde, non pas en avant, ce qui eût été la fin de l'aventure et la mienne, mais assis comme une personne raisonnable. L'enfant me fit de si belles remontrances que je renonçai à mon entreprise, mais non pas sans un regret qui me poursuit encore; car mes pantoufles deviennent tous les ans plus lourdes, et je ne pense pas que les ailes que j'eus ce jour-là repoussent jamais pour me porter sur de pareils rivages.

Il est certain cependant, et je le sais aussi bien qu'un autre, que ce qu'on voit ne vaut pas toujours ce qu'on rêve. Mais cela n'est absolument vrai qu'en fait d'art et d'œuvre humaine. Quant à moi, soit que j'aie l'imagination paresseuse à l'ordinaire, soit que Dieu ait plus de talent que moi (ce qui ne serait pas impossible), j'ai le plus souvent trouvé la nature infiniment plus belle que je ne l'avais prévu, et je ne me souviens pas de l'avoir trouvée maussade, si ce n'est à des heures où je l'étais moi-même.

Je ne me consolerai donc jamais de n'avoir pas pu tourner le rocher. J'aurais peut-être vu là Amphitrite en personne sous une voûte de nacre et le front couronné d'algues murmurantes. Au lieu de cela, je n'ai vu que des aiguilles de roches calcaires, les unes montant de ravin en ravin comme des colonnes, les autres pendantes comme des stalactites de caverne en caverne, et toutes affectant des formes bizarres et des attitudes fantastiques. Des arbres d'une vigueur prodigieuse, mais tous déjetés et à moitié déracinés par les vents, se penchaient sur l'abîme, et du fond de cet abîme une autre montagne s'élevait à pic jusqu'au ciel, une montagne de cristal, de diamant et de saphir. La mer, vue d'une hauteur considérable, produit cette illusion, comme chacun sait, de paraître un plan vertical. L'explique qui voudra.

Mes enfants se mirent à vouloir emporter des plantes. Les plus belles liliacées du monde croissent dans ces rochers. A nous trois, nous arrachâmes enfin un oignon d'amaryllis écarlate, que nous ne portâmes point jusqu'à la Chartreuse, tant il était lourd. Mon fils le coupa en morceaux pour montrer à notre malade un fragment, gros comme sa tête, de cette plante merveilleuse. Périca, chargée d'un grand fagot qu'elle avait ramassé en chemin, et dont, avec ses mouvements brusques et rapides, elle nous donnait à chaque instant par le nez, nous reconduisit jusqu'à l'entrée du village. Je la forçai de venir jusqu'à la Chartreuse pour lui faire un petit présent que j'eus beaucoup de peine à lui faire accepter. Pauvre petite Périca, tu n'as pas su et tu ne sauras jamais quel bien tu me fis en me montrant parmi les singes une créature humaine douce, charmante et serviable sans arrière-pensée! Le soir nous étions tous réjouis de ne pas quitter Valldemosa sans avoir rencontré un être sympathique.

V.

Entre ces deux promenades, la première et la dernière que nous fîmes à Majorque, nous en avions fait plusieurs autres que je ne me rappelle pas, de peur de montrer à mon lecteur un enthousiasme monotone pour cette nature belle partout, et partout semée d'habitations pittoresques à qui mieux mieux, chaumières, palais, églises, monastères. Si jamais quelqu'un de nos grands paysagistes entreprend de visiter Majorque, je lui recommande la maison de campagne de la Granja de Fortuñy, avec le vallon aux cédrats qui s'ouvre devant ses colonnades de marbre, et tout le chemin qui y conduit. Mais, sans aller jusque là, il ne saurait faire dix pas dans cette île enchantée sans s'arrêter à chaque angle du chemin, tantôt devant une citerne arabe ombragée de palmiers, tantôt devant une croix de pierre, délicat ouvrage du quinzième siècle, et tantôt à la lisière d'un bois d'oliviers.

Rien n'égale la force et la bizarrerie de formes de ces antiques pères nourriciers de Majorque. Les Majorquins en font remonter la plantation la plus récente au temps de l'occupation de leur île par les Romains. C'est ce que je ne contesterai pas, ne sachant aucun moyen de prouver le contraire, quand même j'en aurais envie, et j'avoue que je n'en ai pas le moindre désir. A voir l'aspect formidable, la grosseur démesurée et les attitudes furibondes de ces arbres mystérieux, mon imagination les a volontiers acceptés pour des contemporains d'Annibal. Quand on se promène le soir sous leur ombrage, il est nécessaire de bien se rappeler que ce sont là des arbres; car si on en croyait les yeux et l'imagination, on serait saisi d'épouvante au milieu de tous ces monstres fantastiques, les uns se courbant vers vous comme des dragons énormes, la gueule béante et les ailes déployées; les autres se roulant sur eux-mêmes comme des boas engourdis; d'autres s'embrassant avec fureur comme des lutteurs géants. Ici c'est un centaure au galop, emportant sur sa croupe je ne sais quelle hideuse guenon; là un reptile sans nom qui dévore une biche pantelante; plus loin un satyre qui danse avec un bouc moins laid que lui; et souvent c'est un seul arbre crevassé, noueux, tordu, bossu, que vous prendriez pour un groupe de dix arbres distincts, et qui représente tous ces monstres divers pour se réunir en une seule tête, horrible comme celle des fétiches indiens, et couronnée d'une seule branche verte comme d'un cimier. Les curieux qui jetteront un coup d'œil sur les planches de M. Laurens ne doivent pas craindre qu'il ait exagéré la physionomie des oliviers qu'il a dessinés. Il aurait pu choisir des spécimens encore plus extraordinaires, et j'espère que le *Magasin pittoresque*, cet amusant et infatigable vulgarisateur des merveilles de l'art et de la nature, se mettra en route un beau matin pour nous en rapporter quelques échantillons de premier choix.

Mais pour rendre le grand style de ces arbres sacrés d'où l'on s'attend toujours à entendre sortir des voix prophétiques, et le ciel étincelant où leur âpre silhouette se dessine si vigoureusement, il ne faudrait rien moins que le pinceau hardi et grandiose de Rousseau [1]. Les eaux limpides où se mirent les asphodèles et les myrtes appelleraient Dupré. Des parties plus arrangées et où la nature, quoique libre, semble prendre, par excès de coquetterie, des airs classiques et fiers, tenteraient le sévère Corot. Mais pour rendre les adorables *fouillis* où tout un monde de graminées, de fleurs sauvages, de vieux troncs et de guirlandes éplorées se penche sur la source mystérieuse où la cigogne vient tremper ses longues jambes, j'aurais voulu avoir, comme une baguette

---

[1]. Rousseau, un des plus grands paysagistes de nos jours, n'est point connu du public, grâce à l'obstination du jury de peinture, qui lui interdit depuis plusieurs années le droit d'exposer des chefs-d'œuvre.

magique, à ma disposition, le burin de Huet dans ma poche.

Combien de fois, en voyant un vieux chevalier majorquin au seuil de son palais jauni et délabré, n'ai-je pas songé à Decamps, le grand maître de la caricature sérieuse et ennoblie jusqu'à la peinture historique, l'homme de génie, qui sait donner de l'esprit, de la gaieté, de la poésie, de la vie en un mot, aux murailles même! Les beaux enfants basanés qui jouaient dans notre cloître, en costume de moines, l'auraient diverti au suprême degré. Il aurait eu là des singes à discrétion, et des anges à côté des singes, des pourceaux à face humaine, puis des chérubins mêlés aux pourceaux et non moins malpropres; Périca, belle comme Galatée, crottée comme un barbet, et riant au soleil comme tout ce qui est beau sur la terre.

Mais c'est vous, Eugène, mon vieux ami, mon cher artiste, que j'aurais voulu mener la nuit dans la montagne lorsque la lune éclairait l'inondation livide.

Ce fut une belle campagne où je faillis être noyé avec mon pauvre enfant de quatorze ans, mais où le courage ne lui manqua pas, non plus qu'à moi la faculté de voir comme la nature s'était faite ce soir-là archi-romantique, archi-folle et archi-sublime.

Nous étions partis de Valldemosa, l'enfant et moi, au milieu des pluies de l'hiver, pour aller disputer le pianino de Pleyel aux féroces douaniers de Palma. La matinée avait été assez pure et les chemins praticables; mais, pendant que nous courions par la ville, l'averse recommença de plus belle. Ici, nous nous plaignons de la pluie, et nous ne savons ce que c'est : nos plus longues pluies ne durent pas deux heures; un nuage succède à un autre, et entre les deux il y a toujours un peu de répit. A Majorque, un nuage permanent enveloppe l'île, et s'y installe jusqu'à ce qu'il soit épuisé; cela dure quarante, cinquante heures, voire quatre et cinq jours, sans interruption aucune et même sans diminution d'intensité.

Nous remontâmes, vers le coucher du soleil, dans le birlocho, espérant arriver à la Chartreuse en trois heures. Nous en mîmes sept, et faillîmes coucher avec les grenouilles au sein de quelque lac improvisé. Le birlocho était d'une humeur massacrante; il avait fait mille difficultés pour se mettre en route : son cheval était déferré, son mulet boiteux, son essieu cassé, que sais-je ! Nous commencions à connaître assez le Majorquin pour ne pas nous laisser convaincre, et nous le forçâmes de monter sur son brancard, où il fit la plus triste mine du monde pendant les premières heures. Il ne chantait pas, il refusait nos cigares; il ne jurait même pas après son mulet, ce qui était bien mauvais signe; il avait la mort dans l'âme. Espérant nous effrayer, il avait commencé par prendre le plus mauvais des sept chemins à lui connus. Ce chemin s'enfonçant de plus en plus, nous eûmes bientôt rencontré le torrent, et nous y entrâmes, mais nous n'en sortîmes pas. Le bon torrent, mal à l'aise dans son lit, avait fait une pointe sur le chemin; et il n'y avait plus de chemin, mais bien une rivière dont les eaux bouillonnantes nous arrivaient de face, à grand bruit et au pas de course.

Quand le malicieux birlocho, qui avait compté sur notre pusillanimité, vit que notre parti était pris, il perdit son sang-froid et commença à pester et à jurer à faire crouler la voûte des cieux. Les rigoles de pierres taillées qui portent les eaux de source à la ville s'étaient si bien enflées, qu'elles avaient crevé comme la grenouille de la fable. Puis, ne sachant où se promener, elles s'étaient répandues en flaques, puis en mares, puis en lacs, puis en bras de mer sur toute la campagne. Bientôt le birlocho ne sut plus à quel saint se vouer, ni à quel diable se damner. Il prit un bain de jambes qu'il avait assez bien mérité, et dont il nous trouva peu disposés à le plaindre. La brouette fermait très-bien, et nous étions encore à sec; mais d'instant en instant, au dire de mon fils, *la marée montait*, nous allions au hasard, recevant des secousses effroyables, et tombant dans des trous dont le dernier semblait toujours devoir nous donner la sépulture. Enfin, nous penchâmes si bien, que le mulet s'arrêta comme pour se recueillir avant de rendre l'âme : le birlocho se leva et se mit en devoir de grimper sur la berge du chemin qui se trouvait à la hauteur de sa tête; mais il s'arrêta en reconnaissant, à la lueur du crépuscule, que cette berge n'était autre chose que le canal de Valldemosa, devenu fleuve, qui, de distance en distance, se déversait en cascade sur notre sentier, devenu fleuve aussi à un niveau inférieur.

Il y eut là un moment tragi-comique. J'avais un peu peur pour mon compte, et grand'peur pour mon enfant. Je le regardai; il riait de la figure du birlocho, qui, debout, les jambes écartées sur son brancard, mesurait l'abîme, et n'avait plus la moindre envie de s'amuser à nos dépens. Quand je vis mon fils si tranquille et si gai, je repris confiance en Dieu. Je sentis qu'il portait en lui l'instinct de sa destinée, et je m'en remis à ce pressentiment que les enfants ne savent pas dire, mais qui se répand comme un nuage ou comme un rayon de soleil sur leur front.

Le birlocho, voyant qu'il n'y avait pas moyen de nous abandonner à notre malheureux sort, se résigna à le partager, et devenant tout à coup héroïque : « N'ayez pas peur, mes enfants ! » nous dit-il d'une voix paternelle. — Puis il fit un grand cri, et fouetta son mulet, qui trébucha, s'abattit, se releva, trébucha encore, et se releva enfin à demi noyé. La brouette s'enfonça de côté : « Nous y voilà! » se rejeta de l'autre côté : « Nous y voilà encore! » fit des craquements sinistres, des bonds fabuleux, et sortit enfin triomphante de l'épreuve, comme un navire qui a touché les écueils sans se briser.

Nous paraissions sauvés, nous étions à sec; mais il fallut recommencer cet essai de voyage nautique en carriole une douzaine de fois avant de gagner la montagne. Enfin, nous atteignîmes la rampe; mais là le mulet, épuisé d'une part, et de l'autre effarouché par le bruit du torrent et du vent dans la montagne, se mit à reculer jusqu'au précipice. Nous descendîmes pour pousser chacun une roue, pendant que le birlocho tirait maître Aliboron par ses longues oreilles. Nous mîmes ainsi pied à terre je ne sais combien de fois; et au bout de deux heures d'ascension, pendant lesquelles nous n'avions pas fait une demi-lieue, le mulet s'étant acculé sur le pont et tremblant de tous ses membres, nous prîmes le parti de laisser là l'homme, la voiture et la bête, et de gagner la Chartreuse à pied.

Ce n'était pas une petite entreprise. Le sentier rapide était un torrent impétueux contre lequel il fallait lutter avec de bonnes jambes. D'autres menus torrents improvisés, descendant du haut des rochers à grand bruit, débusquaient tout d'un coup à notre droite, et il fallait souvent se hâter pour passer avant eux, ou les traverser à tout risque, dans la crainte qu'en un instant ils ne devinssent infranchissables. La pluie tombait à flots; de gros nuages plus noirs que l'encre voilaient à chaque instant la face de la lune; et alors, enveloppés dans des ténèbres grisâtres et impénétrables, courbés par un vent impétueux, sentant la cime des arbres se plier jusque sur nos têtes, entendant craquer les sapins et rouler les pierres autour de nous, nous étions forcés de nous arrêter pour attendre, comme disait un poëte narquois, que Jupiter eût mouché la chandelle.

C'est dans ces intervalles d'ombre et de lumière que vous eussiez vu, Eugène, le ciel et la terre pâlir et s'illuminer tour à tour des reflets et des ombres les plus sinistres et les plus étranges. Quand la lune reprenait son éclat et semblait vouloir régner dans un coin d'azur rapidement balayé devant elle par le vent, les nuées sombres arrivaient comme des spectres avides pour l'envelopper dans les plis de leurs linceuls. Ils couraient sur elle et quelquefois se déchiraient pour nous la montrer plus belle et plus secourable. Alors la montagne ruisselante de cascades et les arbres déracinés par la tempête nous donnaient l'idée du chaos. Nous pensions à ce beau sabbat que vous avez vu dans je ne sais quel rêve, et que vous avez esquissé avec je ne sais quel pinceau trempé dans les ondes rouges et bleues du Phlégéton et de l'Érèbe. Et à peine avions-nous contemplé ce tableau infernal qui posait en réalité devant nous, que la lune, dévorée par les monstres de l'air, disparaissait et nous laissait dans des limbes bleuâtres, où nous semblions flotter nous-mêmes comme des nuages, car nous ne pouvions même pas voir le sol où nous hasardions les pieds.

Enfin nous atteignîmes le pavé de la dernière montagne, et nous fûmes hors de danger en quittant le cours des eaux. La fatigue nous accablait, et nous étions nupieds, ou peu s'en faut; nous avions mis trois heures à faire cette dernière lieue.

Mais les beaux jours revinrent, et le steamer majorquin put reprendre ses courses hebdomadaires à Barcelone. Notre malade ne semblait pas en état de soutenir la traversée, mais il semblait également incapable de supporter une semaine de plus à Majorque. La situation était effrayante; il y avait des jours où je perdais l'espoir et le courage. Pour nous consoler, la Maria-Antonia et ses habitués du village répétaient en chœur autour de nous les discours les plus édifiants sur la vie future. « Ce phthisique, disaient-ils, va aller en enfer, d'abord parce qu'il est phthisique, ensuite parce qu'il ne se confesse pas. — S'il en est ainsi, quand il sera mort, nous ne l'enterrerons pas en terre sainte, et comme personne ne voudra lui donner la sépulcre, ses amis s'arrangeront comme ils pourront. Il faudra voir comment ils se tireront de là; pour moi, je ne m'en mêlerai pas. — Ni moi. — Ni moi; et amen ! »

Enfin nous partîmes, et j'ai dit quelle société et quelle hospitalité nous trouvâmes sur le navire majorquin.

Quand nous entrâmes à Barcelone, nous étions si pressés d'en finir pour toute l'éternité avec cette race inhumaine, que je n'eus pas la patience d'attendre la fin du débarquement. J'écrivis un billet au commandant de la station, M. Belvès, et le lui envoyai par une barque. Quelques instants après, il vint nous chercher dans son canot, et nous nous rendîmes à bord du *Méléagre*.

En mettant le pied sur ce beau brick de guerre, tenu avec la propreté et l'élégance d'un salon, en nous voyant entourés de figures intelligentes et affables, en recevant les soins généreux et empressés du commandant, du médecin, des officiers et de tout l'équipage; en serrant la main de l'excellent et spirituel consul de France, M. Gautier d'Arc, nous sautâmes de joie sur le pont en criant du fond de l'âme : « Vive la France ! » Il nous semblait avoir fait le tour du monde et quitter les sauvages de la Polynésie pour le monde civilisé.

Et la morale de cette narration, puérile peut-être, mais sincère, c'est que l'homme n'est pas fait pour vivre avec des arbres, avec des pierres, avec le ciel pur, avec la mer azurée, avec les fleurs et les montagnes, mais bien avec les hommes ses semblables.

Dans les jours orageux de la jeunesse, on s'imagine que la solitude est le grand refuge contre les atteintes, le grand remède aux blessures du combat; c'est une grave erreur, et l'expérience de la vie nous apprend que, là où l'on ne peut vivre en paix avec ses semblables, il n'est point d'admiration poétique ni de jouissances d'art capables de combler l'abîme qui se creuse au fond de l'âme.

J'avais toujours rêvé de vivre au désert, et tout rêveur bon enfant avouera qu'il a eu la même fantaisie. Mais croyez-moi, mes frères, nous avons le cœur trop aimant pour nous passer les uns des autres; et ce qu'il nous reste de mieux à faire, c'est de nous supporter mutuellement; car nous sommes comme ces enfants d'un même sein qui se taquinent, se querellent, se battent même, et ne peuvent cependant pas se quitter.

FIN D'UN HIVER A MAJORQUE.

SPIRIDION

NOTICE

Spiridion a été écrit en grande partie et terminé dans la Chartreuse de Valdemosa, aux gémissements de la bise dans les cloîtres en ruines. Certes, ce lieu romantique eût mieux inspiré un plus grand poëte. Heureusement le plaisir d'écrire ne se mesure pas au mérite de l'œuvre, mais à l'émotion de l'artiste ; sans des préoccupations souvent douloureuses, j'aurais été bien satisfaite de cette cellule de moine dans un site sublime, où le hasard, ou plutôt la nécessité résultant de l'absence de tout autre asile, m'avait conduite et mise précisément dans le milieu qui convenait au sujet de ce livre commencé à Nohant.

GEORGE SAND.

Nohant, 25 août 1855.

SPIRIDION

A M. PIERRE LEROUX.

Ami et frère par les années, père et maître par la vertu et la science, agréez l'envoi d'un de mes contes, non comme un travail digne de vous être dédié, mais comme un témoignage d'amitié et de vénération.

GEORGE SAND.

Lorsque j'entrai comme novice au couvent des Bénédictins, j'étais à peine âgé de seize ans. Mon caractère doux et timide sembla inspirer d'abord la confiance et l'affection; mais je ne tardai pas à voir la bienveillance des frères se changer en froideur; et le père trésorier, qui seul me conserva un peu d'intérêt, me prit plusieurs fois à part pour me dire tout bas que, si je ne faisais attention à moi-même, je tomberais dans la disgrâce du Prieur.

Je le pressais en vain de s'expliquer; il mettait un doigt sur ses lèvres, et, s'éloignant d'un air mystérieux, il ajoutait pour toute réponse :

« Vous savez bien, mon cher fils, ce que je veux dire. »

Je cherchais vainement mon crime. Il m'était impossible, après le plus scrupuleux examen, de découvrir en moi des torts assez graves pour mériter une réprimande. Des semaines, des mois s'écoulèrent, et l'espèce de réprobation tacite qui pesait sur moi ne s'adoucit point. En vain je redoublais de ferveur et de zèle ; en vain je veillais à toutes mes paroles, à toutes mes pensées ; en vain j'étais le plus assidu aux offices et le plus ardent au travail ; je voyais chaque jour la solitude élargir un cercle autour de moi. Tous mes amis m'avaient quitté. Personne ne m'adressait plus la parole. Les novices les moins réguliers et les moins méritants semblaient s'arroger le droit de me mépriser. Quelques-uns même, lorsqu'ils passaient près de moi, serraient contre leur corps les plis de leur robe, comme s'ils eussent craint de toucher un lépreux. Quoique je récitasse mes leçons sans faire une seule faute ; et que je fisse dans le chant de très-grands progrès, un profond silence régnait dans les salles d'étude quand ma timide voix avait cessé de résonner sous la voûte. Les docteurs et les maîtres n'avaient pas pour moi un seul regard d'encouragement, tandis que des novices nonchalants ou incapables étaient comblés d'éloges et de récompenses. Lorsque je passais devant l'abbé, il détournait la tête, comme s'il eût eu horreur de mon salut.

J'examinais tous les mouvements de mon cœur, et je m'interrogeais sévèrement pour savoir si l'orgueil blessé n'avait pas une grande part dans ma souffrance. Je pouvais du moins me rendre ce témoignage que je n'avais rien épargné pour combattre toute révolte de la vanité, et je sentais bien que mon cœur était réduit à une tristesse profonde par l'isolement où on le refoulait, par le manque d'affection, et non par le manque d'amusements et de flatteries.

Je résolus de prendre pour appui le seul religieux qui ne pût fuir mes confidences, mon confesseur. J'allai me jeter à ses pieds, je lui exposai mes douleurs, mes efforts pour mériter un sort moins rigoureux, mes combats contre l'esprit de reproche et d'amertume qui commençait à s'élever en moi. Mais quelle fut ma consternation lorsqu'il me répondit d'un ton glacial :

« Tant que vous ne m'ouvrirez pas votre cœur avec une entière sincérité et une parfaite soumission, je ne pourrai rien faire pour vous.

— O père Hégésippe! lui répondis-je, vous pouvez lire la vérité au fond de mes entrailles; car je ne vous ai jamais rien caché. »

Alors il se leva et me dit avec un accent terrible :

« Misérable pécheur! âme basse et perverse! vous savez bien que vous me cachez un secret formidable, et que votre conscience est un abîme d'iniquité. Mais vous ne tromperez pas l'œil de Dieu, vous n'échapperez point à sa justice. Allez, retirez-vous de moi; je ne veux plus entendre vos plaintes hypocrites. Jusqu'à ce que la contrition ait touché votre cœur, et que vous ayez lavé par une pénitence sincère les souillures de votre esprit, je vous défends d'approcher du tribunal de la pénitence.

— O mon père! mon père! m'écriai-je, ne me repoussez pas ainsi, ne me réduisez pas au désespoir, ne me faites pas douter de la bonté de Dieu et de la sagesse de vos jugements. Je suis innocent devant le Seigneur; ayez pitié de mes souffrances...

— Reptile audacieux! s'écria-t-il d'une voix tonnante, glorifie-toi de ton parjure et invoque le nom du Seigneur pour appuyer tes faux serments; mais laisse-moi, ôte-toi de devant mes yeux, ton endurcissement me fait horreur! »

En parlant ainsi, il dégagea sa robe que je tenais dans mes mains suppliantes. Je m'y attachai avec une sorte d'égarement; alors il me repoussa de toute sa force, et je tombai la face contre terre. Il s'éloigna, poussant violemment derrière lui la porte de la sacristie où cette scène se passait. Je demeurai dans les ténèbres. Soit par la violence de ma chute, soit par l'excès de mon chagrin, une veine se rompit dans ma gorge, et j'eus une hémorragie. Je ne pus me relever, je me sentis défaillir rapidement, et bientôt je fus étendu sans connaissance sur le pavé baigné de mon sang.

Je ne sais combien de temps je passai ainsi. Quand je commençai à revenir à moi, je sentis une fraîcheur agréable; une brise harmonieuse semblait se jouer autour de moi, séchait la sueur de mon front et courait dans ma chevelure, puis semblait s'éloigner avec un son vague, imperceptible, murmurer je ne sais quelles notes faibles dans les coins de la salle, et revenir sur moi comme pour me rendre des forces et m'engager à me relever.

Cependant je ne pouvais m'y décider encore, car j'éprouvais un bien-être inouï, et j'écoutais dans une sorte d'aberration paisible les bruits de ce souffle d'été qui se glissait furtivement par la fente d'une persienne. Alors il me sembla entendre une voix qui partait du fond de la sacristie, et qui parlait si bas que je ne distinguais pas les paroles. Je restai immobile et prêtai toute mon attention. La voix paraissait faire une de ces prières entrecoupées que nous appelons oraisons jaculatoires. Enfin je saisis distinctement ces mots: *Esprit de vérité, relève les victimes de l'ignorance et de l'imposture.* « Père Hégésippe! dis-je d'un ton faible, est-ce vous qui revenez vers moi? » Mais personne ne me répondit. Je me soulevai sur mes mains et sur mes genoux, j'écoutai encore, je n'entendis plus rien. Je me relevai tout à fait; je regardai autour de moi; j'étais tombé si près de la porte unique de cette petite salle, que personne après le départ de mon confesseur n'eût pu rentrer sans marcher sur mon corps; d'ailleurs, cette porte ne s'ouvrait qu'en dedans par un loquet de forme ancienne. J'y touchai, et je m'assurai qu'il était fermé. Je fus pris de terreur, et je restai quelques instants sans oser faire un pas. Adossé contre la porte, je cherchais à percer de mon regard l'obscurité dans laquelle les angles de la salle étaient plongés. Une lueur blafarde, tombant d'une lucarne à volet de plein chêne, tremblait vers le milieu de cette pièce. Un faible vent, tourmentant le volet, agrandissait et diminuait tour à tour la fente qui laissait pénétrer cette rare lumière. Les objets qui se trouvaient dans cette région à demi éclairée, le prie-Dieu surmonté d'une tête de mort, quelques livres épars sur le plancher, une aube suspendue à la muraille, semblaient se mouvoir avec l'ombre du feuillage que l'air agitait derrière la croisée. Quand je crus voir que j'étais seul, j'eus honte de ma timidité : je fis un signe de croix, et je m'apprêtai à aller ouvrir tout à fait le volet ; mais un profond soupir qui partait du prie-Dieu me retint cloué à ma place. Cependant je voyais assez distinctement ce prie-Dieu pour être bien sûr qu'il n'y avait personne. Une idée que j'aurais dû concevoir plus tôt vint me rassurer : quelqu'un pouvait être appuyé dehors contre la fenêtre, et faire sa prière sans songer à moi. Mais qui donc pouvait être assez hardi pour émettre des vœux et prononcer des paroles comme celles que j'avais entendues ?

La curiosité, seule passion et seule distraction permise dans le cloître, s'empara de moi. Je m'avançai vers la fenêtre ; mais à peine eus-je fait un pas, qu'une ombre noire, se détachant, à ce qu'il me parut, du prie-Dieu, traversa la salle en se dirigeant vers la fenêtre, et passa devant moi comme un éclair. Ce mouvement fut si rapide que je n'eus pas le temps d'éviter ce que je prenais pour un corps, et ma frayeur fut si grande que je faillis m'évanouir une seconde fois. Mais je ne sentis rien, et, comme si j'eusse été traversé par cette ombre, je la vis disparaître à ma gauche.

Je m'élançai vers la fenêtre, je poussai le volet avec précipitation ; je jetai les yeux dans la sacristie, j'y étais absolument seul ; je les promenai sur tout le jardin, il était désert, et le vent du midi courait sur les fleurs. Je pris courage : j'explorai tous les coins de la salle, je regardai derrière le prie-Dieu, qui était fort grand ; je secouai tous les vêtements sacerdotaux suspendus aux murailles ; je trouvai toutes choses dans leur état naturel, et rien ne put m'expliquer ce qui s'était passé. La vue de tout le sang que j'avais perdu me porta à croire que mon cerveau, affaibli par cette hémorragie, avait été en proie à une hallucination. Je me retirai dans ma cellule, et j'y demeurai enfermé jusqu'au lendemain.

Je passai ce jour et cette nuit dans les larmes. L'inanition, la perte de sang, les vaines terreurs de la sacristie, avaient brisé tout mon être. Nul ne vint me secourir ou me consoler ; nul ne s'enquit de ce que j'étais devenu. Je vis de ma fenêtre la troupe des novices se répandre dans le jardin. Les grands chiens qui gardaient la maison vinrent gaiement à leur rencontre, et reçurent d'eux mille caresses. Mon cœur se serra et se brisa à la vue de ces animaux, mieux traités cent fois, et cent fois plus heureux que moi.

J'avais trop de foi en ma vocation pour concevoir aucune idée de révolte ou de fuite. J'acceptai en somme ces humiliations, ces injustices et ce délaissement, comme une épreuve envoyée par le ciel et comme une occasion de mériter. Je priai, je m'humiliai, je frappai ma poitrine, je recommandai ma cause à la justice de Dieu, à la protection de tous les saints, et vers le matin je finis par goûter un doux repos. Je fus éveillé en sursaut par un rêve. Le père Alexis m'était apparu, et, me secouant rudement, il m'avait répété à peu près les paroles qu'un être mystérieux m'avait dites de la sacristie :

« Relève-toi, victime de l'ignorance et de l'imposture. »

Quel rapport le père Alexis pouvait-il avoir avec cette réminiscence? Je n'en trouvai aucun, sinon que la vision de la sacristie m'avait beaucoup occupé au moment où je m'étais endormi, et qu'à ce moment même j'avais vu de mon grabat le père Alexis rentrer du jardin dans le couvent, vers le coucher de la lune, une heure environ avant le jour.

Cette matinale promenade du père Alexis ne m'avait pourtant pas frappé comme un fait extraordinaire. Le père Alexis était le plus savant de nos moines : il était grand astronome, et il avait la garde des instruments de physique et de géométrie, dont l'observatoire du couvent était assez bien fourni. Il passait une partie des nuits à faire ses expériences et à contempler les astres; il allait et venait à toute heure, sans être astreint à celles des offices, et il était dispensé de descendre à l'église pour matines et laudes. Mais mon rêve le ramenant à ma pensée, je me mis à songer que c'était un homme bizarre, toujours préoccupé, souvent inintelligible dans ses paroles, errant sans cesse dans le couvent comme une âme en peine; qu'en un mot ce pouvait bien être lui qui, la veille, appuyé contre la fenêtre de la sacristie, avait murmuré une formule d'invocation, et fait passer son ombre sur le mur, par hasard, sans se douter de mes terreurs. Je résolus de le lui demander, et en réfléchissant à la manière dont il accueillerait mes questions, je m'enhardis à saisir ce prétexte pour faire connaissance avec lui. Je me rappelai que ce sombre vieillard était le seul dont je n'eusse reçu aucune insulte muette ou verbale, qu'il ne s'était jamais détourné de moi avec horreur, et qu'il paraissait absolument étranger à toutes les résolutions qui se prenaient dans la communauté. Il est vrai qu'il ne m'avait jamais dit une parole amie, que son regard n'avait jamais rencontré le mien, et qu'il ne paraissait pas seulement se souvenir de mon nom ; mais il n'accordait pas plus d'attention aux autres novices. Il vivait dans un monde à part, absorbé dans ses spéculations scientifiques. On ne savait s'il était pieux ou indifférent à la religion ; il ne parlait jamais que du monde extérieur et visible, et ne paraissait pas se soucier beaucoup de l'autre. Personne n'en disait de mal, personne n'en disait de bien ; et quand les novices se permettaient quelque remarque ou quelque question sur lui, les moines leur imposaient silence d'un ton sévère.

Peut-être, pensai-je, si j'allais lui confier mes tourments, il me donnerait un bon conseil ; peut-être lui qui passe sa vie tout seul, si tristement, serait touché de voir pour la première fois un novice venir à lui et lui demander son assistance. Les malheureux se cherchent et se comprennent. Peut-être est-il malheureux, lui aussi ; peut-être sympathisera-t-il avec mes douleurs. Je me levai, et, avant de l'aller trouver, je passai au réfectoire. Un frère convers coupait du pain ; je lui en demandai, et il m'en jeta un morceau comme il eût fait à un animal importun. J'eusse mieux aimé des injures que cette muette et brutale pitié. On me trouvait indigne d'entendre le son de la voix humaine, et on me jetait ma nourriture par terre, comme si, dans mon abjection, j'eusse été réduit à ramper avec les bêtes.

Quand j'eus mangé ce pain amer et trempé de mes pleurs, je me rendis à la cellule du père Alexis. Elle était située, loin de toutes les autres, dans la partie la plus élevée du bâtiment, à côté du cabinet de physique. On y arrivait par un étroit balcon, suspendu à l'extérieur du dôme. Je frappai, on ne me répondit pas ; j'entrai.

Je trouvai le père Alexis endormi sur son fauteuil, un livre à la main. Sa figure, sombre et pensive jusque dans le sommeil, faillit m'ôter ma résolution. C'était un vieillard de taille moyenne, robuste, large des épaules, voûté par l'étude plus que par les années. Son crâne chauve était encore garni par derrière de cheveux noirs crépus. Ses traits énergiques ne manquaient cependant pas de finesse. Il y avait sur cette face flétrie un mélange inexprimable de décrépitude et de force virile. Je passai derrière son fauteuil sans faire aucun bruit, dans la crainte de le mal disposer en l'éveillant brusquement; mais, malgré mes précautions extrêmes, il s'aperçut de ma présence; et, sans soulever sa tête appesantie, sans ouvrir ses yeux caves, sans témoigner ni humeur ni surprise, il me dit:

« *Je t'entends.*

— Père Alexis... lui dis-je d'une voix timide.

— Pourquoi m'appelles-tu père? reprit-il sans changer de ton ni d'attitude; tu n'as pas coutume de m'appeler ainsi. Je ne suis pas ton père, mais bien plutôt ton fils, quoique je sois flétri par l'âge, tandis que toi, tu restes éternellement jeune, éternellement beau! »

Ce discours étrange troublait toutes mes idées. Je gardai le silence. Le moine reprit:

« Eh bien! parle, je t'écoute. Tu sais bien que je t'aime comme l'enfant de mes entrailles, comme le père qui m'a engendré, comme le soleil qui m'éclaire, comme l'air que je respire, et plus que tout cela encore.

— O père Alexis, lui dis-je, étonné et attendri d'entendre des paroles si douces sortir de cette bouche rigide, ce n'est pas à moi, misérable enfant, que s'adressent des sentiments si tendres. Je ne suis pas digne d'une telle affection, et je n'ai le bonheur de l'inspirer à personne; mais, puisque je vous surprends au milieu d'un heureux songe, puisque le souvenir d'un ami égaie votre cœur, bon père Alexis, que votre réveil me soit favorable, que votre regard tombe sur moi sans colère, et que votre main ne repousse pas ma tête humiliée, couverte des cendres de la douleur et de l'expiation. »

En parlant ainsi, je pliai les genoux devant lui, et j'attendis qu'il jetât les yeux sur moi. Mais à peine m'eut-il vu qu'il se leva comme saisi de fureur et d'épouvante en même temps. L'éclair de la colère brillait dans ses yeux, une sueur froide ruisselait sur ses tempes dévastées.

« Qui êtes-vous ? s'écria-t-il. Que me voulez-vous ? Que venez-vous faire ici ? Je ne vous connais pas ! »

J'essayai vainement de le rassurer par mon humble posture, par mes regards suppliants.

— Vous êtes un novice, me dit-il, je n'ai point affaire avec les novices. Je ne suis pas un directeur de consciences, ni un dispensateur de grâces et de faveurs. Pourquoi venez-vous m'espionner pendant mon sommeil ? Vous ne surprendrez pas le secret de mes pensées. Retournez vers ceux qui vous envoient, dites-leur que je n'ai pas longtemps à vivre, et que je demande qu'on me laisse tranquille. Sortez, sortez ; j'ai à travailler. Pourquoi violez-vous la consigne qui défend d'approcher de mon laboratoire ? Vous exposez votre vie et la mienne : allez-vous-en ! »

J'obéis tristement, et je me retirais à pas lents, découragé, brisé de douleur, le long de la galerie extérieure par laquelle j'étais venu. Il m'avait suivi jusqu'en dehors, comme pour s'assurer que je m'éloignais. Lorsque j'eus atteint l'escalier, je me retournai, et je le vis debout, l'œil toujours enflammé de colère, les lèvres contractées par la méfiance. D'un geste impérieux il m'ordonna de m'éloigner. J'essayai d'obéir : je n'avais plus la force de marcher, je n'avais plus celle de vivre. Je perdis l'équilibre, je roulai quelques marches, je faillis être entraîné dans ma chute par-dessus la rampe, et du haut de la tour me briser sur le pavé. Le père Alexis s'élança vers moi avec la force et l'agilité d'un chat. Il me saisit, et me soutenant dans ses bras :

« Qu'avez-vous donc? me dit-il d'un ton brusque, mais plein de sollicitude. Êtes-vous malade, êtes-vous désespéré, êtes-vous fou?»

Je balbutiai quelques paroles, et, cachant ma tête dans sa poitrine, je fondis en larmes. Il m'emporta alors comme si j'eusse été un enfant au berceau, et, entrant dans sa cellule, il me déposa sur son fauteuil, frotta mes tempes d'une liqueur spiritueuse, et en humecta mes narines et mes lèvres froides. Puis, voyant que je reprenais mes esprits, il m'interrogea avec douceur. Alors je lui ouvris mon âme tout entière : je lui racontai les angoisses auxquelles on m'abandonnait, jusqu'à me refuser le secours de la confession. Je protestai de mon innocence, de mes bonnes intentions, de ma patience, et je me plaignis amèrement de n'avoir pas un seul ami pour me consoler et me fortifier dans cette épreuve au-dessus de mes forces.

Il m'écouta d'abord avec un reste de crainte et de méfiance; puis son front austère s'éclaircit peu à peu; et, comme j'achevais le récit de mes peines, je vis de grosses larmes ruisseler sur ses joues creuses.

— Pauvre enfant, me dit-il, voilà bien ce qu'ils m'ont fait souffrir! victime, victime de l'ignorance et de l'imposture!»

A ces paroles, je crus reconnaître la voix que j'avais entendue dans la sacristie; et, cessant de m'en inquiéter, je ne songeai point à lui demander l'explication de cette aventure; seulement je fus frappé du sens de cette exclamation; et, voyant qu'il demeurait comme plongé en lui-même, je le suppliai de me faire entendre encore sa voix amie, si douce à mon oreille, si chère à mon cœur au milieu de ma détresse.

« Jeune homme, me dit-il, avez-vous compris ce que vous faisiez quand vous êtes entré dans un cloître? Vous êtes-vous bien dit que c'était enfermer votre jeunesse dans la nuit du tombeau et vous résoudre à vivre dans les bras de la mort?

— O mon père, lui dis-je, je l'ai compris, je l'ai résolu, je l'ai voulu, et je le veux encore; mais c'était à la vie du siècle, à la vie du monde, à la vie de la chair que je consentais à mourir.

— Ah! tu as cru, enfant, qu'on te laisserait celle de l'âme! tu t'es livré à des moines, et tu as pu le croire!

— J'ai voulu donner la vie à mon âme, j'ai voulu élever et purifier mon esprit, afin de vivre de Dieu, dans l'esprit de Dieu; mais voilà que, au lieu de m'accueillir et de m'aider, on m'arrache violemment du sein de mon père, et on me livre aux ténèbres du doute et du désespoir...

— « *Gustans gustavi paululum mellis, et ecce morior!* » dit le moine d'un air sombre en s'asseyant sur son grabat; et, croisant ses bras maigres sur sa poitrine, il tomba dans la méditation.

Puis se levant et marchant dans sa cellule avec activité :

« Comment vous nomme-t-on? me dit-il.

— Frère Angel, pour servir Dieu et vous honorer, » répondis-je. Mais il n'écouta pas ma réponse, et après un instant de silence :

« Vous vous êtes trompé, me dit-il; si vous voulez être moine, si vous voulez habiter le cloître, il faut changer toutes vos idées; autrement *vous mourrez!*

— Dois-je donc mourir en effet pour avoir mangé le miel de la grâce, pour avoir cru, pour avoir espéré, pour avoir dit : « Seigneur, aimez-moi ! »

— Oui, pour cela *tu mourras !* répondit-il d'une voix forte en promenant autour de lui des regards farouches; puis il retomba encore dans sa rêverie, et ne fit plus attention à moi. Je commençais à me trouver mal à l'aise auprès de lui ; ses paroles entrecoupées, son aspect rude et chagrin, ses éclairs de sensibilité suivis aussitôt d'une profonde indifférence, tout en lui avait un caractère d'aliénation. Tout d'un coup il renouvela sa question, et me dit d'un ton presque impérieux :

« — Votre nom?

« — Angel, répondis-je avec douceur.

« — Angel ! s'écria-t-il en me regardant d'un air inspiré. Il m'a été dit : « Vers la fin de tes jours un ange te sera envoyé, et tu le reconnaîtras à la flèche qui lui traversera le cœur. Il viendra te trouver, et il te dira : — Retire-moi cette flèche qui me donne la mort... Et si tu lui retires cette flèche, aussitôt celle qui te traverse tombera, ta plaie sera fermée, et tu vivras. »

« — Mon père, lui dis-je, je ne connais point ce texte, je ne l'ai rencontré nulle part.

« — C'est que tu connais peu de choses, me répondit-il en posant amicalement sa main sur ma tête; c'est que tu n'as point encore rencontré la main qui doit guérir ta blessure; moi je comprends la parole de l'*Esprit*, et je te connais. Tu es celui qui devait venir vers moi; je te reconnais à cette heure, et ta chevelure est blonde comme la chevelure de celui qui t'envoie. Mon fils, sois béni, et que le pouvoir de l'*Esprit* s'accomplisse en toi... Tu es mon fils bien-aimé, et c'est en toi que je mettrai toute mon affection. »

Il me pressa sur son sein, et levant les yeux au ciel,

il me parut sublime. Son visage prit une expression que je n'avais vue que dans ces têtes de saints et d'apôtres, chefs-d'œuvre de peinture qui ornaient l'église du couvent. Ce que j'avais pris pour de l'égarement eut à mes yeux le caractère de l'inspiration. Je crus voir un archange, et, pliant les deux genoux, je me prosternai devant lui.

Il m'imposa les mains, en disant :

« Cesse de souffrir ! que la flèche acérée de la douleur cesse de déchirer ton sein ; que le dard empoisonné de l'injustice et de la persécution cesse de percer ta poitrine ; que le sang de ton cœur cesse d'arroser des marbres insensibles. Sois consolé, sois guéri, sois fort, sois béni. Lève-toi ! »

Je me relevai et sentis mon âme inondée d'une telle consolation, mon esprit raffermi par une espérance si vive, que je m'écriai :

« Oui, un miracle s'est accompli en moi, et je reconnais maintenant que vous êtes un saint devant le Seigneur.

— Ne parle pas ainsi, mon enfant, d'un homme faible et malheureux, me dit-il avec tristesse ; je suis un être ignorant et borné, dont l'*Esprit* a eu pitié quelquefois. Qu'il soit loué à cette heure, puisque j'ai eu la puissance de te guérir. Va en paix ; sois prudent, ne me parle en présence de personne, et ne viens me voir qu'en secret.

— Ne me renvoyez pas encore, mon père, lui dis-je ; car qui sait quand je pourrai revenir ? Il y a des peines si sévères contre ceux qui approchent de votre laboratoire, que je serai peut-être bien longtemps avant de pouvoir goûter de nouveau la douceur de votre entretien.

— Il faut que je te quitte et que *je consulte*, répondit le père Alexis. Il est possible qu'on te persécute pour la tendresse que tu vas m'accorder ; mais l'Esprit te donnera la force de vaincre tous les obstacles, car il m'a prédit ta venue, et ce qui doit s'accomplir *est dit.* »

Il se rassit sur son fauteuil, et tomba dans un profond sommeil. Je contemplai longtemps sa tête, empreinte d'une sérénité et d'une beauté surnaturelle, bien différente en ce moment de ce qu'elle m'était apparue d'abord ; puis, baisant avec amour le bord de sa robe grise, je me retirai sans bruit.

Quand je ne fus plus sous le charme de sa présence, ce qui s'était passé entre lui et moi me fit l'effet d'un songe. Moi, si croyant, si orthodoxe dans mes études et dans mes intentions ; moi, que le seul mot d'hérésie faisait frémir de crainte et d'horreur, par quelles paroles avais-je donc été fasciné, et par quelle formule avais-je laissé unir clandestinement ma destinée à cette destinée inconnue ? Alexis m'avait soufflé l'esprit de révolte contre mes supérieurs, contre ces hommes que je devais croire et que j'avais toujours crus infaillibles. Il m'avait parlé d'eux avec un profond mépris, avec une haine concentrée, et je m'étais laissé surprendre par les figures et l'obscurité de son langage. Maintenant ma mémoire me retraçait tout ce qui eût dû me faire douter de sa foi ; et je me souvenais avec terreur de lui avoir entendu citer et invoquer à chaque instant l'*Esprit*, sans qu'il y joignît jamais l'épithète consacrée par laquelle nous désignons la troisième personne de la Trinité divine. C'était peut-être au nom du malin esprit qu'il m'avait imposé les mains. Peut-être avais-je fait alliance avec les esprits de ténèbres en recevant les caresses et les consolations de ce moine suspect. Je fus troublé, agité ; je ne pus fermer l'œil de la nuit. Comme la veille, je fus oublié et abandonné. De même que la nuit précédente, je m'endormis au jour et me réveillai tard. J'eus honte alors d'avoir manqué depuis tant d'heures à mes exercices de piété : je me rendis à l'église, et je priai ardemment l'Esprit saint de m'éclairer et de me préserver des embûches du tentateur.

Je me sentis si triste et si peu fortifié au sortir de l'église, que je me crus dans une voie de perdition, et je résolus d'aller me confesser. J'écrivis un mot au père Hégésippe pour le supplier de m'entendre; mais il me fit faire verbalement, par un des convers les plus grossiers, une réponse méprisante et un refus positif. En même temps ce convers m'intima, de la part du Prieur, l'ordre de sortir de l'église et de n'y jamais mettre les pieds avant la fin des offices du soir. Encore, si un religieux prolongeait sa prière dans le chœur, ou y rentrait pour s'y livrer à quelque acte de dévotion particulière, je devais à l'instant même purger la maison de Dieu de mon souffle impur, et céder ma place à un serviteur de Dieu.

Cet arrêt inique me blessa tellement que j'entrai dans une colère insensée. Je sortis de l'église en frappant du poing sur les murs comme un furieux. Le convers me chassait dehors en me traitant de blasphémateur et de sacrilége.

Au moment où je franchissais la porte au fond du chœur qui donnait sur le jardin, le chagrin et l'indignation faillirent me faire perdre encore une fois l'usage de mes sens. Je chancelai; un nuage passa devant mes yeux; mais la fierté vainquit le mal, et je m'élançai vers le jardin, en me jetant un peu de côté pour faire place à une personne que je vis tout à coup sur le seuil face à face avec moi. C'était un jeune homme d'une beauté surprenante, et portant un costume étranger. Bien qu'il fût couvert d'une robe noire, semblable à celle des supérieurs de notre ordre, il avait en dessous une jaquette demi-courte en drap fin, attachée par une ceinture de cuir à boucle d'argent, à la manière des anciens étudiants allemands. Comme eux, il portait, au lieu des sandales de nos moines, des bottines collantes, et sur son col de chemise, rabattu et blanc comme la neige, tombait à grandes ondes dorées la plus belle chevelure blonde que j'aie vue de ma vie. Il était grand, et son attitude élégante semblait révéler l'habitude du commandement. Frappé de respect et rempli d'incertitude, je le saluai à demi. Il ne me rendit point mon salut; mais il me sourit d'un air si bienveillant, et en même temps ses beaux yeux, d'un bleu sévère, s'adoucirent pour me regarder avec une compassion si tendre, que jamais ses traits ne sont sortis de ma mémoire. Je m'arrêtai, espérant qu'il me parlerait, et me persuadant, d'après la majesté de son aspect, qu'il avait le pouvoir de me protéger; mais le convers qui marchait derrière moi, et qui ne semblait faire aucune attention à lui, le força brutalement de se retirer contre le mur, et me poussa presque jusqu'à me faire tomber. Ne voulant point engager une lutte avilissante avec cet homme grossier, je me hâtai de sortir; mais, après avoir fait trois pas dans le jardin, je me retournai, et je vis l'inconnu qui restait debout à la même place et me suivait des yeux avec une affectueuse sollicitude. Le soleil donnait en plein sur lui et faisait rayonner sa chevelure. Il soupira, et, levant ses beaux yeux vers le ciel, comme pour appeler sur moi le secours de la justice éternelle et la prendre à témoin de mon infortune, il se tourna lentement vers le sanctuaire, entra dans le chœur et se perdit dans l'ombre; car la brillante clarté du jour faisait paraître ténébreux l'intérieur de l'église. J'avais envie de retourner sur mes pas malgré le convers, de suivre ce noble étranger et de lui dire mes peines; mais quel était-il pour les accueillir et les faire cesser? D'ailleurs, s'il attirait vers lui la sympathie de mon âme, il m'inspirait aussi une sorte de crainte ; car il y avait dans sa physionomie autant d'austérité que de douceur.

Je montai vers le père Alexis, et lui racontai les nouvelles cruautés exercées envers moi.

« Pourquoi avez-vous douté, ô homme de peu de foi? me dit-il d'un air triste. Vous vous nommez Ange, et, au lieu de reconnaître l'esprit de vie qui tressaille en vous, vous avez voulu aller vous jeter aux pieds d'un homme ignorant, demander la vie à un cadavre! Ce directeur ignare vous repousse et vous humilie. Vous êtes puni par où vous avez péché, et votre souffrance n'a rien de noble, votre martyre rien d'utile pour vous-même, parce que vous sacrifiez les forces de votre entendement à des idées fausses ou étroites. Au reste, j'avais prévu ce qui vous arrive; vous me craignez; vous ne savez pas si je suis le serviteur des anges ou l'esclave des démons. Vous avez passé la nuit dernière à commenter toutes mes paroles, et vous avez résolu ce matin de me vendre à mes ennemis pour une absolution.

— Oh! ne le croyez pas, m'écriai-je; je me serais confessé de tout ce qui m'était personnel sans prononcer votre nom, sans redire une seule de vos paroles. Hélas! serez-vous donc, vous aussi, injuste envers moi? Serai-je repoussé de partout? La maison de Dieu m'est fermée, votre cœur me le sera-t-il de même! Le père Hégésippe m'accuse d'impiété; et vous, mon père, vous m'accusez d'être lâche!

— C'est que vous l'avez été, répondit Alexis. La puissance des moines vous intimide, leur haine vous épouvante. Vous enviez leurs suffrages et leurs cajoleries aux ineptes disciples qu'ils choient tendrement. Vous ne savez pas vivre seul, souffrir seul, aimer seul.

— Eh bien! mon père, il est vrai, je ne sais pas me

passer d'affection; j'ai cette faiblesse, cette lâcheté, si vous voulez. Je suis peut-être un caractère faible, mais je sens en moi une âme tendre, et j'ai besoin d'un ami. Dieu est si grand que je me sens terrifié en sa présence. Mon esprit est si timide qu'il ne trouve pas en lui-même la force d'embrasser ce Dieu tout-puissant, et d'arracher de sa main terrible les dons de la grâce. J'ai besoin d'intermédiaire entre le ciel et moi. Il me faut des appuis, des conseils, des médiateurs. Il faut qu'on m'aime, qu'on travaille pour moi et avec moi à mon salut. Il faut qu'on prie avec moi, qu'on me dise d'espérer et qu'on me promette les récompenses éternelles. Autrement je doute, non de la bonté de Dieu, mais de celle de mes intentions. J'ai peur du Seigneur, parce que j'ai peur de moi-même. Je m'attiédis, je me décourage, je me sens mourir, mon cerveau se trouble, et je ne distingue plus la voix du ciel de celle de l'enfer. Je cherche un appui; fût-ce un maître impitoyable qui me châtiât sans cesse, je le préférerais à un père indulgent qui m'oublie.

— Pauvre ange égaré sur la terre! dit le père Alexis avec attendrissement; étincelle d'amour tombée de l'auréole du maître, et condamnée à couver sous la cendre de cette misérable vie! Je reconnais à tes tourments la nature divine qui m'anima dans ma jeunesse, avant qu'on eût épaissi sur mes yeux les ténèbres de l'endurcissement, avant qu'on eût glacé sous le cilice les battements de ce cœur brûlant, avant qu'on eût rendu mes communications avec l'*Esprit* pénibles, rares, douloureuses et à jamais incomplètes. Ils feront de toi ce qu'ils ont fait de moi. Ils rempliront ton esprit de doutes poignants, de puérils remords et d'imbéciles terreurs. Ils te rendront malade, vieux avant l'âge, infirme d'esprit; et quand tu auras secoué tous les liens de l'ignorance et de l'imposture, quand tu te sentiras assez éclairé pour déchirer tous les voiles de la superstition, tu n'en auras plus la force. Ta fibre sera relâchée, ta vue trouble, ta main débile, ton cerveau paresseux ou fatigué. Tu voudras lever les yeux vers les astres, et ta tête pesante retombera stupidement sur ta poitrine; tu voudras lire, et des fantômes danseront devant tes yeux; tu voudras te rappeler, et mille lueurs incertaines se joueront dans ta mémoire épuisée; tu voudras méditer, et tu t'endormiras sur ta chaise. Et pendant ton sommeil, si l'Esprit te parle, ce sera en des termes si obscurs que tu ne pourras les expliquer à ton réveil. Ah! victime! victime! je te plains, et ne puis te sauver. »

En parlant ainsi, il frissonnait comme un homme pris de fièvre : son haleine brûlante semblait raréfier l'air de sa cellule, et on eût dit, à la langueur de son être, qu'il lui restait à peine quelques instants à vivre.

« Bon père Alexis, lui dis-je, votre tendresse pour moi est-elle donc déjà fatiguée? J'ai été faible et craintif, il est vrai; mais vous me sembliez si fort, si vivant, que je comptais retrouver en vous assez de chaleur pour me pardonner ma faute, pour l'effacer et pour me fortifier de nouveau. Mon âme retombe dans la mort avec la vôtre : ne pouvez-vous, comme hier, faire un miracle qui nous ranime tous les deux?

— L'esprit n'est point avec moi aujourd'hui, dit-il. Je suis triste, je doute de tout, et même de toi. Reviens demain, je serai peut-être illuminé.

— Et que deviendrai-je jusque là?

— L'Esprit est fort, l'Esprit est bon; peut-être t'assistera-t-il directement. En attendant, je veux te donner un conseil pour adoucir l'amertume de ta situation. Je sais pourquoi les moines ont adopté envers toi ce système d'inflexible méchanceté. Ils agissent ainsi avec tous ceux dont ils craignent l'esprit de justice et la droiture naturelle. Ils ont pressenti en toi un homme de cœur, sensible à l'outrage, compatissant à la souffrance, ennemi des féroces et lâches-passions. Ils se sont dit que dans un tel homme ils ne trouveraient pas un complice, mais un juge; et ils veulent faire de toi ce qu'ils font de tous ceux dont la vertu les effraie et dont la candeur les gêne. Ils veulent t'abrutir, effacer en toi par la persécution, toute notion du juste et de l'injuste, émousser par d'inutiles souffrances toute généreuse énergie. Ils veulent, par de mystérieux et vils complots, par des énigmes sans mot et des châtiments sans objet, t'habituer à vivre brutalement dans l'amour et l'estime de toi seul, à te passer de sympathie, à perdre toute confiance, à mépriser toute amitié. Ils veulent te faire désespérer de la bonté du maître, te dégoûter de la prière, te forcer à mentir ou à trahir tes frères dans la confession, te rendre envieux, sournois, calomniateur, délateur. Ils veulent te rendre pervers, stupide et infâme. Ils veulent t'enseigner que le premier des biens c'est l'intempérance et l'oisiveté, que pour s'y livrer en paix il faut tout avilir, tout sacrifier, dépouiller tout souvenir de grandeur, tuer tout noble instinct. Ils veulent t'enseigner la haine hypocrite, la vengeance patiente, la couardise et la férocité. Ils veulent que ton âme meure pour avoir été nourrie de miel, pour avoir aimé la douceur et l'innocence. Ils veulent, en un mot, faire de toi un moine. Voilà ce qu'ils veulent, mon fils; voilà ce qu'ils ont entrepris, voilà ce qu'ils poursuivent d'un commun accord, les uns par calcul, les autres par instinct, les meilleurs par faiblesse, par obéissance et par crainte.

— Qu'entends-je? m'écriai-je, et dans quel monde d'iniquité faites-vous entrer mon âme tremblante! Père Alexis! père Alexis! dans quel abîme serais-je tombé, s'il en était ainsi! O ciel! ne vous trompez-vous point?

N'êtes-vous point aveuglé par le souvenir de quelque injure personnelle? Ce monastère n'est-il habité que par des moines prévaricateurs? Dois-je chercher parmi des âmes plus sincères la foi et la charité qu'un impur démon semble avoir chassées de ces murs maudits?

— Tu chercherais en vain un couvent moins souillé et des moines meilleurs; tous sont ainsi. La foi est perdue sur la terre, et le vice est impuni. Accepte le travail et la douleur; car vivre, c'est travailler et souffrir.

— Je le veux, je le veux! mais je veux semer pour recueillir. Je veux travailler dans la foi et dans l'espérance; je veux souffrir selon la charité. Je fuirai cet abominable réceptacle de crimes; je déchirerai cette robe blanche, emblème menteur d'une vie de pureté. Je retournerai à la vie du monde, ou je me retirerai dans une thébaïde pour pleurer sur les fautes du genre humain et me préserver de la contagion...

— C'est bien, me dit le père Alexis en prenant dans ses mains mes mains que je tordais avec désespoir; j'aime ce mouvement d'indignation et cet éclair du courage. J'ai connu ces angoisses, j'ai formé ces résolutions. Ainsi j'ai voulu fuir, ainsi j'ai désiré de vivre parmi les hommes du siècle, ou de m'enfermer dans des cavernes inaccessibles; mais écoute les conseils que l'Esprit m'a donnés aux temps de mon épreuve, et grave-les dans ta mémoire:

« Ne dis pas: Je vivrai parmi les hommes, et je serai le meilleur d'entre eux; car toute chair est faible, et ton esprit s'éteindra comme le leur dans la vie de la chair.

« Ne dis pas non plus: Je me retirerai dans la solitude et j'y vivrai de l'esprit; car l'esprit de l'homme est enclin à l'orgueil, et l'orgueil corrompt l'esprit.

« Vis avec les hommes qui sont autour de toi. Garde-toi de leur malice. Cherche ta solitude au milieu d'eux. Détourne les yeux de leur iniquité, regarde en toi-même, et garde-toi de les haïr autant que de les imiter. Fais-leur du bien dans le temps présent en ne leur fermant ni ton cœur ni ta main. Fais-leur du bien dans leur postérité en ouvrant ton esprit à la lumière de l'*Esprit*.

« La vie du siècle débilite, la vie du désert irrite.

« Quand un instrument est exposé aux intempéries des saisons, les cordes se détendent; quand il est enfermé sans air dans un étui, les cordes se rompent.

« Si tu écoutes le sens des paroles humaines, tu oublieras l'Esprit, et tu ne pourras plus le comprendre. Mais si tu ne laisses venir à toi les sons de la voix humaine, tu oublieras les hommes, et tu ne pourras plus les enseigner. »

En récitant ces versets d'une Bible inconnue, le père Alexis tenait ouvert le livre que j'avais vu déjà entre ses mains, et il tournait les pages pour les consulter, comme s'il eût aidé sa mémoire d'un texte écrit; mais les pages de ce livre étaient blanches, et ne paraissaient pas avoir jamais porté l'empreinte d'aucun caractère.

Ce fait bizarre réveilla mes inquiétudes, et je commençai à l'observer avec curiosité. Rien dans son aspect n'annonçait en ce moment l'égarement, ou seulement l'exaltation. Il referma doucement son livre, et me parlant avec calme :

« Garde-toi donc, me dit-il en commentant son texte, de retourner au monde; car tu es un faible enfant, et si le vent des passions venait à souffler sur toi, il éteindrait le flambeau de ton intelligence. La concupiscence et la vanité ne te trouveraient peut-être pas assez fort pour résister à leur aiguillon. Quant à moi, j'ai fui le monde, parce que j'étais fort, et que les passions eussent changé ma force en fureur. J'aurais surmonté la présomption et terrassé la luxure ; j'aurais succombé sous les tentations de l'ambition et de la haine ; j'aurais été dur, intolérant, vindicatif, orgueilleux, c'est-à-dire égoïste. Nous sommes faits l'un et l'autre pour le cloître. Quand un homme a entendu l'Esprit l'appeler, ne fût-ce qu'une fois et faiblement, il doit tout quitter pour le suivre, et rester là où il l'a conduit, quelque mal qu'il s'y trouve. Retourner en arrière n'est plus en son pouvoir, et quiconque a méprisé une seule fois la chair pour l'esprit, ne peut plus revenir aux plaisirs de la chair ; car la chair révoltée se venge et veut chasser l'esprit à son tour. Alors le cœur de l'homme est le théâtre d'une lutte terrible où la chair et l'esprit se dévorent l'un l'autre ; l'homme succombe et meurt sans avoir vécu. La vie de l'esprit est une vie sublime ; mais elle est difficile et douloureuse. Ce n'est pas une vaine précaution que de mettre entre la contagion du siècle et le règne de la chair, des murailles, des remparts de pierre et des grilles d'airain. Ce n'est pas trop pour enchaîner la convoitise des choses vaines que de descendre vivant dans un cercueil scellé. Mais il est bon de voir autour de soi d'autres hommes voués au culte de l'esprit, ne fût-ce qu'en apparence. Ce fut l'œuvre d'une grande sagesse que d'instituer les communautés religieuses. Où est le temps où les hommes s'y chérissaient comme des frères et y travaillaient de concert, en s'aidant charitablement les uns les autres, à implorer, à poursuivre l'esprit, à vaincre les grossiers conseils de la matière ? Toute lumière, tout progrès, toute grandeur, sont sortis du cloître ; mais toute lumière, tout progrès, toute grandeur, doivent y périr, si quelques-uns d'entre nous ne persévèrent dans la lutte effroyable que l'ignorance et l'imposture livrent désormais à la vérité. Soutenons ce combat avec acharnement ; poursuivons notre entreprise, eussions-nous contre nous toute l'armée de l'enfer. Si on coupe nos deux bras, saisissons le navire avec les dents; car l'esprit est avec nous. C'est ici qu'il habite; malheur à ceux qui profanent son sanctuaire! Restons fidèles à son culte, et, si nous sommes d'inutiles martyrs, ne soyons pas du moins de lâches déserteurs.

— Vous avez raison, mon père, répondis-je, frappé des paroles qu'il disait. Votre enseignement est celui de la sagesse. Je veux être votre disciple et ne me conduire que d'après vos décisions. Dites-moi ce que je dois faire pour conserver ma force et poursuivre courageusement l'œuvre de mon salut au milieu des persécutions qu'on me suscite.

— Les subir toutes avec indifférence, répondit-il; ce sera une tâche facile, si tu considères le peu que vaut l'estime des moines, et la faiblesse de leurs moyens contre nous. Il pourra se faire qu'à la vue d'une victime innocente comme toi, et comme toi maltraitée, tu sentes souvent l'indignation brûler tes entrailles; mais ton rôle en ce qui t'est personnel, c'est de sourire, et c'est aussi toute la vengeance que tu dois tirer de leurs vains efforts. En outre, ton insouciance fera tomber leur animosité. Ce qu'ils veulent, c'est de te rendre insensible à force de douleur; sois-le à force de courage ou de raison. Ils sont grossiers; ils s'y méprendront. Sèche tes larmes, prends un visage sans expression, feins un bon sommeil et un grand appétit, ne demande plus la confession, ne parais plus à l'église, ou feins d'y être morne et froid. Quand ils te verront ainsi, ils n'auront plus peur de toi; et, cessant de jouer une sale comédie, ils seront indulgents à ton égard, comme l'est un maître paresseux envers un élève inepte. Fais ce que je te dis, et avant trois jours je t'annonce que le Prieur te mandera devant lui pour faire sa paix avec toi. »

Avant de quitter le père Alexis, je lui parlai du personnage que j'avais rencontré au sortir de l'église, et lui demandai qui il pouvait être. D'abord il m'écouta avec préoccupation, hochant la tête, comme pour dire qu'il ne connaissait et ne se souciait de connaître aucun dignitaire de l'ordre; mais, à mesure que je lui détaillais les traits et l'habillement de l'inconnu, son œil s'animait, et bientôt il m'accabla de questions précipitées. Le soin minutieux que je mis à y répondre acheva de graver dans ma mémoire le souvenir de celui que je crois voir encore et que je ne verrai plus.

Enfin le père Alexis, saisissant mes mains avec une grande expression de tendresse et de joie, s'écria à plusieurs reprises:

« Est-il possible? est-il possible? as-tu vu cela? Il est donc revenu? Il est donc avec nous? il t'a connu? il t'a appelé? Il ôtera la flèche de ton cœur! C'est donc bien toi, mon enfant, toi qui l'as vu!

— Quel est-il donc, mon père, cet ami inconnu vers lequel mon cœur s'est élancé tout d'abord? Faites-le-moi connaître, menez-moi vers lui, dites-lui de m'aimer comme je vous aime et comme vous semblez m'aimer aussi. Avec quelle reconnaissance n'embrasserais-je pas celui dont la vue remplit votre âme d'une telle joie!

— Il n'est pas en mon pouvoir d'aller vers lui, répondit Alexis. C'est lui qui vient vers moi, et il faut l'attendre. Sans doute, je le verrai aujourd'hui, et je te dirai ce que je dois te dire; jusque-là ne me fais pas de questions; car il m'est défendu de parler de lui, et ne dis à personne ce que tu viens de me dire. »

J'objectai que l'étranger ne m'avait pas semblé agir d'une manière mystérieuse, et que le frère convers avait dû le voir. Le père secoua la tête en souriant.

« Les hommes de chair ne le connaissent point, dit-il. »

Aiguillonné par la curiosité, je montai le soir même à la cellule du père Alexis; mais il refusa de m'ouvrir la porte.

« Laisse-moi seul, me dit-il; je suis triste, je ne pourrais te consoler.

— Et votre ami? lui dis-je timidement.

— Tais-toi, répondit-il d'un ton absolu; il n'est pas venu; il est parti sans me voir; il reviendra peut-être. Ne t'en inquiète pas. Il n'aime pas qu'on parle de lui. Va dormir, et demain conduis-toi comme je te l'ai prescrit. »

Au moment où je sortais, il me rappela pour me dire :

« Angel, a-t-il fait du soleil aujourd'hui?

— Oui, mon père, un beau soleil, une brillante matinée.

— Et quand tu as rencontré cette figure, le soleil brillait?

— Oui, mon père.

— Bon, bon, reprit-il; à demain. »

Je suivis le conseil du père Alexis, et je restai au lit tout le lendemain. Le soir je descendis au réfectoire à l'heure où le chapitre était assemblé, et, me jetant sur un plat de viandes fumantes, je le dévorai avidement; puis, mettant mes coudes sur la table, au lieu de faire attention à la Vie des saints qu'on lisait à haute voix, et que j'avais coutume d'écouter avec recueillement, je feignis de tomber dans une somnolence brutale. Alors les autres novices, qui avaient détourné les yeux avec horreur lorsqu'ils m'avaient vu dolent et contrit, se prirent à rire de mon abrutissement, et j'entendis les supérieurs encourager cette épaisse gaieté par la leur. Je continuai cette feinte pendant trois jours, et, comme le père Alexis me l'avait prédit, je fus mandé le soir du troisième jour dans la chambre du Prieur. Je parus devant lui dans une attitude craintive et sans dignité; j'affectai des manières gauches, un air lourd, une âme appesantie. Je faisais ces choses, non pour me réconcilier avec ces hommes que je commençais à mépriser, mais pour voir si le père Alexis les avait bien jugés. Je pus me convaincre de la justesse de ses paroles en entendant le Prieur m'annoncer que la vérité était enfin connue, que j'avais été injustement accusé d'une faute qu'un novice venait de confesser.

Le Prieur devait, disait-il, à la contrition du coupable et à l'esprit de charité, de me taire son nom et la nature de sa faute; mais il m'exhortait à reprendre ma place à l'église et mes études au noviciat, sans conserver ni chagrin ni rancune contre personne. Il ajouta en me regardant avec attention :

« Vous avez pourtant droit, mon cher fils, à une réparation éclatante ou à un dédommagement agréable pour le tort que vous avez souffert. Choisissez, ou de recevoir en présence de toute la communauté les excuses de ceux des novices qui, par leurs officieux rapports, nous ont induits en erreur, ou bien d'être dispensé pendant un mois des offices de la nuit. »

Jaloux de poursuivre mon expérience, je choisis la dernière offre, et je vis aussitôt le Prieur devenir tout à fait bienveillant et familier avec moi. Il m'embrassa, et le père trésorier étant entré en cet instant :

« Tout est arrangé, lui dit-il; cet enfant ne demande, pour dédommagement du chagrin involontaire que nous lui avons fait, autre chose qu'un peu de repos pendant un mois; car sa santé a souffert dans cette épreuve. Au reste, il accepte humblement les excuses tacites de ses accusateurs, et il prend son parti sur tout ceci avec une grande douceur et une aimable insouciance.

— A la bonne heure! dit le trésorier avec un gros rire

et en me frappant la joue avec familiarité; c'est ainsi que nous les aimons; c'est de ce bon et paisible caractère qu'il nous les faut. »

Le père Alexis me donna un autre conseil, ce fut de demander la permission de m'adonner aux sciences, et de devenir son élève et le préparateur de ses expériences physiques et chimiques.

« On te verra avec plaisir accepter cet emploi, me dit-il; parce que la chose qu'on craint le plus ici, c'est la ferveur et l'ascétisme. Tout ce qui peut détourner l'intelligence de son véritable but et l'appliquer aux choses matérielles est encouragé par le Prieur. Il m'a proposé cent fois de m'adjoindre un disciple, et, craignant de trouver un espion et un traître dans les sujets qu'on me présentait, j'ai toujours refusé sous divers prétextes. On a voulu une fois me contraindre en ce point; j'ai déclaré que je ne m'occuperais plus de science et que j'abandonnerais l'observatoire si on ne me laissait vivre seul et à ma guise. On a cédé, parce que, d'une part, il n'y avait personne pour me remplacer, et que les moines mettent une vanité immense à paraître savants et à promener les voyageurs dans leurs cabinets et bibliothèques; parce que, de l'autre, on sait que je ne manque pas d'énergie, et qu'on a mieux aimé se débarrasser de cette énergie au profit des spéculations scientifiques, qui ne font point de jaloux ici, que d'engager une lutte dans laquelle mon âme n'eût jamais plié. Va donc; dis que tu as obtenu de moi l'autorisation de faire ta demande. Si on hésite, marque de l'humeur, prends un air sombre; pendant quelques jours reste sans cesse prosterné dans l'église, jeûne, soupire, montre-toi farouche, exalté dans la dévotion, et, de peur que tu ne deviennes un saint, on cherchera à faire de toi un savant. »

Je trouvai le Prieur encore mieux disposé à accueillir

ma demande que le père Alexis ne me l'avait fait espérer. Il y eut même dans le regard pénétrant qu'il attacha sur moi, en recevant mes remerciments, quelque chose d'âcre et de satirique, équivalant à l'action d'un homme qui se frotte les mains. Il avait dans l'âme une pensée que ni le père Alexis ni moi n'avions pressentie.

Je fus aussitôt dispensé d'une grande partie de mes exercices religieux, afin de pouvoir consacrer ce temps à l'étude, et on plaça même mon lit dans une petite cellule voisine de celle d'Alexis, afin que je pusse me livrer avec lui, la nuit, à la contemplation des astres.

C'est à partir de ce moment que je contractai avec le père Alexis une étroite amitié. Chaque jour elle s'accrut par la découverte des inépuisables trésors de son âme. Il n'a jamais existé sur la terre un cœur plus tendre, une sollicitude plus paternelle, une patience plus angélique. Il mit à m'instruire un zèle et une persévérance au-dessus de toute gratitude. Aussi avec quelle anxiété je voyais sa santé se détériorer de plus en plus! Avec quel amour je le soignais jour et nuit, cherchant à lire ses moindres désirs dans ses regards éteints! Ma présence semblait avoir rendu la vie à son cœur longtemps vide d'affection humaine, et, selon son expression, affamé de tendresse; l'émulation à son intelligence fatiguée de solitude et lasse de se tourmenter sans cesse en face d'elle-même. Mais en même temps que son esprit reprenait de la vigueur et de l'activité, son corps s'affaiblissait de jour en jour. Il ne dormait presque plus, son estomac ne digérait plus que des liquides, et ses membres étaient tour à tour frappés de paralysie durant des jours entiers. Il sentait arriver sa fin avec sérénité, sans terreur et sans impatience. Quant à moi, je le voyais dépérir avec désespoir, car il m'avait ouvert un monde inconnu ; mon cœur avide d'amour nageait à l'aise dans cette vie de sentiment, de confiance et d'effusion qu'il venait de me révéler.

Toutes les pensées qui m'étaient venues d'abord sur le dérangement possible de son cerveau s'étaient évanouies. Il me sembla désormais que son exaltation mystérieuse était l'élan du génie ; son langage obscur me devenait de plus en plus intelligible, et quand je ne le comprenais pas bien, j'en attribuais la faute à mon ignorance, et je vivais dans l'espoir d'arriver à le pénétrer parfaitement.

Cependant cette félicité n'était pas sans nuages. Il y avait comme un ver rongeur au fond de ma conscience timorée. Le père Alexis ne me semblait pas croire en Dieu selon les lois de l'Église chrétienne. Il y a plus, il me semblait parfois qu'il ne servait pas le même Dieu que moi. Nous n'étions jamais en dissidence ouverte sur aucun point, parce qu'il évitait soigneusement tout rapport entre les sujets de nos études scientifiques et les enseignements du dogme. Mais il semblait que nous nous fissions mutuellement cette concession, lui, de ne pas l'attaquer, moi, de ne pas le défendre. Quand par hasard je lui soumettais un cas de conscience ou une difficulté théologique, il refusait de s'expliquer en disant :

« Ceci n'est pas de mon ressort ; vous avez des docteurs versés dans ces matières, allez les consulter ; moi, en fait de culte, je ne m'embarrasse pas dans le labyrinthe de la scolastique, je sers mon maître comme je l'entends, et ne demande point à un directeur ce que je dois admettre ou rejeter : ma conscience est en paix avec elle-même, et je suis trop vieux pour aller me remettre sur les bancs. »

Son thème favori était de parler *sur la chair et sur l'esprit;* mais, quoiqu'il ne se déclarât jamais en dissidence avec la foi, il traitait ces matières bien plus en philosophe métaphysicien qu'en serviteur zélé de l'Église catholique et romaine.

J'avais encore remarqué une chose qui me donnait bien à penser. Il avait souvent l'air préoccupé de mon instruction scientifique, et alors il me faisait entreprendre des expériences chimiques dont j'apercevais moi-même, grâce aux enseignements qu'il m'avait déjà donnés, l'insignifiance et la grossièreté; puis bientôt il m'interrompait au milieu de mes manipulations pour me faire chercher dans des livres inconnus des éclaircissements qu'il disait précieux. Je lisais à voix haute, en commençant à la page qu'il m'indiquait, pendant des heures entières. Lui, pendant ce temps, se promenait de long en large, levant les yeux au ciel avec enthousiasme, passant lentement la main sur son front dépouillé, et s'écriant de temps en temps : « *Bon! bon!* » Pour moi, j'avais bientôt reconnu que ce n'étaient pas là des articles de science sèche et précise, mais bien des pages pleines d'une philosophie audacieuse et d'une morale inconnue. Je continuais quelque temps par respect pour lui, espérant toujours qu'il m'arrêterait; mais voyant qu'il me laissait aller, je me mettais à craindre pour ma foi, et, posant le livre tout d'un coup, je lui disais :

« Mais, mon père, ne sont-ce pas des hérésies que nous lisons là, et croyez-vous qu'il n'y ait rien dans ces pages, trop belles peut-être, qui soit contraire à notre sainte religion? »

En entendant ces paroles, il s'arrêtait brusquement dans sa marche d'un air découragé, me prenait le livre des mains, et le jetait sur une table en me disant :

« Je ne sais pas! je ne sais pas, mon enfant; je suis une créature malade et bornée; je ne puis juger ces choses; je les lis, mais sans dire qu'elles sont bonnes ni mauvaises. Je ne sais pas! je ne sais pas! Travaillons! »

Et nous nous remettions tous deux en silence à l'ouvrage, sans oser, moi approfondir mes pensées, lui me communiquer les siennes.

Ce qui me fâchait le plus, c'était de l'entendre citer et invoquer sans cesse les révélations d'un Esprit tout-puissant qu'il ne désignait jamais clairement. Il donnait à ce nom d'Esprit l'extension la plus vague. Tantôt il semblait s'en servir pour qualifier Dieu créateur et inspirateur de toutes choses, et tantôt il réduisait les proportions de cette essence universelle jusqu'à personnifier une sorte de génie familier avec lequel il aurait eu, comme Socrate, des communications cabalistiques. Dans ces instants-là, j'étais saisi d'une telle frayeur que je n'osais dormir; je me recommandais à mon ange gardien, et je murmurais des formules d'exorcisme chaque fois que mes yeux appesantis voyaient passer les visions des rêves. Mon esprit devenait alors si faible que j'étais tenté d'aller encore me confesser au père Hégésippe; si je ne le faisais pas c'est que ma tendresse pour Alexis restant inaltérable, je craignais de le perdre par mes aveux, quelque réserve et quelque prudence que je pusse y mettre. Cependant les deux choses qui m'avaient le plus inquiété n'avaient plus lieu. Lorsque mon maître s'endormait un livre à la main, la tête penchée dans l'attitude d'un homme qui lit, à son réveil il ne se persuadait plus avoir lu, et il ne me rapportait plus les sentences imaginaires qu'il prétendait avoir trouvées dans ce livre. En outre, je ne voyais plus paraître le cahier sur les pages immaculées duquel il lisait couramment, affectant de se reprendre et de tourner les feuillets comme il eût fait d'un véritable livre. Je pouvais attribuer ces pratiques bizarres à un affaiblissement passager de ses facultés mentales, phase douloureuse de la maladio, dont il était sorti et dont il n'avait plus conscience. Aussi me gardais-je bien de lui en parler, dans la crainte de l'affliger. Si son état physique empirait, du moins son cerveau paraissait très-bien rétabli; il pensait et ne rêvait plus.

Comme il ne prenait aucun soin de sa santé, il ne voulait s'astreindre à aucun régime. Je n'avais plus guère d'espérance de le voir se rétablir. Il repoussait toutes mes instances, disant que l'arrêt du destin était inévitable, et parlant avec une résignation toute chrétienne de la fatalité, qu'il semblait concevoir à la manière des musulmans. Enfin, un jour, m'étant jeté à ses pieds, et l'ayant supplié avec larmes de consulter un célèbre médecin qui se trouvait alors dans le pays, je le vis céder à mes vœux avec une complaisance mélancolique.

« Tu le veux, me dit-il; mais à quoi bon? que peut un homme sur un autre homme? relever quelque peu les forces de la matière et y retenir le souffle animal quelques jours de plus! L'esprit n'obéit jamais qu'au souffle de l'Esprit; et l'Esprit qui règne sur moi ne cédera pas à la parole d'un médecin, d'un homme de chair et d'os! Quand l'heure marquée sonnera, il faudra restituer l'étincelle de mon âme au foyer qui me l'a départie. Que feras-tu d'un homme en enfance, d'un vieillard idiot, d'un corps sans âme? »

Il consentit néanmoins à recevoir la visite du médecin. Celui-ci s'étonna, en le voyant, de trouver un homme encore si jeune (le père Alexis n'avait pas plus de soixante ans) et d'une constitution si robuste dans un tel état d'épuisement. Il jugea que les travaux de l'intelligence avaient ruiné ce corps trop négligé, et je me souviens qu'il lui dit ces paroles proverbiales qui frappèrent mon oreille pour la première fois :

« Mon père, la lame a usé le fourreau.

— Qu'est-ce qu'une misérable gaîne de plus ou de moins? répondit mon maître en souriant; la lame n'est-elle pas indestructible?

— Oui, répondit le docteur; mais elle peut se rouiller quand la gaîne usée ne la protége plus.

— Qu'importe qu'une lame ébréchée se rouille? reprit le père Alexis; elle est déjà hors de service. Il faut que le métal soit remis dans la fournaise pour être travaillé et employé de nouveau. »

Le docteur voyant que j'étais le seul qui portât un sincère intérêt au père Alexis, me prit à part et m'interrogea avec détail sur son genre de vie. Quand il sut de moi l'excès du travail auquel s'abandonnait mon maître, et l'excitation qu'il entretenait dans son cerveau, il dit comme se parlant à lui-même:

« Il est évident que le four a trop chauffé; il y a peu de ressources; la flamme sublime a tout dévoré; il faudra essayer de l'éteindre un peu. »

Il écrivit une ordonnance, et m'engagea à la faire exécuter fidèlement, après quoi il demanda à son malade la permission de l'embrasser, le peu d'instants qu'il avait passés près de lui ayant gagné son cœur. Cette marque de sympathie pour mon maître me toucha et m'attrista profondément; ce baiser ressemblait à un éternel adieu. Le docteur devait repasser dans le pays à la fin de la saison où nous venions d'entrer.

Les remèdes qu'il avait prescrits eurent d'abord un effet merveilleux. Mon bon maître retrouva l'aisance et l'activité de ses membres; son estomac devint plus robuste, et il eut plusieurs nuits d'un excellent sommeil. Mais je n'eus pas longtemps lieu de me réjouir; car, à mesure que son corps se fortifiait, son esprit tombait dans la mélancolie. La mélancolie fut suivie de tristesse, la tristesse d'engourdissement, l'engourdissement de désordre. Puis toutes ces phases se répétèrent alternativement dans la même journée, et toutes ses facultés perdirent leur équilibre. Je vis reparaître ces somnolences durant lesquelles son cerveau travaillait péniblement sur des chimères. Je vis reparaître aussi le maudit livre blanc qui m'avait tant déplu; et non-seulement il y lisait, mais il y traçait chaque jour des caractères imaginaires avec une plume qu'il ne songeait point à imbiber d'encre. Un profond ennui et une inquiétude secrète semblaient miner les ressorts détendus de son âme. Pourtant il continuait à me témoigner la même bonté, la même tendresse; il essaya, malgré moi, de continuer mes leçons; mais il s'assoupissait au bout d'un instant, et, s'éveillant en sursaut, il me saisissait le bras en me disant:

« Tu l'as pourtant vu, n'est-ce pas? Tu l'as bien vu? Ne l'as-tu donc vu qu'une fois?

— O mon bon maître! lui disais-je, que ne puis-je ramener près de vous cet ami qui vous est si cher! sa présence adoucirait votre mal et ranimerait votre âme. »

Mais alors il s'éveillait tout à fait, et me disait:

« Tais-toi, imprudent, tais-toi; de quoi parles-tu là, malheureux? Tu veux donc qu'il ne revienne plus, et que je meure sans l'avoir revu? »

Je n'osais ajouter un mot; toute curiosité était morte en moi. Il n'y avait plus de place que pour la douleur, et le sentiment d'une vague épouvante était le seul qui vînt parfois s'y mêler.

Une nuit qu'accablé de fatigue je m'étais endormi plus tôt et plus profondément que de coutume, je fis un songe. Je rêvai que je revoyais le bel inconnu dont l'absence affligeait tant mon maître. Il s'approchait de mon lit, et, se penchant vers moi, il me parlait à l'oreille :

« Ne dites pas que je suis là, me disait-il ; car ce vieillard obstiné s'acharnerait à me voir, et je ne veux le visiter qu'à l'heure de sa mort. »

Je le suppliai d'aller vers mon maître, lui disant qu'il soupirait après sa venue, et que les douleurs de son âme étaient dignes de pitié. Je m'éveillais alors et me mettais sur mon séant ; car j'avais l'esprit frappé de ce rêve, et j'avais besoin d'ouvrir les yeux et d'étendre les bras pour me convaincre que c'était un fantôme créé par le sommeil. Par trois fois ce jeune homme m'apparut dans toute sa douceur et dans toute sa beauté. Sa voix résonnait à mon oreille comme les sons éloignés d'une lyre, et sa présence répandait un parfum comme celui des lis au lever de l'aurore. Par trois fois je le suppliai d'aller visiter mon maître, et par trois fois je m'éveillai et me convainquis que c'était un songe ; mais à la troisième j'entendis de la cellule voisine le père Alexis qui m'appelait avec véhémence. Je courus à lui, et, à la lueur d'une veilleuse qui brûlait sur la table, je le vis assis sur son lit, les yeux brillants, la barbe hérissée, et comme hors de lui-même.

« Vous l'avez vu ! me dit-il d'une voix forte et rude, qui n'avait rien de son timbre ordinaire. Vous l'avez vu, et vous ne m'avez pas averti ! il vous a parlé, et vous ne m'avez pas appelé ! il vous a quitté, et vous ne l'avez pas envoyé vers moi ! Malheureux ! serpent réchauffé dans mon sein ! vous m'avez enlevé mon ami, et mon hôte est devenu le vôtre ; vipère ! vous m'avez trahi, vous m'avez dépouillé, vous me donnez la mort ! »

Il se jeta en arrière sur son chevet, et resta privé de sentiment pendant plusieurs minutes. Je crus qu'il venait d'expirer; je frottai ses tempes glacées avec l'essence qu'il avait coutume d'employer lorsqu'il était menacé de défaillance. Je réchauffai ses pieds avec ma robe, et ses mains avec mon haleine. Je ne percevais plus le bruit de la sienne, et ses doigts étaient roidis par un froid mortel. Je commençais à me désespérer, lorsqu'il revint à lui, et, se soulevant doucement, il appuya sa tête sur mon épaule :

« Angel, que fais-tu près de moi à cette heure? me dit-il avec une douceur ineffable. Suis-je donc plus malade que de coutume! Mon pauvre enfant, je suis cause de tes soucis et de tes fatigues. »

Je ne voulus pas lui dire ce qui s'était passé, et encore moins lui demander compte de l'incroyable coïncidence de sa vision avec la mienne; j'eusse craint de réveiller son délire. Il semblait n'en avoir pas gardé le moindre souvenir, et il exigea que je retournasse à mon lit. J'obéis, mais je restai attentif à tous ses mouvements; il me sembla qu'il dormait, et que sa respiration était gênée; son oppression augmentait et diminuait comme le bruit lointain de la mer. Enfin il me parut soulagé, et je succombai au sommeil; mais, au bout de peu d'instants, je fus réveillé de nouveau par le son d'une voix puissante qui ne ressemblait point à la sienne.

« Non, tu ne m'as jamais connu, jamais compris, disait cette voix sévère; je suis venu vers toi cent fois et tu n'as pas osé m'appartenir une seule; mais que peut-on attendre d'un moine, sinon l'incertitude, la couardise et le sophisme?

» — Mais je t'ai aimé! répondit la voix plaintive et affaiblie du père Alexis. Tu le sais, je t'ai imploré, je t'ai poursuivi; j'ai employé toutes les puissances de mon être à pénétrer le sens de tes paraboles, je t'ai invoqué à genoux; j'ai délaissé le culte des Hébreux; j'ai laissé le dieu des Juifs et des gentils se tordre douloureusement sur son gibet sanglant, sans lui accorder une larme, sans lui adresser une prière.

« — Et qui te l'avait commandé ainsi? reprit la voix. Moine ignorant, philosophe sans entrailles! martyr sans enthousiasme et sans foi! t'ai-je jamais prescrit de mépriser le Nazaréen? »

« — Non, tu n'as jamais daigné te prononcer sur aucune chose, et tu n'as pas voulu faire voir la lumière à celui qui pour toi aurait passé par toutes les idolâtries. Tu le sais! tu le sais! si tu l'avais voulu, j'aurais déchiré le froc et ceint le glaive. J'aurais fait retentir ma parole et prêché ton Évangile aux quatre coins de la terre; j'y aurais porté le fer et la flamme; j'aurais bouleversé la face des nations et imposé ton culte aux humains du sud au septentrion, du couchant à l'aurore. J'avais la volonté, j'avais la puissance; tu n'avais qu'à dire: « Marche! » à mettre le flambeau dans ma main et marcher devant moi comme une étoile; j'aurais en ton nom, enchaîné les mers et transporté les montagnes. Que ne l'as-tu voulu! tu aurais des autels, et j'aurais vécu! tu serais un dieu, et je serais ton prophète.

« — Oui, oui, dit la voix inconnue, tu avais l'orgueil et l'ambition en partage; et, si je t'avais encouragé, tu aurais consenti à être dieu toi-même.

« — O maître! ne me méprise pas, ne me tourne pas en dérision! J'avais ces instincts et je les ai refoulés. Tu as blâmé mes vœux téméraires, mon audace insensée, et je t'ai sacrifié tous mes rêves. Tu m'as dit que la violence ne gouvernait pas les siècles, et que l'*Esprit* n'habitait pas dans la vapeur du sang et dans le tumulte des armées. Tu m'as dit qu'il fallait le chercher dans l'ombre, dans la solitude, dans le silence et le recueillement. Tu m'as dit qu'on le trouvait dans l'étude, dans le renoncement, dans une vie humble et cachée, dans les veilles, dans la méditation, dans l'incessante inspiration de l'âme. Tu m'as dit de le chercher dans les entrailles de la terre, dans la poussière des livres, dans les vers du sépulcre ; et je l'ai cherché où tu m'avais dit, et pourtant je ne l'ai pas trouvé, et je vais mourir dans l'horreur du doute et dans l'épouvante du néant !...

«— Tais-toi, lâche blasphémateur ! reprit la voix tonnante ; c'est la soif de gloire qui cause tes regrets, c'est ton orgueil qui te pousse au désespoir. Vermisseau superbe, qui ne peux te soumettre à descendre dans la tombe sans avoir pénétré le secret de la toute-puissance ! Mais qu'importe à l'inexorable passé, à l'innumérable avenir des êtres, qu'un moine de plus ou de moins ait vécu dans l'imposture et soit mort dans l'ignorance ? L'intelligence universelle périra-t-elle parce qu'un bénédictin a ergoté contre elle ? La puissance infinie sera-t-elle détrônée parce qu'un moine astronome n'a pu la mesurer avec son compas et ses lunettes ? »

Un rire impitoyable fit retentir la cellule du père Alexis, et la voix de mon maître y répondit par un lamentable sanglot. J'avais écouté ce dialogue avec une affreuse angoisse. Debout près de la porte entr'ouverte, les pieds nus sur le carreau, retenant mon haleine, j'avais essayé de voir l'hôte inconnu de cette veillée sinistre ; mais la lampe s'était éteinte, et mes yeux, troublés par la peur, ne pouvaient percer les ténèbres. La douleur de mon maître ranima mon courage ; j'entrai dans sa cellule, je rallumai la lampe avec du phosphore, et je m'approchai de son lit. Il n'y avait personne autre que lui et moi dans la chambre ; aucun bruit, aucun désordre ne trahissait le départ précipité de son interlocuteur. Je surmontai mon effroi pour m'occuper de mon maître, dont le désespoir me déchirait. Assis sur son traversin, le corps plié en deux comme si une main formidable eût brisé ses reins, il cachait sa face dans ses genoux convulsifs, ses dents claquaient dans sa bouche, et des torrents de larmes ruisselaient sur sa barbe grise. Je me jetai à genoux près de lui, je mêlai mes pleurs aux siens, je lui prodiguai de filiales caresses. Il s'abandonna quelques instants à cette effusion sympathique, et s'écria plusieurs fois en se jetant dans mon sein :

« Mourir ! mourir désespéré ! mourir sans avoir vécu, et ne pas savoir si l'on meurt pour revivre ?

— Mon père, mon maître bien-aimé, lui dis-je, je ne sais quelles désolantes visions troublent votre sommeil et le mien. Je ne sais quel fantôme est entré ici cette nuit pour nous tenter et nous menacer ; mais que ce soit un ministre du Dieu vivant qui vient nous inspirer une terreur salutaire, ou que ce soit un esprit de ténèbres qui vient pour nous damner en nous faisant désespérer de la bonté de Dieu, faites cesser ces choses surnaturelles en rentrant dans le giron de la sainte Église. Exorcisez les démons qui vous assiégent, ou rendez-vous favorables les anges qui vous visitent en recevant les sacrements, et en me permettant de vous dire les prières de notre sainte liturgie...

— Laisse-moi, laisse-moi, mon cher Angel, dit-il en me repoussant avec douceur, ne fatigue pas mon cerveau par des discours puérils. Laisse-moi seul, ne trouble plus ton sommeil et le mien par de vaines frayeurs. Tout ceci est un rêve, et je me sens tout à fait bien maintenant ; les larmes m'ont soulagé, les larmes sont une pluie bienfaisante après l'orage. Que rien de ce que je puis dire dans mon sommeil ne t'étonne. Aux approches de la mort, l'âme, dans ses efforts pour briser les liens de la matière, tombe dans d'étranges détresses ; mais l'Esprit la relève et l'assiste, dit-on, au moment solennel. »

Dans la matinée, je reçus ordre de me rendre auprès du Prieur. Je descendis à sa chambre ; on me dit qu'il était occupé et que j'eusse à l'attendre dans la salle du chapitre, qui y était contiguë. J'entrai dans cette salle et j'en fis le tour ; c'était la seconde fois, je crois, que j'y pénétrais, et je n'avais jamais eu le loisir d'en contempler l'architecture, qui était grande et sévère. Au reste, je n'y pouvais faire en cet instant même qu'une médiocre attention ; j'étais accablé des émotions de la nuit, troublé et épouvanté dans ma conscience, affligé, par-dessus tout, des douleurs physiques et morales de mon cher maître. En outre, l'entretien auquel m'appelait le Prieur ne laissait pas de m'inquiéter ; car j'avais singulièrement négligé mes devoirs religieux depuis que j'étais le disciple d'Alexis, et je m'en faisais de sérieux reproches.

Cependant, tout en promenant mes regards mélancoliques autour de moi pour me distraire de ces tristesses et me fortifier contre ces appréhensions, je fus frappé de la belle ordonnance de cette antique salle, cintrée avec une force et une hardiesse inconnues de nos modernes architectes. Des pendentifs accolés à la muraille donnaient naissance aux rinceaux de pierre qui s'entrecroisaient en arceaux à la voûte, et au-dessous de chacun de ces pendentifs était suspendu le portrait d'un dignitaire ou d'un personnage illustre de l'ordre. C'étaient tous de beaux tableaux, richement encadrés, et cette longue galerie de graves personnages vêtus de noir avait quelque chose d'imposant et de funéraire. On était aux derniers beaux jours de l'automne. Le soleil, entrant par les hautes croisées, projetait de grands rayons d'or pâle sur les traits austères de ces morts respectables, et donnait un reste d'éclat aux dorures massives des cadres noircis par le temps. Un silence profond régnait dans les cours et dans les jardins; les voûtes me renvoyaient l'écho de mes pas.

Tout d'un coup il me sembla entendre d'autres pas derrière les miens, et ces pas avaient quelque chose de si ferme et de si solennel que je crus que c'était le Prieur. Je me retournai pour le saluer; mais je ne vis personne et je pensai m'être trompé. Je recommençai à marcher, et j'entendis ces pas une seconde fois, et une troisième, quoique je fusse absolument seul dans la salle. Alors les terreurs qui m'avaient déjà assailli recommencèrent, je songeai à m'enfuir; mais forcé d'attendre le Prieur, j'essayai de surmonter ma faiblesse et d'attribuer ces rêveries à l'accablement de mon corps et de mon esprit. Pour y échapper, je m'assis sur un banc, vis-à-vis du tableau qui occupait le milieu parmi tous les autres. Il représentait notre patron, le grand saint Benoît. J'espérais que la contemplation de cette belle peinture chasserait les visions dont j'étais obsédé, lorsqu'il me sembla reconnaître, dans la tête pâle et douloureusement extatique du saint, les traits de l'inconnu que j'avais rencontré un matin au seuil de l'église. Je me levai, je me rassis, je m'approchai, je me reculai, et plus je regardai, plus je me convainquis que c'étaient les mêmes traits et la même expression; seulement la chevelure du saint était rejetée en désordre derrière sa tête, son front était un peu dégarni, et ses traits annonçaient un âge plus mûr. Le costume ne consistait qu'en une robe noire qui laissait voir ses pieds nus. La découverte de cette ressemblance me causa un transport de joie. J'eus un instant l'orgueil de croire que notre saint patron m'était apparu, et que son esprit veillait sur moi. En même temps je songeai avec bonheur que le père Alexis était dans la bonne voie, et qu'il était un saint lui-même, puisque le bienheureux était en commerce avec lui, et venait l'assister tantôt de salutaires reproches, et tantôt, sans doute, de tendres encouragements.

Je m'avançai pour m'agenouiller devant cette image sacrée; mais il me sembla encore qu'on me suivait pas à pas, et je me retournai encore sans voir personne. En ce moment mes yeux se portèrent sur le tableau qui faisait face à celui de saint Benoît; et quelle fut ma surprise en retrouvant les mêmes traits avec une expression douce et grave, et la belle chevelure ondoyante que j'avais cru voir en réalité! Ce personnage était bien plus identique que l'autre avec ma vision. Il était debout et dans l'attitude où il m'était apparu. Il portait exactement le même costume, le même manteau, la même ceinture, les mêmes bottines. Ses grands yeux bleus, un peu enfoncés sous l'arcade régulière de ses sourcils, s'abaissaient doucement avec une expression méditative et pénétrante. La peinture était si belle qu'elle me sembla être sortie du même pinceau que le saint Benoît, et le personnage était si beau lui-même que toutes mes méfiances à cet égard firent place à une joie extrême de le revoir, ne fût-ce qu'en effigie. Il était représenté un livre à la main, et beaucoup de livres étaient épars à ses pieds. Il paraissait fouler ceux-là avec indifférence et mépris, tandis qu'il élevait l'autre dans la main, et semblait dire ce qui était écrit en effet sur la couverture de ce livre : *Hic est veritas!*

Comme je le contemplais avec ravissement, me disant que ce ne pouvait être qu'un homme vénérable, puisque son image décorait cette salle, la porte du fond s'ouvrit, et le père trésorier, qui était un bonhomme assez volontiers bavard, vint causer avec moi en attendant l'arrivée du Prieur.

« Vous me paraissez charmé de la vue de ces tableaux,

me dit-il. Notre saint Benoît est un superbe morceau, à ce qu'on assure. Quelques auteurs l'ont pris pour un Van Dyck; mais Van Dyck était mort quand cette toile a été peinte. C'est l'ouvrage d'un de ses élèves, qui continuait admirablement sa manière. Il n'y a pas à se tromper sur les dates; car lorsque Pierre Hébronius vint ici, vers l'an 1690, Van Dyck n'était plus; et, comme vous avez dû le remarquer, c'est la tête de Pierre Hébronius, alors âgé d'un peu plus de trente ans, qui a servi de modèle au peintre de saint Benoît.

— Et qui donc était ce Pierre Hébronius? demandai-je.

— Eh! mais, reprit le moine en me montrant le portrait de mon ami inconnu, c'est celui que l'on connaît ici sous le nom de l'abbé Spiridion, le vénérable fondateur de notre communauté. C'était, comme vous voyez, un des plus beaux hommes de son temps, et le peintre ne pouvait pas trouver une plus belle tête de saint.

— Et il est mort? m'écriai-je, sans songer à ce que je disais.

— Vers l'an 1698, répondit le trésorier, il y a près d'un siècle. Vous voyez que le peintre l'a représenté tenant en main un livre et en foulant plusieurs autres sous les pieds. Celui qu'il tient est, dit-on, le quatrième écrit de Bossuet contre les protestants, les autres sont les livres exécrables de Luther et de ses adeptes. Cette action faisait allusion à la conversion récente de Pierre Hébronius, et marquait son passage à la vraie foi, qu'il a servie avec éclat depuis en embrassant la vie religieuse et en consacrant ses biens à l'édification de cette sainte maison.

— J'ai ouï dire en effet, repris-je, que ce fondateur fut un homme de grand mérite, qu'il vécut et mourut en odeur de sainteté. »

Le trésorier secoua la tête en souriant.

« Il est facile de bien vivre, dit-il ; plus facile que de bien mourir ! Il n'est pas bon de tant cultiver la science dans le cloître. L'esprit s'exalte, l'orgueil s'empare souvent des meilleures têtes, et l'ennui fait aussi qu'on se lasse de croire toujours aux mêmes vérités. On veut en découvrir de nouvelles ; on s'égare. Le démon fait son profit de cela et vous suscite parfois, sous les formes d'une belle philosophie et sous les apparences d'une céleste inspiration, de monstrueuses erreurs, bien malaisées à abjurer quand l'heure de rendre compte vous surprend. J'ai ouï dire tout bas, par des gens bien informés, que l'abbé Spiridion, sur la fin de sa carrière, quoique menant une vie austère et sainte, ayant lu beaucoup de mauvais livres, sous prétexte de les réfuter à loisir, s'était laissé infecter peu à peu, et à son insu, par le poison de l'erreur. Il conserva toujours l'extérieur d'un bon religieux ; mais il paraît que secrètement il était tombé dans des hérésies plus monstrueuses encore que celles de sa jeunesse. Les livres abominables du juif Spinosa et les infernales doctrines des philosophes de cette école l'avaient rendu panthéiste, c'est-à-dire athée. Mon cher fils, oh ! que l'amour de la science, et qui n'est qu'une vaine curiosité, ne vous entraîne jamais à de telles chutes ! On prétend que, dans ses dernières années, Hébronius avait écrit des abominations sans nombre. Heureusement il se repentit à son lit de mort, et les brûla de sa propre main, afin que le poison n'infectât pas, par la suite, les esprits simples qui les liraient. Il est mort en paix avec le Seigneur, en apparence ; mais ceux qui n'avaient vu que sa vie extérieure, et qui le regardaient comme un saint, furent étonnés de ce qu'il ne fit point de miracles pour eux sur son tombeau. Les esprits droits, qui avaient appris à le mieux juger, s'abstinrent toujours de dire leurs craintes sur son sort dans l'autre vie. Quelques-uns pensèrent même qu'il avait été jusqu'à se livrer à des pratiques de sorcellerie, et que le diable parut auprès de lui lorsqu'il expira. Mais ce sont des choses dont il est impossible de s'assurer pleinement, et dont il est imprudent, dangereux peut-être, de parler. Paix soit donc à sa mémoire! Son portrait est resté ici pour marquer que Dieu peut bien lui avoir tout pardonné en considération de ses grandes aumônes et de la fondation de ce monastère. »

Nous fûmes interrompus par l'arrivée du Prieur. Le trésorier s'inclina jusqu'à terre, les bras croisés sur la poitrine, et nous laissa ensemble.

Alors le Prieur, me toisant de la tête aux pieds et me parlant avec sécheresse, me demanda compte des longues veilles du père Alexis et du bruit de voix qu'on entendait partir chaque nuit de sa cellule. J'essayai d'expliquer ces faits par l'état de maladie de mon maître; mais le Prieur me dit qu'une personne digne de foi, en allant avant le jour remonter l'horloge de l'église, avait entendu dans nos cellules un grand bruit de voix, des menaces, des cris et des imprécations.

« J'espère, ajouta le Prieur, que vous me répondrez avec sincérité et simplicité; car il y a grâce pour toutes les fautes quand le coupable se confesse et se repent; mais, si vous n'éclaircissez pas mes doutes d'une manière satisfaisante, les plus rudes châtiments vous y contraindront.

— Mon révérend père, répondis-je, je ne sais quels soupçons peuvent peser sur moi en de telles circonstances. Il est vrai que le père Alexis a parlé à voix haute toute la nuit et avec assez de véhémence; car il avait le délire. Quant à moi, j'ai pleuré, tant sa souffrance me faisait de peine; et, dans les instants où il revenait à lui-même, il murmurait à Dieu de ferventes prières. J'unissais ma voix à la sienne et mon cœur au sien.

— Cette explication ne manque pas d'habileté, reprit le Prieur d'un ton méprisant ; mais comment expliquerez-vous la grande lueur qui tout d'un coup a éclairé vos cellules et le dôme entier, et la flamme qui est sortie par le faîte et qui s'est répandue dans les airs, accompagnée d'une horrible odeur de soufre ?

— Je ne comprendrais pas, mon révérend père, répondis-je, qu'il y eût plus de mal à me servir de phosphore et de soufre pour allumer une lampe qu'il n'y en a, selon moi, à veiller un malade pendant la nuit et à prier auprès de son lit. Il est possible que je me sois servi imprudemment de cette composition, et que, dans mon empressement, j'aie laissé ouvert le flacon, dont l'odeur désagréable a pu se répandre dans la maison ; mais j'ose affirmer que cette odeur n'a rien de dangereux, et qu'en aucun cas le phosphore ne pourrait causer un incendie. Je supplie donc Votre Révérence de me pardonner si j'ai manqué de prudence, et de n'en imputer la faute qu'à moi seul. »

Le Prieur fixa longtemps sur moi un regard inquisiteur, comme s'il eût voulu voir jusqu'où irait mon impudence ; puis, levant les yeux au ciel dans un transport d'indignation, il sortit sans me dire une seule parole.

Resté seul et frappé d'épouvante, non à cause de moi, mais à cause de l'orage que je voyais s'amasser sur la tête d'Alexis, je regardai involontairement le portrait d'Hébronius, et je joignis les mains, emporté par un mouvement irrésistible de confiance et d'espoir. Le soleil frappait en cet instant le visage du fondateur, et il me sembla voir sa tête se détacher du fond, puis sa main et tout son corps quitter le cadre et se pencher en avant.

Le mouvement fit ondoyer légèrement la chevelure, les yeux s'animèrent et attachèrent sur moi un regard vivant. Alors je fus pris d'une palpitation si violente que mon sang bourdonna dans mes oreilles, ma vue se troubla; et, sentant défaillir mon courage, je m'éloignai précipitamment.

Je me retirai fort triste et fort inquiet. Soit que la haine et la calomnie eussent envenimé des faits qui restaient pour moi à l'état de problème, soit que je fusse, ainsi que le père Alexis, en butte aux attaques du malin esprit, et qu'il se fût passé aux yeux d'un témoin véridique quelque chose de plus que ce que j'avais aperçu, je prévoyais que mon infortuné maître allait être accablé de persécutions, et que ses derniers instants, déjà si douloureux, seraient abreuvés d'amertume. J'eusse voulu lui cacher ce qui venait de se passer entre le Prieur et moi; mais le seul moyen de détourner les châtiments qu'on lui préparait sans doute, c'était de l'engager à se réconcilier avec l'esprit de l'Église.

Il écouta mon récit et mes supplications avec indifférence, et quand j'eus fini de parler :

« Sois en paix, me dit-il; l'Esprit est avec nous, et rien ne nous arrivera de la part des hommes de chair. L'Esprit est rude, il est sévère, il est irrité; mais il est pour nous. Et quand même nous serions livrés aux châtiments, quand même on plongerait ton corps délicat et mon vieux corps agonisant dans les humides ténèbres d'un cachot, l'Esprit monterait vers nous des entrailles de la terre, comme il descend sur nous à cette heure des rayons d'or du soleil. Ne crains pas, mon fils; là où est l'Esprit, là aussi sont la lumière, la chaleur et la vie. »

Je voulus lui parler encore; il me fit signe avec douceur de ne pas le troubler; et, s'asseyant dans son fauteuil, il tomba dans une contemplation intérieure durant laquelle son front chauve et ses yeux abaissés vers la terre offrirent l'image de la plus auguste sérénité. Il y avait en lui, à coup sûr, une vertu inconnue qui subjuguait toutes mes répugnances et dominait toutes mes craintes. Je l'aimais plus qu'un fils n'a jamais aimé son père. Ses maux étaient les miens, et, s'il eût été damné, malgré mon sincère désir de plaire à Dieu, j'eusse voulu partager cette damnation. Jusque-là j'avais été rongé de scrupules; mais désormais le sentiment de son danger donnait tant de force à ma tendresse que je ne connaissais plus l'incertitude. Mon choix était fait entre la voix de ma conscience et le cri de son angoisse; ma sollicitude prenait un caractère tout humain, je l'avoue. S'il ne peut être sauvé dans l'autre vie, me disais-je, qu'il achève du moins paisiblement celle-ci; et, si je dois être à jamais châtié de ce vœu, la volonté de Dieu soit faite!...

Le soir, comme il s'assoupissait doucement et que j'achevais ma prière à côté de son lit, la porte s'ouvrit brusquement, et une figure épouvantable vint se placer en face de moi. Je demeurai terrifié au point de ne pouvoir articuler un son ni faire un mouvement. Mes cheveux se dressaient sur ma tête et mes yeux restaient attachés sur cette horrible apparition comme ceux de l'oiseau fasciné par un serpent. Mon maître ne s'éveillait point, et l'odieuse chose était immobile au pied de son lit. Je fermai les yeux pour ne plus la voir et pour chercher ma raison et ma force au fond de moi-même. Je rouvris les yeux, elle était toujours là. Alors je fis un grand effort pour crier; et, un râlement sourd sortant de ma poitrine, mon maître s'éveilla. Il vit cela devant lui, et, au lieu de témoigner de l'horreur ou de l'effroi, il dit seulement du ton d'un homme un peu étonné :

« Ah! ah!

— Me voici, car tu m'as appelé, dit le fantôme.

— Mon maître haussa les épaules, et se tournant vers moi :

— Tu as peur? me dit-il; tu prends cela pour un esprit, pour le diable, n'est-ce pas? Non, non ; les esprits ne revêtent pas cette forme, et, s'il en était d'aussi sottement laids, ils n'auraient pas le pouvoir de se montrer aux hommes. La raison humaine est sous la garde de l'esprit de sagesse. Ceci n'est point une vision, ajouta-t-il en se levant et en s'approchant du fantôme; ceci est un homme *de chair et d'os*. Allons, ôtez ce masque, dit-il en saisissant le spectre à la gorge, et ne pensez pas que cette crapuleuse mascarade puisse m'épouvanter. »

Alors, secouant ce fantôme avec une main de fer, il le fit tomber sur les genoux; et, Alexis lui arrachant son masque, je reconnus le frère convers qui m'avait chassé de l'église, et qui avait nom Dominique.

« Prends la lampe! me dit Alexis d'une voix forte et l'œil étincelant d'une joie ironique. Marche devant moi ; il faut que j'aie raison de cette abomination. Allons, dépêche-toi! obéis! as-tu moins de force et de courage qu'un lièvre ! »

J'étais encore si bouleversé que ma main tremblait et ne pouvait soutenir la lampe.

« Ouvre la porte, » me dit mon maître d'un ton impérieux.

J'obéis; mais, en le voyant traîner, comme un haillon sur le pavé, le misérable Dominique, je fus saisi d'horreur; car le père Alexis avait, dans l'indignation, des instants de violence effrénée, et je crus qu'il allait précipiter le prétendu démon par-dessus la rampe du dôme.

« Grâce! grâce! mon père, lui dis-je en me mettant devant lui. Ne souillez pas vos mains de sang. »

Le père Alexis haussa les épaules et dit :

« Tu es insensé ! Puisque tu ne veux pas marcher devant, suis-moi ! »

Et, traînant toujours le convers, qui était pourtant un homme robuste, mais qui semblait terrassé par une force surhumaine, il descendit rapidement l'escalier. Alors je repris courage et le suivis. Au bruit que nous faisions, plusieurs personnes, qui attendaient sans doute au bas de l'escalier le résultat des aveux que le faux démon prétendait arracher à mon maître, se montrèrent ; mais, en voyant une scène si différente de ce qu'elles attendaient, elles s'enveloppèrent dans leurs capuchons et s'enfuirent dans les ténèbres. Nous eûmes le temps de remarquer à leurs robes que c'étaient des frères convers et des novices. Aucun des pères ne s'était compromis dans cette farce sacrilége, dirigée cependant, comme nous le sûmes depuis, par des ordres supérieurs.

Alexis marchait toujours à grands pas, traînant son prisonnier. De temps en temps celui-ci faisait des efforts pour se dégager de sa main formidable ; mais le père, s'arrêtant, lui imprimait un mouvement de strangulation, et le faisait rouler sur les degrés. Les ongles d'Alexis étaient imprégnés de sang, et les yeux de Dominique sortaient de leurs orbites. Je les suivais toujours, et ainsi nous arrivâmes au bas du grand escalier qui donnait sur le cloître. Là était suspendue la grosse cloche que l'on ne sonnait qu'à l'agonie des religieux, et que l'on appelait l'*articulo mortis*. Tenant toujours d'une main son démon terrassé, Alexis se mit à sonner de l'autre avec une telle vigueur que tout le monastère en fut ébranlé. Bientôt nous entendîmes ouvrir précipitamment les portes des cellules, et tous les escaliers se remplirent de bruit. Les moines, les novices, les serviteurs, toute la maison accourait, et bientôt le cloître fut plein de monde. Toutes ces figures effarées et en désordre, éclairées seulement par la lueur tremblante de ma lampe, offraient l'aspect des habitants de la vallée de Josaphat s'éveillant du sommeil de la mort au son de la trompette du jugement. Le père sonnait toujours, et en vain on l'accablait de questions, en vain on voulait arracher de ses mains le malheureux Dominique : il était animé d'une force surnaturelle ; il faisait face à cette foule, et la dominant du bruit de son tocsin et de sa voix de tonnerre :

« Il me manque quelqu'un, disait-il ; quand il sera ici, je parlerai, je me soumettrai, mais je ne cesserai de sonner qu'il ne soit descendu comme les autres. »

Enfin le Prieur parut le dernier, et le père Alexis cessa d'agiter la cloche. Il était si fort et si beau en cet instant, debout, les yeux étincelants, l'air victorieux, et tenant sous ses pieds cette figure de monstre, qu'on l'eût pris pour l'archange Michel terrassant le démon. Tout le monde le regardait immobile ; pas un souffle ne s'entendait sous la profonde voûte du cloître. Alors le vieillard, élevant la voix au milieu de ce silence funèbre, dit en s'adressant au Prieur :

« Mon père, voyez ce qui se passe ! Pendant que j'agonise sur mon lit, des hommes de cette sainte maison, et qui s'appellent mes frères, viennent assiéger mon dernier soupir d'une lâche curiosité et d'une supercherie infâme. Ils envoient dans ma cellule celui-ci, ce Dominique ! (Et en disant cela il élevait assez haut la tête du convers pour que toute l'assemblée fût bien à même de le reconnaître.) Ils l'envoient, affublé d'un déguisement hideux, se placer à mon chevet et crier à mon oreille d'une voix furieuse pour me réveiller en sursaut de mon sommeil, de mon dernier sommeil peut-être ! Qu'espéraient-ils ? m'épouvanter, glacer par une apparition terrifiante mon esprit qu'ils supposaient abattu, et arracher à mon délire de honteuses paroles et d'horribles secrets? Quelle est cette nouvelle et incroyable persécution, mon père, et depuis quand n'est-il plus permis au pécheur de passer dans le silence et dans la paix son heure suprême? S'ils eussent eu affaire à un faible d'esprit, et qu'ils m'eussent tué par cette vision infernale sans me laisser le temps de me reconnaître et d'invoquer le Seigneur, sur qui, dites-moi, aurait dû tomber le poids de ma damnation? O vous tous, hommes de bonne volonté qui vous trouvez ici, ce n'est pas pour moi que je parle, pour moi qui vais mourir; c'est pour vous qui survivez, c'est pour que vous puissiez boire tranquillement le calice de votre mort, que je vous dis de demander tous avec moi justice à notre père spirituel qui est devant nous, et au besoin à l'autre qui est au-dessus de nous. Justice donc, mon père! j'attends : faites justice!

Et les hommes de bonne volonté qui étaient là crièrent tous ensemble : « Justice! justice! » et les échos émus du cloître répétèrent : « Justice! »

Le Prieur assistait à cette scène avec un visage impassible. Seulement il me sembla plus pâle qu'à l'ordinaire. Il resta quelques instants sans répondre, le sourcil légèrement contracté. Enfin il éleva la voix, et dit :

« Mon fils Alexis, pardonne à cet homme.

— Oui, je lui pardonne à condition que vous le punirez, mon père, répondit Alexis.

— Mon fils Alexis, reprit le Prieur, sont-ce là les sentiments d'un homme qui se dit prêt à paraître devant le tribunal de Dieu? Je vous prie de pardonner à cet homme, et de retirer votre main de dessus lui. »

Alexis hésita un instant; mais il sentit que, s'il ne réprimait sa colère, ses ennemis allaient triompher. Il fit deux pas en avant, et, poussant sa proie aux pieds du Prieur sans la lâcher :

« Mon révérend, dit-il en s'inclinant, je pardonne, parce que je le dois et parce que vous le voulez; mais comme ce n'est pas moi, comme c'est le ciel qui a été offensé, comme c'est votre vertu, votre sagesse et votre autorité qui ont été outragées, j'amène le coupable à vos genoux, et, m'y prosternant avec lui, je supplie Votre Révérence de lui faire grâce, et de prier pour que la justice éternelle lui pardonne aussi. »

Les ennemis de mon maître avaient espéré que, par son emportement et sa résistance, il allait gâter sa cause; mais cet acte de soumission déjoua tous leurs mauvais desseins, et ceux qui étaient pour lui donnèrent à sa conduite de telles marques d'approbation que le Prieur fut forcé de prendre son parti, du moins en apparence.

« Mon fils Alexis, lui dit-il en le relevant et en l'embrassant, je suis touché de votre humilité et de votre miséricorde; mais je ne puis pardonner à cet homme comme vous lui pardonnez. Votre devoir était d'intercéder pour lui, le mien est de le châtier sévèrement, et il sera fait ainsi que le veulent la justice céleste et les statuts de notre ordre. »

A cet arrêt sévère, un frémissement d'effroi passa de proche en proche; car les peines contre le sacrilége étaient les plus sévères de toutes, et aucun religieux n'en connaissait l'étendue avant de les avoir subies. Il était défendu, en outre, de les révéler, sous peine de les subir une seconde fois. Les condamnés ne sortaient du cachot que dans un état épouvantable de souffrance; et plusieurs avaient succombé peu de temps après avoir reçu leur grâce. Sans doute, mon maître ne fut pas dupe de la sévérité du Prieur, car je vis un sourire étrange errer sur ses lèvres: néanmoins sa fierté était satisfaite, et alors seulement il lâcha sa proie. Sa main était tellement crispée et roidie au collet de son ennemi, qu'il fut forcé d'employer son autre main pour l'en détacher. Dominique tomba évanoui aux pieds du Prieur, qui fit un signe, et aussitôt quatre autres convers l'emportèrent aux yeux de l'assemblée consternée. Il ne reparut jamais dans le couvent. Il fut défendu de jamais prononcer ni son nom ni aucune parole qui eût rapport à son étrange faute; l'office des morts fut récité pour lui sans qu'il nous fût permis de demander ce qu'il était devenu; mais par la suite je l'ai revu dehors, gras, dispos et allègre, et riant d'un air sournois quand on lui rappelait cette aventure.

Mon maître s'appuya sur moi, chancela, pâlit, et perdant tout à coup la force miraculeuse qui l'avait soutenu jusque-là, il se traîna à grand'peine à son lit; je lui fis avaler quelques gouttes d'un cordial, et il me dit :

« Angel, je crois bien que je l'aurais tué si le Prieur l'eût protégé. »

Il s'endormit sans ajouter une parole.

Le lendemain le père Alexis s'éveilla assez tard : il était calme, mais très-faible; il eut besoin de s'appuyer sur moi pour gagner son fauteuil, et il y tomba plutôt qu'il ne s'assit, en poussant un soupir. Je ne concevais pas que ce corps si débile eût été, la veille, capable de si puissants efforts.

« Mon père, lui dis-je en le regardant avec inquiétude, est-ce que vous vous trouvez plus mal, et souffrez-vous davantage?

— Non, me répondit-il, non, je suis bien.

— Mais vous paraissez profondément absorbé.

— Je réfléchis !

— Vous réfléchissez à tout ce qui s'est passé, mon père. Je le conçois; il y a lieu à méditer. Mais vous devriez, ce me semble, être plus serein, car il y a aussi lieu à se réjouir. Nous avons fini par voir clair au fond de cet abîme, et nous savons maintenant que vous n'êtes pas réellement assiégé par les mauvais esprits. »

Alexis se mit à sourire d'un air doucement ironique, en secouant la tête :

« Tu crois donc encore aux mauvais esprits, mon pauvre Angel? me dit-il. Erreur! erreur! Crois-tu aussi, comme les physiciens d'autrefois, que la nature a horreur du vide? Il n'y a pas plus de mauvais esprits que de vide. Que serait donc l'homme, cette créature intelligente, ce fils de l'esprit, si les mauvaises passions, les vils instincts de la chair, pouvaient venir, sous une forme hideuse ou grotesque, assaillir sa veille ou fatiguer son sommeil? Non : tous ces démons, toutes ces créations infernales, dont parlent tous les jours les ignorants ou les imposteurs, sont de vains fantômes créés par l'imagination des uns pour épouvanter celle des autres. L'homme fort sent sa propre dignité, rit en lui-même des pitoyables inventions avec lesquelles on veut tenter son courage, et, sûr de leur impuissance, il s'endort sans inquiétude et s'éveille sans crainte.

— Pourtant, lui répondis-je étonné, il s'est passé ici même des choses qui doivent me faire penser le contraire. L'autre nuit, vous savez, je vous ai entendu vous entretenir avec une autre voix plus forte que la vôtre qui semblait vous gourmander durement. Vous lui répondiez avec l'accent de la crainte et de la douleur; et, comme j'étais effrayé de cela, je suis venu dans votre chambre pour vous secourir, et je vous ai trouvé seul, accablé et pleurant amèrement. Qu'était-ce donc?

— C'était lui.

— Lui! qui, lui?

— Tu le sais bien, puisqu'il était avec toi, puisqu'il t'avait appelé par trois fois, comme l'esprit du Seigneur

14.

appela durant la nuit le jeune Samuel endormi dans le temple.

— Comment le savez-vous, mon père? »

Alexis ne sembla pas entendre ma question. Il resta quelque temps absorbé, la tête baissée sur la poitrine; puis il reprit la parole sans changer de position ni faire aucun mouvement:

« Dis-moi, Angel, quand l'as-tu vu? c'était en plein jour?

— Oui, mon père, à l'heure de midi. Vous m'avez déjà fait cette question.

— Et le soleil brillait?

— Il rayonnait sur sa face.

— Ne l'as-tu vu que cette seule fois? »

J'hésitais à répondre; je craignais d'être dupe d'une illusion et de donner par mes propres aberrations de la consistance à celles d'Alexis.

« Tu l'as vu une autre fois! s'écria-t-il avec impatience, et tu ne me l'as pas dit!

— Mon bon maître, quelle importance voulez-vous donner à des apparitions qui ne sont peut-être que l'effet d'une ressemblance fortuite ou même de simples jeux de la lumière?

— Angel, que voulez-vous dire? Ce que vous voulez me cacher m'est révélé par vos réticences mêmes. Parlez, il le faut, il y va du repos de mes derniers jours! »

Vaincu par sa persistance, je lui racontai, pour le satisfaire, la frayeur que j'avais eue dans la sacristie un jour que, me croyant seul et sortant d'un profond évanouissement, j'avais entendu murmurer des paroles et vu passer une ombre sans pouvoir m'expliquer ensuite ces choses d'une manière naturelle.

« Et quelles étaient ces paroles? dit Alexis.

— Un appel à Dieu en faveur des victimes de l'ignorance et de l'imposture.

— Comment appelait-il celui qu'il invoquait? Disait-il : O Esprit! ou bien disait-il : O Jehovah!

— Il disait : O Esprit de sagesse!

— Et comment était faite cette ombre?

— Je ne le sais point. Elle sortit de l'obscurité, et se perdit dans le rayon qui tombait de la fenêtre, avant que j'eusse eu le temps ou le courage de l'examiner. Mais, écoutez, mon bon maître, j'ai toujours pensé que c'était vous qui, appuyé contre la fenêtre, et vous parlant à vous-même... »

Alexis fit un geste d'incrédulité.

« Pourriez-vous avoir gardé le souvenir du contraire, sans cesse errant, à cette époque, dans les jardins, et fortement préoccupé comme vous l'êtes toujours?

— Mais tu l'as vu d'autres fois encore? interrompit Alexis avec une sorte de violence. Tu ne veux pas me dire tout, tu veux que je meure sans léguer mon secret à un ami! Réponds à cette question, du moins. Quand tu te promenais seul dans les beaux jours, le long des allées écartées du jardin, et qu'en proie à de douloureuses pensées, tu invoquais une providence amie des hommes, n'as-tu pas entendu derrière tes pas d'autres pas qui faisaient crier le sable? »

Je tressaillis, et lui dis que ce bruit de pas m'avait poursuivi dans la salle du chapitre la veille même.

« Et alors rien ne t'est apparu? »

J'avouai l'effet prodigieux du soleil sur le portrait du fondateur. Il serra ses mains l'une dans l'autre avec transport, en répétant à plusieurs reprises :

« C'est lui, c'est lui!... Il t'a choisi, il t'a envoyé, il veut que je te parle. Eh bien! je vais te parler. Recueille tes pensées, et qu'une vaine curiosité n'agite point ton âme. Reçois la confidence que je vais te faire, comme les fleurs au matin reçoivent avec calme la délicieuse rosée du ciel. As-tu jamais entendu parler de *Samuel Hébronius?*

— Oui, mon père, s'il est en effet le même que l'abbé Spiridion. »

Et je lui rapportai ce que le trésorier m'avait raconté.

Le père Alexis haussa les épaules avec une expression de mépris, et me parla en ces termes :

« Il est d'autres héritages que ceux de la famille, où l'on se lègue, selon la chair, les richesses matérielles. D'autres parentés plus nobles amènent souvent des héritages plus saints. Quand un homme a passé sa vie à chercher la vérité par tous les moyens et de tout son pouvoir, et qu'à force de soins et d'étude il est arrivé à quelques découvertes dans le vaste monde de l'esprit, jaloux de ne pas laisser s'enfouir dans la terre le trésor qu'il a trouvé, et rentrer dans la nuit le rayon de lumière qu'il a entrevu, dès qu'il sent approcher son terme, il se hâte de choisir parmi des hommes plus jeunes une intelligence sympathique à la sienne, dont il puisse faire, avant de mourir, le dépositaire de ses pensées et de sa science, afin que l'œuvre sacrée, ininterrompue malgré la mort du premier ouvrier, marche, s'agrandisse, et, perpétuée de race en race par des successions pareilles, parvienne à la fin des temps à son entier accomplissement. Et crois bien, mon fils, qu'il est besoin, pour entreprendre et continuer de pareils travaux, pour faire accepter de pareils legs, d'une intelligence généreuse et d'un fort dévoûment, quand on sait d'avance qu'on ne connaîtra pas le mot de la grande énigme à l'intelligence de laquelle on a pourtant consacré sa vie. Pardonne-moi cet orgueil, mon enfant; ce sera peut-être la seule récompense que je retirerai de toute cette vie de labeur ; peut-être sera-ce le seul épi que je récolterai dans le rude sillon que j'ai labouré à la sueur de mon front. Je suis l'héritier spirituel du père Fulgence, comme tu seras le mien, Angel. Le père Fulgence était un moine de ce couvent ; il avait, dans sa jeunesse, connu le fondateur, notre vénéré maître Hébronius, ou, comme on l'appelle ici, l'abbé Spiridion. Il était alors pour lui ce que tu es pour moi, mon fils ; il était jeune et bon, inexpérimenté et timide comme toi ; son maître l'aimait comme je t'aime, et il lui apprit, avec une partie de ses secrets, l'histoire de sa vie. C'est donc de l'héritier même du maître que je tiens les choses que je vais te redire.

« Pierre Hébronius ne s'appelait pas ainsi d'abord. Son vrai nom était Samuel. Il était juif, et né dans un petit village des environs d'Inspruck. Sa famille, maîtresse d'une assez grande fortune, le laissa, dans sa première jeunesse, complétement libre de suivre ses inclinations. Dès l'enfance il en montra de sérieuses. Il aimait à vivre dans la solitude, et passait ses journées et quelquefois ses nuits à parcourir les âpres montagnes et les étroites vallées de son pays. Souvent il allait s'asseoir sur le bord des torrents ou sur les rives des lacs, et il y restait longtemps à écouter la voix des ondes, cherchant à démêler le sens que la nature cachait dans ces bruits. A mesure qu'il avança en âge, son intelligence devint plus curieuse et plus grave. Il fallut donc songer à lui donner une instruction solide. Ses parents l'envoyèrent étudier aux universités d'Allemagne. Il y avait à peine un siècle que Luther était mort, et son souvenir et sa parole vivaient encore dans l'enthousiasme de ses disciples. La nouvelle loi affermissait les conquêtes qu'elle avait faites, et semblait s'épanouir dans son triomphe. C'était, parmi les réformés, la même ardeur qu'aux premiers jours, seulement plus éclairée et plus mesurée. Le prosélytisme y régnait encore dans toute sa ferveur, et faisait chaque jour de nouveaux adeptes. En entendant prêcher une morale et expliquer des dogmes que le luthéranisme avait pris dans le catholicisme, Samuel fut pénétré d'admiration. Comme c'était un esprit sincère et hardi, il compara tout de suite les doctrines qu'on lui exposait présentement avec celles dans lesquelles on l'avait élevé; et, éclairé par cette comparaison, il reconnut tout d'abord l'infériorité du judaïsme. Il se dit qu'une religion faite pour un seul peuple à l'exclusion de tous les autres, qui ne donnait à l'intelligence ni satisfaction dans le présent, ni certitude dans l'avenir, méconnaissait les nobles besoins d'amour qui sont dans le cœur de l'homme, et n'offrait pour règle de conduite qu'une justice barbare; il se dit que cette religion ne pouvait être celle des belles âmes et des grands esprits, et que celui-là n'était pas le Dieu de vérité qui ne dictait qu'au bruit du tonnerre ses changeantes volontés, et n'appelait à l'exécution de ses étroites pensées que les esclaves d'une terreur grossière. Toujours conséquent avec lui-même, Samuel, qui avait dit selon sa pensée, fit ensuite selon son dire, et, un an après son arrivée en Allemagne, il abjura solennellement le judaïsme pour entrer dans le sein de l'église réformée. Comme il ne savait pas faire les choses à moitié, il voulut, autant qu'il était en lui, dépouiller le vieil homme et se faire une vie toute nouvelle; c'est alors qu'il changea son nom de Samuel pour celui de Pierre. Quelque temps se passa pendant lequel il s'affermit et s'instruisit davantage dans sa nouvelle religion. Bientôt il en arriva au point de chercher pour elle des objections à réfuter et des adversaires à combattre. Comme il était audacieux et entreprenant, il s'adressa d'abord aux plus rudes. Bossuet fut le premier auteur catholique qu'il se mit à lire. Ce fut avec une sorte de dédain qu'il le commença : croyant que dans la foi qu'il venait d'embrasser résidait la vérité pure, il méprisait toutes les attaques que l'on pouvait tenter contre elle, et riait un peu d'avance des arguments irrésistibles de l'Aigle de Meaux. Mais son ironique méfiance fit bientôt place à l'étonnement, et ensuite à l'admiration. Quand il vit avec quelle logique puissante et quelle poésie grandiose le prélat français défendait l'église de Rome, il se dit que la cause plaidée par un pareil avocat en devenait au moins respectable ; et, par une transition naturelle, il arriva à penser que les grands esprits ne pouvaient se dévouer qu'à de grandes choses. Alors il étudia le catholicisme avec la même ardeur et la même impartialité qu'il avait fait pour le luthéranisme, se plaçant vis-à-vis de lui, non pas comme font d'ordinaire les sectaires, au point de vue de la controverse et du dénigrement, mais à celui de la recherche et de la comparaison. Il alla en France s'éclairer auprès des docteurs de la religion-mère, comme il avait fait en Allemagne pour la réformée. Il vit le grand Arnauld et le second Grégoire de Nazianze, Fénelon, et ce même Bossuet. Guidé par ces maîtres, dont la vertu lui faisait aimer l'intelligence, il pénétra rapidement au fond des mystères de la morale et du dogme catholiques. Il y retrouva tout ce qui faisait pour lui la grandeur et la beauté du protestantisme, le dogme de l'unité et de l'éternité de Dieu que les deux religions avaient emprunté au judaïsme, et ceux qui semblent en découler naturellement et que pourtant celui-ci n'avait pas reconnus, l'immortalité de l'âme, le libre arbitre dans cette vie, et dans l'autre la récompense pour les bons et la punition pour les méchants. Il y retrouva, plus pure peut-être et plus élevée encore, cette morale sublime qui prêche aux hommes l'égalité entre eux, la fraternité, l'amour, la charité, le dévoûment à autrui, le renoncement à soi-même. Le catholicisme lui paraissait avoir en outre l'avantage d'une formule plus vaste et d'une unité vigoureuse qui manquait au luthéranisme. Celui-ci avait, il est vrai, en retour, conquis la liberté d'examen, qui est aussi un besoin de la nature humaine, et proclamé l'autorité de la raison individuelle; mais il avait, par cela même, renoncé au principe de l'infaillibilité, qui est la base nécessaire et la condition vitale de toute religion révélée, puisqu'on ne peut faire vivre une chose qu'en vertu des lois qui ont présidé à sa naissance, et qu'on ne peut, par conséquent, confirmer et continuer une révélation que par une autre. Or, l'infaillibilité n'est autre chose que la révélation continuée par Dieu même ou le Verbe dans la personne de ses vicaires. Le luthéranisme, qui prétendait partager l'origine du catholicisme et s'appuyer à la même révélation, avait, en brisant la chaîne traditionnelle qui rattachait le christianisme tout entier à cette même révélation, sapé de ses propres mains les fondements de son édifice. En livrant à la libre discussion la continuation de la religion révélée, il avait par là même livré aussi son commencement, et attenté ainsi lui-même à l'inviolabilité de cette origine qu'il partageait avec la secte rivale. Comme l'esprit d'Hébronius se trouvait en ce moment plus porté vers la foi que vers la critique, et qu'il avait bien moins besoin de discussion que de conviction, il se trouva naturellement porté à préférer la certitude et l'autorité du catholicisme à la liberté et à l'incertitude du protestantisme. Ce sentiment se fortifiait encore à l'aspect du caractère sacré d'antiquité que le temps avait imprimé au front de la religion-mère. Puis la pompe et l'éclat dont s'entourait le culte romain semblaient à cet esprit poétique l'expression harmonieuse et nécessaire d'une religion révélée par le Dieu de la gloire et de la toute-puissance. Enfin, après de mûres réflexions, il se reconnut sincèrement et entièrement convaincu, et reçut de nouveau le baptême des mains de Bossuet. Il ajouta sur les fonts le nom de Spiridion à celui de Pierre, en mémoire de ce qu'il avait été deux fois éclairé par l'esprit. Résolu dès lors à consacrer sa vie tout entière à l'adoration du nouveau Dieu qui l'avait appelé à lui et à l'approfondissement de sa doctrine, il passa en Italie, et y fit bâtir, à l'aide de la grande fortune que lui avait laissée un de ses oncles, catholique comme lui, le couvent où nous sommes. Fidèle à l'esprit de la loi qui avait créé les communautés religieuses, il y rassembla autour de lui les moines les mieux famés par leur intelligence et leur vertu, pour se livrer avec eux à la recherche de toutes les vérités, et travailler à l'agrandissement et à la corroboration de la foi par la science. Son entreprise parut d'abord réussir. Stimulés par son exemple, ses compagnons se livrèrent pendant quelques années avec ardeur à l'étude, à la prière et à la méditation. Ils s'étaient placés sous la protection de saint Benoît, et avaient adopté les règles de son ordre. Quand le moment fut venu pour eux de se donner un chef spirituel, ils portèrent unanimement sur Hébronius leur choix, qui fut ratifié par le pape. Le nouveau Prieur, un instant heureux de la confiance des frères qu'il s'était choisis, se remit à ses travaux avec plus d'ardeur et d'espérance que jamais. Mais son illusion ne fut pas de longue durée. Il ne fut pas longtemps à reconnaître qu'il s'était cruellement trompé sur le compte des hommes qu'il avait appelés à partager son entreprise. Comme il les avait pris parmi les plus pauvres religieux de l'Italie, il n'eut pas de peine à en obtenir du zèle et du soin pendant les premières années.

Accoutumés qu'ils étaient à une vie dure et active, ils avaient facilement adopté le genre d'existence qu'il leur avait donné, et s'étaient conformés volontiers à ses désirs. Mais, à mesure qu'ils s'habituèrent à l'opulence, ils devinrent moins laborieux, et se laissèrent peu à peu aller aux défauts et aux vices dont ils avaient vu autrefois l'exemple chez leurs confrères plus riches, et dont peut-être ils avaient conservé en eux-mêmes le germe. La frugalité fit place à l'intempérance, l'activité à la paresse, la charité à l'égoïsme; le jour n'eut plus de prières, la nuit plus de veilles; la médisance et la gourmandise trônèrent dans le couvent comme deux reines impures; l'ignorance et la grossièreté y pénétrèrent à leur suite, et firent du temple destiné aux vertus austères et aux nobles travaux un réceptacle de honteux plaisirs et de lâches oisivetés.

« Hébronius, endormi dans sa confiance et perdu dans ses profondes spéculations, ne s'apercevait pas du ravage que faisaient autour de lui les misérables instincts de la matière. Quand il ouvrit les yeux, il était déjà trop tard : n'ayant pas vu la transition par laquelle toutes ces âmes vulgaires étaient allées du bien au mal; trop éloigné d'elles par la grandeur de sa nature pour pouvoir comprendre leurs faiblesses, il se prit pour elles d'un immense dédain; et, au lieu de se baisser vers les pécheurs avec indulgence et de chercher à les ramener à leur vertu première, il s'en détourna avec dégoût, et dressa vers le ciel sa tête désormais solitaire. Mais, comme l'aigle blessé qui monte au soleil avec le venin d'un reptile dans l'aile, il ne put, dans la hauteur de son isolement, se débarrasser des révoltantes images qui avaient surpris ses yeux. L'idée de la corruption et de la bassesse vint se mêler à toutes ses méditations théologiques, et s'attacher, comme une lèpre honteuse, à l'idée de la religion. Il ne put bientôt plus séparer, malgré sa puissance d'abstraction, le catholicisme des catholiques. Cela l'amena, sans qu'il s'en aperçût, à le considérer sous ses côtés les plus faibles, comme il l'avait jadis considéré sous les plus forts, et à en rechercher, malgré lui, les possibilités mauvaises. Avec le génie investigateur et la puissante faculté d'analyse dont il était doué, il ne fut pas longtemps à les trouver; mais, comme ces magiciens téméraires qui évoquaient des spectres et tremblaient à leur apparition, il s'épouvanta lui-même de ses découvertes. Il n'avait plus cette fougue de la première jeunesse qui le poussait toujours en avant; et il se disait que, cette troisième religion une fois détruite, il n'en aurait plus aucune sous laquelle il pût s'abriter. Il s'efforça donc de raffermir sa foi, qui commençait à chanceler, et pour cela il se mit à relire les plus beaux écrits des défenseurs contemporains de l'Église. Il revint naturellement à Bossuet; mais il était déjà à un autre point de vue, et ce qui lui avait autrefois paru concluant et sans réplique lui semblait maintenant controversable ou niable en bien des points. Les arguments du docteur catholique lui rappelèrent les objections des protestants; et la liberté d'examen, qu'il avait autrefois dédaignée, rentra victorieusement dans son intelligence. Obligé de lutter individuellement contre la doctrine infaillible, il cessa de nier l'autorité de la raison individuelle. Bientôt, même, il en fit un usage plus audacieux que tous ceux qui l'avaient proclamée. Il avait hésité au début; mais, une fois son élan pris, il ne s'arrêta plus. Il remonta de conséquence en conséquence jusqu'à la révélation elle-même, l'attaqua avec la même logique que le reste, et força de redescendre sur la terre cette religion qui voulait cacher sa tête dans les cieux. Lorsqu'il eut livré à la foi cette bataille décisive, il continua presque forcément sa marche et poursuivit sa victoire ; victoire funeste, qui lui coûta bien des larmes et bien des insomnies. Après avoir dépouillé de sa divinité le père du christianisme, il ne craignit pas de demander compte à lui et à ses successeurs de l'œuvre humaine qu'ils avaient accomplie. Le compte fut sévère. Hébronius alla au fond de toutes les choses. Il trouva beaucoup de mal mêlé à beaucoup de bien, et de grandes erreurs à de grandes vérités. Le grand champ catholique avait porté autant d'ivraie, peut-être, que de pur froment. Dans la nature d'esprit d'Hébronius, l'idée d'un Dieu pur esprit, tirant de lui-même un monde matériel et pouvant le faire rentrer en lui par un anéantissement pareil à sa création, lui semblait être le produit d'une imagination malade, pressée d'enfanter une théologie quelconque ; et voici ce qu'il se disait souvent : — Organisé comme il l'est, l'homme, qui ne doit pourtant juger et croire que d'après ses perceptions, peut-il concevoir qu'on fasse de rien quelque chose, et de quelque chose rien ? Et sur cette base, quel édifice se trouve bâti ? Que vient faire l'homme sur ce monde matériel que le pur esprit a tiré de lui-même ? Il a été tiré et formé de la matière, puis placé dessus par le Dieu qui connaît l'avenir, pour être soumis à des épreuves que ce Dieu dispose à son gré et dont il sait d'avance l'issue, pour lutter, en un mot, contre un danger auquel il doit nécessairement succomber, et expier ensuite une faute qu'il n'a pu s'empêcher de commettre.

« Cette pensée des hommes appelés, sans leur consentement, à une vie de périls et d'angoisses, suivie pour la plupart de souffrances éternelles et inévitables, arrachait à l'âme droite d'Hébronius des cris de douleur et d'indignation. — Oui, s'écriait-il, oui, chrétiens, vous êtes bien les descendants de ces Juifs implacables qui, dans les villes conquises, massacraient jusqu'aux enfants des femmes et aux petits des brebis; et votre Dieu est le fils agrandi de ce Jéhovah féroce qui ne parlait jamais à ses adorateurs que de colère et de vengeance!

« Il renonça donc sans retour au christianisme; mais, comme il n'avait plus de religion nouvelle à embrasser à la place, et que, devenu plus prudent et plus calme, il ne voulait pas se faire inutilement accuser encore d'inconstance et d'apostasie, il garda toutes les pratiques extérieures de ce culte qu'il avait intérieurement abjuré. Mais ce n'était pas assez d'avoir quitté l'erreur; il aurait encore fallu trouver la vérité. Hébronius avait beau tourner les yeux autour de lui, il ne voyait rien qui y ressemblât. Alors commença pour lui une suite de souffrances inconnues et terribles. Placé face à face avec le doute, cet esprit sincère et religieux s'épouvanta de son isolement; et se prit à suer l'eau et le sang, comme le Christ sur la montagne, à la vue de son calice. Et comme il n'avait d'autre but et d'autre désir que la vérité, que rien hors elle ne l'intéressait ici-bas, il vivait absorbé dans ses douloureuses contemplations; ses regards erraient sans cesse dans le vague qui l'entourait comme un océan sans bornes, et il voyait l'horizon reculer sans cesse devant lui à mesure qu'il voulait le saisir. Perdu dans cette immense incertitude, il se sentait pris peu à peu de vertige, et se mettait à tourbillonner sur lui-même. Puis, fatigué de ses vaines recherches et de ses tentatives sans espérance, il retombait affaissé, morne et désorganisé, ne vivant plus que par la sourde douleur qu'il ressentait sans la comprendre.

« Pourtant il conservait encore assez de force pour ne rien laisser voir au dehors de sa misère intérieure. On soupçonnait bien, à la pâleur de son front, à sa lente et mélancolique démarche, à quelques larmes furtives qui glissaient de temps en temps sur ses joues amaigries, que son âme était fortement travaillée, mais on ne savait par quoi. Le manteau de sa tristesse cachait à tous les yeux le secret de sa blessure. Comme il n'avait confié à personne la cause de son mal, personne n'aurait pu dire s'il venait d'une incrédulité désespérée ou d'une foi trop vive que rien sur la terre ne pouvait assouvir. Le doute, à cet égard, n'était même guère possible. L'abbé Spiridion accomplissait avec une si irréprochable exactitude toutes les pratiques extérieures du culte et tous ses devoirs visibles de parfait catholique, qu'il ne laissait ni prise à ses ennemis ni prétexte à une acusation plausible. Tous les moines, dont sa rigide vertu contenait les vices et dont ses austères labeurs condamnaient la lâche paresse, blessés à la fois dans leur égoïsme et dans leur vanité, nourrissaient contre lui une haine implacable, et cherchaient avidement les moyens de le perdre; mais, ne trouvant pas dans sa conduite l'ombre d'une faute, ils étaient forcés de ronger leur frein en silence, et se contentaient de le voir souffrir par lui-même. Hébronius connaissait le fond de leur pensée, et, tout en méprisant leur impuissance, s'indignait de leur méchanceté. Aussi, quand, par instants, il sortait de ses préoccupations intérieures pour jeter un regard sur la vie réelle, il leur faisait rudement porter le poids de leur malice. Autant il était doux avec les bons, autant il était dur avec les mauvais. Si toutes les faiblesses le trouvaient compatissant, et toutes les souffrances sympathique, tous les vices le trouvaient sévère, et toutes les impostures impitoyable. Il semblait même trouver quelque adoucissement à ses maux dans cet exercice complet de la justice. Sa grande âme s'exaltait encore à l'idée de faire le bien. Il n'avait plus de règle certaine ni de loi absolue; mais une sorte de raison instinctive, que rien ne pouvait anéantir ni détourner, le guidait dans toutes ses actions et le conduisait au juste. Ce fut probablement par ce côté qu'il se rattacha à la vie; en sentant fermenter ces généreux sentiments, il se dit que l'étincelle sacrée n'avait pas cessé de brûler en lui, mais seulement de briller; et que Dieu veillait encore dans son cœur, bien que caché à son intelligence par des voiles impénétrables. Que ce fût cette idée ou une autre qui le ranimât, toujours est-il qu'on vit peu à peu son front s'éclaircir, et ses yeux, ternis par les larmes, reprendre leur ancien éclat. Il se remit avec plus d'ardeur que jamais aux travaux qu'il avait abandonnés, et commença à mener une vie plus retirée encore qu'auparavant. Ses ennemis se réjouirent d'abord, espérant que c'était la maladie qui le retenait dans la solitude; mais leur erreur ne fut pas de longue durée. L'abbé, au lieu de s'affaiblir, reprenait chaque jour de nouvelles forces, et semblait se retremper dans les fatigues toujours plus grandes qu'il s'imposait. A quelque heure de la nuit que l'on regardât à sa fenêtre, on était sûr d'y voir de la lumière; et les curieux qui s'approchaient de sa porte pour tâcher de connaître l'emploi qu'il faisait de son temps, entendaient presque toujours dans sa cellule le bruit de feuillets qui se tournaient rapidement, ou le cri d'une plume sur le papier, souvent des pas mesurés et tranquilles, comme ceux d'un homme qui médite. Quelquefois même des paroles inintelligibles arrivaient aux oreilles des espions, et des cris confus pleins de colère ou d'enthousiasme les clouaient d'étonnement à leur place ou les faisaient fuir d'épouvante. Les moines, qui n'avaient rien compris à l'abattement de l'abbé, ne comprirent rien à son exaltation. Ils se mirent à chercher la cause de son bien-être, le but de ses travaux, et leurs sottes cervelles n'imaginèrent rien de mieux que la magie. La magie! comme si les grands hommes pouvaient rapetisser leur intelligence immortelle au métier de sorcière, et consacrer toute leur vie à souffler dans des fourneaux pour faire apparaître aux enfants effrayés des diables à queue de chien avec des pieds de bouc! Mais la matière ignorante ne comprend rien à la marche de l'esprit, et les hiboux ne connaissent pas les chemins par où les aigles vont au soleil.

« Cependant la monacaille n'osa pas dire tout haut son opinion, et la calomnie erra honteusement dans l'ombre autour du maître, sans oser l'attaquer en face. Il trouva, dans la terreur qu'inspiraient à ses imbéciles ennemis des machinations imaginaires, une sécurité qu'il n'aurait pas trouvée dans la vénération due à son génie et à sa vertu. Du mystère profond qui l'entourait, ils s'attendaient à voir sortir quelque terrible prodige, comme d'un sombre nuage des feux dévorants. C'est ainsi qu'il fut donné à Hébronius d'arriver tranquille à son heure dernière. Quand il la vit approcher, il fit venir Fulgence, pour qui il nourrissait une paternelle affection. Il lui dit qu'il l'avait distingué de tous ses autres compagnons, à cause de la sincérité de son cœur et de son ardent amour du beau et du vrai; qu'il l'avait depuis longtemps choisi pour être son héritier spirituel, et que l'instant était venu de lui révéler sa pensée. Alors il lui raconta l'histoire intime de sa vie. Arrivé à la dernière période, il s'arrêta un instant, comme pour méditer, avant de prononcer les paroles suprêmes et définitives; puis il reprit de la sorte :

« — Mon cher enfant, je t'ai initié à toutes les luttes, à tous les doutes, à toutes les croyances de ma vie. Je t'ai dit tout ce que j'avais trouvé de bon et de mauvais, de vrai et de faux dans toutes les religions que j'ai traversées. Je t'en laisse le juge, et remets à ta conscience le soin de décider. Si tu penses que j'aie tort, et que le catholicisme, où tu as vécu depuis ton enfance, satisfasse à la fois ton esprit et ton cœur, ne te laisse pas entraîner par mon exemple, et garde ta croyance. On doit rester là où l'on est bien. Pour aller d'une foi à une autre il faut traverser des abîmes, et je sais trop combien la route est pénible pour t'y pousser malgré toi. La sagesse mesure aux plantes le terrain et le vent : à la rose elle donne la plaine et la brise, au cèdre la montagne et l'ouragan. Il est des esprits hardis et curieux qui veulent et cherchent avant tout la vérité; il en est d'autres, plus timides et plus modestes, qui ne demandent que du repos. Si tu me ressemblais, si le premier besoin de ta nature était de savoir, je t'ouvrirais sans hésiter ma pensée tout entière. Je te ferais boire à la coupe de vérité que j'ai remplie de mes larmes, au risque de t'enivrer. Mais il n'en est pas ainsi, hélas! Tu es fait pour aimer bien plus que pour savoir, et ton cœur est plus fort que ton esprit. Tu es attaché au catholicisme, je le crois du moins, par des liens de sentiment que tu ne pourrais briser sans douleur; et, si tu le faisais, cette vérité, pour laquelle tu aurais immolé toutes tes sympathies, ne te paierait pas de tes sacrifices. Au lieu de t'exalter, elle t'accablerait peut-être. C'est une nourriture trop forte pour les poitrines délicates, et qui étouffe quand elle ne vivifie pas. Je ne veux donc pas te révéler cette doctrine qui fait le triomphe de ma vie et la consolation de mon heure dernière, parce qu'elle ferait peut-être ton deuil et ton désespoir. Que sait-on des âmes? Pourtant, à cause même de ton amour, il est possible que le culte du beau te mène au besoin du vrai, et l'heure peut sonner où ton esprit sincère aura soif et faim de l'absolu. Je ne veux pas alors que tu cries en vain vers le ciel, et que tu répandes sur une ignorance incurable des larmes inexaucées. Je laisse après moi une essence de moi, la meilleure partie de mon intelligence, quelques pages, fruit de toute ma vie de méditations et de travaux. De toutes les œuvres qu'ont enfantées mes longues veilles, c'est la seule que je n'aie pas livrée aux flammes, parce que c'était la seule complète. Là je suis tout entier; là est la vérité. Or le sage a dit de ne pas enfouir les trésors au fond des puits. Il faut donc que cet écrit échappe à la brutale stupidité de ces moines. Mais comme il ne doit passer qu'en des mains dignes de le toucher et ne s'ouvrir qu'à des yeux capables de le comprendre, j'y veux mettre une condition qui sera en même temps une épreuve. Je veux l'emporter dans la tombe, afin que celui de vous qui voudra un jour le lire ait assez de courage pour braver de vaines terreurs en l'arrachant à la poussière du sépulcre. Ainsi, écoute ma dernière volonté : Dès que j'aurai fermé les yeux, place cet écrit sur ma poitrine. Je l'ai enfermé moi-même dans un étui de parchemin, dont la préparation particulière pourrait le garantir de la corruption durant plusieurs siècles. Ne laisse personne toucher à mon cadavre; c'est là un triste soin qu'on ne se dispute guère et qu'on te laissera volontiers. Roule toi-même le linceul autour de mes membres exténués, et veille sur ma dépouille d'un œil jaloux, jusqu'à ce que je sois descendu dans le sein de la terre avec mon trésor; car le temps n'est pas venu où tu pourrais toi-même en profiter. Tu n'en adopterais l'esprit que sur la foi de ma parole, et cette foi ne suffirait pas à l'épreuve d'une lutte chaque jour renouvelée contre toi par le catholicisme. Comme chaque génération de l'humanité, chaque homme a ses besoins intellectuels, dont la limite marque celle de ses investigations et de ses conquêtes. Pour lire avec fruit ces lignes que je confie au silence de la tombe, il faudra que ton esprit soit arrivé, comme le mien, à la nécessité d'une transformation complète. Alors seulement tu dépouilleras sans crainte et sans regret le vieux vêtement, et tu revêtiras le nouveau avec la certitude d'une bonne conscience. Quand ce jour luira pour toi, brise sans inquiétude la pierre et le métal, ouvre mon cercueil et plonge dans mes entrailles desséchées une main ferme et pieuse. Ah! quand viendra cette heure, il me semble que mon cœur éteint tressaillera comme l'herbe glacée au retour d'un soleil de printemps, et que du sein de ses transformations infinies mon esprit entrera en commerce immédiat avec le tien: car l'Esprit vit à jamais, il est l'éternel producteur et l'éternel aliment de l'esprit; il nourrit ce qu'il engendre, et, comme chaque destruction alimente une production nouvelle dans l'ordre matériel, de même chaque souffle intellectuel entretient, par une invisible communion, le souffle éveillé par lui dans un sanctuaire nouveau de l'intelligence.

« Ce discours n'éveilla pas dans le sein de Fulgence une ardeur plus grande que son maître ne l'avait pressenti; Spiridion l'avait bien jugé en lui disant que l'heure de la connaissance n'était pas sonnée pour lui. Sans doute, des esprits plus hardis et des cerveaux plus vastes que celui de Fulgence eussent pu être institués dépositaires du secret de l'abbé; à cette époque il s'en trouvait encore dans le cloître. Mais, sans doute aussi, ces caractères ne lui offraient point une garantie suffisante de sincérité et de désintéressement; il devait craindre que son trésor ne devînt un moyen de puissance temporelle ou de gloire mondaine dans les mains des ambitieux, peut-être une source d'impiété, une cause d'athéisme, sous l'interprétation d'une âme aride et d'une intelligence privée d'amour. Il savait que Fulgence était, comme dit l'Écriture, *un or très-pur*, et que si, le courage lui manquant, il venait à ne point profiter du legs sacré, du moins il n'en ferait jamais un usage funeste. Quand il vit avec quelle humble résignation ce disciple bien-aimé avait écouté ses confidences, il s'applaudit de l'avoir laissé à son libre arbitre, et lui fit jurer seulement qu'il ne mourrait point sans avoir fait passer le legs en des mains dignes de le posséder. Fulgence le jura.

— Mais, ô mon maître! s'écria-t-il, à quoi connaîtrai-je ces mains pures? et si nul ne m'inspire assez de confiance pour que je lui transmette votre héritage, du sein de la tombe votre voix ne montera-t-elle pas vers moi pour tancer mon aveuglement ou ma timidité? Pourrai-je, quand la lumière sera éteinte, me diriger seul dans les ténèbres?

— Aucune lumière ne s'éteint, répondit l'abbé, et les ténèbres de l'entendement sont, pour un esprit généreux et sincère, des voiles faciles à déchirer. Rien ne se perd; la forme elle-même ne meurt pas; et, ma figure restant gravée dans le plus intime sanctuaire de ta mémoire, qui pourra dire que ma figure a disparu de ce monde et que les vers ont détruit mon image? La mort rompra-t-elle les liens de notre amitié, et ce qui est conservé dans le cœur d'un ami a-t-il cessé d'être! L'âme a-t-elle besoin des yeux du corps pour contempler ce qu'elle aime, et n'est-elle pas un miroir d'où rien ne s'efface? Va, la mer cessera de refléter l'azur des cieux avant que l'image d'un être aimé retombe dans le néant; et l'artiste qui fixe une ressemblance sur la toile ou sur le marbre ne donne-t-il pas, lui aussi, une sorte d'immortalité à la matière?

« Tels étaient les derniers entretiens de Spiridion avec son ami. Mais ici commence pour ce dernier une série de faits personnels sur lesquels j'appelle toute ton attention ; les voici tels qu'ils m'ont été transmis maintes fois par lui avec la plus scrupuleuse exactitude.

« Fulgence ne pouvait s'habituer à l'idée de voir mourir son ami et son maître. En vain les médecins lui disaient que l'abbé avait peu de jours à vivre, sa maladie ayant dépassé déjà le terme où cessent les espérances et où s'arrêtent les ressources de l'art ; il ne concevait pas que cet homme, encore si vigoureux d'esprit et de caractère, fût à la veille de sa destruction. Jamais il ne l'avait vu plus clair et plus éloquent dans ses paroles, plus subtil dans ses aperçus et plus large dans ses vues. Au seuil d'une autre vie, il avait encore de l'énergie et de l'activité pour s'occuper des détails de la vie qu'il allait quitter. Plein de sollicitude pour ses frères, il donnait à chacun l'instruction qui lui convenait : aux mauvais, la prédication ardente ; aux bons, l'encouragement paternel. Il était plus inquiet et plus touché de la douleur de Fulgence que de ses propres souffrances physiques, et sa tendresse pour ce jeune homme lui faisait oublier ce qu'a de solennel et de terrible le pas qu'il allait franchir. »

Ici le père Alexis s'interrompit en voyant mes yeux se remplir de larmes, et ma tête se pencha sur sa main glacée, à la pensée d'un rapprochement si intime entre la situation qu'il me décrivait et celle où nous nous trouvions l'un et l'autre. Il me comprit, serra ma main avec force et continua.

« Spiridion, voyant que cette âme tendre et passionnée dans ses attachements allait se briser avec le fil de sa vie, essayait de lui adoucir l'horreur dont le catholicisme environne l'idée de la mort ; il lui peignait sous des couleurs sereines et consolantes ce passage d'une existence éphémère à une existence sans fin.

— Je ne vous plains pas de mourir, lui répondait Fulgence ; je me plains parce que vous me quittez. Je ne suis pas inquiet de votre avenir, je sais que vous allez passer de mes bras dans ceux d'un Dieu qui vous aime ; mais moi je vais gémir sur une terre aride et traîner une existence délaissée parmi des êtres qui ne vous remplaceront jamais pour moi !

— O mon enfant ! ne parle pas ainsi, répondit l'abbé ; il y a une providence pour les hommes bons, pour les cœurs aimants. Si elle te retire un ami dont la mission auprès de toi est remplie, elle donnera en récompense à la vieillesse un ami fidèle, un fils dévoué, un disciple confiant, qui entourera tes derniers jours des consolations que tu me procures aujourd'hui.

— Nul ne pourra m'aimer comme je vous aime, reprenait Fulgence, car jamais je ne serai digne d'un amour semblable à celui que vous m'inspirez ; et quand même cela devrait arriver, je suis si jeune encore ! Imaginez ce que j'aurai à souffrir, privé de guide et d'appui, durant les années de ma vie où vos conseils et votre protection m'eussent été le plus nécessaires !

— Écoute, lui dit un jour l'abbé ; je veux te dire une pensée qui a traversé plusieurs fois mon esprit sans s'y arrêter. Nul n'est plus ennemi que moi, tu le sais, des grossières jongleries dont les moines se servent pour terrifier leurs adeptes ; je ne suis pas davantage partisan des extases que d'ignorants visionnaires ou de vils imposteurs ont fait servir à leur fortune ou à la satisfaction de leur misérable vanité ; mais je crois aux apparitions et aux songes qui ont jeté quelquefois une salutaire terreur ou apporté une vivifiante espérance à des esprits sincères et pieusement enthousiastes. Les miracles ne me paraissent pas inadmissibles à la raison la plus froide et la plus éclairée. Parmi les choses surnaturelles qui, loin de causer de la répugnance à mon esprit, lui sont un doux rêve et une vague croyance, j'accepterais comme possibles les communications directes de nos sens avec ce qui reste en nous et autour de nous des morts que nous avons chéris. Sans croire que les cadavres puissent briser la pierre du sépulcre et reprendre pour quelques instants les fonctions de la vie, je m'imagine quelquefois que les éléments de notre être ne se divisent pas subitement, et qu'avant leur diffusion un reflet de nous-mêmes se projette autour de nous, comme le spectre solaire frappe encore nos regards de tout son éclat plusieurs minutes après que l'astre s'est abaissé derrière notre horizon. S'il faut t'avouer tout ce qui se passe en moi à cet égard, je te confesserai qu'il était une tradition dans ma famille que je n'ai jamais eu la force de rejeter comme une fable. On disait que la vie était dans le sang de mes ancêtres à un tel degré d'intensité que leur âme éprouvait, au moment de quitter le corps, l'effort d'une crise étrange, inconnue. Ils voyaient alors leur propre image se détacher d'eux, et leur apparaître quelquefois double et triple. Ma mère assurait qu'à l'heure suprême où mon père rendit l'esprit, il prétendait voir de chaque côté de son lit un spectre tout semblable à lui, revêtu de l'habit qu'il portait les jours de fête pour aller à la synagogue dont il était rabbin. Il eût été si facile à la raison hautaine de repousser cette légende que je ne m'en suis jamais donné la peine. Elle plaisait à mon imagination, et j'eusse été affligé de la condamner au néant des erreurs *jugées*. Ces discours te causent quelque surprise, je le vois. Tu m'as vu repousser si durement les tentatives de nos visionnaires et railler d'une manière si impitoyable leurs hallucinations, que tu penses peut-être qu'en cet instant mon cerveau s'affaiblit. Je sens, au contraire, que les voiles se dégagent, et il me semble que jamais je n'ai pénétré avec plus de lucidité dans les perceptions inconnues d'un nouvel ordre d'idées. A l'heure d'abdiquer l'exercice de la raison superbe, l'homme sincère, sentant qu'il n'a plus besoin de se défendre des terreurs de la mort, jette son bouclier et contemple d'un œil calme le champ de bataille qu'il abandonne. Alors il peut voir que, de même que l'ignorance et l'imposture, la raison et la science ont leurs préjugés, leurs aveuglements, leurs négations téméraires, leurs étroites obstinations. Que dis-je? il voit que la raison et la science humaines ne sont que des aperçus provisoires, des horizons nouvellement découverts, au delà desquels s'ouvrent des horizons infinis, inconnus encore, et qu'il juge insaisissables, parce que la courte durée de sa vie et la faible mesure de ses forces ne lui permettent pas de pousser plus loin son voyage. Il voit, à vrai dire, que la raison et la science ne sont que la supériorité d'un siècle relativement à un autre, et il se dit en tremblant que les erreurs qui le font sourire en son temps ont été le dernier mot de la sagesse humaine pour ses devanciers. Il peut se dire que ses descendants riront également de sa science, et que les travaux de toute sa vie, après avoir porté leurs fruits pendant une saison, seront nécessairement rejetés comme le vieux tronc d'un arbre qu'on recèpe. Qu'il s'humilie donc alors, et qu'il contemple avec un calme philosophique cette suite de générations qui l'ont précédé et cette suite de générations qui le suivront; et qu'il sourie en voyant le point intermédiaire où il a végété, atome obscur, imperceptible anneau de la chaîne infinie! Qu'il dise: J'ai été plus loin que mes ancêtres, j'ai grossi ou épuré le trésor qu'ils avaient conquis. Mais qu'il ne dise pas: Ce que je n'ai pas fait est impossible à faire, ce que je n'ai pas compris est un mystère incompréhensible, et jamais l'homme ne surmontera les obstacles qui m'ont arrêté. Car cela serait un blasphème, et ce serait pour de tels arrêts qu'il faudrait rallumer les bûchers où l'inquisition jette les écrits des novateurs.

« Ce jour-là, Spiridion mit sa tête dans ses mains, et ne s'expliqua pas davantage. Le lendemain, il reprit un entretien qui semblait lui plaire et le distraire de ses souffrances.

— Fulgence! dit-il, que peut signifier ce mot, *passé?* et quelle action veut marquer ce verbe, *n'être plus?* Ne sont-ce pas là des idées créées par l'erreur de nos sens et l'impuissance de notre raison? Ce qui a été peut-il cesser d'être, et ce qui est peut-il n'avoir pas été de tout temps?

— Est-ce à dire, maître, lui répliqua le simple Fulgence, que vous ne mourrez point, ou que je vous verrai encore après que vous ne serez plus?

— Je ne serai plus et je serai encore, répondit le maître. Si tu ne cesses pas de m'aimer, tu me verras, tu me sentiras, tu m'entendras partout. Ma forme sera devant tes yeux, parce qu'elle restera gravée dans ton esprit; ma voix vibrera à ton oreille, parce qu'elle restera dans la mémoire de ton cœur: mon esprit se révélera encore à ton esprit, parce que ton âme me comprend et me possède. Et peut-être, ajouta-t-il avec une sorte d'enthousiasme et comme frappé d'une idée nouvelle, peut-être te dirai-je, après ma mort, ce que mon ignorance et la tienne nous ont empêchés de découvrir ensemble et de nous communiquer l'un à l'autre. Peut-être ta pensée fécondera-t-elle la mienne; peut-être la semence laissée par moi dans ton âme fructifiera-t-elle, échauffée par ton souffle. Prie, prie! et ne pleure pas. Rappelle-toi que le jeune prophète Élisée demanda pour toute grâce au Seigneur qu'il mît sur lui une double part de l'esprit du prophète Élie, son maître. Nous sommes tous prophètes aujourd'hui, mon enfant. Nous cherchons tous la parole de vie et l'esprit de vérité.

« Le dernier jour, l'abbé reçut les sacrements avec tout le calme et toute la dignité d'un homme qui accomplit un acte extérieur et qui l'accepte comme un symbole respectable. Il reçut tous les adieux de ses frères, leur donna sa dernière bénédiction, et, se tournant vers Fulgence, il lui dit tout bas au moment où celui-ci, le voyant si fort et si tranquille, espérait presque qu'une crise favorable s'opérait et que son ami allait lui être rendu:

« Fais-les sortir, Fulgence ; je veux être seul avec toi. Hâte-toi, je vais mourir. »

« Fulgence, consterné, obéit ; et quand il fut seul avec l'abbé, il lui demanda, en tremblant et en pleurant, d'où lui venait, dans un moment où il semblait si calme, la pensée que sa vie allait finir si vite.

« Je me sens extraordinairement bien, en effet, répondit Spiridion, et, si je m'en rapportais au bien-être que j'éprouve dans mon corps et dans mon âme, je croirais volontiers que je ne fus jamais plus fort et mieux portant. Mais il est certain que je vais mourir ; car j'ai vu tout à l'heure mon spectre qui me montrait le sablier, et qui me faisait signe de renvoyer tous ces témoins inutiles ou malveillants. Dis-moi où en est le sable.

— O mon maître ! plus d'à moitié écoulé dans le réceptacle.

— C'est bien, mon enfant... Donne-moi l'écrit... place-le sur ma poitrine, et mets tout de suite le linceul autour de mes reins. »

Fulgence obéit, le front baigné d'une sueur froide. L'abbé lui prit les mains, et lui dit encore :

« Je ne m'en vais pas... Tous les éléments de mon être retournent à *Dieu*, et une partie de moi passe en toi. »

Puis il ferma les yeux et se recueillit. Au bout d'une demi-heure, il les ouvrit, et dit :

« Cet instant est ineffable ; je ne fus jamais plus heureux... Fulgence, reste-t-il du sable ?

« Fulgence tourna ses yeux humides vers le sablier. Il ne restait plus que quelques grains dans le récipient. Emporté par un mouvement de douleur inexprimable, il serra convulsivement les deux mains de son maître, qui étaient enlacées aux siennes, et qu'il sentait se refroidir rapidement. L'abbé lui rendit son étreinte avec force, et sourit en lui disant : « *Voici l'heure !* »

« En cet instant, Fulgence sentit une main pleine de chaleur se poser sur sa tête. Il se retourna brusquement, et vit debout derrière lui un homme en tout semblable à l'abbé, qui le regardait d'un air grave et paternel. Il reporta ses regards sur le mourant ; ses mains s'étaient étendues, ses yeux étaient fermés. Il avait cessé de vivre de la vie des hommes.

« Fulgence n'osa se retourner. Partagé entre la terreur et le désespoir, il colla son visage au bord du lit, et perdit connaissance pendant quelques instants. Mais bientôt, se rappelant le devoir qu'il avait à remplir, il reprit courage, et acheva d'ensevelir son maître bien-aimé dans le linceul. Il arrangea le manuscrit avec le plus grand soin, mit le crucifix dessus, suivant l'usage, et croisa les bras du cadavre sur la poitrine. A peine y furent-ils placés, qu'ils se roidirent comme l'acier, et il sembla à Fulgence que nul pouvoir humain n'eût pu arracher le livre à ce corps privé de vie.

« Il ne le quitta pas une seule minute, et le porta lui-même, avec trois autres novices, dans l'église. Là, il se prosterna auprès de son catafalque, et y resta sans prendre aucun aliment ni goûter aucun sommeil, jusqu'à ce qu'il eût de ses mains soudé le cercueil et qu'il eût vu de ses yeux sceller la pierre du caveau. Quand ce fut fait, il se prosterna sur cette dalle, et l'arrosa de larmes amères. Alors il entendit une voix qui lui dit à l'oreille : « *T'ai-je donc quitté?* » Il n'osa pas regarder auprès de lui. Il ferma les yeux pour ne rien voir. Mais la voix qu'il avait entendue était bien celle de son ami. Les chants funèbres résonnaient encore sous la voûte du temple, et le cortége des moines défilait lentement.

« Là, poursuivit Alexis après s'être un peu reposé, cessent pour moi les intimes révélations de Fulgence. Lorsqu'il me raconta ces choses, il crut devoir ne me rien cacher de la vie et de la mort de son maître; mais, soit scrupule de chrétien, soit une sorte de confusion et de repentir envers la mémoire de Spiridion, il ne voulut point me raconter ce qui s'était passé depuis entre lui et l'ombre assidue à le visiter. J'ai la certitude intime qu'il eut de nombreuses apparitions dans les premiers temps; mais la crainte qu'elles lui causaient et les efforts qu'il faisait pour s'y soustraire les rendirent de plus en plus rares et confuses. Fulgence était un caractère flottant, une conscience timorée. Quand il eut perdu son maître, le charme de sa présence continuelle n'agissant plus sur lui, il fut effrayé de tout ce qu'il avait entendu, et peut-être de ce qu'il avait fait en inhumant le livre. Personne mieux que lui ne savait combien l'accusation de magie était indigne de la haute sagesse et de la puissante raison de l'abbé. Néanmoins, à force d'entendre dire, après la mort de celui-ci, qu'il s'était adonné à cet art détestable et qu'il avait eu commerce avec les démons, Fulgence, épouvanté des choses surnaturelles qu'il avait vues, et de celles qui, sans doute, se passaient encore en lui, chercha dans l'observance scrupuleuse de ses devoirs de chrétien un refuge contre la lumière qui éblouissait sa faible vue. Ce qu'il faut admirer dans cet homme généreux et droit, c'est qu'il trouva dans son cœur la force qui manquait à son esprit, et qu'il ne trahit jamais, même au sein des investigations menaçantes ou perfides du confessionnal, aucun des secrets de son maître. L'existence du manuscrit demeura ignorée, et, à l'heure de sa mort, il exécuta fidèlement la volonté suprême de Spiridion en me confiant ce que je viens de te confier.

« Spiridion avait érigé en statut particulier de notre abbaye, que tout religieux atteint d'une maladie grave serait en droit de réclamer, outre les soins de l'infirmier ordinaire, ceux d'un novice ou d'un religieux à son choix. L'abbé avait institué ce règlement peu de jours avant sa mort, en reconnaissance des consolations dont Fulgence entourait son agonie, afin que ce même Fulgence et les autres religieux eussent, dans leur dernière épreuve, ces secours et ces consolations de l'amitié, que rien ne peut remplacer. Fulgence étant donc tombé en paralysie, je fus mandé auprès de lui. Le choix qu'il faisait de moi en cette occurrence eut lieu de me surprendre ; car je le connaissais à peine, et il n'avait jamais semblé me distinguer, tandis qu'il était sans cesse entouré de fervents disciples et d'amis empressés. Objet des persécutions et des méfiances de l'ordre durant les années qui suivirent la mort de l'abbé, il avait fini par faire sa paix à force de douceur et de bonté. De guerre lasse, on avait cessé de lui demander compte des écrits hérétiques qu'on soupçonnait être sortis de la plume d'Hébronius, et on se persuadait qu'il les avait brûlés. Les conjectures sur le grand œuvre étaient passées de mode depuis que l'esprit du xviiie siècle s'était infiltré dans nos murs. Nous avions au moins dix bons pères philosophes qui lisaient Voltaire et Rousseau en cachette, et qui poussaient l'*esprit fort* jusqu'à rompre le jeûne et soupirer après le mariage. Il n'y avait plus que le portier du couvent, vieillard de quatre-vingts ans, contemporain du père Fulgence, qui mêlât les superstitions du passé à l'orgueil du présent. Il parlait du vieux temps avec admiration, de l'abbé Spiridion avec un sourire mystérieux, et de Fulgence lui-même avec une sorte de mépris, comme d'un ignorant et d'un paresseux qui eût pu faire part de son secret et enrichir le couvent, mais qui avait peur du diable et faisait niaisement son salut. Cependant il y avait encore de mon temps plusieurs jeunes cerveaux que la vie et la mort d'Hébronius tourmentaient comme un problème. J'étais de ce nombre; mais je dois dire que, si le sort de cette grande âme dans l'autre vie m'inspirait quelque inquiétude, je ne partageais aucune des imbéciles terreurs de ceux qui n'osaient prier pour elle, de peur de la voir apparaître. Une superstition, qui durera tant qu'il y aura des couvents, condamnait son spectre à errer sur la terre jusqu'à ce que les portes du purgatoire tombassent tout à fait devant son repentir ou devant les supplications des hommes. Mais, comme, selon les moines, il est de la nature des spectres de s'acharner après les vivants qui veulent bien s'occuper d'eux, pour en obtenir toujours plus de messes et de prières, chacun se gardait bien de prononcer son nom dans les commémorations particulières.

« Pour moi, j'avais souvent réfléchi aux choses étranges qu'on racontait au noviciat sur les anciennes apparitions de l'abbé Spiridion. Aucun novice de mon temps ne pouvait affirmer avoir vu ou entendu l'*Esprit*; mais certaines traditions s'étaient perpétuées dans cette école avec les commentaires de l'ignorance et de la peur, éléments ordinaires de l'éducation monacale. Les anciens, qui se piquaient d'être éclairés, riaient de ces traditions, sans avouer qu'ils les avaient accréditées eux-mêmes dans leur jeunesse. Pour moi, je les écoutais avec avidité, mon imagination se plaisant à la poésie de ces récits merveilleux, et ma raison ne cherchant point à les commenter. J'aimais surtout une certaine histoire que je veux te rapporter.

« Pendant les dernières années de l'abbé Spiridion, il avait pris l'habitude de marcher à grands pas dans la longue salle du chapitre depuis midi jusqu'à une heure. C'était là toute la récréation qu'il se permettait, et encore la consacrait-il aux pensées les plus graves et les plus sombres; car, si on venait l'interrompre au milieu de sa promenade, il se livrait à de violents accès de colère. Aussi les novices qui avaient quelque grâce à lui demander se tenaient-ils dans la galerie du cloître contiguë à celle du chapitre, et là ils attendaient, tout tremblants, que le coup d'une heure sonnât; l'abbé, scrupuleusement régulier dans la distribution de sa journée, n'accordait jamais une minute de plus ni de moins à sa promenade. Quelques jours après sa mort, l'abbé Déodatus, son successeur, étant entré un peu après midi dans la salle du chapitre, en sortit, au bout de quelques instants, pâle comme la mort, et tomba évanoui dans les bras de plusieurs frères qui se trouvaient dans la galerie. Jamais il ne voulut dire la cause de sa terreur ni raconter ce qu'il avait vu dans la salle. Aucun religieux n'osa plus y pénétrer à cette heure-là, et la peur s'empara de tous les novices au point qu'on passait la nuit en prières dans les dortoirs, et que plusieurs de ces jeunes gens tombèrent malades. Cependant la curiosité étant plus forte encore que la frayeur, il y en eut quelques-uns d'assez hardis pour se tenir dans la galerie à l'heure fatale. Cette galerie est, tu le sais, plus basse de quelques pieds que le sol de la salle du chapitre. Les cinq grandes fenêtres en ogive de la salle donnent donc sur la galerie, et à cette époque elles étaient, comme aujourd'hui, garnies de grands rideaux de serge rouge constamment baissés sur cette face du bâtiment. Quels furent la surprise et l'effroi de ces novices lorsqu'ils virent passer sur les rideaux la grande ombre de l'abbé Spiridion, bien reconnaissable à la silhouette de sa belle chevelure! En même temps qu'on voyait passer et repasser cette ombre, on entendait le bruit égal et rapide de ses pas. Tout le couvent voulut être témoin de ce prodige, et les esprits forts, car dès ce temps-là il y en avait quelques-uns, prétendaient que c'était Fulgence ou quelque autre des anciens favoris de l'abbé qui se promenait de la sorte. Mais l'étonnement des incrédules fut grand lorsqu'ils purent s'assurer que toute la communauté, sans en excepter un seul religieux, novice ou serviteur, était rassemblée sur la galerie, tandis que l'ombre marchait toujours et que le plancher de la salle craquait sous ses pieds comme à l'ordinaire.

« Cela dura plus d'un an. A force de messes et de prières, on satisfit, dit-on, cette âme en peine, et le premier anniversaire de la mort d'Hébronius vit cesser le prodige. Cependant une autre année s'écoula encore sans que personne osât entrer dans la salle à l'heure maudite. Comme on donne à chaque chose un nom de convention dans les couvents, on avait nommé cette heure le *Miserere*, parce que, pendant l'année qu'avait duré la promenade du revenant, plusieurs novices, désignés à tour de rôle par les supérieurs, avaient été tenus d'aller réciter le *Miserere* dans la galerie. Quand cette apparition eut cessé et qu'on se fut familiarisé de nouveau avec les lieux hantés par l'esprit, on disait qu'à l'heure de midi, au moment où le soleil passait sur la figure du portrait d'Hébronius, on voyait ses yeux s'animer et paraître en tout semblables à des yeux humains.

« Cette légende ne m'avait jamais trouvé railleur et superbe. Je prenais un singulier plaisir à l'entendre raconter; et longtemps avant l'époque où je connus intimement Fulgence, je m'étais intéressé à ce savant abbé, dont l'âme agitée n'avait peut-être pu encore entrer dans le repos céleste, faute d'avoir trouvé des amis assez courageux ou des chrétiens assez fervents pour demander et obtenir sa grâce. Dans toute la naïveté de ma foi, je m'étais posé comme l'avocat de Spiridion auprès du tribunal de Dieu, et tous les soirs, avant de m'endormir, je récitais avec onction un *De profundis* pour lui. Bien qu'il fût mort une quarantaine d'années avant ma naissance, soit que j'aimasse la grandeur de ce caractère dont on rapportait mille traits remarquables, soit qu'il y eût en moi quelque chose comme une prédestination à devenir son héritier, je me sentais ému d'une vive sympathie et d'une sorte de tendresse pieuse en songeant à lui. J'avais horreur de l'hérésie, et je le plaignais si vivement d'avoir donné dans cette erreur que je ne pouvais souffrir qu'on parlât devant moi de ses dernières années.

« Néanmoins la prudence me défendait d'avouer cette sympathie. L'inquisition exercée sans cesse par les supérieurs eût incriminé la pureté de mes sentiments. Le choix que Fulgence fit de moi pour son ami et son consolateur eut lieu de me surprendre autant qu'il surprit les autres. Quelques-uns en furent blessés, mais personne ne songea à m'en faire un crime; car je ne l'avais pas cherché, et on n'en conçut point de méfiance. J'étais alors aussi fervent catholique qu'il est possible de l'être, et même ma dévotion avait un caractère d'orthodoxie farouche qui m'assurait, sinon la bienveillance, du moins la considération des supérieurs. Il y avait déjà quatre ans que j'avais fait profession, et cette *ferveur de novice*, qui est devenue un terme proverbial, ne s'était pas encore démentie. J'aimais la religion catholique avec une sorte de transport; elle me semblait une arche sainte à l'abri de laquelle je pourrais dormir toute ma vie en sûreté contre les flots et les orages de me passions; car je sentais fermenter en moi une force capable de briser comme le verre tous les raisonnements de la sagesse; et les idées que renferme ce mot, *mystère*, étaient les seuls qui pussent m'enchaîner, parce qu'elles seules pouvaient gouverner ou du moins endormir mon imagination. Je me plaisais à exalter la puissance de cette révélation divine qui coupe court à toutes les controverses et promet, en revanche de la soumission de l'esprit, les éternelles joies de l'âme. Combien je la trouvais préférable à ces philosophies profanes qui cherchent vainement le bonheur dans un monde éphémère, et qui ne peuvent, après avoir lâché la bride aux instincts de la matière, reprendre le moindre empire durable sur eux par le raisonnement! J'étais chargé de presque toutes les instructions scolastiques, et je professais la théologie en apôtre exalté, faisant servir tout l'esprit de discussion et d'examen qui étaient en moi à démontrer l'excellence d'une foi qui proscrivait l'un et l'autre.

« Je semblais donc l'homme le moins propre à recevoir les confidences de l'ami d'Hébronius. Mais un seul acte de ma vie avait révélé naguère au vieux Fulgence quel fond on pouvait faire sur la fermeté de mon caractère. Un novice m'avait confié une faute que je l'avais engagé à confesser. Il ne l'avait pas fait, et la faute ayant été découverte ainsi que la confidence que j'avais reçue, on taxait presque mon silence de complicité. On voulait pour m'absoudre que je fisse de plus amples révélations, et que je complétasse, par la délation, l'accusation portée contre ce jeune homme. J'aimai mieux me laisser charger que de le charger lui-même. Il confessa toute la vérité, et je fus disculpé. Mais on me fit un grand crime de ma résistance, et le Prieur m'adressa des reproches publics dans les termes les plus blessants pour l'orgueil irritable qui couvait dans mon sein. Il m'imposa une rude pénitence ; puis, voyant la surprise et la consternation que cet arrêt sévère répandait sur le visage des novices tremblants autour de moi, il ajouta :

« — Nous avons regret à punir avec la rigueur de la justice un homme aussi régulier dans ses mœurs et aussi attaché à ses devoirs que vous l'avez été jusqu'à ce jour. Nous aimerions à pardonner cette faute, la première de votre vie religieuse qui nous ait offert de la gravité. Nous le ferions avec joie, si vous montriez assez de confiance en nous pour vous humilier devant notre paternelle autorité, et si, tout en reconnaissant vos torts, vous preniez l'engagement solennel de ne jamais retomber dans une telle résistance, en faveur des profanes maximes d'une mondaine loyauté.

« — Mon père, répondis-je, j'ai sans doute commis une grande faute, puisque vous condamnez ma conduite ; mais Dieu réprouve les vœux téméraires, et quand nous faisons un ferme propos de ne plus l'offenser, ce n'est point par des serments, mais par d'humbles vœux et d'ardentes prières que nous obtenons son assistance future. Nous ne saurions tromper sa clairvoyance, et il se rirait de notre faiblesse et de notre présomption. Je ne puis donc m'engager à ce que vous me demandez. »

« Ce langage n'était pas celui de l'Église, et, à mon insu, un instant d'indignation venait de tracer en moi une ligne de démarcation entre l'autorité de la foi et l'application de cette autorité entre les mains des hommes. Le Prieur n'était pas de force à s'engager dans une discussion avec moi. Il prit un air d'hypocrite compassion, et me dit d'un ton affligé qui déguisait mal son dépit :

« — Je serai forcé de confirmer ma sentence, puisque vous ne vous sentez pas la force de me rassurer à l'avenir sur une seconde faute de ce genre.

« — Mon père, répondis-je, je ferai double pénitence pour celle-ci. »

« Je la fis en effet ; je prolongeai tellement mes macérations qu'on fut forcé de les faire cesser. Sans m'en douter, ou du moins sans l'avoir prévu, j'allumai de profonds ressentiments, et j'excitai de vives alarmes dans l'esprit des supérieurs par l'orgueil d'une expiation qui désormais me déclarait invulnérable aux atteintes des châtiments extérieurs. Fulgence fut vivement frappé du caractère inattendu que cette conduite, de ma part, révélait aux autres et à moi-même. Il lui échappa de dire que, du temps de l'abbé Spiridion, *de telle choses ne se seraient point passées.*

« Ces paroles me frappèrent à mon tour, et je lui en demandai l'explication un jour que je me trouvai seul avec lui.

« — Ces paroles signifient deux choses, me répondit-il : d'abord, que jamais l'abbé Spiridion n'eût cherché à arracher de la bouche d'un ami le secret d'un ami ; ensuite, que, si quelqu'un l'eût osé tenter, il eût puni la tentative et récompensé la résistance. »

« Je fus fort surpris de cet instant d'abandon, le seul peut-être auquel Fulgence se fût livré depuis bien des années. Très-peu de temps après il tomba en paralysie, et me fit venir près de lui. Il me parut d'abord très-gêné avec moi, et j'attendais vainement qu'il m'expliquât par quel hasard il m'avait choisi. Mais, voyant qu'il ne le faisait pas, je sentis ce qu'il y aurait eu d'indélicat à le lui demander, et je m'efforçai de lui montrer que j'étais reconnaissant et honoré de la préférence qu'il m'accordait. Il me sut gré de lui épargner toute explication, et nos relations s'établirent sur un pied de tendre intimité et de dévoûment filial. Cependant la confiance eut peine à venir, quoique nous parlassions beaucoup ensemble et avec une apparence d'abandon. Le bon vieillard semblait avoir besoin de raconter ses jeunes années, et de faire partager à un autre l'enthousiasme qu'il avait pour son bien-aimé maître Spiridion. Je l'écoutais avec plaisir, éloigné que j'étais de concevoir aucune inquiétude pour ma foi; et bientôt je pris tant d'intérêt à ce sujet que, lorsqu'il s'en écartait, je l'y ramenais de moi-même. J'aurais bien, à cause des travaux inconnus qui avaient rempli les dernières années de l'abbé, gardé contre lui une sorte de méfiance, si les détails de sa vie m'eussent été transmis par un catholique moins régulier que Fulgence; mais de celui-ci rien ne m'était suspect, et, à mesure que par lui je me mis à connaître Spiridion, je me laissai aller à la sympathie étrange et toute-puissante que m'inspirait le caractère de l'homme sans m'alarmer des opinions finales du théologien. Cette sincérité vigoureuse et cette justice rigide qu'il avait apportées dans tous les actes de sa vie faisaient vibrer en moi des cordes jusque là muettes. Enfin j'arrivai à chérir ce mort illustre comme un ami vivant. Fulgence parlait de lui et des choses écoulées depuis soixante ans comme s'ils eussent été d'hier; le charme et la vérité de ses tableaux étaient tels pour moi que je finissais par croire à la présence du maître ou à son retour prochain au milieu de nous. Je restais parfois longtemps sous l'empire de cette illusion; et quand elle s'évanouissait, quand je revenais au sentiment de la réalité, je me sentais saisi d'une véritable tristesse, et je m'affligeais de mon erreur perdue avec une naïveté qui faisait sourire et pleurer à la fois le bon Fulgence.

« Malgré la résignation patiente avec laquelle ce digne religieux supportait son infirmité toujours croissante, malgré l'enjouement et l'expansion que ma présence lui apportait, il était facile de voir qu'un chagrin lent et profond l'avait rongé toute sa vie ; et plus ses jours déclinaient vers la tombe, plus ce chagrin mystérieux semblait lui peser. Enfin, sa mort étant proche, il m'ouvrit tout à fait son âme et me dit qu'il m'avait jugé seul capable de recevoir un secret de cette importance, à cause de la fermeté de mes principes et de celle de mon caractère. L'une devait m'empêcher, selon lui, de m'égarer dans les abîmes de l'hérésie, l'autre me préserverait de jamais trahir le secret du livre. Il désirait que je ne prisse point connaissance de ce livre ; mais il ajoutait, selon l'esprit du maître, que, si je venais à perdre la foi et à tomber dans l'athéisme, le livre, quoique entaché peut-être d'hérésie, devait certainement me ramener à la croyance de la Divinité et des points fondamentaux de la vraie religion. Sous ce rapport, c'était un trésor qu'il ne fallait pas laisser à jamais enfoui ; et Fulgence me fit jurer, au cas où je n'aurais jamais besoin d'y recourir, de ne point emporter ce secret dans la tombe et de le confier à quelque ami éprouvé avant de mourir. Il y eut beaucoup d'embarras et de contradictions dans les aveux du bon religieux. Il semblait qu'il y eût en lui deux consciences, l'une tourmentée par les devoirs et les engagements de l'amitié, l'autre par les terreurs de l'enfer. Son trouble excita en moi une tendre compassion, et je ne songeai pas à porter de sévères jugements sur sa conduite en un moment si solennel et si douloureux. D'autre part, je commençais à me trouver moi-même dans la même situation que lui. Catholique et hérétique à la fois, d'une main j'invoquais l'autorité de l'Église romaine, de l'autre je plongeais dans la tombe de Spiridion pour y chercher ou du moins pour y protéger l'esprit de révolte et d'examen. Je compris bien les souffrances du moribond Fulgence, et je lui cachai celles qui s'emparaient de moi. Il s'était soutenu vigoureux d'esprit tant que l'urgence de ses aveux avait été aux prises avec les scrupules de sa dévotion. A peine eut-il mis fin à ses agitations qu'il commença à baisser : sa mémoire s'affaiblit, et bientôt il sembla avoir complétement oublié jusqu'au nom de son ami. Durant les heures de la fièvre, il était livré aux plus minutieuses pratiques de dévotion, et je n'étais occupé qu'à lui réciter des prières et à lui lire des psaumes. Il s'endormait un rosaire entre les doigts, et s'éveillait en murmurant : *Miserere nobis*. On eût dit qu'il voulait expier à force de puérilités la coûteuse énergie qu'il avait déployée en exécutant la volonté dernière de son ami. Ce spectacle m'affligea. — A quoi sert toute une vie de soumission et d'aveuglement, pensai-je, s'il faut à quatre-vingts ans mourir dans l'épouvante? Comment mourront les athées et les débauchés, si les saints descendent dans la tombe pâles de terreur et manquant de confiance en la justice de Dieu?

« Une nuit Fulgence, en proie à un redoublement de fièvre, fut agité de rêves pénibles. Il me pria de m'asseoir près de son lit et de rester éveillé afin de l'éveiller lui-même s'il venait à s'endormir. A chaque instant il croyait voir un spectre approcher de lui ; mais il avouait ensuite qu'il ne le voyait point, et que la peur seule de le voir faisait passer devant ses yeux des images flottantes et des formes confuses. Il faisait un beau clair de lune, et cette circonstance l'effrayait particulièrement. C'est alors que, dévoré d'une curiosité égoïste, je lui arrachai l'aveu des apparitions qu'il avait eues. Mais cet aveu fut très-incomplet ; sa tête s'égarait à chaque instant. Tout ce que je pus savoir, c'est que le spectre avait cessé de le visiter pendant plus de cinquante ans. C'était environ un an avant cette maladie, sous laquelle il succombait, que l'apparition était revenue. A l'heure de la nuit où la lune entrait dans son plein, il s'éveillait et voyait l'abbé assis près de lui. Celui-ci ne lui parlait point, mais il le regardait d'un air triste et sévère, comme pour lui reprocher son oubli et lui rappeler ses promesses. Fulgence en avait conclu que son heure était proche ; et, cherchant autour de lui à qui il pourrait transmettre le secret, il avait remarqué que j'étais le seul homme sur lequel il pût compter. Il n'avait voulu me faire aucune ouverture préalable, afin ne point attirer sur nos relations l'attention des supérieurs et de ne point m'exposer par la suite à des persécutions.

« La nuit se passa sans que le spectre apparût à Fulgence. Quand il vit le matin blanchir l'horizon, il secoua tristement la tête en disant :

« — C'est fini, il ne viendra plus. Il ne venait que pour me tourmenter lorsqu'il était mécontent de moi, et maintenant que j'ai fait sa volonté il m'abandonne ! O maître, ô maître, j'ai pourtant exposé pour vous mon salut éternel, et peut-être suis-je damné à jamais pour vous avoir aimé plus que moi-même ! »

« Ce dernier élan d'une affection plus forte que la peur m'attendrit profondément. Quel était donc cet homme qui soixante ans après sa mort inspirait une telle épouvante, de tels dévouements et de si tendres regrets ? Fulgence s'endormit et se réveilla vers midi.

« — C'en est fait, me dit-il, je sens la vie qui de minute en minute se retire de moi. Mon cher frère, je voudrais recevoir les derniers sacrements. Allez vite assembler nos frères et demander qu'on vienne m'administrer. Hélas! ajouta-t-il d'un air préoccupé, je mourrai donc sans savoir si son âme a fait sa paix avec la mienne! J'ai dormi profondément; je n'ai point entendu sa voix pendant mon sommeil. Ah! il aimait son livre mieux que moi! Je le savais bien! je le lui disais quand il était parmi nous : — Maître, toute votre affection réside dans votre intelligence, et votre cœur n'a rien pour nous. C'est l'histoire des hommes forts et des hommes faibles. Quand l'esprit des forts est content de nous, ils condescendent à nous rechercher; mais nous autres, que nous approuvions ou non les spéculations de leur esprit, notre cœur leur reste indissolublement attaché.

«— Père Fulgence, ne dites pas cela, m'écriai-je en le serrant dans mes bras par un élan involontaire et sans songer à me faire l'application d'un reproche qui ne s'adressait pas à moi. Ce serait la première, la seule hérésie de votre vie. Les hommes vraiment forts aiment passionnément, et c'est parce que vous êtes un de ces hommes que vous avez tant aimé. Prenez courage à cette heure suprême. Si vous avez péché contre la science de l'Église en restant fidèle à l'amitié, Dieu vous absoudra, parce qu'il préfère l'amour à l'intelligence.

«— Ah! tu parles comme parlait mon maître, s'écria Fulgence. Voici la première parole selon mon cœur que j'aie entendue depuis soixante ans. Sois béni, mon fils. Je te répéterai la bénédiction de Spiridion : « Veuille le Tout-Puissant donner à tes vieux jours un ami fidèle et tendre comme tu l'as été pour moi! »

« Il reçut les sacrements avec une grande ferveur. Toute la communauté assistait à son agonie. Ceux des religieux que ne pouvait contenir sa cellule étaient agenouillés sur deux rangs dans la galerie, depuis sa porte jusqu'au grand escalier qu'on apercevait au fond. Tout à coup Fulgence, qui semblait expirer dans une muette béatitude, se ranima, et, m'attirant vers lui, me dit à l'oreille : — *Il vient, il monte l'escalier ; va au devant de lui.* Ne comprenant rien à cet ordre, mais obéissant avec cet aveuglement que les moribonds ont droit d'exiger, je sortis doucement, et, sans troubler le recueillement des religieux, je franchis le seuil et portai mes regards sur cette vaste profondeur de l'escalier voûté, où nageait en cet instant la vapeur embrasée du soleil. Les novices, placés toujours derrière les profès, étaient à genoux de chaque côté des rampes. Je vis alors un homme qui montait les degrés et qui s'approchait vivement. Sa démarche était légère et majestueuse à la fois, comme l'est celle d'un homme actif et revêtu d'autorité. A sa haute taille pleine d'élégance, à sa chevelure blonde et rayonnante, à son costume du temps passé, je le reconnus sur-le-champ. Il était en tout conforme à la description que Fulgence m'en avait faite tant de fois. Il traversa les deux rangées de moines, qui récitaient à voix basse les litanies des Saints, sans que personne s'aperçût de sa présence, quoiqu'elle fût visible pour moi comme la lumière du jour, et que le bruit de ses pas rapides et cadancés frappât mon oreille.

« Il entra dans la cellule. Au moment où il passa près de moi, je tombai sur mes genoux. Sans s'arrêter, il tourna la tête vers moi et me regarda fixement. Je continuai à le suivre des yeux. Il s'approcha du lit, prit la main de Fulgence, et s'assit auprès de lui. Fulgence ne bougea pas. Sa main resta immobile et pendante dans celle du maître; sa bouche était entr'ouverte, ses yeux fixes et sans regard. Pendant tout le temps que durèrent les litanies, l'apparition demeura immobile, toujours penchée sur le corps de Fulgence. Au moment où elles furent achevées, celui-ci se dressa sur son séant, et, serrant convulsivement la main qui tenait la sienne, il cria d'une voix forte : « *Sancte Spiridion, ora pro nobis,* » et retomba mort. Le fantôme disparut en même temps. Je regardai autour de moi pour voir l'effet qu'avait produit cette scène sur les autres assistants : au calme qui régnait sur tous les visages, je reconnus que l'esprit n'avait été visible que pour moi seul.

« Vingt-quatre heures après on descendit le corps de Fulgence au sein de la terre. Je fus un des quatre religieux désignés pour le porter au fond du caveau destiné à son dernier sommeil. Ce caveau est situé au transept de notre église. Tu as vu souvent la pierre longue et étroite qui en marque le centre et qui porte cette étrange inscription : « *Hic est veritas.* »

— Cette inscription, dis-je en interrompant le père Alexis, a souvent distrait mes regards et occupé ma pensée pendant la prière. Malgré moi, je cherchais à pénétrer le sens d'une devise qui me paraissait opposée à l'esprit du christianisme. Comment, me disais-je, la vérité pourrait-elle être enfouie dans un sépulcre? Quels enseignements les vivants peuvent-ils demander à la poussière des cadavres? N'est-ce pas vers le ciel que nos regards doivent se tourner dès que l'étincelle de la vie a quitté notre chair mortelle, et que l'âme a brisé ses liens?

— Maintenant, répondit Alexis, tu peux comprendre le sens mystérieux de cette épitaphe. Spiridion, dans son enthousiasme pour Bossuet, l'avait fait inscrire, ainsi que tu l'as vu, au dos du livre que le peintre de son portrait lui plaça dans la main. Plus tard, lorsqu'il eut dans son inaltérable bonne foi, changé une dernière fois d'opinion, voulant, en face des variations de son esprit, témoigner de la constance de son cœur, il résolut de garder sa devise, et, à sa mort, il exigea qu'elle fût gravée sur sa tombe. Noble jalousie d'un vaillant esprit que rien ne peut séparer de sa conquête et qui demande à dormir dans sa tombe avec la vérité qu'il a gagnée, comme le guerrier avec le trophée de sa victoire! Les moines ne comprirent pas que cette protestation du mourant ne se rapportait plus à la doctrine de Bossuet; quelques-uns méditèrent avec méfiance sur la portée de ces trois mots; nul n'osa cependant y porter une main profane, tant était grand le respect mêlé de crainte que l'abbé inspirait jusque dans son tombeau.

« Le jour des obsèques de Fulgence, cette dalle fut levée, et nous descendîmes l'escalier du caveau; car une place avait été conservée pour l'ami de Spiridion à côté de celle même où il reposait. Telle avait été la dernière volonté du maître. Le cercueil de chêne que nous portions était fort lourd; l'escalier roide et glissant; les frères qui m'aidaient, des adolescents débiles, troublés peut-être par la lugubre solennité qu'ils accomplissaient. La torche tremblait dans la main du moine qui marchait en avant. Le pied manqua à un des porteurs; il roula en laissant échapper un cri, auquel les cris de ses compagnons répondirent. La torche tomba des mains du guide, et, à demi éteinte, ne répandit plus sur les objets qu'une lumière incertaine, de plus en plus sinistre. L'horreur de cet instant fut extrême pour des jeunes gens timides, élevés dans les superstitions d'une foi grossière, et prévenus contre la mémoire de l'abbé par les imputations absurdes qui circulaient encore contre lui dans le cloître. Ils croyaient sans doute que le spectre de Spiridion allait se dresser devant eux, ou que l'esprit malin, réveillé par ces saintes ablutions, allait s'exhaler en flammes livides de la fosse ténébreuse.

« Quant à moi, plus robuste de corps ou plus ferme d'esprit, je ressentais une vive émotion, mais nulle terreur ne s'y mêlait, et c'était avec une sorte de vénération joyeuse que j'approchais des reliques d'un grand homme. Lorsque mon compagnon tomba, je retins à moi seul la dépouille respectable de mon maître; mais les deux autres qui marchaient derrière nous s'étant laissé choir aussi, je fus entraîné par la secousse imprimée au fardeau, et j'allai tomber avec le cercueil de Fulgence sur le cercueil de Spiridion. Je me relevai aussitôt; mais en appuyant ma main sur le sarcophage de plomb qui contenait les restes de l'abbé, je fus surpris de sentir, au lieu du froid métallique, une chaleur qui semblait tenir de la vie. Peut-être était-ce le sang d'une légère blessure que je venais de me faire à la tête, et dont le sarcophage avait reçu quelques gouttes. Dans le premier moment, je ne m'aperçus point de cette blessure, et, transporté d'une sympathie étrange, inconcevable, j'embrassai ce sépulcre avec le même transport que si j'eusse senti tressaillir contre mon sein palpitant les ossements desséchés de mon père. Je me relevai à la hâte en voyant qu'un autre moine, survenant au milieu de cette scène de terreur, avait ramassé la torche.

« Je ne me rappelle pas sans une sorte de honte les pensées qui m'absorbèrent la nuit qui suivit les obsèques de Fulgence, tandis que je méditais agenouillé sur sa pierre tumulaire. Le souvenir de Spiridion m'était sans cesse présent : ébloui par le prestige de son audace intellectuelle et de cette puissance merveilleuse dont l'influence lui avait survécu si longtemps, je me sentis tout à coup possédé d'un ardent désir de marcher sur ses traces. La jeunesse est orgueilleuse et téméraire, et les enfants croient qu'ils n'ont qu'à ouvrir les mains pour saisir les sceptres qu'ont portés les morts. Je me voyais déjà abbé du couvent, comme Spiridion, maître de son livre, éblouissant le monde entier par ma science et ma sagesse. Je ne savais pas quelle était sa doctrine; mais, quelle qu'elle fût, je l'acceptais d'avance, comme émanée de la plus forte tête de son siècle. Enthousiasmé par ses idées, je me relevai instinctivement pour aller m'emparer du livre, et déjà je cherchais les moyens de soulever la pierre; mais, au moment d'y porter les mains, je me sentis arrêter tout d'un coup par la pensée d'un sacrilége, et tous mes scrupules religieux, un instant écartés, revinrent m'assaillir en même temps. Je sortis de l'église à la fois charmé, tourmenté, épouvanté. L'orgueil humain et la soumission chrétienne étaient aux prises en moi, je ne savais encore lequel triompherait; mais il me sembla que le sentiment qui avait, en une heure, pris autant de force que l'autre en dix ans, aurait bien de la peine à succomber. Cette lutte intérieure dura plusieurs jours. Enfin mon intelligence vint au secours de l'orgueil et décida la victoire. La foi s'enfuit devant la raison, comme l'obéissance fuyait devant l'ambition.

« Ce ne fut point tout d'un coup cependant, et de parti délibéré, que j'abjurai la foi catholique. Lorsque j'accordai à mon esprit le droit d'examiner sa croyance, j'étais encore tellement attaché à cette croyance affaiblie que je me flattais de la retremper au creuset de l'étude et de la méditation. Si elle devait s'écrouler au premier choc de l'intelligence, me disais-je, elle serait un bien pauvre et bien fragile édifice. La loi qui prescrit d'abaisser l'entendement devant les mystères a dû être promulguée pour les cerveaux faibles. Ces mystères divins ne peuvent être que de sublimes figures dont le sens trop vaste épouvanterait et briserait les cerveaux étroits. Mais Dieu aurait-il donné à l'intelligence sublime de l'homme, émanée de lui-même, les ténèbres pour domaine et la peur pour guide? Non, ce serait outrager Dieu, et la lettre a dû être aux prophètes aussi claire que l'esprit. Pourquoi l'âme qui se sent détachée de la terre et ardente à voler vers les hautes régions de la pensée ne chercherait-elle pas à marcher sur les traces des prophètes? Plus on pénétrera dans les mystères, plus on y trouvera de force et de lumière pour répondre aux arguments de l'athéisme. Celui-là est un enfant qui se craint lui-même quand sa volonté est droite et son but sublime.

« Qui sait, me disais-je encore, si le livre de Spiridion n'est pas un monument élevé à la gloire du catholicisme? Fulgence a manqué de courage; peut-être, s'il eût osé s'emparer de la science de son maître, eût-il vu cesser toutes ses alarmes. Peut-être, après bien des hésitations et bien des recherches, Hébronius, éclairé d'une lumière nouvelle et ranimé par une force imprévue, a-t-il proclamé dans son dernier écrit le triomphe de ces mêmes idées que depuis dix ans il passait à l'alambic. Je me rappelai alors la fable du laboureur qui confie à ses fils l'existence d'un trésor enfoui dans son champ, afin de les engager à travailler cette terre dont la fécondité doit faire leur richesse. La pensée de Spiridion a été celle-ci, me disais-je : Ne croyez pas sur la foi les uns des autres, et ne suivez pas comme des animaux privés de raison, le sentier battu par ceux qui marchent devant vous. Ouvrez vous-mêmes votre voie vers le ciel; tout chemin conduit à la vérité celui qu'une intention pure anime et que l'orgueil n'aveugle pas. La foi n'a d'efficacité véritable qu'autant qu'elle est librement consentie, et de fermeté réelle qu'autant qu'elle satisfait tous les besoins et occupe les puissances de l'âme.

« Je résolus donc de me livrer à des études sérieuses et approfondies sur la nature de Dieu et sur celle de l'homme, et de ne recourir au livre d'Hébronius qu'à la dernière extrémité, c'est-à-dire au cas où, mes forces se trouvant au-dessous d'une tâche si rude, je sentirais en moi le doute se changer en désespoir, et mes facultés épuisées ne plus suffire à fournir le reste de ma carrière.

« Cette résolution conciliait tout, et ma curiosité qui s'éveillait aux mystères de la science, et ma conscience qui restait encore attachée à ceux de la foi. Avant d'en venir à cette conclusion, j'avais été fort agité, j'avais beaucoup souffert. Dans le mouvement de joie enthousiaste qu'elle me causa, je me laissai entraîner à une manifestation toute catholique de ma philosophie nouvelle. Je voulus faire un vœu : je pris avec moi-même l'engagement de ne point recourir au livre d'Hébronius avant l'âge de trente ans, fussé-je assailli jusque là par les doutes les plus poignants, ou éclairé en apparence par les certitudes les plus vives. C'était à cet âge que l'abbé Spiridion avait été dans toute la ferveur de son catholicisme, et qu'après avoir abjuré déjà deux croyances, il s'était voué à la troisième par une indissoluble consécration. J'avais vingt-quatre ans, et je pensais que six années suffiraient à mes études. Dans ces dispositions, je m'agenouillai de nouveau sur la pierre qu'on appelait dans le couvent le *Hic est;* là, dans le silence et le recueillement, je prononçai à voix basse un serment terrible, vouant mon âme à l'éternelle damnation et ma vie à l'abandon irrévocable de la Providence, si je portais les mains sur le livre d'Hébronius avant l'hiver de 1766. Je ne voulus point faire ce serment dans l'ombre de la nuit, me méfiant du trouble que la solennité funèbre de certaines heures répand dans l'esprit de l'homme; ce fut en plein midi, par un jour brûlant et à la clarté du soleil que je voulus m'engager. La chaleur étant accablante, le Prieur avait, comme il arrive quelquefois dans cette saison, accordé à la communauté une heure de sieste à midi. J'étais donc parfaitement seul dans l'église; un profond silence régnait partout; on n'entendait même pas le bruit accoutumé des jardiniers au dehors, et les oiseaux, plongés dans une sorte de recueillement extatique, avaient cessé leurs chants.

« Mon âme se dilatait dans son orgueilleux enthousiasme; les idées les plus riantes et les plus poétiques se pressaient dans mon cerveau en même temps qu'une confiance audacieuse gonflait ma poitrine. Tous les objets sur lesquels errait ma vue semblaient se parer d'une beauté inconnue. Les lames d'or du tabernacle étincelaient comme si une lumière céleste était descendue sur le Saint des saints. Les vitraux coloriés, embrasés par le soleil, se reflétant sur le pavé, formaient entre chaque colonne une large mosaïque de diamants et de pierres précieuses. Les anges de marbre semblaient, amollis par la chaleur, incliner leurs fronts, et, comme de beaux oiseaux, vouloir cacher sous leurs ailes leurs têtes charmantes, fatiguées du poids des corniches. Les battements égaux et mystérieux de l'horloge ressemblaient aux fortes vibrations d'une poitrine embrasée d'amour, et la flamme blanche et mate de la lampe qui brûle incessamment devant l'autel, luttant avec l'éclat du jour, était pour moi l'emblème d'une intelligence enchaînée sur la terre qui aspire sans cesse à se fondre dans l'éternel foyer de l'intelligence divine. Ce fut dans cet instant de béatitude intellectuelle et physique que je prononçai à demi-voix la formule de mon vœu. Mais à peine avais-je commencé que j'entendis la porte placée au fond du chœur s'ouvrir doucement, et des pas que je reconnus, car nuls pas humains ne purent jamais se comparer à ceux-là, retentirent dans le silence du lieu saint avec une indicible harmonie. Ils approchaient de moi, et ne s'arrêtèrent qu'à la place où j'étais agenouillé. Saisi de respect et transporté de joie, j'élevai la voix, et j'achevai distinctement la formule que je n'avais pas interrompue. Quand elle fut finie, je me retournai croyant trouver debout derrière moi celui que j'avais déjà vu au lit de mort de Fulgence; mais je ne vis personne. L'esprit s'était manifesté à un seul de mes sens. Je n'étais pas encore digne apparemment de le revoir. Il reprit sa marche invisible, et, passant devant moi, il se perdit peu à peu dans l'éloignement. Quand il me parut avoir atteint la grille du chœur, tout rentra dans le silence. Je me reprochai alors de ne lui avoir point adressé la parole. Peut-être m'eût-il répondu, peut-être était-il mécontent de mon silence, et n'eût-il attendu qu'un élan plus vif de mon cœur vers lui pour se manifester davantage. Cependant je n'osai marcher sur ses traces ni invoquer son retour; car il se mêlait une grande crainte à l'attrait irrésistible que j'éprouvais pour lui. Ce n'était pas cette terreur puérile que les hommes faibles ressentent à l'aspect d'une perturbation quelconque des faits ordinairement accessibles à leurs perceptions bornées. Ces perturbations rares et exceptionnelles, qu'on appelle à tort faits prodigieux et surnaturels, tout inexplicables qu'elles étaient pour mon ignorance, ne me causaient aucun effroi. Mais le respect que m'inspirait, après sa mort, cet homme supérieur, je l'eusse éprouvé presque au même degré si je l'eusse vu durant sa vie. Je ne pensais pas qu'il fût investi par aucune puissance invisible du droit de me nuire ou de m'effrayer; je savais qu'à l'état de pur esprit il devait lire en moi et comprendre ce qui s'y passait avec plus de force et de pénétration encore qu'il ne l'eût fait lorsque son âme était emprisonnée dans la matière. Au contraire de ces caractères timides qui eussent tremblé de le voir, je ne craignais qu'une chose, c'était de ne jamais lui sembler digne de le voir une seconde fois. Lorsque j'eus perdu l'espérance de le contempler ce jour-là, je demeurai triste et humilié. J'étais arrivé à me persuader qu'il n'était point mort hérétique, et que son âme ne subissait pas les tourments du purgatoire, mais qu'au contraire elle jouissait dans les cieux d'une éternelle béatitude. Ses apparitions étaient une grâce, une bénédiction d'en haut, un miracle qui s'était accompli en faveur de Fulgence et de moi; c'était pour moi un doux et glorieux souvenir; mais je n'osais demander plus qu'il ne m'était accordé.

« Dès ce jour, je m'adonnai au travail avec ardeur, et, en moins de deux années j'avais dévoré tous les volumes de notre bibliothèque qui traitaient des sciences, de l'histoire et de la philosophie. Mais quand j'eus franchi ce premier pas, je m'aperçus que je n'avais rien fait que de tourner dans le cercle restreint où le catholicisme avait enfermé ma vie passée. Je me sentais fatigué, et je voyais bien que je n'avais pas travaillé; mon esprit était attiédi et affaissé sous le poids de ces controverses incroyablement subtiles et patientes du moyen âge, que j'avais abordées courageusement. Ma confiance dans l'infaillibilité de l'Église n'avait pas eu le moindre combat à soutenir, puisque tous ces écrits tendaient à proclamer et à défendre les oracles de Rome; mais précisément cette lutte sans adversaire et cette victoire sans péril me laissaient froid et mécontent. Ma foi avait perdu cette vigueur aventureuse, ce charme de sublime poésie qu'elle avait eus auparavant. Les grands éclairs de génie qui traversaient ce fatras d'écrits scolastiques ne compensaient pas l'inutilité verbeuse de la plupart d'entre eux. D'ailleurs, ces réfutations véhémentes de doctrines qu'il était défendu d'examiner ne pouvaient satisfaire un esprit qui s'était imposé la tâche de connaître et de comprendre par lui-même. Je résolus de lire les écrits des hérétiques. La bibliothèque du couvent n'était pas comme aujourd'hui rassemblée dans plusieurs pièces réunies sous la même clef. La collection des auteurs hérétiques, impies et profanes, que Spiridion avait tant de fois interrogée, était restée enfouie dans une pièce inaccessible aux jeunes religieux, et très-éloignée de la bibliothèque sacrée. Ce cabinet réservé était situé au bout de la grande salle du chapitre, celle même où jadis l'abbé Spiridion, avant et après sa mort, s'était promené si solennellement à certaines heures. Cette précieuse collection était restée pour les uns un objet d'horreur et d'effroi, pour la plupart un objet d'indifférence et de mépris. Un statut du fondateur en interdisait la destruction ; l'ignorance et la superstition en gardaient l'entrée. Je fus le premier peut-être, depuis le temps d'Hébronius, qui osa secouer la poussière de ces livres vénérables.

« Je ne pris pas une telle résolution sans une secrète épouvante ; mais il faut dire aussi qu'il s'y mêlait une curiosité ardente et pleine de joie. L'émotion solennelle que j'éprouvais en entrant dans ce sanctuaire avait donc plus de charme que d'angoisse, et je franchis le seuil tellement absorbé par mes sensations intimes que je ne songeai même pas à demander la permission aux supérieurs. Cette permission ne s'obtenait pas aisément, comme tu peux le croire, Angel ; peut-être même ne s'obtenait-elle pas du tout ; car j'ignore si jamais aucun de nous avait eu le courage de la demander ou l'art de se la faire octroyer.

« Pour moi, je n'y pensai seulement pas. La lutte qui s'était livrée au dedans de moi, lorsque ma soif de science s'était trouvée aux prises avec les résistances de ma foi, avait une bien autre importance que tous les combats où j'eusse pu m'engager avec des hommes. Dans cette circonstance comme dans tout le cours de ma vie, j'ai senti que j'étais doué d'une singulière insouciance pour les choses extérieures, et que le seul être qui pût m'effrayer, c'était moi-même.

« J'aurais pu pénétrer la nuit dans cet asile à l'aide de quelque fausse clef, prendre les livres que je voulais étudier, les emporter et les cacher dans ma cellule. Cette prudence et cette dissimulation étaient contraires à mes instincts. J'entrai en plein jour, à l'heure de midi, dans la salle du chapitre, je la parcourus dans sa longueur d'un pas assuré, et sans regarder derrière moi si quelqu'un me suivait. J'allai droit à la porte... porte fatale sur laquelle le destin avait écrit pour moi les paroles de Dante :

Per me si va nell' eterno dolore.

Je la poussai avec une telle résolution et tant de vigueur qu'elle obéit, bien qu'elle fût fermée par une forte serrure. J'entrai ; mais aussitôt je m'arrêtai plein de surprise : il y avait quelqu'un dans la bibliothèque, quelqu'un qui ne se dérangea pas, qui ne sembla pas s'apercevoir du fracas de mon entrée, et qui ne leva pas seulement les yeux sur moi ; quelqu'un que j'avais déjà vu une fois, et que je ne pouvais jamais confondre avec aucun autre. Il était assis dans l'embrasure d'une longue croisée gothique, et le soleil enveloppait d'un chaud rayon sa lumineuse chevelure blonde ; il semblait lire attentivement. Je le contemplai, immobile, pendant environ une demi-minute, puis je fis un mouvement pour m'élancer à ses pieds ; mais je me trouvai à genoux devant un fauteuil vide : la vision s'était évanouie dans le rayon solaire.

« Je restai si troublé que je ne pus songer, ce jour-là, à ouvrir aucun livre. J'attendis quelques instants, quoique je ne me flattasse point de revoir l'*Esprit* ; mais je n'en étais pas moins enthousiasmé et fortifié par cette rapide manifestation de sa présence. Je demeurai, pensant que, s'il était mécontent de mon audace, j'en serais informé par quelque prodige nouveau; mais il ne se passa rien d'extraordinaire, et tout me parut si calme autour de moi que je doutai un instant de la réalité de l'apparition, et faillis penser que mon imagination seule avait enfanté cette figure. Le lendemain, je revins à la bibliothèque sans m'inquiéter de ce qui avait dû se passer lorsque les gardiens avaient trouvé la porte ouverte et la serrure brisée. Tout était désert et silencieux dans la salle; la porte était fermée au loquet seulement, comme je l'avais laissée, et il ne paraissait pas qu'on se fût encore aperçu de l'effraction. J'entrai donc sans résistance, je refermai la porte sur moi, et je commençai à parcourir de l'œil les titres des livres qui s'offraient en foule à mes regards. Je m'emparai d'abord des écrits d'Abeilard, et j'en lus quelques pages. Mais bientôt la cloche qui nous appelait aux offices sonna, et, malgré la répugnance que j'éprouvais à agir comme en cachette, je me décidai à emporter sous ma robe cet ouvrage précieux; car la salle du chapitre n'était accessible pour moi qu'une heure dans tout le cours de la journée, et mon ardeur n'était pas de nature à se contenter de si peu. Je commençai à réfléchir à la possibilité matérielle d'étudier sans être interrompu, et je résolus d'agir avec prudence. Peut-être la chose eût été facile si j'eusse pu m'humilier jusqu'à implorer la bienveillance des supérieurs. C'est à quoi mon orgueil ne put jamais se plier, il eût fallu mentir et dire que, muni d'une foi inébranlable, je me sentais appelé à réfuter victorieusement l'hérésie. Cela n'était plus vrai. J'éprouvais le besoin de m'instruire pour moi-même, et, la science catholique épuisée pour moi, j'étais poussé vers des études plus complètes, par l'amour de la science, et non plus par l'ardeur de la prédication.

« Je dévorai les écrits d'Abeilard, et ce qui nous reste des opinions d'Arnauld de Brescia, de Pierre Valdo, et des autres hérétiques célèbres des douzième et treizième siècles. La liberté d'examen et l'autorité de la conscience, proclamées jusqu'à un certain point par ces hommes illustres, répondaient tellement alors au besoin de mon âme, que je fus entraîné au delà de ce que j'avais prévu. Mon esprit entra dès lors dans une nouvelle phase, et, malgré ce que j'ai souffert dans les diverses transformations que j'ai subies, malgré l'agonie douloureuse où j'achève mes jours, je dirai que ce fut le premier degré de mon progrès. Oui, Angel, quelque rude supplice que l'âme ait à subir en cherchant la vérité, le devoir est de la chercher sans cesse, et mieux vaut perdre la vue à vouloir contempler le soleil que de rester les yeux volontairement fermés sur les splendeurs de la lumière. Après avoir été un théologien catholique assez instruit, je devins donc un hérétique passionné, et d'autant plus irréconciliable avec l'Église romaine qu'à l'exemple d'Abeilard et de mes autres maîtres, j'avais l'intime et sincère conviction de mon orthodoxie. Je soutenais dans le secret de mes pensées que j'avais le droit, et même que c'était un devoir pour moi, de ne rien adopter pour article de foi que je n'en eusse senti l'utilité et compris le principe. La manière dont ces philosophes envisageaient l'inspiration divine de Platon et la sainteté des grands philosophes païens, précurseurs du Christ, me semblait seule répondre à l'idée que le chrétien doit avoir de la bonté, de l'équité et de la grandeur de Dieu. Je blâmais sérieusement les hommes d'Église contemporains d'Abeilard, et pensais que, lors du concile de Sens, l'esprit de Dieu avait été avec lui et non avec eux. Si je ne détruisais pas encore dans ma pensée tout l'édifice du catholicisme, c'est que, par une transaction de mon esprit qui m'était tout à fait propre, j'admettais qu'en des jours mauvais l'Église avait pu se tromper, et que, si les successeurs de ces prélats égarés ne revisaient pas leurs jugements, c'était par un motif de discipline et de prudence purement humaines et politiques. Je me disais qu'à la place du pape je reconnaîtrais peut-être l'impossibilité de réhabiliter publiquement Abeilard et son école, mais qu'à coup sûr je ne proscrirais plus la lecture de leurs écrits, et je cacherais ma sympathie pour eux sous le voile de la tolérance. Je raisonnais, certes, déplorablement; car je sapais toute l'autorité de l'Église, sans songer à sortir de l'Église. J'attirais sur ma tête les ruines d'un édifice qu'on ne peut attaquer que du dehors. Ces contradictions étranges ne sont pas rares chez les esprits sincères et logiques à tout autre égard. Une malveillance d'habitude pour le corps de l'Église protestante, un attachement d'habitude et d'instinct pour l'Église romaine, leur font désirer de conserver le berceau, tandis que l'irrésistible puissance de la vérité et le besoin d'une juste indépendance ont transformé entièrement et grandi le corps auquel cette couche étroite ne peut plus convenir. Au milieu de ces contradictions, je n'apercevais pas le point principal. Je ne voyais pas que je n'étais plus catholique. En accordant aux hérésiarques des principes d'orthodoxie épurée, je reportais vers eux toute ma ferveur; et mon enthousiasme pour leur grandeur, ma compassion pour leurs infortunes, me conduisirent à les égaler aux Pères de l'Église et à m'en occuper même davantage; car les Pères avaient accaparé toute ma vie précédente, et j'avais besoin de me faire d'autres amis.

« Dire que je passai à Wiclef, à Jean Huss, et puis à Luther, et de là au scepticisme, c'est faire l'histoire de l'esprit humain durant les siècles qui m'avaient précédé, et que ma vie intellectuelle, par un enchaînement de nécessités logiques, résuma assez fidèlement. Mais, après le protestantisme, je ne pouvais plus retourner au point de départ. Ma foi dans la révélation s'ébranla, ma religion prit une forme toute philosophique; je me retournai vers les philosophies anciennes; je voulus comprendre et Pythagore et Zoroastre, Confucius, Épicure, Platon, Épictète, en un mot tous ceux qui s'étaient tourmentés grandement de l'origine et de la destinée humaine avant la venue de Jésus-Christ.

« Dans un cerveau livré à des études calmes et suivies, dans une âme qui ne reçoit de la société vivante aucune impulsion, et qui, dans une suite de jours semblables, puise goutte à goutte sa vie céleste à une source toujours pleine et limpide, les transformations intellectuelles s'opèrent insensiblement et sans qu'il soit possible de marquer la limite exacte de chacune de ses phases. De même que, d'un petit enfant que tu étais, mon cher Angel, tu es devenu par une gradation incessante, mais inappréciable à ton attention journalière, un adolescent, et puis un jeune homme; de même je devins de catholique réformiste, et de réformiste philosophe.

« Jusque là tout avait bien été; et, tant que ces études furent pour moi purement historiques, j'éprouvai les plus vives et les plus intimes jouissances. C'était un bonheur indicible pour moi que de pénétrer, dégagé des réserves et des restrictions catholiques, dans les sublimes existences de tant de grands hommes jusque-là méconnus, et dans les clartés splendides de tant de chefs-d'œuvre jusqu'alors incompris. Mais plus j'avançais dans cette connaissance, plus je sentais la nécessité d'opter pour un système; car je croyais voir l'impossibilité d'établir un lien entre toutes ces croyances et toutes ces doctrines diverses. Je ne pouvais plus croire à la révélation depuis que tant de philosophes et de sages s'étaient levés autour de moi et m'avaient donné de si grands enseignements sans se targuer d'aucun commerce exclusif avec la Divinité. Saint Paul ne me paraissait pas plus inspiré que Platon, et Socrate ne me semblait pas moins digne de racheter les fautes du genre humain que Jésus de Nazareth. L'Inde ne se montrait certes pas moins éclairée dans l'idée de la Divinité que la Judée. Jupiter, à le suivre dans la pensée que les grands esprits du paganisme avaient eue pour lui, ne me semblait pas un dieu inférieur à Jéhovah. En un mot, tout en conservant la plus haute vénération et le plus pur enthousiasme pour le Crucifié, je ne voyais guère de raisons pour qu'il fût le fils de Dieu plus que Pythagore, et pour que les disciples de celui-ci ne fussent pas les apôtres de la foi aussi bien que les disciples de Jésus. Bref, en lisant les réformistes, j'avais cessé d'être catholique; en lisant les philosophes, je cessai d'être chrétien.

« Je gardai pour toute religion une croyance pleine de désir et d'espoir en la Divinité, le sentiment inébranlable du juste et de l'injuste, un grand respect pour toutes les religions et pour toutes les philosophies, l'amour du bien et le besoin du vrai. Peut-être aurais-je pu en rester là et vivre assez paisible avec ces grands instincts et beaucoup d'humilité; mais voilà peut-être ce qui est impossible à un catholique, voilà où l'histoire de l'individu diffère essentiellement de l'histoire des générations. Le travail des siècles modifie la nature de l'esprit humain : il arrive avec le temps à la transformer. Les pères se dépouillent lentement de leurs erreurs, et cependant ils transmettent à leurs enfants des notions beaucoup plus nettes que celles qu'ils ont eues, parce qu'eux-mêmes restent jusqu'à la fin de leurs jours empêchés par l'habitude et liés au passé par les besoins d'esprit que le passé leur a créés; tandis que leurs enfants, naissant avec d'autres besoins, se font vite d'autres habitudes, qui, vers le déclin de leur vie, n'empêcheront pas des lueurs nouvelles de se glisser en eux, mais ne seront nettement saisies que par une troisième génération. Ainsi un même homme ne renferme pas en lui-même à des degrés semblables le passé, le présent et l'avenir des générations. Si son présent s'est formé du passé avec quelque labeur et quelque sagesse, l'avenir peut être en lui comme un germe; mais quels que soient son génie et sa vertu, il n'en goûtera point le fruit. Ainsi, dans leur connaissance toujours incomplète et confuse de la vérité éternelle, les hommes ont pu passer à travers les siècles du christianisme de saint Paul à celui de saint Augustin et de celui de saint Bernard à celui de Bossuet, sans cesser d'être ou du moins sans cesser de se croire chrétiens. Ces révolutions se sont accomplies avec le temps qui leur était nécessaire; mais le cerveau d'un seul individu n'eût pu les subir et les accomplir de lui-même sans se briser ou sans se jeter hors de la ligne où la succession des temps et le concours des travaux et des volontés ont su les maintenir.

« Quelle situation terrible était donc la mienne! Au dix-huitième siècle j'avais été élevé dans le catholicisme du moyen âge; à vingt-cinq ans j'étais presque aussi ignorant de l'antiquité qu'un moine mendiant du onzième siècle. C'est du sein de ces ténèbres que j'avais voulu tout à coup embrasser d'un coup d'œil et l'avenir et le passé. Je dis l'avenir; car, étant resté par mon ignorance en arrière de six cents ans, tout ce qui était déjà dans le passé pour les autres hommes se présentait à moi revêtu des clartés éblouissantes de l'inconnu. J'étais dans la position d'un aveugle qui, recouvrant tout à coup la vue un jour, vers midi, voudrait se faire avant le soir et le lendemain une idée du lever et du coucher du soleil. Certes ces spectacles seraient encore pour lui dans l'avenir, bien que le soleil se fût levé et couché déjà bien des fois devant ses yeux inertes. Ainsi le catholique, dès qu'il ouvre les yeux de son esprit à la lumière de la vérité, est ébloui et se cache le visage dans les mains, ou sort de la voie et tombe dans les abîmes. Le catholique ne se rattache à rien dans l'histoire du genre humain et ne sait rien rattacher au christianisme. Il s'imagine être le commencement et la fin de la race humaine. C'est pour lui seul que la terre a été créée; c'est pour lui que d'innombrables générations ont passé sur la face du globe comme des ombres vaines, et sont retombées dans l'éternelle nuit afin que leur damnation lui servît d'exemple et d'enseignement; c'est pour lui que Dieu est descendu sur la terre sous une forme humaine. C'est pour la gloire et le salut du catholique que les abîmes de l'enfer se remplissent incessamment de victimes, afin que le juge suprême voie et compare, et que le catholique, élevé dans les splendeurs du Très-Haut, jouisse et triomphe dans le ciel du pleur éternel de ceux qu'il n'a pu soumettre et diriger sur la terre : aussi le catholique croit-il n'avoir ni père ni frères dans l'histoire de la race humaine. Il s'isole et se tient dans une haine et dans un mépris superbe de tout ce qui n'est pas avec lui. Hors ceux de la lignée juive, il n'a de respect filial et de sainte gratitude pour aucun des grands hommes qui l'ont précédé. Les siècles où il n'a pas vécu ne comptent pas; ceux qui ont lutté contre lui sont maudits; ceux qui l'extermineront verront aussi la fin du monde, et l'univers se dissoudra le jour apocalyptique où l'Église romaine tombera en ruines sous les coups de ses ennemis.

« Quand un catholique a perdu son aveugle respect

pour l'Église catholique, où pourrait-il donc se réfugier? Dans le christianisme, tant qu'il ajoutera foi à la révélation; mais, si la révélation vient à lui manquer, il n'a plus qu'à flotter dans l'océan des siècles, comme un esquif sans gouvernail et sans boussole; car il ne s'est point habitué à regarder le monde comme sa patrie et tous les hommes comme ses semblables. Il a toujours habité une île escarpée, et ne s'est jamais mêlé aux hommes du dehors. Il a considéré le monde comme une conquête réservée à ses missionnaires, les hommes étrangers à sa foi comme des brutes qu'à lui seul il était réservé de civiliser. A quelle terre ira-t-il demander les secrets de l'origine céleste, à quel peuple les enseignements de la sagesse humaine? Il ira tâter tous les rivages, mais il ne comprendra point le sens des traces qu'il y trouvera. La science des peuples est écrite en caractères inintelligibles pour lui : l'histoire de la création est pour lui un mythe inintelligible. Hors de l'Église point de salut, hors de la Genèse point de science. Il n'y a donc pas de milieu pour le catholique : il faut qu'il reste catholique ou qu'il devienne incrédule. Il faut que sa religion soit la seule vraie, ou que toutes les religions soient fausses.

« C'est là que j'en étais venu; c'est là qu'en était venu le siècle où je vivais. Mais, comme il y était venu lentement par les voies du destin, il se trouvait bien dans cette halte qu'il venait de faire : le siècle était incrédule, mais il était indifférent. Dégoûté de la foi de ses pères, il se réjouissait dans sa philosophique insouciance, sans doute parce qu'il sentait en lui ce germe providentiel qui ne permet pas à la semence de vie de périr sous les glaces des rudes hivers. Mais moi, chrétien démoralisé, moi, catholique d'hier, qui, tout d'un coup, avais voulu franchir la distance qui me séparait de mes contemporains, j'étais comme ivre, et la joie de mon triomphe était bien près du désespoir et de la folie.

« Qui pourrait peindre les souffrances d'une âme habituée à l'exercice minutieusement ponctuel d'une doctrine aussi savamment conçue, aussi patiemment élaborée que l'est celle du catholicisme; lorsque cette âme se trouve flottante au milieu de doctrines contradictoires dont aucune ne peut hériter de sa foi aveugle et de son naïf enthousiasme? Qui pourrait redire ce que j'ai dévoré d'heures d'un accablant ennui, lorsque, à genoux dans ma stalle de chêne noir, j'étais condamné à entendre, après le coucher du soleil, la psalmodie lugubre de mes frères, dont les paroles n'avaient plus de sens pour moi, et la voix plus de sympathie? Ces heures, jadis trop courtes pour ma ferveur, se traînaient maintenant comme des siècles. C'est en vain que j'essayais de répondre machinalement aux offices et d'occuper ma pensée de spéculations d'un ordre plus élevé; l'activité de l'intelligence ne pouvait pas remplacer celle du cœur. La prière a cela de particulier, qu'elle met en jeu les facultés les plus sublimes de l'âme et les fibres les plus humaines du sentiment. La prière du chrétien, entre toutes les autres, fait vibrer toutes les cordes de l'être intellectuel et moral. Dans aucune autre religion l'homme ne se sent aussi près de son Dieu; dans aucune, Dieu n'a été fait si humain, si paternel, si abordable, si patient et si tendre. Le livre ascétique de l'*Imitation* n'est qu'un adorable traité de l'amitié, amitié étrange, ineffable, sans exemple dans l'histoire des autres religions; amitié intime, expansive, délicate, fraternelle, entre le Dieu Jésus et le chrétien fervent. Quel sentiment appliqué aux objets terrestres peut jamais remplacer celui-là pour l'homme qui l'a connu? quelle éducation de l'intelligence peut satisfaire en même temps et au même degré à tous les besoins du cœur? La doctrine chrétienne apaise toutes les ardeurs inquiètes de l'esprit en disant à un adepte: Tu n'as pas besoin d'être grand; aime, et sois humble: aime Jésus, parce qu'il est humble et doux. Et lorsque le cœur trop plein d'amour est près de se répandre sur les créatures, elle l'arrête en lui disant: Souviens-toi que tu es grand et que tu ne peux aimer que Jésus, parce qu'il est seul grand et parfait. Elle ne cherche point à endurcir les entrailles de l'homme contre la douleur; elle l'amollit pour le fortifier, et lui fait trouver dans la souffrance une sorte de délices. L'épicuréisme le conduit au calme par la modération, le christianisme le conduit à la joie par les larmes; la raison stoïque subit la torture, l'enthousiasme chrétien vole au martyre. Le grand œuvre du christianisme est donc le développement de la force intellectuelle par celui de la sensibilité morale, et la prière est l'inépuisable aliment où ces deux puissances se combinent et se retrempent sans cesse.

«Comme le corps, l'âme a ses besoins journaliers; comme lui, elle se fait certaines habitudes dans la manière de satisfaire à ses besoins. Chrétien et moine, je m'étais accoutumé, durant mes années heureuses, à une expansion fréquente de tout ce que mon cœur renfermait d'amour et d'enthousiasme. C'était particulièrement durant les offices du soir que j'aimais à répandre ainsi toute mon âme aux pieds du Sauveur. A ce moment d'indicible poésie, où le jour n'est plus, et où la nuit n'est pas encore, lorsque la lampe vacillante au fond du sanctuaire se réfléchit seule sur les marbres luisants, et que les premiers astres s'allument dans l'éther encore pâle, je me souviens que j'avais coutume d'interrompre mes oraisons, afin de m'abandonner aux émotions saintes et délicieuses que cet instant m'apportait. Il y avait vis-à-vis de ma stalle une haute fenêtre dont l'architecture délicate se dessinait sur le bleu transparent du ciel. Je voyais s'encadrer là, chaque soir, deux ou trois belles étoiles, qui semblaient me sourire et pénétrer mon sein d'un rayon d'amour et d'espoir. Eh bien, tout sentiment poétique était en moi tellement lié au sentiment religieux, et le sentiment religieux était lui-même tellement lié à la doctrine catholique, qu'avec la soumission aveugle à cette doctrine, je perdis et la poésie et la prière, et les saintes extases et les ardentes aspirations. J'étais devenu plus froid que les marbres que je foulais. J'essayais en vain d'élever mon âme vers le créateur de toutes choses. Je m'étais habitué à le voir sous un certain aspect qu'il n'avait plus; et depuis que j'avais élargi, par la raison, le cercle de sa puissance et de sa perfection, depuis que j'avais agrandi mes pensées et donné à mes aspirations un but plus vaste, j'étais ébloui de l'éclat de ce Dieu nouveau; je me sentais réduit au néant par son immensité et par celle de l'univers. L'ancienne forme, accessible en quelque sorte aux sens par les images et les allégories mystiques, s'effaçait pour faire place à un immense foyer de Divinité où j'étais absorbé comme un atome, sans que mes pensées eussent ni place ni valeur possible, sans qu'aucune parcelle de cette Divinité pût se faire assez menue pour se communiquer à moi autrement que par le fait, pour ainsi dire, fatal, de la vie universelle. Je n'osais donc plus essayer de communiquer avec Dieu. Il me paraissait trop grand pour s'abaisser jusqu'à m'écouter, et je craignais de faire un acte impie, d'insulter sa majesté céleste, en l'invoquant comme un roi de la terre. Pourtant j'avais toujours le même besoin de prier, le même besoin d'aimer, et quelquefois j'essayais d'élever une voix humble et craintive vers ce Dieu terrible. Mais tantôt je retombais involontairement dans les formes et dans les idées catholiques, et tantôt il m'arrivait de formuler une prière assez étrange, et dont la naïveté me ferait sourire aujourd'hui, si elle ne rappelait des souffrances profondes. « O toi! disais-je, toi qui n'as pas de nom, et qui résides dans l'inaccessible! toi qui es trop grand pour m'écouter, trop loin pour m'entendre, trop parfait pour m'aimer, trop fort pour me plaindre!... je t'invoque sans espoir d'être exaucé, parce que je sais que je ne dois rien te demander, et que je n'ai qu'une manière de mériter ici-bas, qui est de vivre et de mourir inaperçu, sans orgueil, sans révolte et sans colère, de souffrir sans me plaindre, d'attendre sans désirer, d'espérer sans prétendre à rien... »

« Alors je m'interrompais, épouvanté de la triste destinée humaine qui se présentait à moi, et que ma prière, pur reflet de ma pensée, résumait en des termes si décourageants et si douloureux. Je me demandais à quoi bon aimer un Dieu insensible, qui laisse à l'homme le désir céleste, pour lui faire sentir toute l'horreur de sa captivité ou de son impuissance, un Dieu aveugle et sourd, qui ne daigne pas même commander à la foudre, et qui se tient tellement caché dans la pluie d'or de ses soleils et de ses mondes qu'aucun de ces soleils et aucun de ces mondes ne le connaît ni ne l'entend. Oh! j'aimais mieux l'oracle des Juifs, la voix qui parlait à Moïse sur le Sinaï; j'aimais mieux l'esprit de Dieu sous la forme d'une colombe sacrée, ou le fils de Dieu devenu un homme semblable à moi! Ces dieux terrestres m'étaient accessibles. Tendres ou menaçants, ils m'écoutaient et me répondaient. Les colères et les vengeances du sombre Jéhovah m'effrayaient moins que l'impassible silence et la glaciale équité de mon nouveau maître.

« C'est alors que je sentis profondément le vide et le vague de cette philosophie, de mode à cette époque-là, qu'on appelait le théisme; car, il faut bien l'avouer, j'avais déjà cherché le résumé de mes études et de mes réflexions dans les écrits des philosophes mes contemporains. J'eusse dû m'en abstenir sans doute, car rien n'était plus contraire à la disposition d'esprit où j'étais alors. Mais comment l'eussé-je prévu? Ne devais-je pas penser que les esprits les plus avancés de mon siècle sauraient mieux que moi la conclusion à tirer de toute la science et de toute l'expérience du passé? Ce passé, tout nouveau pour moi, était un aliment mal digéré dont les médecins seuls pouvaient connaître l'effet; et les hommes studieux et naïfs qui vivent dans l'ombre ont la simplicité de croire que les écrits contemporains qu'un grand éclat accompagne sont la lumière et l'hygiène du siècle. Quelle ne fut pas ma surprise lorsque, malgré toutes mes préventions en faveur de ces illustres écrivains français dont les fureurs du Vatican nous apprenaient la gloire et les triomphes, je tins dans mes mains avides une de ces éditions à bas prix que la France semait jusque sur le terrain papal, et qui pénétraient dans le secret des cloîtres, même sans beaucoup de mystère! Je crus rêver en voyant une critique si grossière, un acharnement si aveugle, tant d'ignorance ou de légèreté: je craignis d'avoir porté dans cette lecture un reste de prévention en faveur du christianisme; je voulus connaître tout ce qui s'écrivait chaque jour. Je ne changeai pas d'avis sur le fond; mais j'arrivai à apprécier beaucoup l'importance et l'utilité sociale de cet esprit d'examen et de révolte, qui préparait la ruine de l'inquisition et la chute de tous les despotismes sanctifiés. Peu à peu j'arrivai à me faire une manière d'être, de voir et de sentir, qui, sans être celle de Voltaire et de Diderot, était celle de leur école. Quel homme a jamais pu s'affranchir, même au fond des cloîtres, même au sein des thébaïdes, de l'esprit de son siècle? J'avais d'autres habitudes, d'autres sympathies, d'autres besoins que les frivoles écrivains de mon époque; mais tous les vœux et tous les désirs que je conservais étaient stériles; car je sentais l'imminence providentielle d'une grande révolution philosophique, sociale et religieuse; et ni moi ni mon siècle n'étions assez forts pour ouvrir à l'humanité le nouveau temple où elle pourrait s'abriter contre l'athéisme, contre le froid et la mort.

« Insensiblement je me refroidis à mon tour jusqu'à douter de moi-même. Il y avait longtemps que je doutais de la bonté et de la tendresse paternelle de Dieu. J'en vins à douter de l'amour filial que je sentais pour lui. Je pensai que ce pouvait être une habitude d'esprit que l'éducation m'avait donnée, et qui n'avait pas plus son principe dans la nature de mon être que mille autres erreurs suggérées chaque jour aux hommes par la coutume et le préjugé. Je travaillai à détruire en moi l'esprit de charité avec autant de soin que j'en avais mis jadis à développer le feu divin dans mon cœur. Alors je tombai dans un ennui profond, et, comme un ami qui ne peut vivre privé de l'objet de son affection, je me sentis dépérir et je traînai ma vie comme un fardeau.

« Au sein de ces anxiétés, de ces fatigues, six années étaient déjà consumées. Six années, les plus belles et les plus viriles de ma vie, étaient tombées dans le gouffre du passé sans que j'eusse fait un pas vers le bonheur ou la vertu. Ma jeunesse s'était écoulée comme un rêve. L'amour de l'étude semblait dominer toutes mes autres facultés. Mon cœur sommeillait; et, si je n'eusse senti quelquefois, à la vue des injustices commises contre mes frères et à la pensée de toutes celles qui se commettent sans cesse à la face du ciel, de brûlantes colères et de profonds déchirements, j'eusse pu croire que la tête seule vivait en moi et que mes entrailles étaient insensibles. A vrai dire, je n'eus point de jeunesse, tant les enivrements contre lesquels j'ai vu les autres religieux lutter si péniblement passèrent loin de moi. Chrétien, j'avais mis tout mon amour dans la Divinité; philosophe, je ne pus reporter mon amour sur les créatures, ni mon attention sur les choses humaines.

« Tu te demandes peut-être, Angel, ce que le souvenir de Fulgence et la pensée de Spiridion étaient devenus parmi tant de préoccupations nouvelles. Hélas ! j'étais bien honteux d'avoir pris à la lettre les visions de ce vieillard et de m'être laissé frapper l'imagination au point d'avoir eu moi-même la vision de cet Hébronius. La philosophie moderne accablait d'un tel mépris les visionnaires que je ne savais où me réfugier contre le mortifiant souvenir de ma superstition. Tel est l'orgueil humain, que même lorsque la vie intérieure s'accomplit dans un profond mystère, et sans que les erreurs et les changements de l'homme aient d'autre témoin que sa conscience, il rougit de ses faiblesses et voudrait pouvoir se tromper lui-même. Je m'efforçais d'oublier ce qui s'était passé en moi à cette époque de trouble où une révolution avait été imminente dans tout mon être, et où la sève trop comprimée de mon esprit avait fait irruption avec une sorte de délire. C'est ainsi que je m'expliquais l'influence de Fulgence et d'Hébronius sur mon abandon du christianisme. Je me persuadais (et peut-être ne me trompais-je pas) que ce changement était inévitable; qu'il était pour ainsi dire fatal, parce qu'il était dans la nature de mon esprit de progresser en dépit de tout et à propos de tout. Je me disais que soit une cause, soit une autre, soit la fable d'Hébronius, soit tout autre hasard, je devais sortir du christianisme, parce que j'avais été condamné, en naissant, à chercher la vérité sans relâche et peut-être sans espoir. Brisé de fatigue, atteint d'un profond découragement, je me demandais si le repos que j'avais perdu valait la peine d'être reconquis. Ma foi naïve était déjà si loin, il me semblait que j'avais commencé si jeune à douter, que je ne me souvenais presque plus du bonheur que j'avais pu goûter dans mon ignorance. Peut-être même n'avais-je jamais été heureux par elle. Il est des intelligences inquiètes auxquelles l'inaction est un supplice et le repos un opprobre. Je ne pouvais donc me défendre d'un certain mépris de moi-même en me contemplant dans le passé. Depuis que j'avais entrepris mon rude labeur, je n'avais pas été plus heureux, mais du moins je m'étais senti vivre; et je n'avais pas rougi de voir la lumière, car j'avais labouré de toutes mes forces le champ de l'espérance. Si la moisson était maigre, si le sol était aride, ce n'était pas la faute de mon courage, et je pouvais être une victime respectable de l'humaine impuissance.

« Je n'avais pourtant pas oublié l'existence du manuscrit précieux peut-être, et, à coup sûr, fort curieux, que renfermait le cercueil de l'abbé Spiridion. Je me promettais bien de le tirer de là et de me l'approprier; mais il fallait, pour opérer cette extraction en secret, du temps, des précautions, et sans doute un confident. Je ne me pressai donc pas d'y pourvoir, car j'étais occupé au delà de mes forces et des heures dont j'avais à disposer chaque jour. Le vœu que j'avais fait de déterrer ce manuscrit le jour où j'aurais atteint l'âge de trente ans n'avait sans doute pu sortir de ma mémoire; mais je rougissais tellement d'avoir pu faire un vœu si puéril que j'en écartais la pensée, bien résolu à ne l'accomplir en aucune façon, et ne me regardant pas comme lié par un serment qui n'avait plus pour moi ni sens ni valeur.

« Soit que j'évitasse de me retracer ce que j'appelais

les misérables circonstances de ce vœu, soit qu'un redoublement de préoccupations scientifiques m'eût entièrement absorbé, il est certain que l'époque fixée par moi pour l'accomplissement du vœu arriva sans que j'y fisse la moindre attention ; et sans doute elle aurait passé inaperçue sans un fait extraordinaire et qui faillit de nouveau transformer toutes mes idées.

« Je m'étais toujours procuré des livres en pénétrant, à l'insu de tous, dans la bibliothèque située au bout de la grande salle. J'avais d'abord éprouvé beaucoup de répugnance à m'emparer furtivement de ce fruit défendu ; mais bientôt l'amour de l'étude avait été plus fort que tous les scrupules de la franchise et de la fierté. J'étais descendu à toutes les ruses nécessaires ; j'avais fabriqué moi-même une fausse clef, la serrure que j'avais brisée ayant été réparée sans qu'on sût à qui en imputer l'effraction. Je me glissais la nuit jusqu'au sanctuaire de la science, et chaque semaine je renouvelais ma provision de livres, sans éveiller ni l'attention ni les soupçons, du moins à ce qu'il me semblait. J'avais soin de cacher mes richesses dans la paille de ma couche, et je lisais toute la nuit. Je m'étais habitué à dormir à genoux dans l'église ; et, pendant les offices du matin, prosterné dans ma stalle, enveloppé de mon capuchon ; je réparais les fatigues de la veille par un sommeil léger et fréquemment interrompu. Cependant, comme ma santé s'affaiblissait visiblement par ce régime, je trouvai le moyen de lire à l'église même durant les offices. Je me procurai une grande couverture de missel que j'adaptais à mes livres profanes, et, tandis que je semblais absorbé par le bréviaire, je me livrais avec sécurité à mes études favorites.

« Malgré toutes ces précautions, je fus soupçonné, surveillé, et enfin découvert. Une nuit que j'avais pénétré dans la bibliothèque, j'entendis marcher dans la grande salle du chapitre. Aussitôt j'éteignis ma lampe, et je me tins immobile, espérant qu'on n'était point sur ma trace, et que j'échapperais à l'attention du surveillant qui faisait cette ronde inusitée. Les pas se rapprochèrent, et j'entendis une main se poser sur ma clef que j'avais imprudemment laissée en dehors. On retira cette clef après avoir fermé la porte sur moi à double tour ; on replaça les grosses barres de fer que j'avais enlevées; et, quand on m'eut ôté tout moyen d'évasion, on s'éloigna lentement. Je me trouvai seul dans les ténèbres, captif, et à la merci de mes ennemis.

« La nuit me sembla insupportablement longue; car l'inquiétude, la contrariété et le froid qui était alors très-vif m'empêchèrent de goûter un instant de repos. J'eus un grand dépit d'avoir éteint ma lampe, et de ne pouvoir du moins utiliser par la lecture cette nuit malencontreuse. Les craintes qu'un tel événement devait m'inspirer n'étaient pourtant pas très-vives. Je me flattais de n'avoir pas été vu par celui qui m'avait enfermé. Je me disais qu'il l'avait fait sans mauvaise intention, et sans se douter qu'il y eût quelqu'un dans la bibliothèque; que c'était peut-être le convers de semaine pour le service de la salle, qui avait retiré cette clef et fermé cette porte pour mettre les choses en ordre. Je me trouvai, moi, bien lâche de ne pas lui avoir parlé et de n'avoir pas fait, pour sortir tout de suite, une tentative qui, le lendemain au jour, aurait certes beaucoup plus d'inconvénients. Néanmoins je me promis de ne pas manquer l'occasion dès qu'il reviendrait, le matin, selon l'habitude, pour ranger et nettoyer la salle. Dans cette attente je me tins éveillé, et je supportai le froid avec le plus de philosophie qu'il me fut possible.

« Mais les heures s'écoulèrent, le jour parut, et le

pâle soleil de janvier monta sur l'horizon sans que le moindre bruit se fît entendre dans la chambre du chapitre. La journée entière se passa sans m'apporter aucun moyen d'évasion. J'usai mes forces à vouloir enfoncer la porte. on l'avait si bien assurée contre une nouvelle effraction, qu'il était impossible de l'ébranler, et la serrure résista également à tous mes efforts.

« Une seconde nuit et une seconde journée se passèrent sans apporter aucun changement à cette étrange position. La porte du chapitre avait été sans doute condamnée. Il ne vint absolument personne dans cette salle, qui d'ordinaire était assez fréquentée à certaines heures, et je ne pus me persuader plus longtemps que ma captivité fût un événement fortuit. Outre que la salle ne pouvait avoir été fermée sans dessein, on devait s'apercevoir de mon absence; et, si l'on était inquiet de moi, ce n'était pas le moment de fermer les portes, mais de les ouvrir toutes pour me chercher. Il était donc certain qu'on voulait m'infliger une correction pour ma faute; mais, le troisième jour, je commençai à trouver la correction trop sévère, et à craindre qu'elle ne ressemblât aux épreuves des cachots de l'inquisition, d'où l'on ne sortait que pour revoir une dernière fois le soleil et mourir d'épuisement. La faim et le froid m'avaient si rudement éprouvé que, malgré mon stoïcisme et la persévérance que j'avais mise à lire tant que le jour me l'avait permis, je commençai à perdre courage la troisième nuit et à sentir que la force physique m'abandonnait. Alors je me résignai à mourir, et à ne plus combattre le froid par le mouvement. Mes jambes ne pouvaient plus me soutenir: je fis une couche avec des livres; car on avait eu la cruauté d'enlever le fauteuil de cuir qui d'ordinaire occupait l'embrasure de la croisée. Je m'enveloppai la tête dans ma robe, je m'étendis en serrant mon vêtement autour de moi, et je m'abandonnai à l'engourdissement d'un sommeil fébrile que je regardais comme le dernier de ma vie. Je m'applaudis d'être arrivé à l'extinction de mes forces physiques sans avoir perdu ma force morale, et sans avoir cédé au désir de crier pour appeler du secours. L'unique croisée de cette pièce donnait sur une cour fermée, où les novices allaient rarement. J'avais guetté vainement depuis trois jours; la porte de cette cour ne s'était pas ouverte une seule fois. Sans doute, elle avait été condamnée comme celle du chapitre. Ne pouvant faire signe à aucun être compatissant ou désintéressé, il eût fallu remplir l'air de mes cris pour arriver à me faire entendre. Je savais trop bien que, dans de semblables circonstances, la compassion est lâche et impuissante, tandis que le désir de la vengeance augmente en raison de l'abaissement de la victime. Je savais que mes gémissements causeraient à quelques-uns une terreur stupide et rien de plus. Je savais que les autres se réjouiraient de mes angoisses. Je ne voulais pas donner à ces bourreaux le triomphe de m'avoir arraché une seule plainte. J'avais donc résisté aux tortures de la faim; je commençais à ne plus les sentir, et d'ailleurs je n'aurais plus eu assez de force pour élever la voix. Je m'abandonnai à mon sort en invoquant Épictète et Socrate, et Jésus lui-même, le philosophe immolé par les princes des prêtres et les docteurs de la loi.

« Depuis quelques heures je reposais dans un profond anéantissement, lorsque je fus éveillé par le bruit de l'horloge du chapitre qui sonnait minuit de l'autre côté de la cloison contre laquelle j'étais étendu. Alors j'entendis marcher doucement dans la salle, et il me sembla qu'on approchait de la porte de ma prison. Ce bruit ne me causa ni joie ni surprise; je n'avais plus conscience d'aucune chose. Cependant la nature des pas que j'entendais sur le plancher de la salle voisine, leur légèreté empressée, jointe à une netteté solennelle, réveillèrent en moi je ne sais quels vagues souvenirs. Il me sembla que je reconnaissais la personne qui marchait ainsi, et que j'éprouvais une joie d'instinct à l'entendre venir vers moi; mais il m'eût été impossible de dire quelle était cette personne et où je l'avais connue.

« Elle ouvrit la porte de la bibliothèque et m'appela par mon nom d'une voix harmonieuse et douce qui me fit tressaillir. Il me sembla que je sentais la vie faire un effort en moi pour se ranimer; mais j'essayai en vain de me soulever; et je ne pus ni remuer ni parler.

« — Alexis! répéta la voix d'un ton d'autorité bienveillante, ton corps et ton âme sont-ils donc aussi endurcis l'un que l'autre? D'où vient que tu as manqué à ta parole? Voici la nuit, voici l'heure que tu avais fixées..... Il y a aujourd'hui trente ans que tu vins dans ce monde, nu et pleurant comme tous les fils d'Ève. C'est aujourd'hui que tu devais te régénérer, en cherchant sous la cendre de ma dépouille terrestre une étincelle qui aurait pu rallumer en toi le feu du ciel. Faut-il donc que les morts quittent leur sépulcre pour trouver les vivants plus froids et plus engourdis que des cadavres? »

« J'essayai encore de lui répondre, mais sans réussir plus que la première fois. Alors il reprit avec un soupir:

« — Reviens donc à la vie des sens, puisque celle de l'esprit est expirée en toi.... »

« Il s'approcha et me toucha, mais je ne vis rien; et lorsque, après des efforts inouïs, j'eus réussi à m'éveiller de ma léthargie et à me dresser sur mes genoux, tout était rentré dans le silence, et rien n'annonçait autour de moi la visite d'un être humain.

« Cependant un vent plus froid qui soufflait sur moi

semblait venir de la porte. Je me traînai jusque-là. O prodige! elle était ouverte.

« J'eus un accès de joie insensée. Je pleurai comme un enfant, et j'embrassai la porte comme si j'eusse voulu baiser la trace des mains qui l'avaient ouverte. Je ne sais pourquoi la vie me semblait si douce à recouvrer, après avoir semblé si facile à perdre. Je me traînai le long de la salle du chapitre en suivant les murs; j'étais si faible que je tombais à chaque pas. Ma tête s'égarait, et je ne pouvais plus me rendre raison de la position de la porte que je voulais gagner. J'étais comme un homme ivre; et plus j'avais hâte de sortir de ce lieu fatal, moins il m'était possible d'en trouver l'issue. J'errais dans les ténèbres, me créant moi-même un labyrinthe inextricable dans un espace libre et régulier. Je crois que je passai là presque une heure, livré à d'inexprimables angoisses. Je n'étais plus armé de philosophie comme lorsque j'étais sous les verrous. Je voyais la liberté, la vie, qui revenaient à moi, et je n'avais pas la force de m'en emparer. Mon sang un instant ranimé se refroidissait de nouveau. Une sorte de rage délirante s'emparait de moi. Mille fantômes passaient devant mes yeux, mes genoux se roidissaient sur le plancher. Épuisé de fatigue et de désespoir, je tombai au pied d'une des froides parois de la salle, et de nouveau j'essayai de retrouver en moi la résolution de mourir en paix. Mais mes idées étaient confuses, et la sagesse, qui m'avait semblé naguère une armure impénétrable, n'était en cet instant qu'un secours impuissant contre l'horreur de la mort.

« Tout à coup je retrouvai le souvenir, déjà effacé, de la voix qui m'avait appelé durant mon sommeil, et, me livrant à cette protection mystérieuse avec la confiance d'un enfant, je murmurai les derniers mots que Fulgence avait prononcés en rendant l'âme : « *Sancte Spiridion, ora pro me.* »

« Alors il se fit une lueur pâle dans la salle, comme serait celle d'un éclair prolongé. Cette lueur augmenta, et, au bout d'une minute environ, s'éteignit tout à fait. J'avais eu le temps de voir que cette lumière partait du portrait du fondateur, dont les yeux s'étaient allumés comme deux lampes pour éclairer la salle et pour me montrer que j'étais adossé depuis un quart d'heure contre la porte tant cherchée. — Béni sois-tu, esprit bienheureux! m'écriai-je. Et, ranimé soudain, je m'élançai hors de la salle avec impétuosité.

« Un convers, qui vaquait dans les salles basses à des préparatifs extraordinaires pour le lendemain, me vit accourir vers lui comme un spectre. Mes joues creuses, mes yeux enflammés par la fièvre, mon air égaré, lui causèrent une telle frayeur qu'il s'enfuit en laissant tomber une corbeille de riz qu'il portait, et un flambeau que je me hâtai de ramasser avant qu'il fût éteint. Quand j'eus apaisé ma faim, je regagnai ma cellule, et le lendemain, après un sommeil réparateur, je fus en état de me rendre à l'église.

« Un bruit singulier dans le couvent et le branle de toutes les grosses cloches m'avaient annoncé une cérémonie importante. J'avais jeté les yeux sur le calendrier de ma cellule, et je me demandais si j'avais perdu pendant mes jours d'inanition la notion de la marche du temps; car je ne voyais aucune fête religieuse marquée pour le jour où je croyais être. Je me glissai dans le chœur, et je gagnai ma stalle sans être remarqué. Il y avait sur tous les fronts une préoccupation ou un recueillement extraordinaire. L'église était parée comme aux grands jours fériés. On commença les offices. Je fus surpris de ne point voir le Prieur à sa place; je me penchai pour demander à mon voisin s'il était malade. Celui-ci me regarda d'un air stupéfait, et, comme s'il eût pensé avoir mal entendu ma question, il sourit d'un air embarrassé et ne me répondit point. Je cherchai des yeux le père Donatien, celui de tous les religieux que je savais m'être le plus hostile, et que j'accusais intérieurement du traitement odieux que je venais de subir. Je vis ses yeux ardents chercher à pénétrer sous mon capuchon ; mais je ne lui laissai point voir mon visage, et je m'assurai que le sien était bouleversé par la surprise et la crainte ; car il ne s'attendait point à trouver ma stalle occupée, et il se demandait si c'était moi ou mon spectre qu'il voyait là en face de lui.

« Je ne fus au courant de ce qui se passait qu'à la fin de l'office, lorsque l'officiant récita une prière en commémoration du Prieur, dont l'âme avait paru devant Dieu, le 10 janvier 1766, à minuit, c'est-à-dire une heure avant mon incarcération dans la bibliothèque. Je compris alors pourquoi Donatien, dont l'ambition guettait depuis longtemps la première place parmi nous, avait saisi l'occasion de cette mort subite pour m'éloigner des délibérations. Il savait que je ne l'estimais point, et que, malgré mon peu de goût pour le pouvoir et mon défaut absolu d'intrigue, je ne manquais pas de partisans. J'avais une réputation de science théologique qui m'attirait le respect naïf de quelques-uns ; j'avais un esprit de justice et des habitudes d'impartialité qui offraient à tous des garanties. Donatien me craignait : sous-prieur depuis deux ans, et tout-puissant sur ceux qui entouraient le Prieur, il avait enveloppé ses derniers instants d'une sorte de mystère, et, avant de répandre la nouvelle de sa mort, il avait voulu me voir, sans doute pour sonder mes dispositions, pour me séduire ou pour m'effrayer. Ne me trouvant point dans ma cellule, et connaissant fort bien mes habitudes, comme je l'ai su depuis, il s'était glissé sur mes traces jusqu'à la porte de la bibliothèque, qu'il avait refermée sur moi comme par mégarde. Puis il avait condamné toutes les issues par lesquelles on pouvait approcher de moi, et il avait sur-le-champ fait entrer tout le monastère en retraite, afin de procéder dignement à l'élection du nouveau chef.

« Grâce à son influence, il avait pu violer tous les usages et toutes les règles de l'abbaye. Au lieu de faire embaumer et exposer le corps du défunt pendant trois jours dans la chapelle, il l'avait fait ensevelir précipitamment, sous prétexte qu'il était mort d'un mal contagieux. Il avait brusqué toutes les cérémonies, abrégé le temps ordinaire de la retraite ; et déjà l'on procédait à son élection, lorsque, par un fait surnaturel, je fus rendu à la liberté. Quand l'office fut fini, on chanta le *Veni Creator;* puis on resta un quart d'heure prosterné chacun dans sa stalle, livré à l'inspiration divine. Lorsque l'horloge sonna midi, la communauté défila lentement et monta à la salle du chapitre pour procéder au vote général. Je me tins dans le plus grand calme et dans la plus complète indifférence tant que dura cette cérémonie. Rien au monde ne me tentait moins que de contre-balancer les suffrages ; en eussé-je eu le temps, je n'aurais pas fait la plus simple démarche pour contrarier l'ambition de Donatien. Mais quand j'entendis son nom sortir cinquante fois de l'urne, quand je vis, au dernier tour de scrutin, la joie du triomphe éclater sur son visage, je fus saisi d'un mouvement tout humain d'indignation et de haine.

« Peut-être, s'il eût songé à tourner vers moi un regard humble ou seulement craintif, mon mépris l'eût-il absous; mais il me sembla qu'il me bravait, et j'eus la puérilité de vouloir briser cet orgueil, au niveau duquel je me ravalais en le combattant. Je laissai le secrétaire recompter lentement les votes. Il y en avait deux seulement pour moi. Ce n'était donc pas une espérance personnelle qui pouvait me suggérer ce que je fis. Au moment où l'on proclama le nom de Donatien, et comme il se levait d'un air hypocritement ému pour recevoir les embrassades des anciens, je me levai à mon tour et j'élevai la voix.

« — Je déclare, dis-je avec un calme apparent dont l'effet fut terrible, que l'élection proclamée est nulle, parce que les statuts de l'ordre ont été violés. Une seule voix, oubliée ou détournée, suffit pour frapper de nullité les résolutions de tout un chapitre. J'invoque cet article de la charte de l'abbé Spiridion, et déclare que moi, Alexis, membre de l'ordre et serviteur de Dieu, je n'ai point déposé mon vote aujourd'hui dans l'urne, parce que je n'ai point eu le loisir d'entrer en retraite comme les autres ; parce que j'ai été écarté, par hasard ou par malice, des délibérations communes, et qu'il m'eût été impossible, ignorant jusqu'à cet instant la mort de notre vénérable Prieur, de me décider inopinément sur le choix de son successeur. »

« Ayant prononcé ces paroles qui furent un coup de foudre pour Donatien, je me rassis et refusai de répondre aux mille questions que chacun venait m'adresser. Donatien, un instant confondu de mon audace, reprit bientôt courage, et déclara que mon vote était non-seulement inutile, mais non recevable, parce qu'étant sous le poids d'une faute grave, et subissant, durant les délibérations, une correction dégradante, d'après les statuts, je n'étais point apte à voter.

« — Et qui donc a qualifié ou apprécié ma faute? demandai-je. Qui donc s'est permis de m'en infliger le châtiment? Le sous-prieur? il n'en avait pas le droit. Il devait, pour me juger indigne de prendre part à l'élection, faire examiner ma conduite par six des plus anciens du chapitre, et je déclare qu'il ne l'a point fait.

« — Et qu'en savez-vous? me dit un des anciens qui était le chaud partisan de mon antagoniste.

« — Je dis, m'écriai-je, que cela ne s'est point fait, parce que j'avais le droit d'en être informé, parce que mon jugement devait être signifié à moi d'abord, puis à toute la communauté rassemblée, et enfin placardé ici, dans ma stalle, et qu'il n'y est point et n'y a jamais été.

« — Votre faute, s'écria Donatien, était d'une telle nature...

« — Ma faute, interrompis-je, il vous plaît de la qualifier de grave; moi, il me plaît de qualifier la punition que vous m'avez infligée, et je dis que c'est pour vous qu'elle est dégradante. Dites quelle fut ma faute! Je vous somme de le dire ici; et moi je dirai quel traitement vous m'avez fait subir, bien que vous n'eussiez pas le droit de le faire. »

« Donatien voyant que j'étais outré, et que l'on commençait à m'écouter avec curiosité, se hâta de terminer ce débat en appelant à son secours la prudence et la ruse. Il s'approcha de moi, et, du ton d'un homme pénétré de componction, il me supplia, au nom du Sauveur des hommes, de cesser une discussion scandaleuse et contraire à l'esprit de charité qui devait régner entre des frères. Il ajouta que je me trompais en l'accusant de machinations si perfides, que sans doute il y avait entre nous un malentendu qui s'éclaircirait dans une explication amicale.

« — Quant à vos droits, ajouta-t-il, il m'a semblé et il me semble encore, mon frère, que vous les avez perdus. Ce serait peut-être pour la communauté une affaire à examiner; mais il suffit que vous m'accusiez d'avoir redouté votre candidature pour que je veuille faire tomber au plus vite un soupçon si pénible pour moi. Et pour cela, je déclare que je désire vous avoir sur-le-champ pour compétiteur. Je supplie la communauté d'écarter de vous toute accusation, et de permettre que vous déposiez votre vote dans l'urne après qu'on aura fait un nouveau tour de scrutin, sans examiner si vos droits sont contestables. Non-seulement je l'en supplie, mais au besoin je le lui commande; car je suis, en attendant le résultat de votre candidature, le chef de cette respectable assemblée. »

« Ce discours adroit fut accueilli avec acclamations; mais je m'opposai à ce qu'on recommençât le vote séance tenante. Je déclarai que je voulais entrer en retraite, et que, comme les autres s'étaient contentés de trois jours, bien que quarante furent prescrits, je m'en contenterais aussi; mais que, sous aucun prétexte, je ne croyais pouvoir me dispenser de cette préparation.

« Donatien s'était engagé trop avant pour reculer. Il feignit de subir ce contre-temps avec calme et humilité. Il supplia la communauté de n'apporter aucun empêchement à mes desseins. Il y avait bien quelques murmures contre mon obstination, mais pas autant peut-être que Donatien l'avait espéré. La curiosité, qui est l'élément vital des moines, était excitée au plus haut point par ce qui restait de mystérieux entre Donatien et moi. Ma disparition avait causé bien de l'étonnement à plusieurs. On voulait, avant de se ranger sous la loi de ce nouveau chef si mielleux et si tendre en apparence, avoir quelques notions de plus sur son vrai caractère. Je semblais l'homme le plus propre à les fournir. Sa modération avec moi en public, au milieu d'une crise si terrible pour son orgueil et son ambition, paraissait sublime à quelques-uns, sensée à plusieurs autres, étrange et de mauvais augure à un plus grand nombre. Trente voix, qui ne s'entendaient pas sur le choix de leur candidat, avaient combattu son élection. Il était déjà évident qu'elles allaient se reporter sur moi. Trois jours de nouvelles réflexions et de plus amples informations pouvaient détacher bien des partisans. Chacun le sentit, et la majorité, qui avait été surprise et comme enivrée par la précipitation des meneurs, se réjouit du retard que je venais apporter au dénoûment.

« Une heure après la clôture de cette séance orageuse, ma cellule était assiégée des meneurs de mon parti ; car j'avais déjà un parti malgré moi, et un parti très-ardent. Donatien n'était pas médiocrement haï, et je dois à la vérité de dire que tout ce qu'il y avait de moins avili et de moins corrompu dans l'abbaye était contre lui. Ma colère était déjà tombée, et les offres qu'on me faisait n'éveillaient en moi aucun désir de puissance monacale. J'avais de l'ambition, mais une ambition vaste comme le monde, l'ambition des choses sublimes. J'aurais voulu élever un beau monument de science ou de philosophie, trouver une vérité et la promulguer, enfanter une de ces idées qui soulèvent et remplissent tout un siècle, gouverner enfin toute une génération, mais du fond de ma cellule, et sans salir mes doigts à la fange des affaires sociales ; régner par l'intelligence sur les esprits, par le cœur sur les cœurs, vivre en un mot comme Platon ou Spinosa. Il y avait loin de là à la gloriole de commander à cent moines abrutis. La petitesse pompeuse d'un tel rôle soulevait mon âme de dégoût ; mais je compris quel parti je pouvais tirer de ma position, et j'accueillis mes partisans avec prudence.

« Avant le soir, les trente voix qui avaient résisté à Donatien s'étaient déjà réunies sur moi. Donatien en fut plus irrité qu'effrayé. Il vint me trouver dans ma cellule, et il essaya de m'intimider en me disant que, si je me retirais de la candidature, il ne me reprocherait point mes hérésies, à lui bien connues; que les choses pouvaient encore se passer honorablement pour moi et tranquillement pour lui, si je me contentais de la petite victoire que j'avais obtenue en retardant son élection; mais que, si je me mettais sur les rangs pour le priorat, il ferait connaître quelles étaient mes occupations, mes lectures, et sans doute mes pensées, depuis plus de cinq ans. Il me menaça de dévoiler la fraude et la désobéissance où j'avais vécu tout ce temps-là, dérobant les livres défendus et me nourrissant durant les saints offices, dans le temple même du Seigneur, des plus infâmes doctrines.

Le calme avec lequel j'affrontai ces menaces le déconcerta beaucoup. Il voulait sans doute me faire parler sur mes croyances; peut-être avait-il placé des témoins derrière la porte pour m'entendre apostasier dans un moment d'emportement. J'étais sur mes gardes, et je vis, dans cette circonstance, combien l'homme le plus simple a de supériorité sur le plus habile, lorsque celui-ci est mû par de mauvaises passions. Je n'étais certes pas rompu à l'intrigue comme ce moine cauteleux et rusé; mais le mépris que j'avais pour l'enjeu me donnait tout l'avantage de la partie. J'étais armé d'un sang-froid à toute épreuve, et mes reparties calmes démontaient de plus en plus mon adversaire. Il se retira fort troublé. Jusque-là il ne m'avait point connu, disait-il d'un ton amèrement enjoué. Il m'avait cru plongé dans les livres, et ne se serait jamais douté que j'apportasse tant de prudence et de calcul dans les affaires temporelles. Il ajouta sournoisement qu'il faisait des vœux pour que mon orthodoxie en matière de religion lui fût bien démontrée ; car, dans ce cas, je lui paraissais le plus propre de tous à bien gouverner l'abbaye.

« Le lendemain, mes trente partisans cabalèrent si bien qu'ils détachèrent plus de quinze poltrons, jetés par la frayeur dans le parti de mon rival. Donatien était l'homme le plus redouté et le plus haï de la communauté ; mais il avait pour lui tous les anciens, qu'il avait su accaparer, et aux vices desquels son athéisme secret offrait toutes les garanties désirables. Il n'y a pas de plus grand fléau pour une communauté religieuse qu'un chef sincèrement dévot. Avec lui, la règle, qui est ce que le moine hait et redoute le plus, est toujours en vigueur, et vient à chaque instant troubler les douces habitudes de paresse et d'intempérance ; son zèle ardent suscite chaque jour de nouvelles tracasseries, en voulant ramener les pratiques austères, la vie de labeur et de privations. Donatien, savait, avec le petit nombre des fanatiques, se donner les apparences d'une foi vive ; avec le grand nombre des indifférents, ils savait, sans compromettre la dignité d'étiquette de la règle, et sans déroger aux apparences de la ferveur, donner à chacun le prétexte le plus convenable à la licence. Par ce moyen son autorité était sans bornes pour le mal ; il exploitait les vices d'autrui au profit des siens propres. Cette manière de gouverner les hommes en profitant de leur corruption est infaillible ; et, si j'étais le favori d'un roi, je la lui conseillerais.

« Mais ce qui contre-balançait l'autorité naissante de Donatien, c'était ce qu'on savait de son humeur vindicative. Ceux qui l'avaient offensé un jour avaient à s'en repentir longtemps, et l'on craignait avec raison que le Prieur n'oubliât pas, en recevant la crosse, les vieilles querelles du simple frère. C'est pourquoi les faibles s'étaient jetés dans son parti par frayeur, le croyant tout-puissant et ne voulant pas qu'il les punît d'avoir cabalé contre lui.

« Dès que ceux-là virent une puissance se former contre la sienne et offrir quelque garantie, ils se rejetèrent facilement de ce côté, et le troisième jour j'avais une majorité incontestable. Je ne saurais t'exprimer, Angel, combien j'eus à souffrir secrètement de cette banale préférence, basée sur des intérêts d'égoïsme et revêtue des formes menteuses de l'estime et de l'affection. Les sales caresses de ces poltrons me répugnaient; les protestations des autres intrigants, qui se flattaient de régner à ma place tandis que je serais absorbé dans mes spéculations scientifiques, ne me causaient pas moins de dégoût et de mépris.

« — Vous triompherez, me disaient-ils d'un air lâchement fier en sortant de ma cellule.

« — Dieu m'en préserve! répondais-je lorsqu'ils étaient sortis. »

« Le jour de l'élection, Donatien vint me réveiller avant l'aube. Il n'avait pu fermer l'œil de la nuit.

« — Vous dormez comme un triomphateur, me dit-il. Êtes-vous donc si sûr de l'emporter sur moi? »

« Il affectait le calme; mais sa voix était tremblante, et le trouble de toute sa contenance révélait les angoisses de son âme.

« — Je dors avec une double sécurité, lui répondis-je en souriant, celle du triomphe et celle de la plus parfaite indifférence pour ce même triomphe.

« — Frère Alexis, reprit-il, vous jouez la comédie avec un art au-dessus de tout éloge.

« — Frère Donatien, lui dis-je, vous ne vous trompez pas. Je joue la comédie; car je brigue des suffrages dont je ne veux pas profiter. Combien voulez-vous me les payer?

« — Quelles seraient vos conditions? dit-il en feignant de soutenir une plaisanterie; mais ses lèvres étaient pâles d'émotion et son œil étincelant de curiosité.

« — Ma liberté, répondis-je, rien que cela. J'aime l'étude, et je déteste le pouvoir : assurez-moi le calme et l'indépendance la plus absolue au fond de ma cellule. Donnez-moi les clefs de toutes les bibliothèques, le soin de tous les instruments de physique et d'astronomie, et la direction des fonds appliqués à leur entretien par le fondateur; donnez-moi la cellule de l'observatoire, abandonnée depuis la mort du dernier moine astronome, enfin dispensez-moi des offices, et à ce prix vous pourrez me considérer comme mort. Je vivrai dans mon donjon, et vous sur votre chaire abbatiale, sans que nous ayons jamais rien de commun ensemble. A la première affaire temporelle dont je me mêlerai, je vous autorise à me remettre sous la règle; mais aussi à la première tracasserie temporelle que vous me susciterez, je vous promets de vous montrer encore une fois que je ne suis pas sans influence. Tous les trois ans, lorsqu'on renouvellera votre élection, nous passerons marché comme aujourd'hui, si le marché d'aujourd'hui vous convient. Promettez-vous? Voici la cloche qui nous appelle à l'église; dépêchez-vous. »

« Il promit tout ce que je voulus; mais il se retira sans confiance et sans espoir. Il ne pouvait croire qu'on renonçât à la victoire quand on la tenait dans ses mains.

« Il serait impossible de peindre l'angoisse qui contractait son visage lorsque je fus proclamé Prieur à la majorité de dix voix. Il avait l'air d'un homme foudroyé au moment d'atteindre aux astres. M'avoir tenu enfermé trois jours et trois nuits, s'être flatté de me trouver mort de faim et de froid, et tout à coup me voir sortir comme de la tombe pour lui arracher des mains la victoire et m'asseoir à sa place sur la chaire d'honneur!

« Chacun vint m'embrasser, et je subis cette cérémonie sans détromper le vaincu jusqu'à ce qu'il vint à son tour me donner le baiser de paix. Quand il eut accompli cette dernière humiliation, je le pris par la main; et, me dépouillant des insignes dont on m'avait déjà revêtu, je lui mis au doigt l'anneau, et à la main la crosse abbatiale; puis je le conduisis à la chaire, et, m'agenouillant devant lui, je le priai de me donner sa bénédiction paternelle.

« Il y eut une stupéfaction inconcevable dans le chapitre, et d'abord je trouvai beaucoup d'opposition à accepter cette substitution de personne; mais les poltrons et les faibles emportèrent de nouveau la majorité là où je voulais la constituer. Le scrutin de ce jour ne produisit rien; mais celui du lendemain rendit, par mes soins et par mon influence, le priorat au trop heureux Donatien. Il me fit l'honneur de douter de ma loyauté jusqu'au dernier moment, me soupçonnant toujours de feindre un excès d'humilité afin de m'assurer un pouvoir sans bornes pour toute ma vie. Il y avait peu d'exemples qu'un Prieur n'eût pas été réélu tous les trois ans jusqu'à sa mort; mais le statut n'en restait pas moins en vigueur, et l'existence d'un rival important pouvait troubler la vie du vainqueur. Donatien pensait donc que je voulais amener à moi par un semblant de vertu et de désintéressement romanesque ceux qui lui étaient le plus attachés, afin de ne point avoir à craindre une réaction vers lui au bout de trois ans. Au reste, c'est grâce à ce statut que la tranquillité de ma vie fut à peu près assurée. Les persécutions dont j'avais été accablé jusque-là, et dont j'ai passé le détail sous silence dans ce récit, comme n'étant que les accessoires de souffrances plus réelles et plus profondes, cessèrent à partir de ce jour. Ce n'est que depuis peu que, me voyant prêt à descendre dans la tombe, Donatien a cessé de me craindre et encouragé peut-être les vieilles haines de ses créatures.

« Quand son élection eut été enfin proclamée, et qu'il se fut assuré de ma bonne foi, sa reconnaissance me parut si servile et si exagérée que je me hâtai de m'y soustraire.

« — Payez vos dettes, lui dis-je à l'oreille, et ne me sachez aucun autre gré d'une action qui n'est point, de ma part, un sacrifice.

« Il se hâta de me proclamer directeur de la bibliothèque et du cabinet réservé aux études et aux collections scientifiques. J'eus, à partir de cet instant, la plus grande liberté d'occupations et tous les moyens possibles de m'instruire.

« Au moment où je quittais la salle du chapitre pour aller, plein d'impatience, prendre possession de ma nouvelle cellule, je levai les yeux par hasard sur le portrait du fondateur, et alors le souvenir des événements surnaturels qui s'étaient passés dans cette salle quelques jours auparavant me revint si distinct et si frappant que j'en fus effrayé. Jusque-là, les préoccupations qui avaient rempli toutes mes heures ne m'avaient pas laissé le loisir d'y songer, ou plutôt cette partie du cerveau qui conserve les impressions que nous appelons poétiques et merveilleuses (à défaut d'expression juste pour peindre les fonctions du sens divin), s'était engourdie chez moi au point de ne rendre à ma raison aucun compte des prodiges de mon évasion. Ces prodiges restaient comme enveloppés dans les nuages d'un rêve, comme les vagues réminiscences des faits accomplis durant l'ivresse ou durant la fièvre. En regardant le portrait d'Hébronius, je revis distinctement l'animation de ces yeux peints qui, tout d'un coup, étaient devenus vivants et lumineux, et ce souvenir se mêla si étrangement au présent qu'il me sembla voir encore cette toile reprendre vie, et ces yeux me regarder comme des yeux humains. Mais cette fois ce n'était plus avec éclat, c'était avec douleur, avec reproche. Il me sembla voir des larmes humecter les paupières. Je me sentis défaillir. Personne ne faisait attention à moi ; mais un jeune enfant de douze ans, neveu et élève en théologie de l'un des frères, se tenait par hasard devant le portrait, et, par hasard aussi, le regardait.

« — O mon père Alexis, me dit-il en saisissant ma robe avec effroi, voyez donc ! le portrait pleure ! »

« Je faillis m'évanouir, mais je fis un grand effort sur moi-même, et lui répondis :

« — Taisez-vous, mon enfant, et ne dites pas de pareilles choses, aujourd'hui surtout ; vous feriez tomber votre oncle en disgrâce. »

« L'enfant ne comprit pas ma réponse, mais il en fut comme effrayé, et ne parla à personne, que je sache, de ce qu'il avait vu. Il avait dès lors une maladie dont il mourut l'année suivante chez ses parents. Je n'ai pas bien su les détails de sa mort ; mais il m'est revenu qu'il avait vu, à ses derniers instants, une figure vers laquelle il voulait s'élancer en l'appelant *pater Spiridion*. Cet enfant était plein de foi, de douceur et d'intelligence. Je ne l'ai connu que quelques instants sur la terre ; mais je crois que je le retrouverai dans une sphère plus sublime. Il était de ceux qui ne peuvent pas rester ici-bas, et qui ont déjà, dès cette vie, une moitié de leur âme dans un monde meilleur.

« Je fus occupé pendant quelques jours à préparer mon observatoire, à choisir les livres que je préférais, à les ranger dans ma cellule, à tout ordonner dans mon nouvel empire. Pendant que le couvent était en rumeur pour célébrer l'élection de son nouveau chef, que les uns se livraient à leurs rêves d'ambition, tandis que les autres se consolaient de leurs mécomptes en s'abandonnant à l'intempérance, je goûtais une joie d'enfant à m'isoler de cette tourbe insensée, et à chercher, dans l'oubli de tous, mes paisibles plaisirs. Quand j'eus fini de ranger la bibliothèque, les collections d'histoire naturelle et les instruments de physique et d'astronomie, ce que je fis avec tant de zèle que je me couchais chaque soir exténué de fatigue (car toutes ces choses précieuses avaient été négligées et abandonnées au désordre depuis bien des années), je rentrai un soir dans cette cellule avec un bien-être incroyable. J'estimais avoir remporté une bien plus grande victoire que celle de Donatien, et avoir assuré tout l'avenir de ma vie sur les seules bases qui lui convinssent. Je n'avais qu'une seule passion, celle de l'étude : j'allais pouvoir m'y livrer à tout jamais, sans distraction et sans contrainte. Combien je m'applaudissais d'avoir résisté au désir de fuir, qui m'avait tant de fois traversé l'esprit durant les années précédentes! J'avais tant souffert, n'ayant plus aucune foi, aucune sympathie catholique, d'être forcé d'observer les minutieuses pratiques du catholicisme, et d'y voir se consumer un temps précieux! Je m'étais souvent méprisé pour le faux point d'honneur qui me tenait esclave de mes vœux.

« Vœux insensés, serments impies! m'étais-je écrié cent fois, ce n'est point la crainte ou l'amour de Dieu qui vous a reçus, ni qui m'empêche de vous violer. Ce Dieu n'existe plus, il n'a jamais existé. On ne doit point de fidélité à un fantôme, et les engagements pris dans un songe n'ont ni force ni réalité. C'est donc le respect humain qui fait votre puissance sur moi. C'est parce que, dans mes jours de jeunesse intolérante et de dévotion fougueuse, j'ai flétri à haute voix les religieux qui rompaient leur ban; c'est parce que j'ai soutenu autrefois la thèse absurde que le serment de l'homme est indélébile, qu'aujourd'hui je crains, en me rétractant, d'être méprisé par ces hommes que je méprise!

« Je m'étais dit ces choses, je m'étais fait ces reproches; j'avais résolu de partir, de jeter mon froc de moine aux ronces du chemin, d'aller chercher la liberté de conscience et la liberté d'études dans un pays éclairé, chez une nation tolérante, en France ou en Allemagne; mais je n'avais jamais trouvé le courage de le faire. Mille raisons puériles ou orgueilleuses m'en avaient empêché. Je me couchai en repassant dans mon esprit ces raisons que, par une réaction naturelle, j'aimais à trouver excellentes, puisque désormais l'état de moine et le séjour du monastère étaient pour moi la meilleure condition possible. Au nombre de ces raisons, ma mémoire vint à me retracer le désir de posséder le manuscrit de Spiridion et l'importance que j'avais attachée à exhumer cet écrit précieux. A peine cette réflexion eut-elle traversé mon esprit, qu'elle y évoqua mille images fantastiques. La fatigue et le besoin de sommeil commençaient à troubler mes idées. Je me sentis dans une disposition étrange et telle que depuis longtemps je n'en avais connu. Ma raison, toujours superbe, était dans toute sa force, et méprisait profondément les visions qui m'avaient assailli dans le catholicisme; elle m'expliquait les prestiges de la nuit du 10 janvier par des causes toutes naturelles. La faim, la fièvre, l'agonie des forces morales, et aussi le désespoir secret et insurmontable de quitter la vie d'une manière si horrible, avaient dû produire sur mon cerveau un désordre voisin de la folie. Alors j'avais cru entendre une voix de la tombe et des paroles en harmonie avec les souvenirs émouvants de ma précédente existence de catholique. Les fantômes qui jadis s'étaient produits dans mon imagination avaient dû s'y reproduire par une loi physiologique à la première disposition fébrile, et l'anéantissement de mes forces physiques avait dû, en présence de ces apparitions, empêcher les fonctions de la raison et neutraliser les puissances du jugement. Un événement fortuit, peut-être le passage d'un serviteur dans la salle du chapitre, ayant amené ma délivrance au moment où j'étais en proie à ce délire, je n'avais pu manquer d'attribuer mon salut à ces causes surnaturelles ; et le reste de la vision s'expliquait assez par la lutte qui s'était établie en moi entre le désir de ressaisir la vie et l'affaissement de tout mon être. Il n'était donc rien dans tout cela dont ma raison ne triomphât par des mots ; mais les mots ne remplaceront jamais les idées ; et quoiqu'une moitié de mon esprit se tînt pour satisfaite de ces solutions, l'autre moitié restait dans un grand trouble et repoussait le calme de l'orgueil et la sanction du sommeil.

« Alors je fus pris d'un malaise inconcevable. Je sentis que ma raison ne pouvait pas me défendre, quelque puissante et ingénieuse qu'elle fût, contre les vaines terreurs de la maladie. Je me souvins d'avoir été tellement dominé par les apparences que j'avais pris mes hallucinations pour la réalité. Naguère encore, étant plein de calme, de force et de contentement, j'avais cru voir des larmes sortir d'une toile peinte, j'avais cru entendre la parole d'un enfant qui confirmait ce prodige.

« Il est vrai qu'il y avait une légende sur ce portrait. Dans mon âge de crédulité, j'avais entendu dire qu'il pleurait à l'élection des mauvais Prieurs ; et l'enfant, nourri à son tour de cette fable, avait été fasciné par la peur, au point de voir ce que je m'étais imaginé voir moi-même. Que de miracles avaient été contemplés et attestés par des milliers de personnes abusées toutes spontanément et contagieusement par le même élan d'enthousiasme fanatique! Il n'était pas surprenant que deux personnes l'eussent été; mais que je fusse l'une des deux, et que je partageasse les rêveries d'un enfant, voilà ce qui m'étonnait et m'humiliait étrangement. Eh quoi! pensai-je, l'imposture du fanatisme chrétien laisse-t-elle donc dans l'esprit de ceux qui l'ont subie des traces si profondes, qu'après des années de désabusement et de victoire, je n'en sois pas encore affranchi? Suis-je condamné à conserver toute ma vie cette infirmité? N'est-il donc aucun moyen de recouvrer entièrement la force morale qui chasse les fantômes et dissipe les ombres avec un mot? Pour avoir été catholique, ne me sera-t-il jamais permis d'être un homme, et dois-je, à la moindre langueur d'estomac, au moindre accès de fièvre, être en butte aux terreurs de l'enfance? Hélas! ceci est peut-être un juste châtiment de la faiblesse avec laquelle l'homme fléchit devant des erreurs grossières. Peut-être la vérité, pour se venger, se refuse-t-elle à éclairer complètement les esprits qui l'ont reniée longtemps; peut-être les misérables qui, comme moi, ont servi les idoles et adoré le mensonge sont-ils marqués d'un sceau indélébile d'ignorance, de folie et de lâcheté; peut-être qu'à l'heure de la mort mon cerveau épuisé sera livré à des épouvantails méprisables; Satan viendra peut-être me tourmenter, et peut-être mourrai-je en invoquant Jésus, comme ont fait plusieurs malheureux philosophes, en qui de semblables maladies d'esprit expliquent et révèlent la misère humaine aux prises avec la lumière céleste?

« Livré à ces pensées douloureuses, je m'endormis fort agité, craignant d'être encore la dupe de quelque songe, et m'en effrayant d'autant plus que ma raison m'en démontrait les causes et les conséquences.

« Je fis alors un rêve étrange. Je m'imaginai être revenu au temps de mon noviciat. Je me voyais vêtu de la robe de laine blanche, un léger duvet paraissait à peine sur mon visage ; je me promenais avec mes jeunes compagnons, et Donatien, parmi nous, recueillait nos suffrages pour son élection. Je lui donnai ma voix comme les autres, avec insouciance, pour éviter les persécutions. Alors il se retira, en nous lançant un regard de triomphe méprisant, et nous vîmes approcher de nous un homme jeune et beau, que nous reconnûmes tous pour l'original du portrait de la grande salle.

« Mais, ainsi qu'il arrive dans les rêves, notre surprise fut bientôt oubliée. Nous acceptâmes comme une chose possible et certaine qu'il eût vécu jusqu'à cette heure, et même quelques-uns de nous disaient l'avoir toujours connu. Pour moi, j'en avais un souvenir confus, et, soit habitude, soit sympathie, je m'approchai de lui avec affection. Mais il nous repoussa avec indignation.

« Malheureux enfants ! nous dit-il d'une voix pleine de charme et de mélodie jusque dans la colère, est-il possible que vous veniez m'embrasser après la lâcheté que vous venez de commettre ? Eh quoi ! êtes-vous descendus à ce point d'égoïsme et d'abrutissement que vous choisissez pour chef, non le plus vertueux ni le plus capable, mais celui de tous que vous savez le plus tolérant à l'égard du vice et le plus insensible à l'endroit de la générosité ? Est-ce ainsi que vous observez mes statuts ? Est-ce là l'esprit que j'ai cherché à laisser parmi vous ? Est-ce ainsi que je vous retrouve, après vous avoir quittés quelque temps ? »

« Alors il s'adressa à moi en particulier, et me montrant aux autres ;

« Voici, dit-il, le plus coupable d'entre vous; car celui-là est déjà un homme par l'esprit, et il connaît le mal qu'il fait. C'est lui dont l'exemple vous entraîne, parce que vous le savez rempli d'instruction et nourri de sagesse. Vous l'estimez tous, mais il s'estime encore plus lui-même. Méfiez-vous de lui, c'est un orgueilleux, et l'orgueil l'a rendu sourd à la voix de sa conscience.

« Et comme j'étais triste et rempli de honte, il me gourmanda fortement, mais en prenant mes mains avec une effusion de courroux paternel; et tout en me reprochant mon égoïsme, tout en me disant que j'avais sacrifié le sentiment de la justice et l'amour de la vérité au vain plaisir de m'instruire dans les sciences, il s'émut, et je vis que des larmes inondaient son visage. Les miennes coulèrent avec abondance, car je sentis les aiguillons du repentir et tous les déchirements d'un cœur brisé. Il me serra alors contre son cœur avec tendresse, mais avec douleur, et il me dit à plusieurs reprises :

« Je pleure sur toi, car c'est à toi-même que tu as fait le plus grand mal, et ta vie tout entière est condamnée à expier cette faute. Avais-tu donc le droit de t'isoler au milieu de tes frères, et de dire: Tout le mal qui se fera désormais ici me sera indifférent, parce que je n'ai pas la même croyance que ceux-ci, parce qu'ils méritent d'être traités comme des chiens, et que je n'estime ici que moi, mon repos, mon plaisir, mes livres, ma liberté? O Alexis! malheureux enfant! tu seras un vieillard infortuné; car tu as perdu le sentiment du bien et la haine du mal; parce que tu as souffert en silence le triomphe de l'iniquité; parce que tu as préféré ta satisfaction à ton devoir, et que tu as édifié de tes mains le trône de Baal dans ce coin de la société humaine où tu t'étais retiré pour cultiver le bien et servir le vrai Dieu!

« Je m'agitai avec angoisse dans mon lit pour échapper

à ces reproches, mais je ne pus réussir à m'éveiller; ils me poursuivaient avec une vraisemblance, une suite et un à-propos si extraordinaires; ils m'arrachaient des larmes si amères, et me couvraient d'une telle confusion, que je ne saurais dire aujourd'hui si c'était un rêve ou une vision. Peu à peu les personnages du rêve reparurent. Donatien s'avança furieux vers Spiridion, dont la voix s'éteignit et dont les traits s'effacèrent. Donatien criait à ses méchants courtisans:

« *Détruisez-le! détruisez-le! Que vient-il faire parmi les vivants? Rendez-le à la tombe, rendez-le au néant!*

« Alors les moines apportèrent du bois et des torches pour brûler Spiridion; mais au lieu de celui qui m'avait accablé de ses reproches et arrosé de ses larmes, je ne vis plus que le portrait du fondateur, que les partisans de Donatien arrachaient de son cadre et jetaient sur le bûcher. Dès que le feu eut commencé à consumer la toile, il se fit une horrible métamorphose. Spiridion reparut vivant, se tordant au milieu des flammes et criant:

« *Alexis, Alexis! c'est toi qui me donnes la mort!*

« Je m'élançai au milieu du bûcher, et ne trouvai que le portrait qui tombait en cendres. Plusieurs fois la figure vivante d'Hébronius et la toile inanimée qui la représentait se métamorphosèrent l'une dans l'autre à mes yeux stupéfaits: tantôt je voyais la belle chevelure du maître flamboyer dans l'incendie, et ses yeux pleins de souffrance, de colère et de douleur se tourner vers moi; tantôt je voyais brûler seulement une effigie aux acclamations grossières et aux rires des moines. Enfin je m'éveillai baigné de sueur et brisé de fatigue. Mon oreiller était trempé de mes pleurs. Je me levai, je courus ouvrir ma fenêtre. Le jour naissant dissipa mon sommeil et mes illusions; mais je restai tout le jour accablé de tristesse, et frappé de la force et de la justesse des reproches qui retentissaient encore dans mes oreilles.

« Depuis ce jour le remords me consuma. Je reconnaissais dans ce rêve la voix de ma conscience qui me criait que dans toutes les religions, dans toutes les philosophies, c'était un crime d'édifier la puissance du fourbe et d'entrer en marché avec le vice. Cette fois la raison confirmait cet arrêt de la conscience; elle me montrait dans le passé Spiridion comme un homme juste, sévère, incorruptible, ennemi mortel du mensonge et de l'égoïsme; elle me disait que là où nous sommes jetés sur la terre, quelque fausse que soit notre position, quelque dégradés que soient les êtres qui nous entourent, notre devoir est de travailler à combattre le mal et à faire triompher le bien. Il y avait aussi un instinct de noblesse et de dignité humaine qui me disait qu'en pareil cas, lors même que nous ne pouvions faire aucun bien, il était beau de mourir à la peine en résistant au mal, et lâche de le tolérer pour vivre en paix. Enfin je tombai dans la tristesse. Ces études, dont je m'étais promis tant de joie, ne me causèrent plus que du dégoût. Mon âme appesantie s'égara dans de vains sophismes, et chercha inutilement à repousser, par de mauvaises raisons, le mécontentement d'elle-même. Je craignais tellement, dans cette disposition maladive et chagrine, de tomber en proie à de nouvelles hallucinations, que je luttai pendant plusieurs nuits contre le sommeil. A la suite de ces efforts, j'entrai dans une excitation nerveuse pire que l'affaiblissement des facultés. Les fantômes que je craignais de voir dans le sommeil apparurent plus effrayants devant mes yeux ouverts. Il me semblait voir sur tous les murs le nom de Spiridion écrit en lettres de feu. Indigné de ma propre faiblesse, je résolus de mettre fin à ces angoisses par un acte de courage. Je pris le parti de descendre dans le caveau du fondateur et d'en retirer le manuscrit. Il y avait trois nuits que je ne dormais pas. La quatrième, vers minuit, je pris un ciseau, une lampe, un levier, et je pénétrai sans bruit dans l'église, décidé à voir ce squelette et à toucher ces ossements que mon imagination revêtait, depuis six années, d'une forme céleste, et que ma raison allait restituer à l'éternel néant en les contemplant avec calme.

« J'arrivai à la pierre du *Hic est*, je la levai sans beaucoup de peine, et je commençai à descendre l'escalier; je me souvenais qu'il avait douze marches. Mais je n'en avais pas descendu six que ma tête était déjà égarée. J'ignore ce qui se passait en moi : si je ne l'avais éprouvé, je ne pourrais jamais croire que le courage de la vanité puisse couvrir tant de faiblesse et de lâche terreur. Le froid de la fièvre me saisit, la peur fit claquer mes dents; je laissai tomber ma lampe; je sentis que mes jambes pliaient sous moi.

« Un esprit sincère n'eût pas cherché à surmonter cette détresse. Il se fût abstenu de poursuivre une épreuve au-dessus de ses forces; il eût remis son entreprise à un moment plus favorable; il eût attendu avec patience et simplicité le rassérénement de ses facultés mentales. Mais je ne voulais pas avoir le démenti vis-à-vis de moi-même. J'étais indigné de ma faiblesse; ma volonté voulait briser et réduire mon imagination. Je continuai à descendre dans les ténèbres; mais je perdis l'esprit, et devins la proie des illusions et des fantômes.

« Il me sembla que je descendais toujours et que je m'enfonçais dans les profondeurs de l'Érèbe. Enfin, j'arrivai lentement à un endroit uni, et j'entendis une voix lugubre prononcer ces mots qu'elle semblait confier aux entrailles de la terre :

« *Il ne remontera pas l'escalier.*

« Aussitôt, j'entendis s'élever vers moi, du fond d'abîmes invisibles, mille voix formidables qui chantaient sur un rhythme bizarre :

« *Détruisons-le! Qu'il soit détruit! Que vient-il faire parmi les morts? Qu'il soit rendu à la souffrance! Qu'il soit rendu à la vie!*

« Alors une faible lueur perça les ténèbres, et je vis que j'étais sur la dernière marche d'un escalier aussi vaste que le pied d'une montagne. Derrière moi, il y avait des milliers de degrés de fer rouge; devant moi, rien que le vide, l'abîme de l'éther, le bleu sombre de la nuit sous mes pieds comme au-dessus de ma tête. Je fus pris de vertige, et, quittant l'escalier, ne songeant plus qu'il me fût possible de le remonter, je m'élançai dans le vide en blasphémant. Mais à peine eus-je prononcé la formule de malédiction, que le vide se remplit de formes et de couleurs confuses, et peu à peu je me vis de plain-pied avec une immense galerie où je m'avançai en tremblant. L'obscurité régnait encore autour de moi; mais le fond de la voûte s'éclairait d'une lueur rouge et me montrait les formes étranges et affreuses de l'architecture. Tout ce monument semblait, par sa force et sa pesanteur gigantesque, avoir été taillé dans une montagne de fer ou dans une caverne de laves noires. Je ne distinguais pas les objets les plus voisins; mais ceux vers lesquels je m'avançais prenaient un aspect de plus en plus sinistre, et ma terreur augmentait à chaque pas. Les piliers énormes qui soutenaient la voûte, et les rinceaux de la voûte même, représentaient des hommes d'une grandeur surnaturelle, tous livrés à des tortures inouïes : les uns, suspendus par les pieds et serrés par les replis de serpents monstrueux, mordaient le pavé, et leurs dents s'enfonçaient dans le marbre; d'autres, engagés jusqu'à la ceinture dans le sol, étaient tirés d'en haut, ceux-ci par les bras la tête en haut, ceux-là par les pieds la tête en bas, vers les chapiteaux formés d'autres figures humaines penchées sur elles et acharnées à les torturer. D'autres piliers encore représentaient un enlacement de figures occupées à s'entre-dévorer, et chacune d'elles n'offrait plus qu'un tronçon rongé jusqu'aux genoux ou jusqu'aux épaules, mais dont la tête furieuse conservait assez de vie pour mordre et dévorer ce qui était auprès d'elle. Il y en avait qui, écorchés à demi, s'efforçaient, avec la partie supérieure de leur corps, de dégager la peau de l'autre moitié accrochée au chapiteau ou retenue au socle; d'autres encore qui, en se battant, s'étaient arraché des lanières de chair par lesquelles ils se tenaient suspendus l'un à l'autre avec l'expression d'une haine et d'une souffrance indicibles. Le long de la frise, ou plutôt en guise de frise, il y avait de chaque côté une rangée d'êtres immondes, revêtus de la forme humaine, mais d'une laideur effroyable, occupés à dépecer des cadavres, à dévorer des membres humains, à tordre des viscères, à se repaître de lambeaux sanglants. De la voûte pendaient, en guise de clefs et de rosaces, des enfants mutilés qui semblaient pousser des cris lamentables, ou qui, fuyant avec terreur les mangeurs de chair humaine, s'élançaient la tête en bas, et semblaient près de se briser sur le pavé.

« Plus j'avançais, plus toutes ces statues, éclairées par la lumière du fond, prenaient l'aspect de la réalité; elles étaient exécutées avec une vérité que jamais l'art des hommes n'eût pu atteindre. On eût dit d'une scène d'horreur qu'un cataclysme inconnu aurait surprise au milieu de sa réalité vivante, et aurait noircie et pétrifiée comme l'argile dans le four. L'expression du désespoir, de la rage ou de l'agonie était si frappante sur tous ces visages contractés; le jeu ou la tension des muscles, l'exaspération de la lutte, le frémissement de la chair défaillante étaient reproduits avec tant d'exactitude, qu'il était impossible d'en soutenir l'aspect sans dégoût et sans terreur. Le silence et l'immobilité de cette représentation ajoutaient peut-être encore à son horrible effet sur moi. Je devins si faible que je m'arrêtai et que je voulus retourner sur mes pas.

« Mais alors j'entendis au fond de ces ténèbres que j'avais traversées, des rumeurs confuses comme celles d'une foule qui marche. Bientôt les voix devinrent plus distinctes et les clameurs plus bruyantes, et les pas se pressèrent tumultueusement en se rapprochant avec une vitesse incroyable : c'était un bruit de course irrégulière, saccadée, mais dont chaque élan était plus voisin, plus impétueux, plus menaçant. Je m'imaginai que j'étais poursuivi par cette foule déréglée, et j'essayai de la devancer en me précipitant sous la voûte au milieu des sculptures lugubres. Mais il me sembla que ces figures commençaient à s'agiter, à s'humecter de sueur et de sang, et que leurs yeux d'émail roulaient dans leurs orbites. Tout à coup je reconnus qu'elles me regardaient toutes et qu'elles étaient toutes penchées vers moi, les unes avec l'expression d'un rire affreux, les autres avec celle d'une aversion furieuse. Toutes avaient le bras levé sur moi et semblaient prêtes à m'écraser sous les membres palpitants qu'elles s'arrachaient les unes aux autres. Il y en avait qui me menaçaient avec leur propre tête dans les mains, ou avec des cadavres d'enfants qu'elles avaient arrachés de la voûte.

« Tandis que ma vue était troublée par ces images abominables, mon oreille était remplie des bruits sinistres qui s'approchaient. Il y avait devant moi des objets affreux, derrière moi des bruits plus affreux encore : des rires, des hurlements, des menaces, des sanglots, des blasphèmes, et tout à coup des silences, durant lesquels il semblait que la foule, portée par le vent, franchît des distances énormes et gagnât sur moi du terrain au centuple.

« Enfin le bruit se rapprocha tellement que, ne pouvant plus espérer d'échapper, j'essayai de me cacher derrière les piliers de la galerie; mais les figures de marbre s'animèrent tout à coup; et, agitant leurs bras, qu'elles tendaient vers moi avec frénésie, elles voulurent me saisir pour me dévorer.

« Je fus donc rejeté par la peur au milieu de la galerie, où leurs bras ne pouvaient m'atteindre, et la foule vint, et l'espace fut rempli de voix, le pavé inondé de pas. Ce fut comme une tempête dans les bois, comme une rafale sur les flots; ce fut l'éruption de la lave. Il me sembla que l'air s'embrasait et que mes épaules pliaient sous le poids de la houle. Je fus emporté comme une feuille d'automne dans le tourbillon des spectres.

« Ils étaient tous vêtus de robes noires, et leurs yeux ardents brillaient sous leurs sombres capuces comme ceux du tigre au fond de son antre. Il y en avait qui semblaient plongés dans un désespoir sans bornes, d'autres qui se livraient à une joie insensée ou féroce, d'autres dont le silence farouche me glaçait et m'épouvantait plus encore. A mesure qu'ils avançaient, les figures de bronze et de marbre s'agitaient et se tordaient avec tant d'efforts qu'elles finissaient par se détacher de leur affreuse étreinte, par se dégager du pavé qui enchaînait leurs pieds, par arracher leurs bras et leurs épaules de la corniche; et les mutilés de la voûte se détachaient aussi, et, se traînant comme des couleuvres le long des murs, ils réussissaient à gagner le sol. Et alors tous ces anthropophages gigantesques, tous ces écorchés, tous ces mutilés, se joignaient à la foule des spectres qui m'entraînaient, et, reprenant les apparences d'une vie complète, se mettaient à courir et à hurler comme les autres : de sorte qu'autour de nous l'espace s'agrandissait, et la foule se répandait dans les ténèbres comme un fleuve qui a rompu ses digues ; mais la lueur lointaine l'attirait et la guidait toujours. Tout à coup cette clarté blafarde devint plus vive, et je vis que nous étions arrivés au but. La foule se divisa, se répandit dans des galeries circulaires, et j'aperçus au-dessous de moi, à une distance incommensurable, l'intérieur d'un monument tel que la main de l'homme n'eût jamais pu le construire. C'était une église gothique dans le goût de celles que les catholiques érigeaient au onzième siècle, dans ce temps où leur puissance morale, arrivée à son apogée, commençait à dresser des échafauds et des bûchers. Les piliers élancés, les arcades aiguës, les animaux symboliques, les ornements bizarres, tous les caprices d'une architecture orgueilleuse et fantasque étaient là déployés dans un espace et sur des dimensions telles qu'un million d'hommes eût pu être abrité sous la même voûte. Mais cette voûte était de plomb, et les galeries supérieures où la foule se pressait étaient si rapprochées du faîte que nul ne pouvait s'y tenir debout, et que, la tête courbée et les épaules brisées, j'étais forcé de regarder ce qui se passait tout au fond de l'église, sous mes pieds, à une profondeur qui me donnait des vertiges.

« D'abord je ne discernai rien que les effets de l'architecture, dont les parties basses flottaient dans le vague, tandis que les parties moyennes s'éclairaient de lueurs rouges entrecoupées d'ombres noires, comme si un foyer d'incendie eût éclaté de quelque point insaisissable à ma vue. Peu à peu cette clarté sinistre s'étendit sur toutes les parties de l'édifice, et je distinguai un grand nombre de figures agenouillées dans la nef, tandis qu'une procession de prêtres revêtus de riches habits sacerdotaux défilait lentement au milieu, et se dirigeait vers le chœur en chantant d'une voix monotone :

« *Détruisons-le ! détruisons-le ! que ce qui appartient à la tombe soit rendu à la tombe !* »

« Ce chant lugubre réveilla mes terreurs, et je regardai autour de moi ; mais je vis que j'étais seul dans une des travées : la foule avait envahi toutes les autres ; elle semblait ne pas s'occuper de moi. Alors j'essayai de m'échapper de ce lieu d'épouvante, où un instinct secret m'annonçait l'accomplissement de quelque affreux mystère. Je vis plusieurs portes derrière moi ; mais elles étaient gardées par les horribles figures de bronze, qui ricanaient et se parlaient entre elles en disant :

« *On va le détruire, et les lambeaux de sa chair nous appartiendront.* »

« Glacé par ces paroles, je me rapprochai de la balustrade en me courbant le long de la rampe de pierre pour qu'on ne pût pas me voir. J'eus une telle horreur de ce qui allait s'accomplir que je fermai les yeux et me bouchai les oreilles. La tête enveloppée de mon capuce et courbée sur mes genoux, je vins à bout de me figurer que tout cela était un rêve et que j'étais endormi sur le grabat de ma cellule. Je fis des efforts inouïs pour me réveiller et pour échapper au cauchemar, et je crus m'éveiller en effet ; mais en ouvrant les yeux je me retrouvai dans la travée, environné à distance des spectres qui m'y avaient conduit, et je vis au fond de la nef la procession de prêtres qui était arrivée au milieu du chœur, et qui formait un groupe pressé au centre duquel s'accomplissait une scène d'horreur que je n'oublierai jamais. Il y avait un homme couché dans un cercueil, et cet homme était vivant. Il ne se plaignait pas, il ne faisait aucune résistance; mais des sanglots étouffés s'échappaient de son sein, et ses soupirs profonds, accueillis par un morne silence, se perdaient sous la voûte qui les renvoyait à la foule insensible. Auprès de lui plusieurs prêtres armés de clous et de marteaux se tenaient prêts à l'ensevelir aussitôt qu'on aurait réussi à lui arracher le cœur. Mais c'était en vain que, les bras sanglants et enfoncés dans la poitrine entr'ouverte du martyr, chacun venait à son tour fouiller et tordre ses entrailles; nul ne pouvait arracher ce cœur invincible que des liens de diamant semblaient retenir victorieusement à sa place. De temps en temps les bourreaux laissaient échapper un cri de rage, et des imprécations mêlées à des huées leur répondaient du haut des galeries. Pendant ces abominations, la foule prosternée dans l'église se tenait immobile dans l'attitude de la méditation et du recueillement.

« Alors un des bourreaux s'approcha tout sanglant de la balustrade qui sépare le chœur de la nef, et dit à ces hommes agenouillés :

« — Ames chrétiennes, fidèles fervents et purs, ô mes frères bien-aimés, priez! redoublez de supplications et de larmes, afin que le miracle s'accomplisse et que vous puissiez manger la chair et boire le sang du Christ, votre divin Sauveur. »

« Et les fidèles se mirent à prier à voix basse, à se frapper la poitrine et à répandre la cendre sur leurs fronts, tandis que les bourreaux continuaient à torturer leur proie, et que la victime murmurait en pleurant ces mots souvent répétés :

« *O mon Dieu, relève ces victimes de l'ignorance et de l'imposture!* »

« Il me semblait qu'un écho de la voûte, tel qu'une voix mystérieuse, apportait ces plaintes à mon oreille.

Mais j'étais tellement glacé par la peur que, au lieu de lui répondre et d'élever ma voix contre les bourreaux, je n'étais occupé qu'à épier les mouvements de ceux qui m'environnaient, dans la crainte qu'ils ne tournassent leur rage contre moi en voyant que je n'étais pas un des leurs.

« Puis j'essayais de me réveiller, et pendant quelques secondes mon imagination me reportait à des scènes riantes. Je me voyais assis dans ma cellule par une belle matinée, entouré de mes livres favoris; mais un nouveau soupir de la victime m'arrachait à cette douce vision, et de nouveau je me retrouvais en face d'une interminable agonie et d'infatigables bourreaux. Je regardais le patient, et il me semblait qu'il se transformait à chaque instant. Ce n'était plus le Christ, c'était Abeilard, et puis Jean Huss, et puis Luther... Je m'arrachais encore à ce spectacle d'horreur, et il me semblait que je revoyais la clarté du jour et que je fuyais léger et rapide au milieu d'une riante campagne. Mais un rire féroce, parti d'auprès de moi, me tirait en sursaut de cette douce illusion, et j'apercevais Spiridion dans le cercueil, aux prises avec les infâmes qui broyaient son cœur dans sa poitrine sans pouvoir s'en emparer. Puis ce n'était plus Spiridion, c'était le vieux Fulgence, et il appelait vers moi en disant :

« — Alexis, mon fils Alexis! vas-tu donc me laisser périr? »

« Il n'eut pas plus tôt prononcé mon nom que je vis à sa place dans le cercueil ma propre figure, le sein entr'ouvert, le cœur déchiré par des ongles et des tenailles. Cependant j'étais toujours dans la travée, caché derrière la balustrade, et contemplant un autre moi-même dans les angoisses de l'agonie. Alors je me sentis défaillir, mon sang se glaça dans mes veines, une sueur froide ruissela de tous mes membres, et j'éprouvai dans ma propre chair toutes les tortures que je voyais subir à mon spectre. J'essayai de rassembler le peu de forces qui me restaient et d'invoquer à mon tour Spiridion et Fulgence. Mes yeux se fermèrent, et ma bouche murmura des mots dont mon esprit n'avait plus conscience. Lorsque je rouvris les yeux, je vis auprès de moi une belle figure agenouillée, dans une attitude calme. La sérénité résidait sur son large front, et ses yeux ne daignaient point s'abaisser sur mon supplice. Il avait le regard dirigé vers la voûte de plomb, et je vis qu'au-dessus de sa tête la lumière du ciel pénétrait par une large ouverture. Un vent frais agitait faiblement les boucles d'or de ses beaux cheveux. Il y avait dans ses traits une mélancolie ineffable mêlée d'espoir et de pitié.

« — O toi dont je sais le nom, lui dis-je à voix basse, toi qui sembles invisible à ces fantômes effroyables, et qui daignes te manifester à moi seul, à moi seul qui te connais et qui t'aime! sauve-moi de ces terreurs, soustrais-moi à ce supplice !... »

« Il se tourna vers moi, et me regarda avec des yeux clairs et profonds, qui semblaient à la fois plaindre et mépriser ma faiblesse. Puis, avec un sourire angélique, il étendit la main, et toute la vision rentra dans les ténèbres. Alors je n'entendis plus que sa voix amie, et c'est ainsi qu'elle me parla :

« — Tout ce que tu as cru voir ici n'a d'existence que dans ton cerveau. Ton imagination a seule forgé l'horrible rêve contre lequel tu t'es débattu. Que ceci t'enseigne l'humilité, et souviens-toi de la faiblesse de ton esprit avant d'entreprendre ce que tu n'es pas encore capable d'exécuter. Les démons et les larves sont des créations du fanatisme et de la superstition. A quoi t'a servi toute ta philosophie, si tu ne sais pas encore distinguer les pures révélations que le ciel accorde, des grossières visions évoquées par la peur? Remarque que tout ce que tu as cru voir s'est passé en toi-même, et que les sens abusés n'ont fait autre chose que de donner une forme aux idées qui depuis longtemps te préoccupent. Tu as vu dans cet édifice composé de figures de bronze et de marbre, tour à tour dévorantes et dévorées, un symbole des âmes que le catholicisme a endurcies et mutilées, une image des combats que les générations se sont livrés au sein de l'Église profanée, en se dévorant les unes les autres, en se rendant les unes aux autres le mal qu'elles avaient subi. Ce flot de spectres furieux qui t'a emporté avec lui, c'est l'incrédulité, c'est le désordre, l'athéisme, la paresse, la haine, la cupidité, l'envie, toutes les passions mauvaises qui ont envahi l'Église quand l'Église a perdu la foi; et ces martyrs dont les princes de l'Église disputaient les entrailles, c'étaient les Christs, c'étaient les martyrs de la vérité nouvelle, c'étaient les saints de l'avenir tourmentés et déchirés jusqu'au fond du cœur par les fourbes, les envieux et les traîtres. Toi-même, dans un instinct de noble ambition, tu t'es vu couché dans ce cénotaphe ensanglanté, sous les yeux d'un clergé infâme et d'un peuple imbécile. Mais tu étais double à tes propres yeux; et, tandis que la moitié la plus belle de ton être subissait la torture avec constance et refusait de se livrer aux pharisiens, l'autre moitié, qui est égoïste et lâche, se cachait dans l'ombre, et, pour échapper à ses ennemis, laissait la voix du vieux Fulgence expirer sans échos. C'est ainsi, ô Alexis! que l'amour de la vérité a su préserver ton âme des viles passions du vulgaire; mais c'est ainsi, ô moine! que l'amour du bien-être et le désir de la liberté t'ont rendu complice du triomphe des hypocrites avec lesquels tu es condamné à vivre. Allons, éveille-toi, et cherche dans la vertu la vérité que tu n'as pu trouver dans la science.

« A peine eut-il fini de parler, que je m'éveillai ; j'étais dans l'église du couvent, étendu sur la pierre du *Hic est*, à côté du caveau entr'ouvert. Le jour était levé, les oiseaux chantaient gaiement en voltigeant autour des vitraux ; le soleil levant projetait obliquement un rayon d'or et de pourpre sur le fond du chœur. Je vis distinctement celui qui m'avait parlé entrer dans ce rayon, et s'y effacer comme s'il se fût confondu avec la lumière céleste. Je me tâtai avec effroi. J'étais appesanti par un sommeil de mort, et mes membres étaient engourdis par le froid de la tombe. La cloche sonnait matines ; je me hâtai de replacer la pierre sur le caveau, et je pus sortir de l'église avant que le petit nombre des fervents qui ne se dispensaient pas des offices du matin y eût pénétré.

« Le lendemain, il ne me restait de cette nuit affreuse qu'une lassitude profonde et un souvenir pénible. Les diverses émotions que j'avais éprouvées se confondaient dans l'accablement de mon cerveau. La vision hideuse et la céleste apparition me paraissaient également fébriles et imaginaires ; je répudiais autant l'une que l'autre, et n'attribuais déjà plus la douce impression de la dernière qu'au rassérénement de mes facultés et à la fraîcheur du matin.

« A partir de ce moment, je n'eus plus qu'une pensée et qu'un but, ce fut de refroidir mon imagination, comme j'avais réussi à refroidir mon cœur. Je pensai que, comme j'avais dépouillé le catholicisme pour ouvrir à mon intelligence une voie plus large, je devais dépouiller tout enthousiasme religieux pour retenir ma raison dans une voie plus droite et plus ferme. La philosophie du siècle avait mal combattu en moi l'élément superstitieux ; je résolus de me prendre aux racines de cette philosophie ; et, rétrogradant d'un siècle, je remontai aux causes des doctrines incomplètes qui m'avaient séduit. J'étudiai Newton, Leibnitz, Keppler, Malebranche, Descartes surtout, père des géomètres, qui avaient sapé l'édifice de la tradition et de la révélation. Je me persuadai qu'en cherchant l'existence de Dieu dans les problèmes de la science et dans les raisonnements de la métaphysique, je saisirais enfin l'idée de Dieu, telle que je voulais la concevoir, calme, invincible, infinie.

« Alors commença pour moi une nouvelle série de travaux, de fatigues et de souffrances. Je m'étais flatté d'être plus robuste que les spéculateurs auxquels j'allais demander la foi ; je savais bien qu'ils l'avaient perdue en voulant la démontrer ; j'attribuais cette erreur funeste à l'affaiblissement inévitable des facultés employées à de trop fortes études. Je me promettais de ménager mieux mes forces, d'éviter les puérilités où de consciencieuses recherches les avaient parfois égarés, de rejeter avec discernement tout ce qui était entré de force dans leurs systèmes ; en un mot, de marcher à pas de géant dans cette carrière où ils s'étaient traînés avec peine. Là, comme partout, l'orgueil me poussait à ma perte ; elle fut bientôt consommée. Loin d'être plus ferme que mes maîtres, je me laissai tomber plus bas sur le revers des sommets que je voulais atteindre et où je me targuais vainement de rester. Parvenu à ces hauteurs de la science, que l'intelligence escalade, mais au pied desquelles le sentiment s'arrête, je fus pris du vertige de l'athéisme. Fier d'avoir monté si haut, je ne voulus pas comprendre que j'avais à peine atteint le premier degré de la science de Dieu, parce que je pouvais expliquer avec une certaine logique le mécanisme de l'univers, et que pourtant je ne pouvais pénétrer la pensée qui avait présidé à cette création. Je me plus à ne voir dans l'univers qu'une machine, et à supprimer la pensée divine comme un élément inutile à la formation et à la durée des mondes. Je m'habituai à rechercher partout l'évidence et à mépriser le sentiment, comme s'il n'était pas une des principales conditions de la certitude. Je me fis donc une manière étroite et grossière de voir, d'analyser et de définir les choses ; et je devins le plus obstiné, le plus vain et le plus borné des savants.

« Dix ans de ma vie s'écoulèrent dans ces travaux ignorés, dix ans qui tombèrent dans l'abîme sans faire croître un brin d'herbe sur ses bords. Je me débattis longtemps contre le froid de la raison. A mesure que je m'emparais de cette triste conquête, j'en étais effrayé, et je me demandais ce que je ferais de mon cœur si jamais il venait à se réveiller. Mais peu à peu les plaisirs de la vanité satisfaite étouffaient cette inquiétude. On ne se figure pas ce que l'homme, voué en apparence aux occupations les plus graves, y porte d'inconséquence et de légèreté. Dans les sciences, la difficulté vaincue est si enivrante que les résolutions consciencieuses, les instincts du cœur, la morale de l'âme, sont sacrifiés, en un clin d'œil, aux triomphes frivoles de l'intelligence. Plus je courais à ces triomphes, plus celui que j'avais rêvé d'abord me paraissait chimérique. J'arrivai enfin à le croire inutile autant qu'impossible ; je résolus donc de ne plus chercher des vérités métaphysiques sur la voie desquelles mes études physiques me mettaient de moins en moins. J'avais étudié les mystères de la nature, la marche et le repos des corps célestes, les lois invariables qui régissent l'univers dans ses splendeurs infinies comme dans ses imperceptibles détails ; partout j'avais senti la main de fer d'une puissance incommensurable, profondément insensible aux nobles émotions de l'homme, généreuse jusqu'à la profusion, ingénieuse jusqu'à la minutie en tout ce qui tend à ses satisfactions matérielles; mais vouée à un silence inexorable en tout ce qui tient à son être moral, à ses immenses désirs, fallait-il dire à ses immenses besoins? Cette avidité avec laquelle quelques hommes d'exception cherchent à communiquer intimement avec la Divinité, n'était-elle pas une maladie du cerveau, que l'on pouvait classer à côté du déréglement de certaines croissances anormales dans le règne végétal, et de certains instincts exagérés chez les animaux? N'était-ce pas l'orgueil, cette autre maladie commune au grand nombre des humains, qui parait de couleurs sublimes et rehaussait d'appellations pompeuses cette fièvre de l'esprit, témoignage de faiblesse et de lassitude bien plus que de force et de santé? Non, m'écriai-je, c'est impudence et folie, et misère surtout, que de vouloir escalader le ciel. Le ciel qui n'existe nulle part pour le moindre écolier rompu au mécanisme de la sphère! le ciel, où le vulgaire croit voir, au milieu d'un trône de nuées formé des grossières exhalaisons de la terre, un fétiche taillé sur le modèle de l'homme, assis sur les sphères ainsi qu'un ciron sur l'Atlas! le ciel, l'éther infini parsemé de soleils et de mondes infinis, que l'homme s'imagine devoir traverser après sa mort comme les pigeons voyageurs passent d'un champ à un autre, et où de pitoyables rhéteurs théologiques choisissent apparemment une constellation pour domaine et les rayons d'un astre pour vêtement! le ciel et l'homme, c'est-à-dire l'infini et l'atome! quel étrange rapprochement d'idées! quelle ridicule antithèse! Quel est donc le premier cerveau humain qui est tombé dans une pareille démence? Et aujourd'hui un pape, qui s'intitule le roi des âmes, ouvre avec une clef les deux battants de l'éternité à quiconque plie le genou devant sa discipline en disant : « *Admettez-moi!* »

« C'est ainsi que je parlais, et alors un rire amer

s'emparait de moi ; et, jetant par terre les sublimes écrits des pères de l'Église et ceux des philosophes spiritualistes de toutes les nations et de tous les temps, je les foulais aux pieds dans une sorte de rage, en répétant ces mots favoris d'Hébronius, où je croyais trouver la solution de tous mes problèmes : « O ignorance, ô imposture ! »

« Tu pâlis, enfant, dit Alexis en s'interrompant ; ta main tremble dans la mienne, et ton œil effaré semble interroger le mien avec anxiété. Calme-toi, et ne crains pas de tomber dans de pareilles angoisses : j'espère que ce récit t'en préservera pour jamais.

« Heureusement pour l'homme, cette pensée de Dieu, qu'il ignore et qu'il nie si souvent, a présidé à la création de son être avec autant de soin et d'amour qu'à celle de l'univers. Elle l'a fait perfectible dans le bien, corrigible dans le mal. Si, dans la société, l'homme peut se considérer souvent comme perdu pour la société, dans la solitude l'homme n'est jamais perdu pour Dieu ; car, tant qu'il lui reste un souffle de vie, ce souffle peut faire vibrer une corde inconnue au fond de son âme ; et quiconque a aimé la vérité a bien des cordes à briser avant de périr. Souvent les sublimes facultés dont il est doué sommeillent pour se retremper comme le germe des plantes au sein de la terre, et, au sortir d'un long repos, elles éclatent avec plus de puissance. Si j'estime tant la retraite et la solitude, si je persiste à croire qu'il faut garder les vœux monastiques, c'est que j'ai connu plus qu'un autre les dangers et les victoires de ce long tête-à-tête avec la conscience, où ma vie s'est consumée. Si j'avais vécu dans le monde, j'eusse été perdu à jamais. Le souffle des hommes eût éteint ce que le souffle de Dieu a ranimé. L'appât d'une vaine gloire m'eût enivré ; et, mon amour pour la science trouvant toujours de nouvelles excitations dans le suffrage d'autrui, j'eusse vécu dans l'ivresse d'une fausse joie et dans l'oubli du vrai bonheur. Mais ici, n'étant compris de personne, vivant de moi-même, et n'ayant pour stimulant que mon orgueil et ma curiosité, je finis par apaiser ma soif et par me lasser de ma propre estime. Je sentis le besoin de faire partager mes plaisirs et mes peines à quelqu'un, à défaut de l'ami céleste que je m'étais aliéné; et je le sentis sans m'en rendre compte, sans vouloir me l'avouer à moi-même. Outre les habitudes superbes que l'orgueil de l'esprit avait données à mon caractère, je n'étais point entouré d'êtres avec lesquels je pusse sympathiser : la grossièreté ou la méchanceté se dressait de toutes parts autour de moi pour repousser les élans de mon cœur. Ce fut encore un bonheur pour moi. Je sentais que la société d'hommes intelligents eût allumé en moi une fièvre de discussion, une soif de controverses, qui m'eussent de plus en plus affermi dans mes négations; au lieu que dans mes longues veillées solitaires, au plus fort de mon athéisme, je sentais encore parfois des aspirations violentes vers ce Dieu que j'appelais la fiction de mes jeunes années; et, quoique dans ces moments-là j'eusse du mépris pour moi-même, il est certain que je redevenais bon, et que mon cœur luttait avec courage contre sa propre destruction.

« Les grandes maladies ont des phases où le mal amène le bien, et c'est après la crise la plus effrayante que la guérison se fait tout à coup comme un miracle. Les temps qui précédèrent mon retour à la foi furent ceux où je crus me sentir le plus robuste adepte de la *raison pure*. J'avais réussi à étouffer toute révolte du cœur, et je triomphais dans mon mépris de toute croyance, dans mon oubli de toute émotion religieuse. A peine arrivé à cet apogée de ma force philosophique, je fus pris de désespoir. Un jour que j'avais travaillé pendant plusieurs heures à je ne sais quels détails d'observation scientifique avec une lucidité extraordinaire, je me sentis persuadé, plus que je ne l'avais encore été, de la toute-puissance de la matière et de l'impossibilité d'un esprit créateur et vivifiant autre que ce que j'appelais, en langage de naturaliste, les propriétés vitales de la matière. Alors j'éprouvai tout à coup dans mon être physique la sensation d'un froid glacial, et je me mis au lit avec la fièvre.

« Je n'avais jamais pris aucun soin de ma santé. Je fis une maladie longue et douloureuse. Ma vie ne fut point en danger; mais d'intolérables souffrances s'opposèrent pendant longtemps à toute occupation de mon cerveau. Un ennui profond s'empara de moi; l'inaction, l'isolement et la souffrance me jetèrent dans une tristesse mortelle. Je ne voulais recevoir les soins de personne; mais les instances faussement affectueuses du Prieur et celles d'un certain convers infirmier, nommé Christophore, me forcèrent d'accepter une société pendant la nuit. J'avais d'insupportables insomnies, et ce Christophore, sous prétexte de m'en alléger l'ennui, venait dormir chaque nuit d'un lourd et profond sommeil auprès de mon lit. C'était bien la plus excellente et la plus bornée des créatures humaines. Sa stupidité avait trouvé grâce pour sa bonté auprès des autres moines. On le traitait comme une sorte d'animal domestique laborieux, souvent nécessaire et toujours inoffensif. Sa vie n'était qu'une suite de bienfaits et de dévouements. Comme on en tirait parti, on l'avait habitué à compter sur l'efficacité de ses soins; et cette confiance, que j'étais loin de partager, me le rendait importun à l'excès. Cependant un sentiment de justice, que l'athéisme n'avait pu détruire en moi, me forçait à le supporter avec patience et à le traiter avec douceur. Quelquefois, dans les commencements, je m'étais emporté contre lui, et je l'avais chassé de ma cellule. Au lieu d'en être offensé, il s'affligeait de me laisser seul en proie à mon mal ; il nasillait une longue prière à ma porte, et au lever du jour je le trouvais assis sur l'escalier, la tête dans ses mains, dormant à la vérité, mais dormant au froid et sur la dure plutôt que de se résigner à passer dans son lit les heures qu'il avait résolu de m'en consacrer. Sa patience et son abnégation me vainquirent. Je supportai sa compagnie pour lui rendre service ; car, à mon grand regret, nul autre que moi n'était malade dans le couvent ; et, lorsque Christophore n'avait personne à soigner, il était l'homme le plus malheureux du monde. Peu à peu je m'habituai à le voir, lui et son petit chien, qui s'était tellement identifié avec lui qu'il avait tout son caractère, toutes ses habitudes, et que, pour un peu, il eût préparé la tisane et tâté le pouls aux malades. Ces deux êtres remuaient et dormaient de compagnie. Quand le moine allait et venait sur la pointe du pied autour de la chambre, le chien faisait autant de pas que lui ; et, dès que le bonhomme s'assoupissait, l'animal paisible en faisait autant. Si Christophore faisait sa prière, Bacco s'asseyait gravement devant lui, et se tenait ainsi fronçant l'oreille et suivant de l'œil les moindres mouvements de bras et de tête dont le moine accompagnait son oraison. Si ce dernier m'encourageait à prendre patience par de niaises consolations et de banales promesses de guérison prochaine, Bacco se dressait sur ses jambes de derrière, et, posant ses petites pattes de devant sur mon lit avec beaucoup de discrétion et de propreté, me léchait la main d'un air affectueux. Je m'accoutumai tellement à eux qu'ils me devinrent nécessaires autant l'un que l'autre. Au fond je crois que j'avais une secrète préférence pour Bacco ;

car il avait beaucoup plus d'intelligence que son maître, son sommeil était plus léger, et surtout il ne parlait pas.

« Mes souffrances devinrent si intolérables que toutes mes forces furent abattues. Au bout d'une année de ce cruel supplice, j'étais tellement vaincu que je ne désirais plus la mort. Je craignais d'avoir à souffrir encore plus pour quitter la vie, et je me faisais d'une vie sans souffrance l'idéal du bonheur. Mon ennui était si grand que je ne pouvais plus me passer un instant de mon gardien. Je le forçais à manger en ma présence, et le spectacle de son robuste appétit était un amusement pour moi. Tout ce qui m'avait choqué en lui me plaisait, même son pesant sommeil, ses interminables prières et ses contes de bonne femme. J'en étais venu au point de prendre plaisir à être tourmenté par lui, et chaque soir je refusais ma potion afin de me divertir pendant un quart d'heure de ses importunités infatigables et de ses insinuations naïves, qu'il croyait ingénieuses, pour m'amener à ses fins. C'étaient là mes seules distractions, et j'y trouvais une sorte de gaîté intérieure, que le bonhomme semblait deviner, quoique mes traits flétris et contractés ne pussent pas l'exprimer même par un sourire.

« Lorsque je commençais à guérir, une maladie épidémique se déclara dans le couvent. Le mal était subit, terrible, inévitable. On était comme foudroyé. Mon pauvre Christophore en fut atteint un des premiers. J'oubliai ma faiblesse et le danger; je quittai ma cellule et passai trois jours et trois nuits au pied de son lit. Le quatrième jour il expira dans mes bras. Cette perte me fut si douloureuse que je faillis ne pas y survivre. Alors une crise étrange s'opéra en moi : je fus promptement et complétement guéri; mon être moral se réveilla comme à la suite d'un long sommeil; et, pour la première fois depuis bien des années, je compris par le cœur les douleurs de l'humanité. Christophore était le seul homme que j'eusse aimé depuis la mort de Fulgence. Une si prompte et si amère séparation me remit en mémoire mon premier ami, ma jeunesse, ma piété, ma sensibilité, tous mes bonheurs à jamais perdus. Je rentrai dans ma solitude avec désespoir. Bacco m'y suivit; j'étais le dernier malade que son maître eût soigné : il s'était habitué à vivre dans ma cellule, et il semblait vouloir reporter son affection sur moi; mais il ne put y réussir, le chagrin le consuma. Il ne dormait plus, il flairait sans cesse le fauteuil où Christophore avait coutume de dormir, et que je plaçais toutes les nuits auprès de mon chevet pour me représenter quelque chose de la présence de mon pauvre ami. Bacco n'était point ingrat à mes caresses, mais rien ne pouvait calmer son inquiétude. Au moindre bruit, il se dressait et regardait la porte avec un mélange d'espoir et de découragement. Alors j'éprouvais le besoin de lui parler comme à un être sympathique.

« Il ne viendra plus, lui disais-je, c'est moi seul que tu dois aimer maintenant.

« Il me comprenait, j'en suis certain, car il venait à moi et me léchait la main d'un air triste et résigné. Puis il se couchait et tâchait de s'endormir; mais c'était un assoupissement douloureux, entrecoupé de faibles plaintes qui me déchiraient l'âme. Quand il eut perdu tout espoir de retrouver celui qu'il attendait toujours, il résolut de se laisser mourir. Il refusa de manger, et je le vis expirer sur le fauteuil de son maître, en me regardant d'un air de reproche, comme si j'étais la cause de ses fatigues et de sa mort. Quand je vis ses yeux éteints et ses membres glacés, je ne pus retenir des torrents de larmes; je le pleurai encore plus amèrement que je n'avais pleuré Christophore. Il me sembla que je perdais celui-ci une seconde fois.

« Cet événement, si puéril en apparence, acheva de me précipiter du haut de mon orgueil dans un abîme de douleurs. A quoi m'avait servi cet orgueil? à quoi m'avait servi mon intelligence? La maladie avait frappé l'une d'impuissance; l'humilité d'un homme charitable, l'affection fidèle d'un pauvre animal, m'avaient plus secouru que l'autre. Maintenant que la mort m'enlevait les seuls objets de ma sympathie, la raison dont j'avais fait mon Dieu m'enseignait, pour toute consolation, qu'il ne restait plus rien d'eux, et qu'ils devaient être pour moi comme s'ils n'eussent jamais été. Je ne pouvais me faire à cette idée de destruction absolue, et pourtant ma science me défendait d'en douter. J'essayai de reprendre mes études, espérant chasser l'ennui qui me dévorait; cela ne servit qu'à absorber quelques heures de ma journée. Dès que je rentrais dans ma cellule, dès que je m'étendais sur mon lit pour dormir, l'horreur de l'isolement se faisait sentir chaque jour davantage; je devenais faible comme un enfant, et je baignais mon chevet de mes larmes; je regrettais ces souffrances physiques qui m'avaient semblé insupportables, et qui maintenant m'eussent été douces si elles eussent pu ramener près de moi Christophore et Bacco.

« Je sentis alors profondément que la plus humble amitié est un plus précieux trésor que toutes les conquêtes du génie; que la plus naïve émotion du cœur est plus douce et plus nécessaire que toutes les satisfactions de la vanité. Je compris, par le témoignage de mes entrailles, que l'homme est fait pour aimer, et que la solitude, sans la foi et l'amour divin, est un tombeau, moins le repos de la mort! Je ne pouvais espérer de retrouver la foi, c'était un beau rêve évanoui qui me laissait plein de regrets; ce que j'appelais ma raison et mes lumières l'avaient bannie sans retour de mon âme. Ma vie ne pouvait plus être qu'une veille aride, une réalité desséchante. Mille pensées de désespoir s'agitèrent dans mon cerveau. Je songeai à quitter le cloître, à me lancer dans le tourbillon du monde, à m'abandonner aux passions, aux vices même, pour tâcher d'échapper à moi-même par l'ivresse ou l'abrutissement. Ces désirs s'effacèrent promptement; j'avais étouffé mes passions de trop bonne heure pour qu'il me fût possible de les faire revivre. L'athéisme même n'avait fait qu'affermir, par l'étude et la réflexion, mes habitudes d'austérité. D'ailleurs, à travers toutes mes transformations, j'avais conservé un sentiment du beau, un désir de l'idéal que ne répudient point à leur gré les intelligences tant soit peu élevées. Je ne me berçais plus du rêve de la perfection divine; mais, à voir seulement l'univers matériel, à ne contempler que la splendeur des étoiles et la régularité des lois qui régissent la matière, j'avais pris tant d'amour pour l'ordre, la durée et la beauté extérieure des choses, que je n'eusse jamais pu vaincre mon horreur pour tout ce qui eût troublé ces idées de grandeur et d'harmonie.

« J'essayai de me créer de nouvelles sympathies; je n'en pus trouver dans le cloître. Je rencontrais partout la malice et la fausseté; et, quand j'avais affaire aux simples d'esprit, j'apercevais la lâcheté sous la douceur. Je tâchai de nouer quelques relations avec le monde. Du temps de l'abbé Spiridion, tout ce qu'il y avait d'hommes distingués dans le pays et de voyageurs instruits sur les chemins venaient visiter le couvent, malgré sa position sauvage et la difficulté des routes qui y conduisent. Mais, depuis qu'il était devenu un repaire de paresse, d'ignorance et d'ivrognerie, le hasard seul nous amenait, comme aujourd'hui, à de rares intervalles, quelques passants indifférents ou quelques curieux désœuvrés. Je ne trouvai personne à qui ouvrir mon cœur, et je restai seul, livré à un sombre abattement.

« Pendant des semaines et des mois, je vécus ainsi sans plaisir et presque sans peine, tant mon âme était brisée et accablée sous le poids de l'ennui. L'étude avait perdu tout attrait pour moi; elle me devint peu à peu odieuse : elle ne servait qu'à me remettre sous les yeux ce sinistre problème de la destinée de l'homme abandonné sur la terre à tous les éléments de souffrance et de destruction, sans avenir, sans promesse et sans récompense. Je me demandais alors à quoi bon vivre, mais aussi à quoi bon mourir; néant pour néant, je laissais le temps couler et mon front se dégarnir sans opposer de résistance à ce dépérissement de l'âme et du corps, qui me conduisait lentement à un repos plus triste encore.

« L'automne arriva, et la mélancolie du ciel adoucit un peu l'amertume de mes idées. J'aimais à marcher sur les feuilles sèches et à voir passer ces grandes troupes d'oiseaux voyageurs qui volent dans un ordre symétrique, et dont le cri sauvage se perd dans les nuées. J'enviais le sort de ces créatures qui obéissent à des instincts toujours satisfaits, et que la réflexion ne tourmente pas. Dans un sens, je les trouvais bien plus complets que l'homme, car ils ne désirent que ce qu'ils peuvent posséder; et, si le soin de leur conservation est un travail continuel, du moins ils ne connaissent pas l'ennui, qui est la pire des fatigues. J'aimais aussi à voir s'épanouir les dernières fleurs de l'année. Tout me semblait préférable au sort de l'homme, même celui des plantes; et, portant ma sympathie sur ces existences éphémères, je n'avais d'autre plaisir que de cultiver un petit coin du jardin et de l'entourer de palissades pour empêcher les pieds profanes de fouler mes gazons et les mains sacriléges de cueillir mes fleurs. Lorsqu'on en approchait, je repoussais les curieux avec tant d'humeur qu'on me crut fou, et que le Prieur se réjouit de me voir tomber dans un tel abrutissement.

« Les soirées étaient fraîches, mais douces; il m'arrivait souvent, après avoir cherché, dans la fatigue de mon travail manuel, l'espoir d'un peu de repos pour la nuit, de me coucher sur un banc de gazon que j'avais élevé moi-même, et de rester plongé dans une vague rêverie longtemps après le coucher du soleil. Je laissais flotter mes esprits, comme les feuilles que le vent enlevait aux arbres; je m'étudiais à végéter; j'eusse voulu désapprendre l'exercice de la pensée. J'arrivais ainsi à une sorte d'assoupissement qui n'était ni la veille ni le sommeil, ni la souffrance ni le bien-être, et ce pâle plaisir était encore le plus vif qui me restât. Peu à peu cette langueur devint plus douce, et le travail de ma volonté pour y arriver devint plus facile. Ma béatitude alors consistait surtout à perdre la mémoire du passé et l'appréhension de l'avenir. J'étais tout au présent. Je comprenais la vie de la nature, j'observais tous ses petits phénomènes, je pénétrais dans ses moindres secrets. J'écoutais ses capricieuses harmonies, et le sentiment de toutes ces choses inappréciables aux esprits agités réussissait à me distraire de moi-même. Je soulageais à mon insu, par cette douce admiration, mon cœur rempli d'un amour sans but et d'un enthousiasme sans aliment. Je contemplais la grâce d'une branche mollement bercée par le vent, j'étais attendri par le chant faible et mélancolique d'un insecte. Les parfums de mes fleurs me portaient à la reconnaissance; leur beauté, préservée de toute altération par mes soins, m'inspirait un naïf orgueil. Pour la première fois, depuis bien des années, je redevenais sensible à la poésie du cloître, sanctuaire placé sur les lieux élevés pour que l'homme y vive au-dessus des bruits du monde, recueilli dans la contemplation du ciel. Tu connais cet angle que forme la terrasse du jardin du côté de la mer, au bout du berceau de vigne que supportent des piliers quadrangulaires en marbre blanc. Là s'élèvent quatre palmiers; c'est moi qui les ai plantés, et c'est là que j'avais disposé mon parterre, aujourd'hui effacé et confondu dans le potager, qui a pris la place du beau jardin créé par Hébronius. Ce lieu était encore, à l'époque dont je te parle, un des plus pittoresques de la terre, au dire des rares voyageurs qui le visitaient. Les riches fontaines de marbre, qui ne sont plus consacrées aujourd'hui qu'à de vils usages, y murmuraient alors pour les seules délices des oreilles musicales. L'eau pure de la source tombait dans des conques de marbre rouge qui la déversaient l'une dans l'autre, et fuyait mystérieusement sous l'ombrage des cyprès et des figuiers. Les rameaux des citronniers et des caroubiers se pressaient et s'enlaçaient étroitement autour de ma retraite, et l'isolaient selon mon goût. Mais, du côté du glacis perpendiculaire qui domine le rivage, j'avais ménagé une ouverture dans mes berceaux; et je pouvais admirer à loisir, à travers un cadre de fleurs et de verdure, le spectacle sublime de la mer brisant sur les rochers et se teignant à l'horizon des feux du couchant ou de ceux de l'aurore. Là, perdu dans des rêveries sans fin, il me semblait saisir des harmonies inappréciables aux sens grossiers des autres hommes, quelque chant plaintif, exhalé sur la rive maure, et porté sur les mers par les vents du sud, ou le cantique de quelque derviche, saint ignoré, perdu dans les âpres solitudes de l'Atlas, et plus heureux dans sa misère cénobitique avec la foi que moi au sein de mon opulence monacale avec le doute.

« Peu à peu j'en vins à découvrir un sens profond dans les moindres faits de la nature. En m'abandonnant au charme de mes impressions avec la naïveté qu'amène le découragement, je reculai insensiblement les bornes étroites du *certain* jusqu'à celles du *possible;* et bientôt le possible, vu avec une certaine émotion du cœur, ouvrit autour de moi des horizons plus vastes que ma raison n'eût osé les pressentir. Il me sembla trouver des motifs de mystérieuse prévoyance dans tout ce qui m'avait paru livré à la fatalité aveugle. Je recouvrai le sens du bonheur que j'avais si déplorablement perdu. Je cherchai les jouissances relatives de tous les êtres, comme j'avais cherché leurs souffrances, et je m'étonnai de les trouver si équitablement réparties. Chaque être prit une forme et une voix nouvelle pour me révéler des facultés inconnues à la froide et superficielle observation que j'avais prise pour la science. Des mystères infinis se déroulèrent autour de moi, contredisant toutes les sentences d'un savoir incomplet et d'un jugement précipité. En un mot, la vie prit à mes yeux un caractère sacré et un but immense, que je n'avais entrevu ni dans les religions ni dans les sciences, et que mon cœur enseigna sur nouveaux frais à mon intelligence égarée.

« Un soir j'écoutais avec recueillement le bruit de la mer calme brisant sur le sable; je cherchais le sens de ces trois lames, plus fortes que les autres, qui reviennent toujours ensemble à des intervalles réguliers, comme un rhythme marqué dans l'harmonie éternelle; j'entendis un pêcheur qui chantait aux étoiles, étendu sur le dos dans sa barque. Sans doute, j'avais entendu bien souvent le chant des pêcheurs de la côte, et celui-là peut-être aussi souvent que les autres. Mes oreilles avaient toujours été fermées à la musique, comme mon cerveau à la poésie. Je n'avais vu dans les chants du peuple que l'expression des passions grossières, et j'en avais détourné mon attention avec mépris. Ce soir-là, comme les autres soirs, je fus d'abord blessé d'entendre cette voix qui couvrait celle des flots, et qui troublait mon audition. Mais, au bout de quelques instants, je remarquai que le chant du pêcheur suivait instinctivement le rhythme de la mer, et je pensai que c'était là peut-être un de ces grands et vrais artistes que la nature elle-même prend soin d'instruire, et qui, pour la plupart, meurent ignorés comme ils ont vécu. Cette pensée répondant aux habitudes de suppositions dans lesquelles je me complaisais désormais, j'écoutai sans impatience le chant à demi sauvage de cet homme à demi sauvage aussi, qui célébrait d'une voix lente et mélancolique les mystères de la nuit et la douceur de la brise. Ses vers avaient peu de rime et peu de mesure; ses paroles, encore moins de sens et de poésie; mais le charme de sa voix, l'habileté naïve de son rhythme, et l'étonnante beauté de sa mélodie, triste, large et monotone comme celle des vagues, me frappèrent si vivement, que tout à coup la musique me fut révélée. La musique me sembla devoir être la véritable langue poétique de l'homme, indépendante de toute parole et de toute poésie écrite, soumise à une logique particulière, et pouvant exprimer des idées de l'ordre le plus élevé, des idées trop vastes même pour être bien rendues dans toute autre langue. Je résolus d'étudier la musique, afin de poursuivre cet aperçu; et je l'étudiai en effet avec quelque succès, comme on a pu te le dire. Mais une chose me gêna toujours, c'est d'avoir trop fait usage de la logique appliquée à un autre ordre de facultés. Je ne pus jamais composer, et c'était là pourtant ce que j'eusse ambitionné par-dessus tout en musique. Quand je vis que je ne pouvais rendre ma pensée dans cette langue trop sublime sans doute pour mon organisation, je m'adonnai à la poésie, et je fis des vers. Cela ne me réussit pas beaucoup mieux ; mais j'avais un besoin de poésie qui cherchait une issue avant de songer à posséder un aliment, et ma poésie était faible, parce que la poésie veut être alimentée d'un sentiment profond dont je n'avais que le vague pressentiment.

« Mécontent de mes vers, je fis de la prose à laquelle je tâchai de conserver une forme lyrique. Le seul sujet sur lequel je pusse m'exercer avec un peu de facilité, c'était ma tristesse et les maux que j'avais soufferts en cherchant la vérité. Je t'en réciterai un échantillon :

« O ma grandeur ! ô ma force ! vous avez passé comme
« une nuée d'orage, et vous êtes tombées sur la terre
« pour ravager comme la foudre. Vous avez frappé de
« mort et de stérilité tous les fruits et toutes les fleurs
« de mon champ. Vous en avez fait une arène désolée,
« et je me suis assis tout seul au milieu de mes ruines.
« O ma grandeur ! ô ma force ! étiez-vous de bons ou de
« mauvais anges ?

« O ma fierté ! ô ma science ! vous vous êtes levées
« comme les tourbillons brûlants que le simoun répand
« sur le désert. Comme le gravier, comme la poussière,
« vous avez enseveli les palmiers, vous avez troublé ou
« tari les fontaines. Et j'ai cherché l'onde où l'on se
« désaltère, et je ne l'ai plus trouvée ; car l'insensé qui
« veut frayer sa route vers les cimes orgueilleuses de
« l'Horeb, oublie l'humble sentier qui mène à la source
« ombragée. O ma science ! ô ma fierté ! étiez-vous les
« envoyées du Seigneur, étiez-vous des esprits de té-
« nèbres ?

« O ma vertu ! ô mon abstinence ! vous vous êtes
« dressées comme des tours, vous vous êtes étendues
« comme des remparts de marbre, comme des murailles

« d'airain. Vous m'avez abrité sous des voûtes glacées,
« vous m'avez enseveli dans des caves funèbres remplies
« d'angoisses et de terreurs; et j'ai dormi sur une couche
« dure et froide, où j'ai rêvé souvent qu'il y avait un ciel
« propice et des mondes féconds. Et quand j'ai cherché
« la lumière du soleil, je ne l'ai plus trouvée; car j'avais
« perdu la vue dans les ténèbres, et mes pieds débiles
« ne pouvaient plus me porter sur le bord de l'abîme.
« O ma vertu ! ô mon abstinence ! étiez-vous les sup-
« pôts de l'orgueil, ou les conseils de la sagesse ?

« O ma religion ! ô mon espérance ! vous m'avez porté
« comme une barque incertaine et fragile sur des mers
« sans rivages, au milieu des brumes décevantes, vagues
« illusions, informes images d'une patrie inconnue. Et
« quand, lassé de lutter contre le vent et de gémir
« courbé sous la tempête, je vous ai demandé où vous
« me conduisiez, vous avez allumé des phares sur des
« écueils pour me montrer ce qu'il fallait fuir, et non
« ce qu'il fallait atteindre. O ma religion ! ô mon espé-
« rance ! étiez-vous le rêve de la folie, ou la voix mysté-
« rieuse du Dieu vivant ? »

« Au milieu de ces occupations innocentes, mon âme avait repris du calme et mon corps de la vigueur; je fus tiré de mon repos par l'irruption d'un fléau imprévu. A la contagion qu'avaient éprouvée le monastère et les environs succéda la peste, qui désola le pays tout entier. J'avais eu l'occasion de faire quelques observations sur la possibilité de se préserver des maladies épidémiques par un système hygiénique fort simple. Je fis part de mes idées à quelques personnes; et, comme elles eurent à se louer d'y avoir ajouté foi, on me fit la réputation d'avoir des remèdes merveilleux contre la peste. Tout en niant la science qu'on m'attribuait, je me prêtai de grand cœur à communiquer mes humbles découvertes. Alors on vint me chercher de tous côtés, et bientôt mon temps et mes forces purent à peine suffire au nombre des consultations qu'on venait me demander; il fallut même que le Prieur m'accordât la permission extraordinaire de sortir du monastère à toute heure, et d'aller visiter les malades. Mais, à mesure que la peste étendait ses ravages, les sentiments de piété et d'humanité, qui d'abord avaient porté les moines à se montrer accessibles et compatissants, s'effacèrent de leurs âmes. Une peur égoïste et lâche glaça tout esprit de charité. Défense me fut faite de communiquer avec les pestiférés, et les portes du monastère furent fermées à ceux qui venaient implorer des secours. Je ne pus m'empêcher d'en témoigner mon indignation au Prieur. Dans un autre temps, il m'eût envoyé au cachot; mais les esprits étaient tellement abattus par la crainte de la mort, qu'il m'écouta avec calme. Alors il me proposa un terme moyen : c'était d'aller m'établir à deux lieues d'ici, dans l'ermitage de Saint-Hyacinthe, et d'y demeurer avec l'ermite jusqu'à ce que la fin de la contagion et l'absence de tout danger pour *nos frères* me permissent de rentrer dans le couvent. Il s'agissait de savoir si l'ermite consentirait à me laisser vaquer aux devoirs de ma nouvelle charge de médecin, et à partager avec moi sa natte et son pain noir. Je fus autorisé à l'aller voir pour sonder ses intentions, et je m'y rendis à l'instant même. Je n'avais pas grand espoir de le trouver favorable : cet homme, qui venait une fois par mois demander l'aumône à la porte du couvent, m'avait toujours inspiré de l'éloignement. Quoique la piété des âmes simples ne le laissât pas manquer du nécessaire, il était obligé par ses vœux à mendier de porte en porte à des intervalles périodiques, plutôt pour faire acte d'abjection que pour assurer son existence. J'avais un grand mépris pour cette pratique;

et cet ermite, avec son grand crâne conique, ses yeux pâles et enfoncés qui ne semblaient pas capables de supporter la lumière du soleil, son dos voûté, son silence farouche, sa barbe blanche, jaunie à toutes les intempéries de l'air, et sa grande main décharnée, qu'il tirait de dessous son manteau plutôt avec un geste de commandement qu'avec l'apparence de l'humilité, était devenu pour moi un type de fanatisme et d'orgueil hypocrite.

« Quand j'eus gravi la montagne, je fus ravi de l'aspect de la mer. Vue ainsi en plongeant de haut sur ses abîmes, elle semblait une immense plaine d'azur fortement inclinée vers les rocs énormes qui la surplombaient ; et ses flots réguliers, dont le mouvement n'était plus sensible, présentaient l'apparence de sillons égaux tracés par la charrue. Cette masse bleue, qui se dressait comme une colline et qui semblait compacte et solide comme le saphir, me saisit d'un tel vertige d'enthousiasme, que je me retins aux oliviers de la montagne pour ne pas me précipiter dans l'espace. Il me semblait qu'en face de ce magnifique élément le corps devait prendre les formes de l'esprit et parcourir l'immensité dans un vol sublime. Je pensai alors à Jésus marchant sur les flots, et je me représentai cet homme divin, grand comme les montagnes, resplendissant comme le soleil. « Allégorie de la métaphysique, ou rêve d'une confiance exaltée, m'écriai-je, tu es plus grand et plus poétique que toutes nos certitudes mesurées au compas et tous nos raisonnements alignés au cordeau !... »

« Comme je disais ces paroles, une sorte de plainte psalmodiée, faible et lugubre prière qui semblait sortir des entrailles de la montagne, me força de me retourner. Je cherchai quelque temps des yeux et de l'oreille d'où pouvaient partir ces sons étranges ; et enfin, étant monté sur une roche voisine, je vis sous mes pieds, à quelque distance, dans un écartement du rocher, l'ermite, nu jusqu'à la ceinture, occupé à creuser une fosse dans le sable. A ses pieds était étendu un cadavre roulé dans une natte et dont les pieds bleuâtres, maculés par les traces de la peste, sortaient de ce linceul rustique. Une odeur fétide s'exhalait de la fosse entr'ouverte, à peine refermée la veille sur d'autres cadavres ensevelis à la hâte. Auprès du nouveau mort il y avait une petite croix de bois d'olivier grossièrement taillée, ornement unique du mausolée commun; une jatte de grès avec un rameau d'hysope pour l'ablution lustrale, et un petit bûcher de genièvre fumant pour épurer l'air. Un soleil dévorant tombait d'aplomb sur la tête chauve et sur les maigres épaules du solitaire. La sueur collait à sa poitrine les longues mèches de sa barbe couleur d'ambre. Saisi de respect et de pitié, je m'élançai vers lui. Il ne témoigna aucune surprise, et, jetant sa bêche, il me fit signe de prendre les pieds du cadavre, en même temps qu'il le prenait par les épaules. Quand nous l'eûmes enseveli, il replanta la croix, fit l'immersion d'eau bénite; et, me priant de ranimer le bûcher, il s'agenouilla, murmura une courte prière, et s'éloigna sans s'occuper de moi davantage. Quand nous eûmes gagné son ermitage, il s'aperçut seulement que je marchais près de lui; et, me regardant alors avec quelque étonnement, il me demanda si j'avais besoin de me reposer. Je lui expliquai en peu de mots le but de ma visite. Il ne me répondit que par un serrement de main; puis, ouvrant la porte de l'ermitage, il me montra, dans une salle creusée au sein du roc, quatre ou cinq malheureux pestiférés agonisants sur des nattes.

« — Ce sont, me dit-il, des pêcheurs de la côte et des contrebandiers que leurs parents, saisis de terreur, ont jetés hors des huttes. Je ne puis rien faire pour eux que de combattre le désespoir de leur agonie par des paroles de foi et de charité; et puis je les ensevelis quand ils ont cessé de souffrir. N'entrez pas, mon frère, ajouta-t-il en voyant que je m'avançais sur le seuil; ces gens-là sont sans ressources, et ce lieu est infecté; conservez vos jours pour ceux que vous pouvez sauver encore.

« — Et vous, mon père, lui dis-je, ne craignez-vous donc rien pour vous-même ?

« — Rien, répondit-il en souriant; j'ai un préservatif certain.

« — Et quel est-il ?

« — C'est, dit-il d'un air inspiré, la tâche que j'ai à remplir qui me rend invulnérable. Quand je ne serai plus nécessaire, je redeviendrai un homme comme les autres; et quand je tomberai, je dirai : « Seigneur, ta volonté soit faite; puisque tu me rappelles, c'est que tu n'as plus rien à me commander. »

« Comme il disait cela, ses yeux éteints se ranimèrent, et semblèrent renvoyer les rayons du soleil qu'ils avaient absorbés. Leur éclat fut tel que j'en détournai les miens et les reportai involontairement sur la mer qui étincelait à nos pieds.

« — A quoi songez-vous ? me dit-il.

« — Je songe, répondis-je, que Jésus a marché sur les eaux.

« — Quoi d'étonnant ? reprit le digne homme, qui ne me comprenait pas; la seule chose étonnante, c'est que saint Pierre ait douté, lui qui voyait le Sauveur face à face. »

« Je revins tout de suite au monastère pour rendre compte à l'abbé de mon message. J'aurais dû m'épargner cette peine, et me souvenir que les moines se soucient fort peu de la règle, surtout quand la peur les gouverne. Je trouvai toutes les portes closes; et quand je présentai ma tête au guichet, on me le referma au visage en me criant que, quel que fût le résultat de ma démarche je ne pouvais plus rentrer au couvent. J'allai donc coucher à l'ermitage.

« J'y passai trois mois dans la société de l'ermite. C'était vraiment un homme des anciens jours, un saint digne des plus beaux temps du christianisme. Hors de l'exercice des bonnes œuvres, c'était peut-être un esprit vulgaire; mais sa piété était si grande qu'elle lui donnait le génie au besoin. C'était surtout dans ses exhortations aux mourants que je le trouvais admirable. Il était alors vraiment inspiré; l'éloquence débordait en lui comme un torrent des montagnes. Des larmes de componction inondaient son visage sillonné par la fatigue. Il connaissait vraiment le chemin des cœurs. Il combattait les angoisses et les terreurs de la mort, comme George le guerrier céleste terrassait les dragons. Il avait une intelligence merveilleuse des diverses passions qui avaient pu remplir l'existence de ces moribonds, et il avait un langage et des promesses appropriés à chacun d'eux. Je remarquais avec satisfaction qu'il était possédé du désir sincère de leur donner un instant de soulagement moral à leur pénible départ de ce monde, et non trop préoccupé des vaines formalités du dogme. En cela, il s'élevait au-dessus de lui-même; car sa foi avait dans l'application personnelle toutes les minuties du catholicisme le plus étroit et le plus rigide : mais la bonté est un don de Dieu au-dessus des pouvoirs et des menaces de l'Église. Une larme de ses mourants lui paraissait plus importante que les cérémonies de l'extrême-onction, et un jour je l'entendis prononcer une grande parole pour un catholique. Il avait présenté le crucifix aux lèvres d'un agonisant; celui-ci détourna la tête, et, prenant l'autre main de l'ermite, il la lui baisa en rendant l'esprit.

« — Eh bien ! dit l'ermite en lui fermant les yeux, il te sera pardonné, car tu as senti la reconnaissance; et si tu as compris le dévoûment d'un homme en ce monde, tu sentiras la bonté de Dieu dans l'autre. »

« Avec les chaleurs de l'été cessa la contagion. Je passai encore quelque temps avec l'ermite avant que l'on osât me rappeler au couvent. Le repos nous était bien nécessaire à l'un et à l'autre; et je dois dire que ces derniers jours de l'année, pleins de calme, de fraîcheur et de suavité dans un des sites les plus magnifiques qu'il soit possible d'imaginer, loin de toute contrainte, et dans la société d'un homme vraiment respectable, furent au nombre des rares beaux jours de ma vie. Cette existence rude et frugale me plaisait, et puis je me sentais un autre homme qu'en arrivant à l'ermitage; un travail utile, un dévoûment sincère, m'avaient retrempé. Mon cœur s'épanouissait comme une fleur aux brises du printemps. Je comprenais l'amour fraternel sur un vaste plan; le dévoûment pour tous les hommes, la charité, l'abnégation, la vie de l'âme en un mot. Je remarquais bien quelque puérilité dans les idées de mon compagnon rendu au calme de sa vie habituelle. Lorsque l'enthousiasme ne le soutenait plus, il redevenait capucin jusqu'à un certain point; mais je n'essayai pas de combattre ses scrupules, et j'étais pénétré de respect pour la foi épurée au creuset d'une telle vertu.

« Lorsque l'ordre me vint de retourner au monastère, j'étais un peu malade; la peur de me voir rapporter un germe de contagion fit attendre très-patiemment mon retour. Je reçus immédiatement une licence pour rester dehors le temps nécessaire à mon rétablissement; temps qu'on ne limitait pas, et dont je résolus de faire le meilleur emploi possible.

« Jusque là une des principales idées qui m'avaient empêché de rompre mon vœu, c'était la crainte du scandale : non que j'eusse aucun souci personnel de l'opinion d'un monde avec lequel je ne désirais établir aucun rapport, ni que je conservasse aucun respect pour ces moines que je ne pouvais estimer ; mais une rigidité naturelle, un instinct profond de la dignité du serment, et, plus que tout cela peut-être, un respect invincible pour la mémoire d'Hébronius, m'avaient retenu. Maintenant que le couvent me rejetait, pour ainsi dire, de son enceinte, il me semblait que je pouvais l'abandonner sans faire un éclat de mauvais exemple et sans violer mes résolutions. J'examinai la vie que j'avais menée dans le cloître et celle que j'y pouvais mener encore. Je me demandai si elle pouvait produire ce qu'elle n'avait pas encore produit, quelque chose de grand ou d'utile. Cette vie de bénédictin que Spiridion avait pratiquée et rêvée sans doute pour ses successeurs, était devenue impossible. Les premiers compagnons de la savante retraite de Spiridion durent lui faire rêver les beaux jours du cloître et les grands travaux accomplis sous ces voûtes antiques, sanctuaire de l'érudition et de la persévérance ; mais Spiridion, contemporain des derniers hommes remarquables que le cloître ait produits, mourut pourtant dégoûté de son œuvre, à ce qu'on assure, et désillusionné sur l'avenir de la vie monastique. Quant à moi, qui puis sans orgueil, puisqu'il s'agit de pénibles travaux entrepris, et non de glorieuses œuvres accomplies, dire que j'ai été le dernier des bénédictins en ce siècle, je voyais bien que même mon rôle de paisible érudit n'était plus tenable. Pour des études calmes, il faut un esprit calme ; et comment le mien eût-il pu l'être au sein de la tourmente qui grondait sur l'humanité ? Je voyais les sociétés prêtes à se dissoudre, les trônes trembler comme des roseaux que la vague va couvrir, les peuples se réveiller d'un long sommeil et menacer tout ce qui les avait enchaînés, le bon et le mauvais confondus dans la même lassitude du joug, dans la même haine du passé. Je voyais le rideau du temple se fendre du haut en bas comme à l'heure de la résurrection du crucifié dont ces peuples étaient l'image, et les turpitudes du sanctuaire allaient être mises à nu devant l'œil de la vengeance. Comment mon âme eût-elle pu être indifférente aux approches de ce vaste déchirement qui allait s'opérer? Comment mon oreille eût-elle pu être sourde au rugissement de la grande mer qui montait, impatiente de briser ses digues et de submerger les empires? A la veille des catastrophes dont nous sentirons bientôt l'effet, les derniers moines peuvent bien achever à la hâte de vider leurs cuves, et, gorgés de vin et de nourriture, s'étendre sur leur couche souillée pour y attendre sans souci la mort au milieu des fumées de l'ivresse. Mais je ne suis pas de ceux-là; je m'inquiète de savoir comment et pourquoi j'ai vécu, pourquoi et comment je dois mourir.

« Ayant mûrement examiné quel usage je pourrais faire de la liberté que je m'arrogeais, je ne vis, hors des travaux de l'esprit, rien qui me convînt en ce monde. Aux premiers temps de mon détachement du catholicisme, j'avais été travaillé sans doute par de vastes ambitions; j'avais fait des projets gigantesques; j'avais médité la réforme de l'Église sur un plan plus vaste que celui de Luther; j'avais rêvé le développement du protestantisme. C'est que, comme Luther, j'étais chrétien; et, conçu dans le sein de l'Église, je ne pouvais imaginer une religion, si émancipée qu'elle se fît, qui ne fût d'abord engendrée par l'Église. Mais, en cessant de croire au Christ, en devenant philosophe comme mon siècle, je ne voyais plus le moyen d'être un novateur ; on avait tout osé. En fait de liberté de principes, j'avais été aussi loin que les autres, et je voyais bien que, pour élever un avis nouveau au milieu de tous ces destructeurs, il eût fallu avoir à leur proposer un plan de réédification quelconque. J'eusse pu faire quelque chose pour les sciences, et je l'eusse dû peut-être ; mais, outre que je n'avais nul souci de me faire un nom dans cette branche des connaissances humaines, je ne me sentais vraiment de désirs et d'énergie que pour les questions philosophiques. Je n'avais étudié les sciences que pour me guider dans le labyrinthe de la métaphysique, et pour arriver à la connaissance de l'Être suprême. Ce but manqué, je n'aimai plus ces études qui ne m'avaient passionné qu'indirectement ; et la perte de toute croyance me paraissait une chose si triste à éprouver qu'il m'eût paru également pénible de l'annoncer aux hommes. Qu'eût été, d'ailleurs, une voix de plus dans ce grand concert de malédictions qui s'élevait contre l'Église expirante ? Il y aurait eu de la lâcheté à lancer la pierre contre ce moribond, déjà aux prises avec la révolution française qui commençait à éclater, et qui, n'en doute pas, Angel, aura dans nos contrées un retentissement plus fort et plus prochain qu'on ne se plaît ici à le croire. Voilà pourquoi je t'ai conseillé souvent de ne pas déserter le poste où peut-être d'honorables périls viendront bientôt nous chercher. Quant à moi, si je ne suis plus moine par l'esprit, je le suis et le serai toujours par la robe. C'est une condition sociale, je ne dirai pas comme une autre, mais c'en est une ; et plus elle est déconsidérée, plus il importe de s'y comporter en homme. Si nous sommes appelés à vivre dans le monde, sois sûr que plus d'un regard d'ironie et de mépris viendra scruter la contenance de ces tristes oiseaux de nuit, dont la race habite depuis quinze cents ans les ténèbres et la poussière des vieux murs. Ceux qui se présenteront alors au grand jour avec l'opprobre de la tonsure doivent lever la tête plus haut que les autres; car la tonsure est ineffaçable, et les cheveux repoussent en vain sur le crâne: rien ne cache ce stigmate jadis vénéré, aujourd'hui abhorré des peuples. Sans doute, Angel, nous porterons la peine des crimes que nous n'avons pas commis, et des vices que nous n'avons pas connus. Que ceux qui auront mérité les supplices prennent donc la fuite; que ceux qui auront mérité des soufflets se cachent donc le visage. Mais nous, nous pouvons tendre la joue aux insultes et les mains à la corde, et porter en esprit et en vérité la croix du Christ, ce philosophe sublime que tu m'entends rarement nommer, parce que son nom illustre, prononcé sans cesse autour de moi par tant de bouches impures, ne peut sortir de mes lèvres qu'à propos des choses les plus sérieuses de la vie et des sentiments les plus profonds de l'âme.

« Que pouvais-je donc faire de ma liberté? rien qui me satisfît. Si je n'eusse écouté qu'une vaine avidité de bruit, de changement et de spectacles, je serais certainement parti pour longtemps, pour toujours peut-être. J'eusse exploré des contrées lointaines, traversé les vastes mers, et visité les nations sauvages du globe. Je vainquis plus d'une vive tentation de ce genre. Tantôt j'avais envie de me joindre à quelque savant missionnaire, et d'aller chercher, loin du bruit des nations nouvelles, le calme du passé chez des peuples conservateurs religieux des lois et des croyances de l'antiquité. La Chine, l'Inde surtout, m'offraient un vaste champ de recherches et d'observations. Mais j'éprouvai presque aussitôt une répugnance insurmontable pour ce repos de la tombe auquel je ne risquais certainement pas d'échapper, et que j'allais, tout vivant, me mettre sous les yeux. Je ne voulus point voir des peuples morts intellectuellement, attachés comme des animaux stupides au joug façonné par l'intelligence de leurs aïeux, et marchant tout d'une pièce comme des momies dans leur suaire d'hiéroglyphes. Quelque violent, quelque terrible, quelque sanglant que pût être le dénoûment du drame qui se préparait autour de moi, c'était l'histoire, c'était le mouvement éternel des choses, c'était l'action fatale ou providentielle du destin, c'était la vie, en un mot, qui bouillonnait sous mes pieds comme la lave. J'aimai mieux être emporté par elle comme un brin d'herbe que d'aller chercher les vestiges d'une végétation pétrifiée sur des cendres à jamais refroidies.

« En même temps que mes idées prirent ce cours, une autre tentation vint m'assaillir : ce fut d'aller précisément me jeter au milieu du mouvement des choses, et de quitter cette terre où le réveil ne se faisait pas sentir encore, pour voir l'orage éclater. Oubliant alors que j'étais moine et que j'avais résolu de rester moine, je me sentais homme, et un homme plein d'énergie et de passions; je songeais alors à ce que peut être la vie d'action, et, lassé de la réflexion, je me sentais emporté, comme un jeune écolier (je devrais plutôt dire comme un jeune animal), par le besoin de remuer et de dépenser mes forces. Ma vanité me berçait alors de menteuses promesses. Elle me disait que là un rôle utile m'attendait peut-être, que les idées philosophiques avaient accompli leur tâche, que le moment d'appliquer ces idées était venu, qu'il s'agissait désormais d'avoir de grands sentiments, que les caractères allaient être mis à l'épreuve, et que les grands cœurs seraient aussi nécessaires qu'ils seraient rares. Je me trompais. Les grandes époques engendrent les grands hommes; et, réciproquement, les grandes actions naissent les unes des autres. La révolution française, tant calomniée à tes oreilles par tous ces imbéciles qu'elle épouvante et tous ces cafards qu'elle menace, enfante tous les jours, sans que tu t'en doutes, Angel, des phalanges de héros, dont les noms n'arrivent ici qu'accompagnés de malédictions, mais dont tu chercheras un jour avidement la trace dans l'histoire contemporaine.

« Quant à moi, je quitterai ce monde sans savoir clairement le mot de la grande énigme révolutionnaire, devant laquelle viennent se briser tant d'orgueils étroits ou d'intelligences téméraires. Je ne suis pas né pour savoir. J'aurai passé dans cette vie comme sur une pente rapide conduisant à des abîmes où je serai lancé sans avoir le temps de regarder autour de moi, et sans avoir servi à autre chose qu'à marquer par mes souffrances une heure d'attente au cadran de l'éternité. Pourtant, comme je vois les hommes du présent se faire de plus grands maux encore en vue de l'avenir que nous ne nous en sommes fait en vue du passé, je me dis que tout ce mal doit amener de grands biens; car aujourd'hui je crois qu'il y a une action providentielle, et que l'humanité obéit instinctivement et sympathiquement aux grands et profonds desseins de la pensée divine.

« J'étais aux prises avec ce nouvel élan d'ambition, dernier éclair d'une jeunesse de cœur mal étouffée, et prolongée par cela même au delà des temps marqués pour la candeur et l'inexpérience. La révolution américaine m'avait tenté vivement, celle de France me tentait plus encore. Un navire faisant voile pour la France fut jeté sur nos côtes par des vents contraires. Quelques passagers vinrent visiter l'ermitage et s'y reposer, tandis que le navire se préparait à reprendre sa route. C'étaient des personnes distinguées; du moins elles me parurent telles, à moi qui éprouvais un si grand besoin d'entendre parler avec liberté des événements politiques et du mouvement philosophique qui les produisait. Ces hommes étaient pleins de foi dans l'avenir, pleins de confiance en eux-mêmes. Ils ne s'entendaient pas beaucoup entre eux sur les moyens; mais il était aisé de voir que tous les moyens leur sembleraient bons dans le danger. Cette manière d'envisager les questions les plus délicates de l'équité sociale me plaisait et m'effrayait en même temps; tout ce qui était courage et dévoûment éveillait des échos endormis dans mon sein. Pourtant les idées de violence et de destruction aveugle troublaient mes sentiments de justice et mes habitudes de patience.

« Parmi ces gens-là il y avait un jeune Corso dont les traits austères et le regard profond ne sont jamais sortis de ma mémoire. Son attitude négligée, jointe à une grande réserve, ses paroles énergiques et concises, ses yeux clairs et pénétrants, son profil romain, une certaine gaucherie gracieuse qui semblait une méfiance de lui-même prête à se changer en audace emportée au moindre défi, tout me frappa dans ce jeune homme; et, quoiqu'il affectât de mépriser toutes les choses présentes et de n'estimer qu'un certain idéal d'austérité spartiate, je crus deviner qu'il brûlait de s'élancer dans la vie, je crus pressentir qu'il y ferait des choses éclatantes. J'ignore si je me suis trompé. Peut-être n'a-t-il pu percer encore, peut-être son nom est-il un de ceux qui remplissent aujourd'hui le monde, ou peut-être encore est-il tombé sur un champ de bataille, tranché comme un jeune épi avant le temps de la moisson. S'il vit et s'il prospère, fasse le ciel que sa puissante énergie ait servi le développement de ses principes rigides, et non celui des passions ambitieuses! Il remarqua peu le vieux ermite, et, quoique j'en fusse bien moins digne, il concentra toute son attention sur moi, durant le peu d'heures que nous passâmes à marcher de long en large sur la terrasse de rochers qui entoure l'ermitage. Sa démarche était saccadée, toujours rapide, à chaque instant brisée brusquement, comme le mouvement de la mer qu'il s'arrêtait pour écouter avec admiration; car il avait le sentiment de la poésie mêlé à un degré extraordinaire à celui de la réalité. Sa pensée semblait embrasser le ciel et la terre; mais elle était sur la terre plus qu'au ciel, et les choses divines ne lui semblaient que des institutions protectrices des grandes destinées humaines. Son Dieu était la volonté, la puissance son idéal, la force son élément de vie. Je me rappelle assez distinctement l'élan d'enthousiasme qui le saisit lorsque j'essayai de connaître ses idées religieuses.

« Oh! s'écria-t-il vivement, je ne connais que Jéhovah, parce que c'est le Dieu de la force.

« Oh! oui, la force! c'est là le devoir, c'est là la révélation du Sinaï, c'est là le secret des prophètes!

« L'appétition de la force, c'est le besoin de développement que la nécessité inflige à tous les êtres. Chaque chose veut être parce qu'elle doit être. Ce qui n'a pas la force de vouloir est destiné à périr, depuis l'homme sans cœur jusqu'au brin d'herbe privé des sucs nourriciers. O mon père! toi qui étudies les secrets de la nature, incline-toi devant la force! Vois dans tout quelle âpreté d'envahissement, quelle opiniâtreté de résistance! comme le lichen cherche à dévorer la pierre! comme le lierre étreint les arbres, et, impuissant à percer leur écorce, se roule à l'entour comme un aspic en fureur! Vois le loup gratter la terre et l'ours creuser la neige avant de s'y coucher. Hélas! comment les hommes ne se feraient-ils pas la guerre, nation contre nation, individu contre individu? comment la société ne serait-elle pas un conflit perpétuel de volontés et de besoins contraires, lorsque tout est travail dans la nature, lorsque les flots de la mer se soulèvent les uns contre les autres, lorsque l'aigle déchire le lièvre et l'hirondelle le vermisseau, lorsque la gelée fend les blocs de marbre, et que la neige résiste au soleil? Lève la tête; vois ces masses granitiques qui se dressent sur nous comme des géants, et qui, depuis des siècles, soutiennent les assauts des vents déchaînés! Que veulent ces dieux de pierre qui lassent l'haleine d'Éole? pourquoi la résistance d'Atlas sous le fardeau de la matière? pourquoi les terribles travaux du cyclope aux entrailles du géant, et les laves qui jaillissent de sa bouche? C'est que chaque chose veut avoir sa place et remplir l'espace autant que sa puissance d'extension le comporte; c'est que, pour détacher une parcelle de ces granites, il faut l'action d'une force extérieure formidable; c'est que chaque être et chaque chose porte en soi les éléments de la production et de la destruction; c'est que la création entière offre le spectacle d'un grand combat, où l'ordre et la durée ne reposent que sur la lutte incessante et universelle. Travaillons donc, créatures mortelles; travaillons à notre propre existence! O homme! travaille à refaire ta société, si elle est mauvaise; en cela tu imiteras le castor industrieux qui bâtit sa maison. Travaille à la maintenir, si elle est bonne; en cela tu seras semblable au récif qui se défend contre les flots rongeurs. Si tu t'abandonnes, si tu laisses à la chimère du hasard le soin de ton avenir, si tu subis l'oppression, si tu négliges l'œuvre de ta délivrance, tu mourras dans le désert comme la race incrédule d'Israël. Si tu t'endors dans la lâcheté, si tu souffres les maux que l'habitude t'a rendus familiers, afin d'éviter ceux que tu crois éloignés; si tu endures la soif par méfiance de l'eau du rocher et de la verge du prophète, tu mérites que le ciel t'abandonne et que la mer roule sur toi ses flots indifférents. Oui, oui, le plus grand crime que l'homme puisse commettre, la plus grande impiété dont il puisse souiller sa vie, c'est la paresse et l'indifférence. Ceux qui ont appliqué la sainte parole de résignation à cette soumission couarde et nonchalante, ceux qui ont fait un mérite aux hommes de subir l'insolence et le despotisme d'autres hommes; ceux-là, dis-je, ont péché; ce sont de faux prophètes, et ils ont égaré la race humaine dans des voies de malédictions ! »

« C'est ainsi qu'il parlait tandis que la brise de mer soufflait dans ses longs cheveux noirs. Je n'essaie pas ici de te rendre la force et la concision de sa parole, je ne saurais y atteindre; le souvenir de ses idées m'est seul resté, et sa figure a été longtemps devant mes yeux après son départ. Je l'accompagnai sur la barque qui le reconduisait à bord du navire. Il me serra la main avec force en me quittant, et ses dernières paroles furent :

« — Eh bien, vous ne voulez pas nous suivre ? »

« Mon cœur tressaillit en cet instant, comme s'il eût voulu s'échapper de ma poitrine; je sentis pour ce jeune homme un élan de sympathie extraordinaire, comme si son énergie avait en moi un reflet ignoré. Mais, en même temps, cette face inconnue de son être qui échappait à ma pénétration me glaça de crainte, et je laissai retomber sa main blanche et froide comme le marbre. Longtemps je le suivis des yeux, du haut des rochers, d'où je l'apercevais debout sur le tillac, une longue-vue à la main, observant les récifs de la côte : déjà il ne songeait plus à moi. Quand la voile eut disparu à l'horizon, je regrettai de ne pas lui avoir demandé son nom. Je n'y avais pas songé.

« Quand je me retrouvai seul sur le rivage, il me sembla que la dernière lueur de vie venait de s'éteindre en moi et que je rentrais dans la nuit éternelle. Mon cœur se serra étroitement ; et, quoique le soleil fût ardent sur ma tête, je me trouvai tout à coup comme environné de ténèbres. Alors les paroles de mon rêve me revinrent à la mémoire, et je les prononçai tout haut dans une sorte de désespoir :

« *Que ce qui appartient à la tombe soit rendu à la tombe.*

« Je passai le reste de cette journée dans une grande agitation. Tant que ces voyageurs m'avaient encouragé à les suivre, je m'étais senti plus fort que leurs suggestions ; maintenant qu'il n'était plus temps de me raviser, je n'étais pas sûr que mon refus ne fût pas bien plutôt un trait de lâcheté qu'un acte de sagesse. J'étais abattu, incertain ; je jetais des regards sombres autour de moi ; ma robe noire me semblait une chape de plomb ; j'étais accablé de moi-même. Je me traînai jusqu'à mon lit de joncs, et je m'endormis en formant le souhait de ne plus me réveiller.

« Je revis en rêve l'abbé Spiridion, pour la première fois depuis douze ans. Il me sembla qu'il entrait dans la cellule, qu'il passait auprès de l'ermite sans l'éveiller, et qu'il venait s'asseoir familièrement près de moi. Je ne le voyais pas distinctement, et pourtant je le reconnaissais ; j'étais assuré qu'il était là, qu'il me parlait, et je lui retrouvais le même son de voix qu'il avait eu dans mes rêves précédents, malgré le temps qui s'était écoulé depuis le dernier. Il me parla longuement, vivement, et je m'éveillai fort ému ; mais il me fut impossible de me rappeler un mot de ce qu'il m'avait dit. Pourtant j'étais sous l'impression de ses remontrances, et tout le jour je me trouvai languissant et rêveur comme un enfant repris d'une faute dont il ne connaît pas la gravité. Je me promenai poursuivi de l'idée de Spiridion, et ne songeant d'ailleurs plus à la chasser; elle ne me causait plus d'effroi, quoiqu'elle se liât toujours dans ma pensée à une pensée d'aliénation mentale; il m'importait assez peu désormais de perdre la raison, pourvu que ma folie fût douce; et, comme je me sentais porté à la mélancolie, je préférais de beaucoup cet état à la lucidité du désespoir.

« La nuit suivante, je reçus la même visite, je fis le même songe, et le surlendemain aussi. Je commençai à ne plus me demander si c'était là une de ces idées fixes qui s'emparent des cerveaux troublés, ou s'il y avait véritablement un commerce possible entre l'âme des vivants et celle des morts. J'avais, sinon l'esprit, du moins le cœur assez tranquille; car, depuis un certain temps, je m'appliquais sérieusement à la pratique du bien. J'avais quitté le désir de me rendre plus éclairé et plus habile, pour celui de me rendre plus pur et plus juste. Je me laissais donc aller au destin. Mon dernier sacrifice, quoiqu'il m'eût bien coûté, était consommé : j'avais fait pour le mieux. J'ignorais si cette ombre assidue à me visiter était mécontente de mon regret; mais je n'avais plus peur d'elle, je me sentais assez fort pour ne pas me soucier des morts, moi qui avais pu rompre, à tout jamais, avec les vivants.

« Le quatrième jour, l'ordre formel me vint du haut clergé de retourner à mon couvent. L'évêque de la province avait déjà entendu parler de ma conférence avec des voyageurs dont le rapide passage avait échappé au contrôle de sa police. On craignait que je n'eusse quelques rapports secrets avec des moteurs d'insurrection, ou des étrangers imbus de mauvais principes; on m'enjoignait de rentrer sur l'heure au monastère. Je cédai à cette injonction avec la plus complète indifférence. Le regret du bon ermite me toucha cependant, quoique son respect pour les ordres supérieurs l'eût empêché d'élever aucune objection contre mon départ, ni de laisser voir aucun mécontentement. Au moment de me voir disparaître parmi les arbres, il me rappela, se jeta dans mes bras, et s'en arracha tout en pleurs pour se précipiter dans son oratoire. Alors je courus après lui à mon tour, et, pour la première fois depuis bien des années, m'agenouillant devant un homme et devant un prêtre, je lui demandai sa bénédiction. Ce fut un éternel adieu; il mourut l'hiver suivant, dans sa quatre-vingt-dixième année; c'était un homme trop obscur pour que l'on songeât à Rome à le canoniser. Pourtant jamais chrétien ne mérita mieux le patriciat céleste. Les paysans de la contrée se partagèrent sa robe de bure, et en portent encore de petits morceaux comme des reliques. Les bandits des montagnes, pour lesquels sa porte n'avait jamais été fermée, payèrent un magnifique service funèbre à l'église de sa paroisse pour faire honneur à sa mémoire.

« Je le quittai vers midi, et prenant le plus long chemin pour retourner au couvent, je suivis les grèves de la mer jusqu'à la plaine, faisant pour la dernière fois de ma vie l'école buissonnière avec des épaules courbées par l'âge et un cœur usé par la tristesse.

« La journée était chaude, car déjà le printemps s'épanouissait au flanc des rochers. Le chemin que je suivais n'était pas tracé; la mer seule l'avait creusé à la base des montagnes. Mille aspérités du roc semblaient encore disputer la rive à l'action envahissante des flots. Au bout de deux heures de marche sur ces grèves ardentes, je m'assis, épuisé de fatigue, sur un bloc de granit noir au milieu de l'écume blanche des vagues. C'était un endroit sauvage, et la mer le remplissait d'harmonies lugubres.

Une vieille tour ruinée, asile des pétrels et des goëlands, semblait prête à crouler sur ma tête. Rongées par l'air salin, ses pierres avaient pris le grain et la couleur des rochers voisins, et l'œil ne pouvait plus distinguer en beaucoup d'endroits où finissait le travail de la nature et où commençait celui de l'homme. Je me comparai à cette ruine abandonnée que les orages emportaient pierre à pierre, et je me demandai si l'homme était forcé d'attendre ainsi sa destruction du temps et du hasard; si, après avoir accompli sa tâche ou consommé son sacrifice, il n'avait pas droit de hâter le repos de la tombe; et des pensées de suicide s'agitèrent dans mon cerveau. Alors je me levai, et me mis à marcher sur le bord du rocher, si rapidement et si près de l'abîme, que j'ignore comment je n'y tombai pas. Mais en cet instant j'entendis derrière moi comme le bruit d'un vêtement qui froissait la mousse et les broussailles. Je me retournai sans voir personne et repris ma course. Mais par trois fois des pas se firent entendre derrière les miens, et, à la troisième fois, une main froide comme la glace se posa sur ma tête brûlante. Je reconnus alors l'Esprit, et, saisi de crainte, je m'arrêtai en disant :

« — Manifeste ta volonté, et je suis à toi. Mais que ce soit la volonté paternelle d'un ami et non la fantaisie d'un spectre capricieux ; car je puis échapper à tout et à toi-même par la mort. »

« Je ne reçus point de réponse, et je cessai de sentir la main qui m'avait arrêté; mais, en cherchant des yeux, je vis devant moi, à quelque distance, l'abbé Spiridion dans son ancien costume, tel qu'il m'était apparu au lit de mort de Fulgence. Il marchait rapidement sur la mer, en suivant la longue traînée de feu que le soleil y projette. Quand il eut atteint l'horizon, il se retourna, et me parut étincelant comme un astre ; d'une main il me montrait le ciel, de l'autre le chemin du monastère. Puis tout à coup il disparut, et je repris ma route, transporté de joie, rempli d'enthousiasme. Que m'importait d'être fou? j'avais eu une vision sublime. »

— Père Alexis, dis-je en interrompant le narrateur, vous eûtes sans doute quelque peine à reprendre les habitudes de la vie monastique?

— Sans doute, répondit-il; la vie cénobitique était plus conforme à mes goûts que celle du cloître; pourtant j'y songeai peu. Une vaine recherche du bonheur ici-bas n'était pas le but de mes travaux; un puéril besoin de bonheur et de bien-être n'était pas l'objet de mes désirs; je n'avais eu qu'un désir dans ma vie, c'était d'arriver à l'espérance, sinon à la foi religieuse. Pourvu qu'en développant les puissances de mon âme j'eusse pu parvenir à en tirer le meilleur parti possible pour la vérité, la sagesse ou la vertu, je me serais regardé comme heureux, autant qu'il est donné à l'homme de l'être en ce monde; mais hélas! le doute à cet égard vint encore m'assaillir, après le dernier, l'immense sacrifice que j'avais consommé. J'étais, il est vrai, plus près de la vertu que je ne l'avais été en sortant de ma retraite. Fatigué de cultiver le champ stérile de la pure intelligence, ou, pour mieux dire, comprenant mieux l'étendue de ce vaste domaine de l'âme, qu'une fausse philosophie avait voulu restreindre aux froides spéculations de la métaphysique, je sentais la vanité de tout ce qui m'avait séduit, et la nécessité d'une sagesse qui me rendît meilleur. Avec l'exercice du dévouement, j'avais retrouvé le sentiment de la charité; avec l'amitié, j'avais compris la tendresse du cœur; avec la poésie et les arts, je retrouvais l'instinct de la vie éternelle; avec la céleste apparition du bon génie Spiridion, je retrouvais la foi et l'enthousiasme; mais il me restait quelque chose à faire, je le savais bien, c'était d'accomplir un devoir. Ce que j'avais fait pour soulager autour de moi quelques maux physiques n'était qu'une obligation passagère dont je ne pouvais me faire un mérite, et dont la Providence m'avait récompensé au centuple en me donnant deux amis sublimes : l'ermite sur la terre, Hébronius dans le ciel. Mais, rentré dans le couvent, j'avais sans doute une mission quelconque à remplir, et la grande difficulté consistait à savoir laquelle. Il me venait donc encore à l'esprit de me méfier de ce qu'en d'autres temps j'eusse appelé les visions d'un cerveau enclin au merveilleux, et de me demander à quoi un moine pouvait être bon au fond de son monastère dans le siècle où nous vivons, après que les travaux accomplis par les grands érudits monastiques des siècles passés ont porté leurs fruits, et lorsqu'il n'existe plus dans les couvents de trésors enfouis à exhumer pour l'éducation du genre humain; lorsque, surtout, la vie monastique a cessé de prouver et de mériter pour une religion qui, elle-même, ne prouve et ne mérite plus pour les générations contemporaines. Que faire donc pour le présent quand on est lié par le passé ? Comment marcher et faire marcher les autres quand on est garrotté à un poteau ?

« Ceci est une grande question, ceci est la véritable grande question de ma vie. C'est à la résoudre que j'ai consumé mes dernières années, et il faut bien que je te l'avoue, mon pauvre Angel, je ne l'ai point résolue. Tout ce que j'ai pu faire, c'est de me résigner, après avoir reconnu douloureusement que je ne pouvais plus rien.

« O mon enfant ! je n'ai rien fait jusqu'ici pour détruire en toi la foi catholique. Je ne suis point partisan des éducations trop rapides. Lorsqu'il s'agit de ruiner des convictions acquises, et qu'on n'a pu formuler l'inconnu d'une idée nouvelle, il ne faut pas trop se hâter de lancer une jeune tête dans les abîmes du doute. Le doute est un mal nécessaire. On peut dire qu'il est un grand bien, et que, subi avec douleur, avec humilité, avec l'impatience et le désir d'arriver à la foi, il est un des plus grands mérites qu'une âme sincère puisse offrir à Dieu. Oui, certes, si l'homme qui s'endort dans l'indifférence de la vérité est vil, si celui qui s'enorgueillit dans une négation cynique est insensé ou pervers, l'homme qui pleure sur son ignorance est respectable, et celui qui travaille ardemment à en sortir est déjà grand, même lorsqu'il n'a encore rien recueilli de son travail. Mais il faut une âme forte ou une raison déjà mûre pour traverser cette mer tumultueuse du doute, sans y être englouti. Bien des jeunes esprits s'y sont risqués, et, privés de boussole, s'y sont perdus à jamais, ou se sont laissé dévorer par les monstres de l'abîme, par les passions que n'enchaînait plus aucun frein. A la veille de te quitter, je te laisse aux mains de la Providence. Elle prépare ta délivrance matérielle et morale. La lumière du siècle, cette grande clarté de désabusement qui se projette si brillante sur le passé, mais qui a si peu de rayons pour l'avenir, viendra te chercher au fond de ces routes ténébreuses. Vois-la sans pâlir, et pourtant garde-toi d'en être trop enivré. Les hommes ne rebâtissent pas du jour au lendemain ce qu'ils ont abattu dans une heure de lassitude ou d'indignation. Sois sûr que la demeure qu'ils t'offriront ne sera point faite à ta taille. Fais-toi donc toi-même ta demeure, afin d'être à l'abri au jour de l'orage. Je n'ai pas d'autre enseignement à te donner que celui de ma vie. J'aurais voulu te le donner un peu plus tard ; mais le temps presse, les événements s'accomplissent rapidement. Je vais mourir, et, si j'ai acquis, au prix de trente années de souffrances, quelque notions pures, je veux te les léguer : fais-en l'usage que ta conscience t'enseignera. Je te l'ai dit, et ne sois point étonné du calme avec lequel je te le répète, ma vie a été un long combat entre la foi et le désespoir; elle va s'achever dans la tristesse et la résignation, quant à ce qui concerne cette vie elle-même. Mais mon âme est pleine d'espérance en l'avenir éternel. Si parfois encore tu me vois en proie à de grands combats, loin d'en être scandalisé, sois-en édifié. Vois combien le désespoir est impossible à la raison et à la conscience humaine, puisque ayant épuisé tous les sophismes de l'orgueil, tous les arguments de l'incrédulité, toutes les langueurs du découragement, toutes les angoisses de la crainte, l'espoir triomphe en moi aux approches de la mort. L'espoir, mon fils, c'est la foi de ce siècle.

« Mais reprenons notre récit. J'étais rentré au couvent dans un état d'exaltation. A peine eus-je franchi la grille, qu'il me sembla sentir tomber sur mes épaules le poids énorme de ces voûtes glacées sous lesquelles je venais une seconde fois m'ensevelir. Quand la porte se referma derrière moi avec un bruit formidable, mille échos lugubres, réveillés comme en sursaut, m'accueillirent d'un concert funèbre. Alors je fus épouvanté, et, dans un mouvement d'effroi impossible à décrire, je retournai sur mes pas et j'allai toucher cette porte fatale. Si elle eût été entr'ouverte, je pense que c'en était fait, et que je prenais la fuite pour jamais. Le portier me demanda si j'avais oublié quelque chose:

« — Oui, lui répondis-je avec égarement, j'ai oublié de vivre. »

« J'espérais que la vue de mon jardin me consolerait, et, au lieu d'aller tout de suite faire acte de présence et de soumission chez le Prieur, je courus vers mon parterre. Je n'en trouvai plus la moindre trace: le potager avait tout envahi; mes berceaux avaient disparu, mes belles plantes avaient été arrachées; les palmiers seuls avaient été respectés: ils penchaient leurs fronts altérés dans une attitude morne, comme pour chercher sur le sol fraîchement remué les gazons et les fleurs qu'ils avaient coutume d'abriter. Je retournai à ma cellule; elle était dans le même état qu'au jour de mon départ; mais elle ne me rappelait que des souvenirs pénibles. J'allai chez le Prieur; mes traits étaient bouleversés: au premier coup d'œil qu'il jeta sur moi, il s'en aperçut et je lus sur son visage la joie d'un triomphe insultant. Alors le mépris me rendit toute mon énergie, et, bien que notre entretien roulât en apparence sur des choses générales, je lui fis sentir en peu de mots que je ne me méprenais pas sur la distance qui séparait un homme comme lui, voué à la règle par de vulgaires intérêts, et un homme comme moi rendu à l'esclavage par un acte héroïque de la volonté. Pendant quelques jours je fus en butte à une lâche et malveillante curiosité. On ne pouvait croire que la peur seule de la discipline ecclésiastique ne m'eût pas ramené au couvent, et on se réjouissait à l'idée de ma souffrance. Je ne leur donnai pas la satisfaction de surprendre un soupir dans ma poitrine ou un murmure sur mes lèvres. Je me montrai impassible; mais il m'en coûta beaucoup.

« L'éclair d'enthousiasme que m'avait apporté ma vision magnifique au bord de la mer, se dissipa promptement, car elle ne se renouvela pas, comme je m'en étais flatté; et, de nouveau rendu à la lutte des tristes réalités, j'eus le loisir de me considérer encore une fois comme un être raisonnable condamné à subir une aberration passagère, et à s'en rendre compte froidement le reste de sa vie. Dans un autre siècle, ces visions eussent pu faire de moi un saint; mais dans celui-ci, réduit à les cacher comme une faiblesse ou une maladie, je n'y voyais qu'un sujet de réflexions humiliantes sur la pauvreté bizarre de l'esprit humain. Cependant, à force de songer à ces choses, j'arrivai à me dire que la nature de l'âme étant un profond mystère, les facultés de l'âme étaient elles-mêmes profondément mystérieuses ; car, de deux choses l'une : ou mon esprit avait par moments la puissance de ranimer fictivement ce que la mort avait replongé dans le passé, ou ce que la mort a frappé avait la puissance de se ranimer pour se communiquer à moi. Or, qui pourrait nier cette double puissance dans le domaine des idées? Qui a jamais songé à s'en étonner? Tous les chefs-d'œuvre de la science et de l'art qui nous émeuvent jusqu'à faire palpiter nos cœurs et couler nos larmes, sont-ce des monuments qui couvrent des morts? La trace d'une grande destinée est-elle effacée par la mort? N'est-elle pas plus brillante encore au travers des siècles écoulés? Est-elle dans l'esprit et dans le cœur des générations à l'état d'un simple souvenir? Non, elle est vivante, elle remplit à jamais la postérité de sa chaleur et de sa lumière. Platon et le Christ ne sont-ils pas toujours présents et debout au milieu de nous? Ils pensent, ils sentent par des millions d'âmes ; ils parlent, ils agissent par des millions de corps. D'ailleurs, qu'est-ce que le souvenir lui-même? N'est-ce pas une résurrection sublime des hommes et des événements qui ont mérité d'échapper à la mort de l'oubli? Et cette résurrection n'est-elle pas le fait de la puissance du passé qui vient trouver le présent, et de celle du présent qui s'en va chercher le passé? La philosophie matérialiste a pu prononcer que, toute puissance étant brisée à jamais par la mort, les morts n'avaient pas d'autre force parmi nous que celle qu'il nous plaisait de leur restituer par la sympathie ou l'esprit d'imitation. Mais des idées plus avancées doivent restituer aux hommes illustres une immortalité plus complète, et rendre solidaires l'une de l'autre cette puissance des morts et cette puissance des vivants qui forment un invincible lien à travers les générations. Les philosophes ont été trop avides de néant, lorsque, nous fermant l'entrée du ciel, ils nous ont refusé l'immortalité sur la terre.

« Là, pourtant, elle existe d'une manière si frappante qu'on est tenté de croire que les morts renaissent dans les vivants; et, pour mon compte, je crois à un engendrement perpétuel des âmes, qui n'obéit pas aux lois de la matière, aux liens du sang, mais à des lois mystérieuses, à des liens invisibles. Quelquefois je me suis demandé si je n'étais pas Hébronius lui-même, modifié dans une existence nouvelle par les différences d'un siècle postérieur au sien. Mais, comme cette pensée était trop orgueilleuse pour être complétement vraie, je me suis dit qu'il pouvait être moi sans avoir cessé d'être lui, de même que, dans l'ordre physique, un homme, en reproduisant la stature, les traits et les penchants de ses ancêtres, les fait revivre dans sa personne, tout en ayant une existence propre à lui-même qui modifie l'existence transmise par eux. Et ceci me conduisit à croire qu'il est pour nous deux immortalités, toutes deux matérielles et immatérielles: l'une, qui est de ce monde et qui transmet nos idées et nos sentiments à l'humanité par nos œuvres et nos travaux; l'autre qui s'enregistre dans un monde meilleur par nos mérites et nos souffrances, et qui conserve une puissance providentielle sur les hommes et les choses de ce monde. C'est ainsi que je pouvais admettre sans présomption que Spiridion vivait en moi par le sentiment du devoir et l'amour de la vérité qui avaient rempli sa vie, et au-dessus de moi par une sorte de divinité qui était la récompense et le dédommagement de ses peines en cette vie.

« Abîmé dans ces pensées, j'oubliai insensiblement ce monde extérieur, dont le bruit, un instant monté jusqu'à moi, m'avait tant agité. Les instincts tumultueux qu'une heure d'entraînement avait éveillés en moi s'apaisèrent ; et je me dis que les uns étaient appelés à améliorer la forme sociale par d'éclatantes actions, tandis que les autres étaient réservés à chercher, dans le calme et la méditation, la solution de ces grands problèmes dont l'humanité était indirectement tourmentée ; car les hommes cherchaient, le glaive à la main, à se frayer une route sur laquelle la lumière d'un jour nouveau ne s'était pas encore levée. Ils combattaient dans les ténèbres, s'assurant d'abord une liberté nécessaire, en vertu d'un droit sacré. Mais leur droit connu et appliqué, il leur resterait à connaître leur devoir ; et c'est de quoi ils ne pouvaient s'occuper durant cette nuit orageuse, au sein de laquelle il leur arrivait souvent de frapper leurs frères au lieu de frapper leurs ennemis. Ce travail gigantesque de la révolution française, ce n'était pas, ce ne pouvait pas être seulement une question de pain et d'abri pour les pauvres ; c'était beaucoup plus haut, et malgré tout ce qui s'est accompli, malgré tout ce qui a avorté en France à cet égard, c'est toujours, dans mes prévisions, beaucoup plus haut, que visait et qu'a porté, en effet, cette révolution. Elle devait, non-seulement donner au peuple un bien-être légitime, elle devait, elle doit, quoi qu'il arrive, n'en doute pas, mon fils, achever de donner la liberté de conscience au genre humain tout entier. Mais quel usage fera-t-il de cette liberté ? Quelles notions aura-t-il acquises de son devoir, en combattant comme un vaillant soldat durant des siècles, en dormant sous la tente, et en veillant sans cesse, les armes à la main, contre les ennemis de son droit ? Hélas ! chaque guerrier qui tombe sur le champ de bataille tourne ses yeux vers le ciel, et se demande pourquoi il a combattu, pourquoi il est un martyr, si tout est fini pour lui à cette heure amère de l'agonie. Sans nul doute, il pressent une récompense; car, si son unique devoir, à lui, a été de conquérir son droit et celui de sa postérité, il sent bien que tout devoir accompli mérite récompense; et il voit bien que sa récompense n'a pas été de ce monde, puisqu'il n'a pas joui de son droit. Et quand ce droit sera conquis entièrement par les générations futures, quand tous les devoirs des hommes entre eux seront établis par l'intérêt mutuel, sera-ce donc assez pour le bonheur de l'homme? Cette âme qui me tourmente, cette soif de l'infini qui me dévore, seront-elles satisfaites et apaisées, parce que mon corps sera à l'abri du besoin, et ma liberté préservée d'envahissement? Quelque paisible, quelque douce que vous supposiez la vie de ce monde, suffira-t-elle aux désirs de l'homme, et la terre sera-t-elle assez vaste pour sa pensée? Oh! ce n'est pas à moi qu'il faudrait répondre oui. Je sais trop ce que c'est que la vie réduite à des satisfactions égoïstes; j'ai trop senti ce que c'est que l'avenir privé du sens de l'éternité! Moine, vivant à l'abri de tout danger et de tout besoin, j'ai connu l'ennui, ce fiel répandu sur tous les aliments. Philosophe, visant à l'empire de la froide raison sur tous les sentiments de l'âme, j'ai connu le désespoir, cet abîme entr'ouvert devant toutes les issues de la pensée. Oh! qu'on ne me dise pas que l'homme sera heureux quand il n'aura plus ni souverains pour l'accabler de corvées, ni prêtres pour le menacer de l'enfer. Sans doute, il ne lui faut ni tyrans ni fanatiques, mais il lui faut une religion; car il a une âme, et il lui faut connaître un Dieu.

« Voilà pourquoi, suivant avec attention le mouvement politique qui s'opérait en Europe, et voyant combien mes rêves d'un jour avaient été chimériques, combien il était impossible de semer et de recueillir dans un si court espace, combien les hommes d'action étaient emportés loin de leur but par la nécessité du moment, et combien il fallait s'égarer à droite et à gauche avant de faire un pas sur cette voie non frayée, je me réconciliai avec mon sort, et reconnus que je n'étais point un homme d'action. Quoique je sentisse en moi la passion du bien, la persévérance et l'énergie, ma vie avait été trop livrée à la réflexion; j'avais embrassé la vie tout entière de l'humanité d'un regard trop vaste pour faire, la hache à la main, le métier de pionnier dans une forêt de têtes humaines. Je plaignais et je respectais ces travailleurs intrépides qui, résolus à ensemencer la terre, semblables aux premiers cultivateurs, renversaient les montagnes, brisaient les rochers, et, tout sanglants, parmi les ronces et les précipices, frappaient sans faiblesse et sans pitié sur le lion redoutable et sur la biche craintive. Il fallait disputer le sol à des races dévorantes. Il fallait fonder une colonie humaine au sein d'un monde livré aux instincts aveugles de la matière. Tout était permis, parce que tout était nécessaire. Pour tuer le vautour, le chasseur des Alpes est obligé de percer aussi l'agneau qu'il tient dans ses serres. Des malheurs privés déchirent l'âme du spectateur; pourtant le salut général rend ces malheurs inévitables. Les excès et les abus de la victoire ne peuvent être imputés ni à la cause de la guerre, ni à la volonté des capitaines. Lorsqu'un peintre retrace à nos yeux de grands exploits, il est forcé de remplir les coins de son tableau de certains détails affreux qui nous émeuvent péniblement. Ici, les palais et les temples croulent au milieu des flammes; là, les enfants et les femmes sont broyés sous les pieds des chevaux; ailleurs, un brave expire sur les rochers teints de son sang. Cependant le triomphateur apparaît au centre de la scène, au milieu d'une phalange de héros; le sang versé n'ôte rien à leur gloire; on sent que la main du Dieu des armées s'est levée devant eux, et l'éclat qui brille sur leurs fronts annonce qu'ils ont accompli une mission sainte.

« Tels étaient mes sentiments pour ces hommes au milieu desquels je n'avais pas voulu prendre place. Je les admirais; mais je comprenais que je ne pouvais les imiter; car ils étaient d'une nature différente de la mienne. Ils pouvaient ce que je ne pouvais pas, parce que, moi, je pensais comme ils ne pouvaient penser. Ils avaient la conviction héroïque, mais romanesque, qu'ils touchaient au but, et qu'encore un peu de sang versé les ferait arriver au règne de la justice et de la vertu. Erreur que je ne pouvais partager, parce que, retiré sur la montagne, je voyais ce qu'ils ne pouvaient distinguer à travers les vapeurs de la plaine et la fumée du combat; erreur sainte sans laquelle ils n'eussent pu imprimer au monde le grand mouvement qu'il devait subir pour sortir de ses liens! Il faut, pour que la marche providentielle du genre humain s'accomplisse, deux espèces d'hommes dans chaque génération : les uns, toute espérance, toute confiance, toute illusion, qui travaillent pour produire un œuvre incomplet; et les autres, toute prévoyance, toute patience, toute certitude, qui travaillent pour que cet œuvre incomplet soit accepté, estimé et continué sans découragement, lors même qu'il semble avorté. Les uns sont des matelots, les autres sont des pilotes; ceux-ci voient les écueils et les signalent, ceux-là les évitent ou viennent s'y briser, selon que le vent de la destinée les pousse à leur salut ou à leur perte; et, quoi qu'il arrive des uns et des autres, le navire marche, et l'humanité ne peut ni périr, ni s'arrêter dans sa course éternelle.

« J'étais donc trop vieux pour vivre dans le présent, et trop jeune pour vivre dans le passé. Je fis mon choix, je retombai dans la vie d'étude et de méditation philosophique. Je recommençai tous mes travaux, les regardant avec raison comme manqués. Je relus avec une patience austère tout ce que j'avais lu avec une avidité impétueuse. J'osai mesurer de nouveau la terre et les cieux, la créature et le Créateur, sonder les mystères de la vie et de la mort, chercher la foi dans mes doutes, relever tout ce que j'avais abattu, et le reconstruire sur de nouvelles bases. En un mot, je cherchai à revêtir la Divinité de son mystère sublime, avec la même persévérance que j'avais mise à l'en dépouiller. C'est là que je connus, hélas! combien il est plus difficile de bâtir que d'abattre. Il ne faut qu'un jour pour ruiner l'œuvre de plusieurs siècles. Dans le doute et la négation, j'avais marché à pas de géant; pour me refaire un peu de foi, j'employai des années, et quelles années! De combien de fatigues, d'incertitudes et de chagrins elles ont été remplies! Chaque jour a été marqué par des larmes, chaque heure par des combats. Angel, Angel, le plus malheureux des hommes est celui qui s'est imposé une tâche immense, qui en a compris la grandeur et l'importance, qui ne peut trouver hors de ce travail ni satisfaction ni repos, et qui sent ses forces le trahir et sa puissance l'abandonner. O infortuné entre tous les fils des hommes, celui qui rêve de posséder la lumière refusée à son intelligence! O déplorable entre toutes les générations des hommes, celle qui s'agite et se déchire pour conquérir la science promise à des siècles meilleurs! Placé sur un sol mouvant, j'aurais voulu bâtir un sanctuaire indestructible; mais les éléments me manquaient aussi bien que la base. Mon siècle avait des notions fausses, des connaissances incomplètes, des jugements erronés sur le

passé aussi bien que sur le présent. Je le savais, quoique
j'eusse en main les documents réputés les plus parfaits
de mon époque sur l'histoire des hommes et sur celle
de la création; je le savais, parce que je sentais en moi
une logique toute puissante à laquelle tous ces documents, sur lesquels j'eusse voulu l'appuyer, venaient à
chaque instant donner un démenti désespérant. Oh! si
j'avais pu me transporter, sur les ailes de ma pensée, à
la source de toutes les connaissances humaines, explorer
la terre sur toute sa surface et jusqu'au fond de ses
entrailles, interroger les monuments du passé, chercher
l'âge du monde dans les cendres dont son sein est le
vaste sépulcre, et dans les ruines où des générations
innombrables ont enseveli le souvenir de leur existence!
Mais il fallait me contenter des observations et des conjectures de savants et de voyageurs dont je sentais l'incompétence, la présomption et la légèreté. Il y avait des
moments où, échauffé par ma conviction, j'étais résolu à
partir comme missionnaire, afin d'aller fouiller tous ces
débris illustres qu'on n'avait pas compris, ou déterrer
tous ces trésors ignorés qu'on n'avait pas soupçonnés.
Mais j'étais vieux; ma santé, un instant raffermie à
l'exercice et au grand air des montagnes, s'était de nouveau altérée dans l'humidité du cloître et dans les veilles
du travail. Et puis, que de temps il m'eût fallu pour
soulever seulement un coin imperceptible de ce voile
qui me cachait l'univers! D'ailleurs, je n'étais pas un
homme de détail, et ces recherches persévérantes et
minutieuses, que j'admirais dans les hommes purement
studieux, n'étaient pas mon fait. Je n'étais homme d'action ni dans la politique ni dans la science; je me sentais
appelé à des calculs plus larges et plus élevés; j'eusse
voulu manier d'immenses matériaux, bâtir, avec le
fruit de tous les travaux et de toutes les études, un

vaste portique pour servir d'entrée à la science des siècles futurs.

« J'étais un homme de synthèse plus qu'un homme d'analyse. En tout j'étais avide de conclure, consciencieux jusqu'au martyre, ne pouvant rien accepter qui ne satisfît à la fois mon cœur et ma raison, mon sentiment et mon intelligence, et condamné à un éternel supplice; car la soif de la vérité est inextinguible, et quiconque ne peut se payer des jugements de l'orgueil, de la passion ou de l'ignorance, est appelé à souffrir sans relâche. Oh! m'écriais-je souvent, que ne suis-je un chartreux abruti par la peur de l'enfer, et dressé comme une bête de somme à creuser un coin de terre pour faire pousser quelques légumes, en attendant qu'il l'engraisse de sa dépouille! Pourquoi toute mon affaire en ce monde n'est-elle pas de réciter des offices pour arriver au repos, et de manier une bêche pour me conserver en appétit ou pour chasser la réflexion importune, et parvenir dès cette vie à un état de mort intellectuelle?

« Il m'arrivait quelquefois de jeter les yeux sur ceux de nos moines qui, par exception, se sont conservés sincèrement dévots: Ambroise, par exemple, que nous avons vu mourir l'an passé en odeur de sainteté, comme ils disent, et dont le corps était desséché par les jeûnes et les macérations: celui-là, à coup sûr, était de bonne foi; souvent il m'a fait envie. Une nuit ma lampe s'éteignit; je n'avais pas achevé mon travail; je cherchai de la lumière dans le cloître, j'en aperçus dans sa cellule; la porte était ouverte, j'y pénétrai sans bruit pour ne pas le déranger, car je le supposais en prières, je le trouvai endormi sur son grabat; sa lampe était posée sur une tablette tout auprès de son visage et donnant dans ses yeux. Il prenait cette précaution toutes les nuits depuis quarante ans au moins, pour ne pas s'endormir trop profondément et ne pas manquer d'une minute l'heure des offices. La lumière, tombant d'aplomb sur ses traits flétris, y creusait des ombres profondes, ravages d'une souffrance volontaire. Il n'était pas couché, mais appuyé seulement sur son lit et tout vêtu, afin de ne pas perdre un instant à des soins inutiles. Je regardai longtemps cette face étroite et longue, ces traits amincis par le jeûne de l'esprit encore plus que par celui du corps, ces joues collées aux os de la face comme une couche de parchemin, ce front mince et haut, jaune et luisant comme de la cire. Ce n'était vraiment pas un homme vivant, mais un squelette séché avec la peau, un cadavre qu'on avait oublié d'ensevelir, et que les vers avaient délaissé parce que sa chair ne leur offrait point de nourriture. Son sommeil ne ressemblait pas au repos de la vie, mais à l'insensibilité de la mort; aucune respiration ne soulevait sa poitrine. Il me fit peur, car ce n'était ni un homme ni un cadavre; c'était la vie dans la mort, quelque chose qui n'a pas de nom dans la langue humaine, et pas de sens dans l'ordre divin. C'est donc là un saint personnage? pensai-je; certes, les anachorètes de la Thébaïde n'ont ni jeûné, ni prié davantage; et pourtant je ne vois ici qu'un objet d'épouvante, rien qui attire le respect, parce que tout ici repousse la sympathie. Quelle compassion Dieu peut-il avoir pour cette agonie et pour cette mort anticipées sur ses décrets? Quelle admiration puis-je concevoir, moi, homme, pour cette vie stérile et ce cœur glacé! O vieillard, qui chaque soir allumes ta lampe comme un voyageur pressé de partir avant l'aurore, qui donc as-tu éclairé durant la nuit, qui donc as-tu guidé durant le jour? A qui donc ton long et laborieux pèlerinage sur la terre a-t-il été secourable? Tu n'as rien donné de toi à la terre, ni la substance de la reproduction animale, ni le fruit d'une intelligence productive, ni le service grossier d'un bras robuste, ni la sympathie d'un cœur tendre. Tu crois que Dieu a créé la terre pour te servir de cuve purificatoire, et tu crois avoir assez fait pour elle en lui léguant tes os! Ah! tu as raison de craindre et de trembler à cette heure; tu fais bien de te tenir toujours prêt à paraître devant le juge! Puisses-tu trouver à ton heure dernière une formule qui t'ouvre la porte du ciel, ou un instant de remords qui t'absolve du pire de tous les crimes, celui de n'avoir rien aimé hors de toi! Et, ainsi disant, je me retirai sans bruit, sans même vouloir allumer ma lampe à celle de l'égoïste, et, depuis ce jour, je préférai ma misère à celle des dévots.

« En proie à toute la fatigue et à toute l'inquiétude d'une âme qui cherche sa voie, il me fallut pourtant bien des jours d'épuisement et d'angoisse pour accepter l'arrêt qui me condamnait à l'impuissance. Je ne puis me le dissimuler aujourd'hui, mon mal était l'orgueil. Oui, je crois que de tout temps, et aujourd'hui encore, j'ai été et je suis un orgueilleux. Ce zèle dévorant de la vérité, c'est un louable sentiment; mais on peut aussi le porter trop loin. Il nous faut faire usage de toutes nos forces pour défricher le champ de l'avenir; mais il faudrait aussi, quand nos forces ne suffisent plus, nous contenter humblement du peu que nous avons fait, et nous asseoir avec la simplicité du laboureur au bord du sillon que nous avons tracé. C'est une leçon que j'ai souvent reçue de l'ami céleste qui me visite, et je ne l'ai jamais su mettre à profit. Il y a en moi une ambition de l'infini qui va jusqu'au délire. Si j'avais été jeté dans la vie du monde et que mon esprit n'eût pas eu le loisir de viser plus haut, j'aurais été avide de gloire et de conquêtes; j'aurais eu sous les yeux l'existence de Charlemagne ou d'Alexandre, comme j'ai eu celle de Pythagore et de Socrate; j'aurais convoité l'empire du monde; j'aurais fait peut-être beaucoup de mal. Grâce à Dieu, j'ai fini de vivre, et tout mon crime est de n'avoir pu faire le bien. J'avais rêvé, en rentrant au couvent, de refaire mes études avec fruit, et d'écrire un grand ouvrage sur les plus hautes questions de la religion et de la philosophie. Mais je n'avais pas assez considéré mon âge et mes forces. J'avais cinquante ans passés, et j'avais souffert, depuis vingt-cinq ans, un siècle par année. Voyant d'ailleurs combien j'étais dépourvu de matériaux qui m'inspirassent toute confiance, je résolus du moins de jeter les bases et de tracer le plan de mon œuvre, afin de léguer ce premier travail, s'il était possible, à quelque homme capable de le continuer ou de le faire continuer; et cette idée me rappela vivement ma jeunesse, le secret légué par Fulgence à moi, comme ce même secret l'avait été par Spiridion à Fulgence, et je me persuadai que le temps était venu d'exhumer le manuscrit. Ce n'était plus une ambition vulgaire, ce n'était plus une froide curiosité qui m'y portaient; ce n'était pas non plus une obéissance superstitieuse : c'était un désir sincère de m'instruire, et d'utiliser pour les autres hommes un document précieux, sans doute, sur les questions importantes dont j'étais occupé. Je regardais la publication immédiate ou future de ce manuscrit comme un devoir; car, de quelque façon que je vinsse à considérer les rapports étranges que mon esprit avait eus avec l'esprit d'Hébronius, il me restait la conviction que, durant sa vie, cet homme avait été animé d'un grand esprit.

« Pour la troisième fois, dans l'espace d'environ vingt-cinq ans, j'entrepris donc, au milieu de la nuit, l'exhumation du manuscrit. Mais ici, un fait bien simple vint s'opposer à mon dessein ; et, tout naturel que soit ce fait, il me plongea dans un abîme de réflexions.

« Je m'étais muni des mêmes outils qui m'avaient servi la dernière fois. Cette dernière fois, tu te la rappelles, malgré la longueur de ce récit; tu te souviens que j'avais alors trente ans révolus, et que j'eus un accès de délire et une épouvantable vision. Je me la rappelais bien aussi, cette hallucination terrible; mais je n'en craignais pas le retour. Il est des images que le cerveau ne peut plus se créer quand certaines idées et certains sentiments qui les évoquaient n'habitent plus notre âme. J'étais désormais à jamais dégagé des liens du catholicisme, liens si étroitement serrés et si courts qu'il faut toute une vie pour en sortir, mais, par cela même, impossibles à renouer quand une fois on les a brisés.

« Il faisait une nuit claire et fraîche; j'étais en assez bonne santé : j'avais précisément choisi un tel concours de circonstances, car je prévoyais que le travail matériel serait assez pénible. Mais quoi ! Angel, je ne pus pas même ébranler la pierre du *Hic est*. J'y passai trois grandes heures, l'attaquant dans tous les sens, m'assurant bien qu'elle n'était rivée au pavé que par son propre poids, reconnaissant même les marques que j'y avais faites autrefois avec mon ciseau, lorsque je l'avais enlevée légèrement et sans fatigue. Tout fut inutile; elle résista à mes efforts. Baigné de sueur, épuisé de lassitude, je fus forcé de regagner mon lit et d'y rester accablé et brisé pendant plusieurs jours.

« Ce premier échec ne me rebuta pas. Je me remis à l'ouvrage la semaine suivante, et j'échouai de même. Un troisième essai, entrepris un mois plus tard, ne fut pas plus heureux, et il me fallut dès lors y renoncer; car le peu de forces physiques que j'avais conservées jusque-là m'abandonna sans retour à partir de cette époque. Sans doute, j'en dépensai le reste dans cette lutte inutile contre un tombeau. La tombe fut muette, les cadavres sourds, la mort inexorable ; j'allai jeter dans un buisson du jardin mon ciseau et mon levier, et revins, tranquille et triste, m'asseoir sur cette tombe qui ne voulait pas me rendre ses trésors.

« Là, je restai jusqu'au lever du soleil, perdu dans mes pensées. La fraîcheur du matin étant venue glacer sur mon corps la sueur dont j'étais inondé, je fus paralysé ; je perdis non-seulement la puissance d'agir, mais encore la volonté ; je n'entendis pas les cloches qui sonnaient les offices, je ne fis aucune attention aux religieux qui vinrent les réciter. J'étais seul dans l'univers, il n'y avait entre Dieu et moi que ce tombeau qui ne voulait ni me recevoir ni me laisser partir : imago de mon existence tout entière, symbole dont j'étais vivement frappé, et dont la comparaison m'absorbait entièrement! Quand on vint me relever, comme je ne pouvais ni remuer ni parler, on se persuada que mon cerveau était paralysé comme le reste. On se trompa ; j'avais toute ma raison ; je ne la perdis pas un instant durant toute la maladie qui suivit cet accident. Il est inutile de te dire qu'on l'imputa au hasard, et qu'on ne soupçonna jamais ce que j'avais tenté.

« Une fièvre ardente succéda à ce froid mortel : je souffris beaucoup, mais je ne délirai point ; j'eus même la force de cacher assez la gravité de mon mal pour qu'on ne me soignât pas plus que je ne voulais l'être, et pour qu'on me laissât seul. Aux heures où le soleil brillait dans ma cellule, j'étais soulagé ; des idées plus douces remplissaient mon esprit ; mais la nuit j'étais en proie à une tristesse inexorable. Aux cerveaux actifs, l'inaction est odieuse. L'ennui, la pire des souffrances qu'entraînent les maladies, m'accablait de tout son poids.

La vue de ma cellule m'était insupportable. Ces murs qui me rappelaient tant d'agitations et de langueurs subies sans arriver à la connaissance du vrai; ce grabat où j'avais supporté si souvent et si longtemps la fièvre et les maladies, sans conquérir la santé pour prix de tant de luttes avec la mort; ces livres que j'avais si vainement interrogés; ces astrolabes et ces télescopes, qui ne savaient que chercher et mesurer la matière; tout cela me jetait dans une fureur sombre. A quoi bon survivre à soi-même? me disais-je, et pourquoi avoir vécu quand on n'a rien fait? Insensé, qui voulais, par un rayon de ton intelligence, éclairer l'humanité dans les siècles futurs, et qui n'as pas seulement la force de soulever une pierre pour voir ce qui est écrit dessous! malheureux, qui, durant l'ardeur de ta jeunesse, n'as su t'occuper qu'à refroidir ton esprit et ton cœur, et dont l'esprit et le cœur s'avisent de se ranimer quand l'heure de mourir est venue! meurs donc, puisque tu n'as plus ni tête, ni bras; car, si ton cœur a la témérité de vivre encore et de brûler pour l'idéal, ce feu divin ne servira plus qu'à consumer tes entrailles, et à éclairer ton impuissance et ta nullité.

« Et en parlant ainsi, je m'agitais sur mon lit de douleur, et des larmes de rage coulaient sur mes joues. Alors une voix pure s'éleva dans le silence de la nuit et me parla ainsi :

« — Crois-tu donc n'avoir rien à expier, toi qui oses te plaindre avec tant d'amertume? Qui accuses-tu de tes maux? N'es-tu pas ton seul, ton implacable ennemi? A qui imputeras-tu la faute de ton orgueil coupable, de cette insatiable estime de toi-même qui t'a aveuglé quand tu pouvais approcher de l'idéal par la science, et qui t'a fait chercher ton idéal en toi seul?

« — Tu mens! m'écriai-je avec force, sans songer

même à me demander qui pouvait me parler de la sorte. Tu mens! je me suis toujours haï; j'ai toujours été ennuyeux, accablant, insupportable à moi-même. J'ai cherché l'idéal partout avec l'ardeur du cerf qui cherche la fontaine dans un jour brûlant; j'ai été consumé de la soif de l'idéal, et si je ne l'ai pas trouvé...

« — C'est la faute de l'idéal, n'est-ce pas! interrompit la voix d'un ton de froide pitié. Il faut que Dieu comparaisse au tribunal de l'homme et lui rende compte du mystère dont il a osé s'envelopper, pendant que l'homme daignait se donner la peine de le chercher, et vous n'appelez pas cela de l'orgueil, vous autres!...

« — Vous autres! repris-je frappé d'étonnement, et qui donc es-tu, toi qui regardes en pitié la race humaine, et qui te crois, sans doute, exempt de ses misères?

« — Je suis, répondit la voix, celui que tu ne veux pas connaître, car tu l'as toujours cherché où il n'est pas. »

« A ces mots, je me sentis baigné de sueur de la tête aux pieds; mon cœur tressaillit à rompre ma poitrine, et, me soulevant sur mon lit, je lui dis :

« — Es-tu donc celui qui dort sous la pierre?

« — Tu m'as cherché sous la pierre, répondit-il, et la pierre t'a résisté. Tu devrais savoir que le bras d'un homme est moins fort que le ciment et le marbre. Mais l'intelligence transporte les montagnes, et l'amour peut ressusciter les morts.

« — O mon maître! m'écriai-je avec transport, je te reconnais. Ceci est ta voix, ceci est ta parole. Béni sois-tu, toi qui me visites à l'heure de l'affliction. Mais où donc fallait-il te chercher, et où te retrouverai-je sur la terre?

« — Dans ton cœur, répondit la voix. Fais-en une demeure où je puisse descendre. Purifie-le comme une maison qu'on orne et qu'on parfume pour recevoir un hôte chéri. Jusque là que puis-je faire pour toi? »

« La voix se tut, et je parlai en vain : elle ne me répondit plus. J'étais seul dans les ténèbres. Je me sentis tellement ému que je fondis en larmes. Je repassai toute ma vie dans l'amertume de mon cœur. Je vis qu'elle était en effet un long combat et une longue erreur; car j'avais toujours voulu choisir entre ma raison et mon sentiment, et je n'avais pas eu la force de faire accepter l'un par l'autre. Voulant toujours m'appuyer sur des preuves palpables, sur des bases jetées par l'homme, et ne trouvant pas ces bases suffisantes, je n'avais eu ni assez de courage ni assez de génie pour me passer du témoignage humain, et pour le rectifier avec cette puissante certitude que le ciel donne aux grandes âmes. Je n'avais pas osé rejeter la métaphysique et la géométrie là où elles détruisaient le témoignage de ma conscience. Mon cœur avait manqué de feu, partant mon cerveau de puissance pour dire à la science : — C'est toi qui te trompes; nous ne savons rien, nous avons tout à apprendre. Si le chemin que nous suivons ne nous conduit pas à Dieu, c'est que nous nous sommes trompés de chemin; retournons sur nos pas et cherchons Dieu : car nous errons loin de lui dans les ténèbres; et les hommes ont beau nous crier que notre habileté nous a faits dieux nous-mêmes, nous sentons le froid de la mort, et nous sommes entraînés dans le vide comme des astres qui s'éteignent et qui dévient de l'ordre éternel.

« A partir de ce jour, je m'abandonnai aux mouvements les plus chaleureux de mon âme, et un grand prodige s'opéra en moi. Au lieu de me refroidir moralement avec la vieillesse, je sentis mon cœur, vivifié et renouvelé, rajeunir à mesure que mon corps penchait vers la destruction. Je sens la vie animale me quitter comme un vêtement usé; mais à mesure que je dépouille cette enveloppe terrestre, ma conscience me donne l'intime certitude de mon immortalité. L'ami céleste est revenu souvent; mais n'attends pas que j'entre dans le détail de ses apparitions. Ceci est toujours un mystère pour moi, un mystère que je n'ai pas cherché à pénétrer, et sur lequel il me serait impossible d'étendre le réseau d'une froide analyse : je sais trop ce qu'on risque à l'examen de certaines impressions; l'esprit se glace à les disséquer, et l'impression s'efface. Quoique j'aie cru de mon devoir d'établir mes dernières croyances religieuses le plus logiquement possible dans quelques écrits dont je te fais le dépositaire, je me suis permis de laisser tomber un voile de poésie sur les heures d'enthousiasme et d'attendrissement qui, dissipant autour de moi les ténèbres du monde physique, m'ont mis en rapport direct avec cet esprit supérieur. Il est des choses intimes qu'il vaut mieux taire que de livrer à la risée des hommes. Dans l'histoire que j'ai écrite simplement de ma vie obscure et douloureuse, je n'ai pas fait mention de Spiridion. Si Socrate lui-même a été accusé de charlatanisme et d'imposture pour avoir révélé ses communications avec celui qu'il appelait son génie familier, combien plus un pauvre moine comme moi ne serait-il pas taxé de fanatisme s'il avouait avoir été visité par un fantôme! Je ne l'ai pas fait, je ne le ferai pas. Et pourtant je m'en expliquerais naïvement avec le savant modeste et consciencieux qui, sans ironie et sans préjugé, voudrait pénétrer dans les merveilles d'un ordre de choses vieux comme le monde, qui attend une explication nouvelle. Mais où trouver un tel savant aujourd'hui? L'œuvre de la science, en ces temps-ci, est de rejeter tout ce qui paraît surnaturel, parce que l'ignorance et l'imposture en ont trop longtemps abusé. De même que les hommes politiques sont forcés de trancher avec le fer les questions sociales, les hommes d'étude sont obligés, pour ouvrir un nouveau champ à l'analyse, de jeter au feu pêle-mêle le grimoire des sorciers et les miracles de la foi. Un temps viendra où, l'œuvre nécessaire de la destruction étant accomplie, on recherchera soigneusement, dans les débris du passé, une vérité qui ne peut se perdre, et qu'on saura démêler de l'erreur et du mensonge, comme jadis Crésus reconnut à des signes certains que tous les oracles étaient menteurs, excepté la Pythie de Delphes, qui lui avait révélé ses actions cachées avec une puissance incompréhensible. Tu verras peut-être l'aurore de cette science nouvelle, sans laquelle l'humanité est inexplicable, et son histoire dépourvue de sens. Tous les miracles, tous les augures, tous les prodiges de l'antiquité ne seront peut-être pas, aux yeux de tes contemporains, des tours de sorciers ou des terreurs imbéciles accréditées par les prêtres. Déjà la science n'a-t-elle pas donné une explication satisfaisante de beaucoup de phénomènes qui semblaient surnaturels à nos aïeux ? Certains faits qui semblent impossibles et mensongers en ce siècle auront peut-être une explication non moins naturelle et concluante quand la science aura élargi ses horizons. Quant à moi, bien que le mot *prodige* n'ait pas de sens pour mon entendement, puisqu'il peut s'appliquer aussi bien au lever du soleil chaque matin qu'à la réapparition d'un mort, je n'ai pas essayé de porter la lumière sur ces questions difficiles : le temps m'eût manqué. J'ai entendu parler de Mesmer ; je ne sais si c'est un imposteur ou un prophète ; je me méfie de ce que j'ai entendu rapporter, parce que les assertions sont trop hardies et les prétendues preuves trop complètes pour un ordre de découvertes aussi récent. Je ne comprends pas encore ce qu'ils entendent par ce mot *magnétisme*; je t'engage à examiner ceci en temps et lieu pour moi, je n'ai pas eu le loisir de m'égarer dans ces propositions hardies; j'ai évité même de me laisser séduire par elles. J'avais un devoir plus clair et plus pressé à accomplir, celui d'écrire, sous l'impression de mes entretiens avec l'*Esprit*, les fragments brisés de ma méditation éternelle. »

Ici Alexis s'interrompit, et posa sa main sur un livre que je connaissais bien pour le lui avoir souvent vu consulter, à mon grand étonnement, bien qu'il ne me parût formé que de feuillets blancs. Comme je le regardais avec surprise, il sourit :

« Je ne suis pas fou, comme tu le penses, reprit-il; ce livre est criblé de caractères très-lisibles pour quiconque connaît la composition chimique dont je me suis servi pour écrire. Cette précaution m'a paru nécessaire pour échapper à l'espionnage de la censure monastique. Je t'enseignerai un procédé bien simple au moyen duquel tu feras reparaître les caractères tracés sur ces pages quand le temps sera venu. Tu cacheras ce manuscrit en attendant qu'il puisse servir à quelque chose, si toutefois il doit jamais servir à quoi que ce soit; cela, je l'ignore. Tel qu'il est, incomplet, sans ordre et sans conclusion, il ne mérite pas de voir le jour. C'est peut-être à toi, c'est peut-être à quelque autre qu'il appartient de le refaire. Il n'a qu'un mérite, c'est d'être le récit fidèle d'une vie d'angoisse, et l'exposé naïf de mon état présent.

— Et cet état, m'est-il permis, mon père, de vous demander de me le faire mieux connaître?

— Je le ferai en trois mots qui résument pour moi la théologie, répondit-il en ouvrant son livre à la première page : « *croire, espérer, aimer.* » Si l'Église catholique avait pu conformer tous les points de sa doctrine à cette sublime définition des trois vertus théologales : la foi, l'espérance, la charité, elle serait la vérité sur la terre; elle serait la sagesse, la justice, la perfection. Mais l'Église romaine s'est porté le dernier coup; elle a consommé son suicide le jour où elle a fait Dieu implacable et la damnation éternelle. Ce jour-là tous les grands cœurs se sont détachés d'elle; et l'élément d'amour et de miséricorde manquant à sa philosophie, la théologie chrétienne n'a plus été qu'un jeu d'esprit, un sophisme où de grandes intelligences se sont débattues en vain contre leur témoignage intérieur, un voile pour couvrir de vastes ambitions, un masque pour cacher d'énormes iniquités... »

Ici le père Alexis s'arrêta de nouveau et me regarda attentivement pour voir quel effet produirait sur moi cet anathème définitif. Je le compris, et, saisissant ses mains dans les miennes, je les pressai fortement en lui disant d'une voix ferme et avec un sourire qui devait lui révéler toute ma confiance :

« Ainsi, père, nous ne sommes plus catholiques?

— Ni chrétiens, répondit-il d'une voix forte; ni protestants, ajouta-t-il en me serrant les mains; ni philosophes comme Voltaire, Helvétius et Diderot; nous ne sommes pas même socialistes comme Jean-Jacques et la Convention française : et cependant nous ne sommes ni païens ni athées!

— Que sommes-nous donc, père Alexis? lui dis-je; car, vous l'avez dit, nous avons une âme, Dieu existe, et il nous faut une religion.

— Nous en avons une, s'écria-t-il en se levant et en étendant vers le ciel ses bras maigres avec un mouvement d'enthousiasme. Nous avons la seule vraie, la seule immense, la seule digne de la Divinité. Nous croyons en la Divinité, c'est dire que nous la connaissons et la voulons; nous espérons en elle, c'est dire que nous la désirons et travaillons pour la posséder; nous l'aimons, c'est dire que nous la sentons et la possédons virtuellement; et Dieu lui-même est une trinité sublime dont notre vie mortelle est le reflet affaibli. Ce qui est foi chez l'homme est science chez Dieu; ce qui est espérance chez l'homme est puissance chez Dieu; ce qui est charité, c'est-à-dire piété, vertu, effort, chez l'homme, est amour, c'est-à-dire production, conservation et progression éternelle chez Dieu. Aussi Dieu nous connaît, nous appelle, et nous aime; c'est lui qui nous révèle cette connaissance que nous avons de lui, c'est lui qui nous commande le besoin que nous avons de lui, c'est lui qui nous inspire cet amour dont nous brûlons pour lui; et une des grandes preuves de Dieu et de ses attributs, c'est l'homme et ses instincts. L'homme conçoit, aspire et tente sans cesse, dans sa sphère finie, ce que Dieu sait, veut et peut dans sa sphère infinie. Si Dieu pouvait cesser d'être un foyer d'intelligence, de puissance et d'amour, l'homme retomberait au niveau de la brute; et chaque fois qu'une intelligence humaine a nié la Divinité intelligente, elle s'est suicidée.

— Mais, mon père, interrrompis-je, ces grands athées du siècle dont on vante les lumières et l'éloquence...

— Il n'y a pas d'athées, reprit le père Alexis avec chaleur; non, il n'y en a pas! Il est des temps de recherche et de travail philosophique, où les hommes, dégoûtés des erreurs du passé, cherchent une nouvelle route vers la vérité. Alors ils errent sur des sentiers inconnus. Les uns, dans leur lassitude, s'asseyent et se livrent au désespoir. Qu'est-ce que ce désespoir, sinon un cri d'amour vers cette Divinité qui se voile à leurs yeux fatigués? D'autres s'avancent sur toutes les cimes avec une précipitation ardente, et, dans leur présomption naïve, s'écrient qu'ils ont atteint le but et qu'on ne peut aller plus loin. Qu'est-ce que cette présomption, qu'est-ce que cet aveuglement, sinon un désir inquiet et une impatience immodérée d'embrasser la Divinité? Non, ces athées, dont on vante avec raison la grandeur intellectuelle, sont des âmes profondément religieuses, qui se fatiguent ou qui se trompent dans leur essor vers le ciel. Si, à leur suite, on voit se traîner des âmes basses et perverses, qui invoquent le néant, le hasard, la nature brutale, pour justifier leurs vices honteux et leurs grossiers penchants, c'est encore là un hommage rendu à la majesté de Dieu. Pour se dispenser de tendre vers l'idéal, et de soutenir par le travail et la vertu la dignité humaine, la créature est forcée de nier l'idéal. Mais, si une voix intérieure ne troublait pas l'ignoble repos de sa dégradation, elle ne se donnerait pas tant de peine pour rejeter l'existence d'un juge suprême. Quand les philosophes de ce siècle ont invoqué la Providence, la nature, les lois de la création, ils n'ont pas cessé d'invoquer le vrai Dieu sous ces noms nouveaux. En se réfugiant dans le sein d'une Providence universelle et d'une nature inépuisablement généreuse, ils ont protesté contre les anathèmes que les sectes farouches se lançaient l'une à l'autre, contre les monstruosités de l'inquisition, contre l'intolérance et le despotisme. Lorsque Voltaire, à la vue d'une nuit étoilée, proclamait le grand horloger céleste; lorsque Rousseau conduisait son élève au sommet d'une montagne pour lui révéler la première notion du Créateur au lever du soleil, quoique ce fussent là des preuves incomplètes et des vues étroites, en comparaison de ce que l'avenir réserve aux hommes de preuves éclatantes et d'infaillibles certitudes, c'étaient du moins des cris de l'âme élevés vers ce Dieu que toutes les générations humaines ont proclamé sous des noms divers et adoré sous différents symboles.

— Mais ces preuves éclatantes, mais cette certitude, lui dis-je, où les puiserons-nous, si nous rejetons la révélation, et si le sens intérieur ne nous suffit pas?

— Nous ne rejetons pas la révélation, reprit-il vivement, et le sens intérieur nous suffit jusqu'à un certain point; mais nous y joignons d'autres preuves encore : quant au passé, le témoignage de l'humanité tout entière; quant au présent, l'adhésion de toutes les consciences pures au culte de la Divinité, et la voix éloquente de notre propre cœur.

— Si je vous entends bien, repris-je; vous acceptez de la révélation ce qu'elle a d'éternellement divin, les grandes notions sur la Divinité et l'immortalité, les préceptes de vertu et le devoir qui en découlent.

— L'homme, répondit-il, arrache au ciel même la connaissance de l'idéal, et la conquête des vérités sublimes qui y conduisent est un pacte, un hyménée entre l'intelligence humaine qui cherche, aspire et demande, et l'intelligence divine qui, elle aussi, cherche le cœur de l'homme, aspire à s'y répandre, et consent à y régner. Nous reconnaissons donc des maîtres, de quelque nom que l'on ait voulu les appeler. Héros, demi-dieux, philosophes, saints ou prophètes, nous pouvons nous incliner devant ces pères et ces docteurs de l'humanité. Nous pouvons adorer chez l'homme investi d'une haute science et d'une haute vertu un reflet splendide de la Divinité. O Christ! un temps viendra où l'on t'élèvera de nouveaux autels, plus dignes de toi, en te restituant ta véritable grandeur, celle d'avoir été vraiment le fils de la femme et le sauveur, c'est-à-dire l'ami de l'humanité, le prophète de l'idéal.

— Et le successeur de Platon, ajoutai-je.

— Comme Platon fut celui des autres révélateurs que nous vénérons, et dont nous sommes les disciples.

« Oui, poursuivit Alexis après une pause, comme pour me donner le temps de peser ses paroles, nous sommes les disciples de ces révélateurs, mais nous sommes leurs libres disciples. Nous avons le droit de les examiner, de les commenter, de les discuter, de les redresser même ; car, s'ils participent par leur génie de l'infaillibilité de Dieu, ils participent par leur nature de l'impuissance de la raison humaine. Il est donc non-seulement dans notre privilége, mais dans notre devoir comme dans notre destinée, de les expliquer et d'aider à la continuation de leurs travaux.

— Nous, mon père ! m'écriai-je avec effroi ; mais quel est donc notre mandat ?

— C'est d'être venus après eux. Dieu veut que nous marchions ; et, s'il fait lever des prophètes au milieu du cours des âges, c'est pour pousser les générations devant eux, comme il convient à des hommes, et non pour les enchaîner à leur suite, comme il appartient à de vils troupeaux. Quand Jésus guérit le paralytique, il ne lui dit pas : « Prosterne-toi, et suis-moi. » Il lui dit : « Lève-toi, et marche. »

— Mais où irons-nous, mon père ?

— Nous irons vers l'avenir ; nous irons, pleins du passé et remplissant nos jours présents par l'étude, la méditation et un continuel effort vers la perfection. Avec du courage et de l'humilité, en puisant dans la contemplation de l'idéal la volonté et la force, en cherchant dans la prière l'enthousiasme et la confiance, nous obtiendrons que Dieu nous éclaire et nous aide à instruire les hommes, chacun de nous selon ses forces... Les miennes sont épuisées, mon enfant. Je n'ai pas fait ce que j'aurais pu faire si je n'eusse pas été élevé dans le catholicisme. Je t'ai raconté ce qu'il m'a fallu de temps et de peines pour arriver à proclamer sur le bord de ma tombe ce seul mot : « Je suis libre ! »

— Mais ce mot en dit beaucoup, mon père ! m'écriai-je. Dans votre bouche il est tout puissant sur moi, et c'est de votre bouche seule que j'ai pu l'entendre sans méfiance et sans trouble. Peut-être, sans ce mot de vous, toute ma vie eût été livrée à l'erreur. Que j'eusse continué mes jours dans ce cloître, il est probable que j'y eusse vécu courbé et abruti sous le joug du fanatisme. Que j'eusse vécu dans le tumulte du monde, il est possible que je me fusse laissé égarer par les passions humaines et les maximes de l'impiété. Grâce à vous, j'attends mon sort de pied ferme. Il me semble que je ne peux plus succomber aux dangers de l'athéisme, et je sens que j'ai secoué pour toujours les liens de la superstition.

— Et si ce mot de ma bouche, dit Alexis, profondément ému, est le seul bien que j'aie pu faire en ce monde, ces mots de la tienne sont une récompense suffisante. Je ne mourrai donc pas sans avoir vécu, car le but de la vie est de transmettre la vie. J'ai toujours pensé que le célibat était un état sublime, mais tout à fait exceptionnel, parce qu'il entraînait des devoirs immenses. Je pense encore que celui qui se refuse à donner la vie physique à des êtres de son espèce doit donner en revanche, par ses travaux et ses lumières, la vie intellectuelle au grand nombre de ses semblables. C'est pour cela que je révère la féconde virginité du Christ. Mais, lorsque, après avoir nourri dans ma jeunesse des espérances orgueilleuses de science et de vertu, je me suis vu courbé sous les années et les mains vides de grandes œuvres, je me suis affligé et repenti d'avoir embrassé un état à la hauteur duquel je n'avais pas su m'élever. Aujourd'hui je vois que je ne tomberai pas de l'arbre comme un fruit stérile. La semence de vie a fécondé ton âme. J'ai un fils, un enfant plus précieux qu'un fruit de mes entrailles; j'ai un fils de mon intelligence.

— Et de ton cœur, lui dis-je en pliant les deux genoux devant lui; car tu as un grand cœur, ô père Alexis! un cœur plus grand encore que ton intelligence! Et quand tu t'écries : « Je suis libre ! » cette parole puissante implique celle-ci : « J'aime et je crois. »

— J'aime, je crois et j'espère, tu l'as dit! répondit-il avec attendrissement; s'il en était autrement, je ne serais pas libre. La brute, au fond des forêts, ne connaît point de lois, et pourtant elle est esclave; car elle ne sait ni le prix, ni la dignité, ni l'usage de sa liberté. L'homme privé d'idéal est l'esclave de lui-même, de ses instincts matériels, de ses passions farouches, tyrans plus absolus, maîtres plus fantasques que tous ceux qu'il a renversés avant de tomber sous l'empire de la fatalité. »

Nous causâmes ainsi longtemps encore. Il m'entretint des grands mystères de la foi pythagoricienne, platonicienne et chrétienne, qu'il disait être un même dogme continué et modifié, et dont l'essence lui semblait le fond de la vérité éternelle; vérité progressive, disait-il, en ce sens qu'elle était enveloppée encore de nuages épais, et qu'il appartenait à l'intelligence humaine de déchirer ces voiles un à un, jusqu'au dernier. Il s'efforça de rassembler tous les éléments sur lesquels il basait sa foi en un *Dieu-Perfection* : c'est ainsi qu'il l'appelait. Il disait : 1° que la grandeur et la beauté de l'univers accessible aux calculs et aux observations de la science humaine, nous montraient dans le Créateur l'ordre, la sagesse et la science omnipotente; 2° que le besoin qu'éprouvent les hommes de se former en société et d'établir entre eux des rapports de sympathie, de religion commune et de protection mutuelle, prouvait, dans le législateur universel, l'esprit de souveraine justice ; 3° que les élans continuels du cœur de l'homme vers l'idéal prouvaient l'amour infini du père des hommes répandu à grands flots sur la grande famille humaine, et manifesté à chaque âme en particulier dans le sanctuaire de sa conscience. De là il concluait pour l'homme trois sortes de devoirs. Le premier, appliqué à la nature extérieure : devoir de s'instruire dans les sciences, afin de modifier et de perfectionner autour de lui le monde physique. Le second, appliqué à la vie sociale : devoir de respecter ou d'établir des institutions librement acceptées par la famille humaine et favorables à son développement. Le troisième, applicable à la vie intérieure de l'individu : devoir de se perfectionner soi-même en vue de la perfection divine, et de chercher sans cesse pour soi et pour les autres les voies de la vérité, de la sagesse et de la vertu.

Ces entretiens et ces enseignements furent au moins aussi longs que le récit qui les avait amenés. Ils durèrent plusieurs jours, et nous absorbèrent tellement l'un et l'autre que nous prenions à peine le temps de dormir. Mon maître semblait avoir recouvré, pour m'instruire, une force virile. Il ne songeait plus à ses souffrances et me les faisait oublier à moi-même ; il me lisait son livre et me l'expliquait à mesure. C'était un livre étrange, plein d'une grandeur et d'une simplicité sublimes. Il n'avait pas affecté une forme méthodique ; il avouait n'avoir pas eu le temps de se résumer, et avoir plutôt écrit, comme Montaigne, au jour le jour, une suite d'essais, où il avait exprimé naïvement tantôt les élans religieux, tantôt les accès de tristesse et de découragement sous l'empire desquels il s'était trouvé.

« J'ai senti, me disait-il, que je n'étais plus capable

d'écrire un grand ouvrage pour mes contemporains, tel que je l'avais rêvé dans mes jours de noble, mais aveugle ambition. Alors, conformant ma manière à l'humilité de ma position, et mes espérances à la faiblesse de mon être, j'ai songé à répandre mon cœur tout entier sur ces pages intimes, afin de former un disciple qui, ayant bien compris les désirs et les besoins de l'âme humaine, consacrât son intelligence à chercher le soulagement et la satisfaction de ses désirs et de ses besoins, dont tôt ou tard, après les agitations politiques, tous les hommes sentiront l'importance. Expression plaintive de la triste époque où le sort m'a jeté, je ne puis qu'élever un cri de détresse afin qu'on me rende ce qu'on m'a ôté : une foi, un dogme et un culte. Je sens bien que nul encore ne peut me répondre et que je vais mourir hors du temple, plein de trouble et de frayeur, n'emportant pour tout mérite, aux pieds du juge suprême, que le combat opiniâtre de mes sentiments religieux contre l'action dissolvante d'un siècle sans religion. Mais j'espère, et mon désespoir même enfante chez moi des espérances nouvelles; car, plus je souffre de mon ignorance, plus j'ai horreur du néant, et plus je sens que mon âme a des droits sacrés sur cet héritage céleste dont elle a l'insatiable désir... »

C'était la troisième nuit de cet entretien, et, malgré l'intérêt puissant qui m'y enchaînait, je fus tout à coup saisi d'un tel accablement, que je m'assoupis auprès du lit de mon maître tandis qu'il parlait encore, d'une voix affaiblie, au milieu des ténèbres; car toute l'huile de la lampe était consumée, et le jour ne paraissait point encore. Au bout de quelques instants, je m'éveillai; Alexis faisait entendre encore des sons inarticulés et semblait se parler à lui-même. Je fis d'incroyables efforts pour l'écouter et pour résister au sommeil; ses paroles étaient inintelligibles, et, la fatigue l'emportant; je m'endormis de nouveau, la tête appuyée sur le bord de son lit. Alors, dans mon sommeil, j'entendis une voix pleine de douceur et d'harmonie, qui semblait continuer les discours de mon maître, et je l'écoutais sans m'éveiller et sans la comprendre. Enfin, je sentis comme un souffle rafraîchissant qui courait dans mes cheveux, et la voix me dit : « *Angel, Angel, l'heure est venue.* » Je m'imaginai que mon maître expirait, et, faisant un grand effort, je m'éveillai et j'étendis les mains vers lui. Ses mains étaient tièdes, et sa respiration régulière annonçait un paisible repos. Je me levai alors pour rallumer la lampe; mais je crus sentir le frôlement d'un être d'une nature indéfinissable qui se plaçait devant moi et qui s'opposait à mes mouvements. Je n'eus point peur et je lui dis avec assurance :

« Qui es-tu, et que veux-tu? es-tu celui que nous aimons? as-tu quelque chose à m'ordonner?

— Angel, dit la voix, le manuscrit est sous la pierre, et le cœur de ton maître sera tourmenté tant qu'il n'aura pas accompli la volonté de celui... »

Ici la voix se perdit; je n'entendis plus aucun autre bruit dans la chambre que la respiration égale et faible d'Alexis. J'allumai la lampe, je m'assurai qu'il dormait, que nous étions seuls, que toutes les portes étaient fermées; je m'assis incertain et agité. Puis, au bout de peu d'instants, je pris mon parti, je sortis de la cellule, sans bruit, tenant d'une main ma lampe, de l'autre une barre d'acier que j'enlevai à une des machines de l'observatoire, et je me rendis à l'église.

Comment, moi, si jeune, si timide et si superstitieux jusqu'à ce jour, j'eus tout à coup la volonté et le courage d'entreprendre seul une telle chose, c'est ce que je n'expliquerai pas. Je sais seulement que mon esprit était élevé à sa plus haute puissance en cet instant, soit que je fusse sous l'empire d'une exaltation étrange, soit qu'un pouvoir supérieur à moi agît en moi à mon insu. Ce qu'il y a de certain, c'est que j'attaquai sans trembler la pierre du *Hic est*; et que je l'enlevai sans peine. Je descendis dans le caveau, et je trouvai le cercueil de plomb dans sa niche de marbre noir. M'aidant du levier et de mon couteau, j'en dessoudai sans peine une partie; je trouvai, à l'endroit de la poitrine où j'avais dirigé mes recherches, des lambeaux de vêtement que je soulevai et qui se roulèrent autour de mes doigts comme des toiles d'araignée. Puis, glissant ma main jusqu'à la place où ce noble cœur avait battu, je sentis sans horreur le froid de ses ossements. Le paquet de parchemin n'étant plus retenu par les plis du vêtement, roula dans le fond du cercueil; je l'en retirai, et, refermant le sépulcre à la hâte, je retournai auprès d'Alexis et déposai le manuscrit sur ses genoux. Alors, un vertige me saisit, et je faillis perdre connaissance; mais ma volonté l'emporta encore : car Alexis dépliait le manuscrit d'une main ferme et empressée.

« *Hic est veritas!* » s'écria-t-il en jetant les yeux sur la devise favorite de Spiridion, qui servait d'épigraphe à cet écrit « Angel, que vois-je? en croirai-je mes yeux? Tiens, regarde toi-même, il me semble que je suis en proie à une hallucination. »

Je regardai avec lui; c'était un de ces beaux manuscrits du treizième siècle tracés sur parchemin avec une netteté et une élégance dont l'imprimerie n'approche point; travail manuel, humble et patient, de quelque moine inconnu; et ce manuscrit, quelle fut ma surprise, quelle fut la consternation de mon maître Alexis, en voyant que ce n'était pas autre chose que le livre des Évangiles selon l'apôtre saint Jean?

« Nous sommes trompés ! dit Alexis. Il y a eu là une substitution. Fulgence aura laissé déjouer sa vigilance pendant les funérailles de son maître, ou bien Donatien a surpris le secret de nos entretiens ; il a enlevé le livre et mis à la place la parole du Christ sans appel et sans commentaire.

— Attendez, mon père, m'écriai-je après avoir examiné attentivement le manuscrit ; ceci est un monument bien rare et bien précieux. Il est de la propre main du célèbre abbé Joachim de Flore, moine cistercien de la Calabre... Sa signature l'atteste.

— Oui, dit Alexis en reprenant le manuscrit et en le regardant avec soin, celui qu'on appelait l'*homme vêtu de lin*, celui qu'on regardait comme un inspiré, comme un prophète, le messie du nouvel Évangile au commencement du treizième siècle ! Je ne sais quelle émotion profonde remue mes entrailles à la vue de ces caractères. O chercheur de vérité, j'ai souvent aperçu la trace de tes pas sur mon propre chemin ! Mais, regarde, Angel, rien ici ne doit échapper à notre attention ; car ce n'est certes pas sans dessein que ce précieux exemplaire a servi de linceul au cœur d'Hébronius ; vois-tu ces caractères tracés en plus grosses lettres et avec plus d'élégance que le reste du texte ?

— Ils sont aussi marqués d'une couleur particulière, et ce ne sont pas les seuls peut-être. Voyons, mon père ! »

Nous feuilletâmes l'Évangile de saint Jean, et nous trouvâmes dans ce chef-d'œuvre calligraphique de l'abbé Joachim, trois passages écrits en caractères plus gros, plus ornés, et d'une autre encre que le reste, comme si le copiste eût voulu arrêter la méditation du commentateur sur ces passages décisifs. Le premier, écrit en lettres d'azur, était celui qui ouvre si magnifiquement l'Évangile de saint Jean.

« La parole était au commencement, la parole était avec Dieu, et cette parole était Dieu. Toutes choses ont été faites par elle ; et rien de ce qui a été fait n'a été fait sans elle. C'est en elle qu'était la vie, et la vie était la lumière des hommes. Et la lumière luit dans les ténèbres, et les ténèbres ne l'ont point reçue. C'était la véritable lumière qui éclaire tout homme venant en ce monde. »

Le second passage était écrit en lettres de pourpre. C'était celui-ci :

« L'heure vient que vous n'adorerez le Père ni sur cette montagne ni a Jérusalem. L'heure vient que les vrais adorateurs adoreront le Père en esprit et en vérité. »

Et le troisième, écrit en lettres d'or, était celui-ci :

« C'est ici la vie éternelle de te connaître, toi le seul vrai Dieu, et celui que tu as envoyé, Jésus le Christ. »

Un quatrième passage était encore signalé à l'attention, mais uniquement par la grosseur des caractères ; c'était celui-ci du chapitre X :

« Jésus leur répondit : J'ai fait devant vous plusieurs bonnes œuvres de la part de mon Père ; pour laquelle me lapidez-vous ? — Les Juifs lui répondirent : Ce n'est point pour une bonne œuvre que nous te lapidons, mais c'est à cause de ton blasphème, c'est à cause que, étant homme, tu te fais Dieu. Jésus leur répondit : N'est-il pas écrit dans votre loi : *J'ai dit : Vous êtes tous des dieux.* Si elle a appelé dieux ceux a qui la parole de Dieu était adressée, et si l'Écriture ne peut être rejetée, dites-vous que je blasphème, moi que le Père a sanctifié, et qu'il a envoyé dans le monde, parce que j'ai dit : Je suis le fils de Dieu ? »

« Angel ! s'écria Alexis, comment ce passage n'a-t-il pas frappé les chrétiens lorsqu'ils ont conçu l'idée idolâtrique de faire de Jésus-Christ un Dieu Tout-Puissant, un membre de la Trinité divine? Ne s'est-il pas expliqué lui-même sur cette prétendue divinité? n'en a-t-il pas repoussé l'idée comme un blasphème? Oh! oui, il nous l'a dit, cet homme divin! nous sommes tous des dieux, nous sommes tous les enfants de Dieu, dans le sens où saint Jean l'entendait en exposant le dogme au début de son Évangile... « A tous ceux qui ont reçu la parole (le *logos* divin) il a donné le droit d'être faits enfants de Dieu. » Oui, la parole est Dieu ; la révélation, c'est Dieu, c'est la vérité divine manifestée, et l'homme est Dieu aussi, en ce sens qu'il est le fils de Dieu, et une manifestation de la Divinité : mais il est une manifestation finie, et Dieu seul est la Trinité infinie. Dieu était en Jésus, le Verbe parlait par Jésus, mais Jésus n'était pas le Verbe.

« Mais nous avons d'autres trésors à examiner et à commenter, Angel ; car voici trois manuscrits au lieu d'un. Modère l'ardeur de ta curiosité, comme je dompte la mienne. Procédons avec ordre, et passons au second avant de regarder le troisième. L'ordre dans lequel Spiridion a placé ces trois manuscrits sous une même enveloppe doit être sacré pour nous, et signifie incontestablement le progrès, le développement et le complément de sa pensée. »

Nous déroulâmes le second manuscrit. Il n'était ni moins précieux ni moins curieux que le premier. C'était ce livre perdu durant des siècles, inconnu aux générations qui nous séparent de son apparition dans le monde ; ce livre poursuivi par l'Université de Paris, toléré d'abord et puis condamné, et livré aux flammes par le saint-siége en 1260 : c'était la fameuse *Introduction à l'Évangile éternel*, écrite de la propre main de l'auteur, le célèbre Jean de Parme, général des Franciscains et disciple de Joachim de Flore. En voyant sous nos yeux ce monument de l'hérésie, nous fûmes saisis, Alexis et moi, d'un frisson involontaire. Cet exemplaire, probablement unique dans le monde, était dans nos mains; et par lui qu'allions-nous apprendre? avec quel étonnement nous en lûmes le sommaire, écrit à la première page:

« La religion a trois époques comme le règne des trois
« personnes de la Trinité. Le règne du Père a duré pen-
« dant la loi mosaïque. Le règne du Fils, c'est-à-dire
« la religion chrétienne, ne doit pas durer toujours. Les
« cérémonies et les sacrements dans lesquels cette reli-
« gion s'enveloppe, ne doivent pas être éternels. Il doit
« venir un temps où ces mystères cesseront, et alors
« doit commencer la religion du Saint-Esprit, dans la-
« quelle les hommes n'auront plus besoin de sacre-
« ments; et rendront à l'Être suprême un culte purement
« spirituel. Le règne du Saint-Esprit a été prédit par
« saint Jean, et c'est ce règne qui va succéder à la reli-
« gion chrétienne, comme la religion chrétienne a suc-
« cédé à la loi mosaïque. »

« Quoi! s'écria Alexis, est-ce ainsi qu'il faut entendre le développement des paroles de Jésus à la Samaritaine: *L'heure vient que vous n'adorerez plus le Père ni à Jérusalem ni sur cette montagne, mais que vous l'adorerez en Esprit et en Vérité?* Oui la doctrine de l'Évangile éternel! cette doctrine de liberté, d'égalité et de fraternité qui sépare Grégoire VII de Luther, l'a entendu ainsi. Or, cette époque est bien grande: c'est elle qui, après avoir rempli le monde, féconde encore la pensée de tous les grands hérésiarques, de toutes les sectes persécutées jusqu'à nos jours.

Condamné, détruit, cet œuvre vit et se développe dans tous les penseurs qui nous ont produits; et des cendres de son bûcher, l'Évangile éternel projette une flamme qui embrase la suite des générations. Wiclef, Jean Huss, Jérôme de Prague, Luther! vous êtes sortis de ce bûcher, vous avez été couvés sous cette cendre glorieuse; et toi-même Bossuet, protestant mal déguisé, le dernier évêque, et toi aussi Spiridion, le dernier apôtre, et nous aussi les derniers moines! Mais quelle était donc la pensée supérieure de Spiridion par rapport à cette révélation du treizième siècle? Le disciple de Luther et de Bossuet s'était-il retourné vers le passé pour embrasser la doctrine d'Amaury, de Joachim de Flore et de Jean de Parme?

— Ouvrez le troisième manuscrit, mon père. Sans doute, il sera la clef des deux autres. »

Le troisième manuscrit était en effet l'œuvre de l'abbé Spiridion, et Alexis, qui avait vu souvent des textes sacrés, copiés de sa main, et restés entre celles de Fulgence, reconnut aussitôt l'authenticité de cet écrit. Il était fort court et se résumait dans ce peu de lignes :

« Jésus (vision adorable) m'est apparu et m'a dit:
« Des quatre évangiles, le plus divin, le moins entaché
« des formes passagères de l'humanité au moment où
« j'ai accompli ma mission, est l'évangile de Jean, de
« celui sur le sein duquel je me suis appuyé durant la
« passion, de celui à qui je recommandai ma mère en
« mourant. Tu ne garderas que cet évangile. Les trois
« autres, écrits en vue de la terre pour le temps où ils
« ont été écrits, pleins de menaces et d'anathèmes, ou
« de réserves sacerdotales dans le sens de l'antique
« mosaïque, seront pour toi comme s'ils n'étaient pas.
« Réponds; m'obéiras-tu?

« Et moi, Spiridion, serviteur de Dieu, j'ai répondu :
« J'obéirai.

« Jésus alors m'a dit : Dans ton passé chrétien, tu
« seras donc de l'école de Jean, tu seras Joannite.

« Et quand Jésus m'eut dit ces paroles, je sentis en moi
« comme une séparation qui se faisait dans tout mon
« être. Je me sentis mourir. Je n'étais plus chrétien ;
« mais bientôt je me sentis renaître, et j'étais plus chré-
« tien que jamais. Car le christianisme m'était révélé, et
« j'entendis une voix qui disait à mes oreilles ce verset
« du dix-septième chapitre de *l'unique évangile* : *C'est
« ici la vie éternelle de te connaître, toi, le seul vrai
« Dieu, et celui que tu as envoyé, Jésus le Christ.*

» Alors Jésus me dit :

« Tu recueilleras à travers les siècles la tradition de
« ton école.

« Et je pensai à tout ce que j'avais lu autrefois sur l'é-
« cole de saint Jean, et ceux que j'avais si souvent appelés
« des *hérétiques* m'apparurent comme de vrais vivants.

« Jésus ajouta :

« Mais tu effaceras et tu ratureras avec soin les er-
« reurs de l'esprit prophétique, pour ne garder que la
« prophétie.

« La vision avait disparu ; mais je la sentais, pour
« ainsi dire, qui se continuait secrètement en moi. Je
« courus à mes livres, et le premier ouvrage qui me
« tomba sous la main fut un manuscrit de l'évangile de
« saint Jean, de la main de Joachim de Flore.

« Le second fut l'*Introduction à l'Évangile éternel*,
« de Jean de Parme.

« Je relus l'évangile de saint Jean en adorant.

« Et je lus l'*Introduction à l'Évangile éternel* en
« souffrant et en gémissant. Quand j'eus fini de le lire,
« tout ce qui m'en resta fut cette phrase :

« *La religion a trois époques, comme les règnes des
« trois personnes de la Trinité.* »

« Tout le reste avait disparu et était raturé de mon
« esprit. Mais cette phrase brillait devant les yeux de
« mon intelligence, comme un phare éclatant et qui ne
« doit pas s'éteindre.

» Alors Jésus m'apparut de nouveau, et me dit :

« *La religion a trois époques, comme les règnes des
« trois personnes de la Trinité.*

« Je répondis : ainsi soit-il !

« Jésus reprit :

« Le christianisme a eu trois époques, et les trois
« époques sont accomplies.

« Et il disparut. Et je vis passer successivement de-
« vant moi (vision adorable) saint Pierre, saint Jean et
« saint Paul.

« Derrière saint Pierre était le grand pape Grégoire VII.

« Derrière saint Jean, Joachim de Flore ; le saint Jean
« du treizième siècle.

« Derrière saint Paul était Luther.

« Je m'évanouis. »

Plus loin, après un intervalle, était écrit de la même
main :

« Le christianisme devait avoir trois époques, et les
« trois époques sont accomplies. Comme la Trinité divine
« a trois faces, la conception que l'esprit humain a eue
« de la Trinité dans le christianisme devait avoir trois
« faces successives. La première, qui répond à saint
« Pierre, embrasse la période de la création et du déve-
« loppement hiérarchique et militant de l'Église jusqu'à
« Hildebrand, le saint Pierre du onzième siècle ; la se-
« conde, qui répond à saint Jean, embrasse la période
« depuis Abeilard jusqu'à Luther ; la troisième, qui ré-
« pond à saint Paul, commence à Luther et finit à Bos-

« suet. C'est le règne du libre examen, de la connais-
« sance, comme la période antérieure est celle de l'amour
« et du sentiment, comme celle qui avait précédé est la
« période de la sensation et de l'activité. Là finit le
« christianisme, et là commence l'ère d'une nouvelle
« religion. Ne cherchons donc plus la vérité absolue
« dans l'application littérale des Évangiles, mais dans le
« développement des révélations de toute l'humanité
« antérieure à nous. Le dogme de la Trinité est la reli-
« gion éternelle ; la véritable compréhension de ce dogme
« est éternellement progressive. Nous repasserons éter-
« nellement peut-être par ces trois phases de manifes-
« tations de l'activité, de l'amour et de la science, qui
« sont les trois principes de notre essence même, puis-
« que ce sont les trois principes divins que *reçoit chaque*
« *homme venant dans le monde*, à titre de *fils de Dieu*.
« Et plus nous arriverons à nous manifester simultané-
« ment sous ces trois faces de notre humanité, plus
« nous approcherons de la perfection divine. Hommes
« de l'avenir, c'est à vous qu'il est réservé de réaliser
« cette prophétie, si Dieu est en vous. Ce sera l'œuvre
« d'une nouvelle révélation, d'une nouvelle religion,
« d'une nouvelle société, d'une nouvelle humanité. Cette
« religion n'abjurera pas l'esprit du Christianisme, mais
« elle en dépouillera les formes. Elle sera au Christia-
« nisme ce que la fille est à la mère, lorsque l'une
« penche vers la tombe et que l'autre est en plein dans
« la vie. Cette religion, fille de l'Évangile, ne reniera
« point sa mère, mais elle continuera son œuvre ; et ce
« que sa mère n'aura pas compris, elle l'expliquera ; ce
« que sa mère n'aura pas osé, elle l'osera ; ce que sa
« mère n'aura fait qu'entreprendre, elle l'achèvera. Ceci
« est la véritable prophétie qui est apparue sous un voile
« de deuil au grand Bossuet, à son heure dernière. Tri-

« nité divine, reçois et reprends l'être de celui que tu as
« éclairé de ta lumière, embrasé de ton amour, et créé
« de ta substance même, ton serviteur *Spiridion*. »

Alexis replia le manuscrit, le plaça sur sa poitrine, croisa ses mains dessus, et resta plongé dans une méditation profonde. Une grande sérénité régnait sur son front. Je restai à ses côtés immobile, attentif, épiant tous ses mouvements, et cherchant dans l'expression de sa physionomie à comprendre les pensées qui remuaient son âme. Tout à coup je vis de grosses larmes rouler de ses yeux et inonder son visage flétri, comme une pluie bienfaisante sur la terre altérée. « Je suis bien heureux! me dit-il en se jetant dans mon sein. O ma vie! ma triste vie! ce n'était pas trop de tes douleurs et de tes fatigues pour acheter cet ineffable instant de lumière, de certitude et de charité! Charité divine, je te comprends enfin! Logique suprême, tu ne pouvais faillir! Ami Spiridion, tu le savais bien quand tu me disais : Aime et tu comprendras! O ma science frivole! ô mon érudition stérile! vous ne m'avez pas éclairé sur le véritable sens des Écritures! C'est depuis que j'ai compris l'amitié, et par elle la charité, et par la charité l'enthousiasme de la fraternité humaine, que je suis devenu capable de comprendre la parole de Dieu. Angel, laisse-moi ces manuscrits pendant le peu d'heures que j'ai encore à passer près de toi; et, quand je ne serai plus, ne les ensevelis point avec moi. Le temps est venu où la vérité ne doit plus dormir dans les sépulcres, mais agir à la lumière du soleil et remuer le cœur des hommes de bonne volonté. Tu reliras ces Évangiles, mon enfant, et en les commentant, tu rapprendras l'histoire; ton cerveau, que j'ai rempli de faits, de textes et de formules, est comme un livre qui porte en soi la vie, et qui n'en a pas conscience. C'est ainsi que, durant trente ans, j'avais fait de ma propre intelligence un parchemin. Celui qui a tout lu, tout examiné sans rien comprendre, est le pire des ignorants; et celui qui, sans savoir lire, a compris la sagesse divine, est le plus grand savant de la terre. Maintenant, reçois mes adieux, mon enfant, et apprête-toi à quitter le cloître et à rentrer dans la vie.

— Que dites-vous? m'écriai-je; vous quitter? retourner au monde? Est-ce là votre amitié? sont-ce là vos conseils?

— Tu vois bien, dit-il, que c'en est fait de nous. Nous sommes une race finie, et Spiridion a été, à vrai dire, le dernier moine. O maître infortuné, ajouta-t-il en levant les yeux au ciel, toi aussi tu as bien souffert, et ta souffrance a été ignorée des hommes. Mais Dieu t'a reçu en expiation de tes erreurs sublimes, et il t'a envoyé, à tes derniers instants, l'instinct prophétique qui t'a consolé; car ton grand cœur a dû oublier sa propre souffrance en apercevant l'avenir de la race humaine tourné vers l'idéal. Ainsi donc je suis arrivé au même résultat que toi. Quoique ta vie ait été consacrée seulement aux études théologiques, et que la mienne ait embrassé un plus large cercle de connaissances, nous avons trouvé la même conclusion; c'est que le passé est fini et ne doit point entraver l'avenir, c'est que notre chute est aussi nécessaire que l'a été notre existence; c'est que nous ne devons ni renier l'une, ni maudire l'autre. Eh bien, Spiridion, dans l'ombre de ton cloître et dans le secret de tes méditations, tu as été plus grand que ton maître: car celui-ci est mort en jetant un cri de désespoir et en croyant que le monde s'écroulait sur lui; et toi tu t'es endormi dans la paix du Seigneur, rempli d'un divin espoir pour la race humaine. Oh! oui, je t'aime mieux que Bossuet; car tu n'as pas maudit ton siècle, et tu as noblement abjuré une longue suite d'illusions, incertitudes respectables, efforts sublimes d'une âme ardemment éprise de la perfection. Sois béni, sois glorifié : le royaume des cieux appartient à ceux dont l'esprit est vaste et dont le cœur est simple. »

Quand il eut parlé ainsi, il m'imposa les mains et me donna sa bénédiction ; puis, se mettant en devoir de se lever :

« Allons, dit-il, tu sais que l'heure est venue.

— Quelle heure donc, lui dis-je, et que voulez-vous faire ? Ces paroles ont déjà frappé mon oreille cette nuit, et je croyais avoir été le seul à les entendre. Dites, maître, que signifient-elles ?

— Ces paroles, je les ai entendues, me répondit-il ; car, pendant que tu descendais dans le tombeau de notre maître, j'avais ici un long entretien avec lui.

— Vous l'avez vu ? lui dis-je.

— Je ne l'ai jamais vu la nuit, mais seulement le jour, à la clarté du soleil. Je ne l'ai jamais vu et entendu en même temps : c'est la nuit qu'il me parle, c'est le jour qu'il m'apparaît. Cette nuit, il m'a expliqué ce que nous venons de lire et plus encore ; et, s'il t'a ordonné d'exhumer le manuscrit, c'est afin que jamais le doute n'entrât dans ton âme au sujet de ce que les hommes de ce siècle appelleraient nos visions et nos délires.

— Délires célestes, m'écriai-je, et qui me feraient haïr la raison, si la raison pouvait en anéantir l'effet ! Mais ne le craignez pas, mon père ; je porterai à jamais dans mon cœur la mémoire sacrée de ces jours d'enthousiasme.

— Maintenant, viens ! dit Alexis en se mettant à marcher dans sa cellule d'un pas assuré, et en redressant son corps brisé, avec la noblesse et l'aisance d'un jeune homme.

— Eh quoi ! Vous marchez ! Vous êtes donc guéri ! lui dis-je ; ceci est un prodige nouveau.

— La volonté est seule un prodige, répondit-il, et c'est la puissance divine qui l'accomplit en nous. Suis-moi, je veux revoir le soleil, les palmiers, les murs de ce monastère, la tombe de Spiridion et de Fulgence ; je me sens possédé d'une joie d'enfant ; mon âme déborde. Il faut que j'embrasse cette terre de douleurs et d'espérances où les larmes sont fécondes, et que nos genoux fatigués de prières n'ont pas creusée en vain. »

Nous descendîmes pour nous rendre au jardin ; mais en passant devant le réfectoire où les moines étaient rassemblés, il s'arrêta un instant, et jeta sur eux un regard de compassion.

En voyant debout devant eux cet Alexis qu'ils croyaient mourant, ils furent saisis d'épouvante, et un des convers qui les servait et qui se trouvait près de la porte, murmura ces mots :

« Les morts ressuscitent, c'est le présage de quelque malheur.

— Oui, sans doute, répondit Alexis en entrant dans le réfectoire par l'effet d'une subite résolution, un grand malheur vous menace. » Et parlant à haute voix, avec un visage animé de l'énergie de la jeunesse, et les yeux étincelants du feu de l'inspiration : « Frères, dit-il, quittez la table, n'achevez pas votre pain, déchirez vos robes, abandonnez ces murs que la foudre ébranle déjà, ou bien préparez-vous à mourir ! »

Les moines, effrayés et consternés, se levèrent tumultueusement, comme s'ils se fussent attendus à quelque prodige. Le Prieur leur commanda de se rasseoir.

« Ne voyez-vous pas, leur dit-il, que ce vieillard est en proie à un accès de délire ? Angel, reconduisez-le à son lit, et ne le laissez plus sortir de sa cellule; je vous le commande.

— Frère, tu n'as plus rien à commander ici, reprit Alexis avec le calme de la force. Tu n'es plus chef, tu n'es plus moine, tu n'es plus rien. Il faut fuir, te dis-je; ton heure et la nôtre à tous est venue. »

Les religieux s'agitèrent encore. Donatien les contint de nouveau, et craignant quelque scène violente :

« Tenez-vous tranquilles, leur dit-il, et laissez-le parler; vous allez voir que ses idées sont troublées par la fièvre.

— O moines! dit Alexis en soupirant, c'est vous dont la fièvre a troublé l'entendement; vous, race jadis sublime, aujourd'hui abjecte; vous qui avez engendré par l'esprit tant de docteurs et de prophètes que l'Église a persécutés et condamnés aux flammes! vous qui avez compris l'Évangile et qui avez tenté courageusement de le pratiquer. O vous, disciples de l'Évangile éternel, pères spirituels du grand Amaury, de David de Dinant, de Pierre Valdo, de Ségarel, de Dulcin, d'Eon de l'Étoile, de Pierre de Bruys, de Lollard, de Wiclef, de Jean Huss, de Jérôme de Prague, et enfin de Luther! moines qui avez compris l'égalité, la fraternité, la communauté, la charité et la liberté! moines qui avez proclamé les éternelles vérités que l'avenir doit expliquer et mettre en pratique, et qui maintenant ne produisez plus rien, et ne pouvez plus rien comprendre! C'est assez longtemps vous cacher sous les plis du manteau de saint Pierre, Pierre ne peut plus vous protéger; c'est en vain que vous avez fait votre paix avec les pontifes et votre soumission aux puissants de la terre : les puissants ne peuvent plus rien pour vous. Le règne de l'Évangile éternel arrive, et vous n'êtes plus ses disciples; et au lieu de marcher à la tête des peuples révoltés pour écraser les tyrannies, vous allez être abattus et foudroyés comme les suppôts de la tyrannie. Fuyez, vous dis-je, il vous reste une heure, moins d'une heure! Déchirez vos robes et cachez-vous dans l'épaisseur des bois, dans les cavernes de la montagne; la bannière du vrai Christ est dépliée, et son ombre vous enveloppe déjà.

— Il prophétise! s'écrièrent quelques moines pâles et tremblants.

— Il blasphème, il apostasie! s'écrièrent quelques autres indignés.

—Qu'on l'emmène, qu'on l'enferme! » s'écria le Prieur bouleversé et frémissant de rage.

Nul n'osa cependant porter la main sur Alexis. Il semblait protégé par un ange invisible.

Il prit mon bras, car il trouvait que je ne marchais pas assez vite, et, sortant du réfectoire, il m'entraîna sous les palmiers. Il contempla quelque temps la mer et les montagnes avec délices; puis, se retournant vers le nord, il me dit :

« Ils viennent! ils viennent avec la rapidité de la foudre.

— Qui donc, mon père?

— Les vengeurs terribles de la liberté outragée. Peut-être les représailles sont-elles insensées. Qui peut se sentir investi d'une telle mission, et garder le calme de la justice? Les temps sont mûrs; il faut que le fruit tombe; qu'importe quelques brins d'herbe écrasés?

— Parlez-vous des ennemis de notre pays?

— Je parle de glaives étincelants dans la main du Dieu des armées. Ils approchent, l'Esprit me l'a révélé, et ce jour est le dernier de mes jours, comme disent les hommes. Mais je ne meurs pas, je ne te quitte pas, Angel, tu le sais.

—Vous allez mourir? m'écriai-je en m'attachant à son

bras avec un effroi insurmontable; oh! ne dites pas que vous allez mourir! Il me semble que je commence à vivre d'aujourd'hui.

— Telle est la loi providentielle de la succession des êtres et des choses, répondit-il. O mon fils, adorons le Dieu de l'infini! O Spiridion! je ne te demande pas de m'apparaître en ce jour; les yeux de mon âme s'ouvrent sur un monde où ta forme humaine n'est pas nécessaire à ma certitude; tu es avec moi, tu es en moi. Il n'est plus nécessaire que le sable crie sous tes pieds pour que je sache retrouver ton empreinte sur mon chemin. Non! plus de visions, plus de prestiges, plus de songes extatiques! Angel, les morts ne quittent pas le sanctuaire de la tombe pour venir, sous une forme sensible, nous instruire ou nous reprendre : mais ils vivent en nous, comme Spiridion le disait à Fulgence, et notre imagination exaltée les ressuscite et les met aux prises avec notre conscience, quand notre conscience incertaine et notre sagesse incomplète rejettent la lumière que nous eussions dû trouver en eux...»

En ce moment, un bruit lointain vint tonner comme un écho affaibli sur la croupe des montagnes, et la mer le répéta au loin d'une voix plus faible encore.

« Qu'est-ce-ci, mon père? demandai-je à Alexis qui écoutait en souriant.

— C'est le canon, répondit-il, c'est le vol de la conquête qui se dirige sur nous. »

Puis il prêta l'oreille, et le canon se faisait entendre régulièrement.

« Ce n'est pas un combat, dit-il, c'est un hymne de victoire. Nous sommes conquis, mon enfant; il n'y a plus d'Italie. Que ton cœur ne se déchire pas à l'idée d'une patrie perdue. Ce n'est pas d'aujourd'hui que l'Italie n'existe plus; et ce qui achève de crouler aujourd'hui, c'est l'Église des papes. Ne prions pas pour les vaincus : Dieu sait ce qu'il fait, et les vainqueurs l'ignorent. »

Comme nous rentrions dans l'église, nous fûmes abordés brusquement par le Prieur suivi de quelques moines. La figure de Donatien était décomposée par la peur.

« Savez-vous ce qui se passe? nous dit-il; entendez-vous le canon? on se bat!

— On s'est battu, répondit tranquillement Alexis.

— D'où le savez-vous? s'écria-t-on de toutes parts; avez-vous quelque nouvelle? Pouvez-vous nous apprendre quelque chose?

— Ce ne sont de ma part que des conjectures, répondit-il tranquillement; mais je vous conseille de prendre la fuite, ou d'apprêter un grand repas pour les hôtes qui vous arrivent... »

Et aussitôt, sans se laisser interroger davantage, il leur tourna le dos et entra dans l'église. A peine y étions-nous que des cris confus se firent entendre au dehors. C'était comme des chants de triomphe et d'enthousiasme, mêlés d'imprécations et de menaces. Aucun cri, aucune menace ne répondirent à ces voix étrangères. Tout ce que le pays avait d'habitants avait fui devant le vainqueur, comme une volée d'oiseaux timides à l'approche du vautour. C'était un détachement de soldats français envoyés à la maraude. Ils avaient, en errant dans les montagnes, découvert les dômes du couvent, et, fondant sur cette proie, ils avaient traversé les ravins et les torrents avec cette rapidité effrayante qu'on voit seulement dans les rêves. Ils s'abattaient sur nous comme une nuée d'orage. En un instant, les portes furent brisées et les cloîtres inondés de soldats ivres qui faisaient retentir les voûtes d'un chant rauque et terrible dont ces mots vinrent, entre autres, frapper distinctement mon oreille :

> Liberté, liberté chérie,
> Combats avec tes défenseurs !...

J'ignore ce qui se passa dans le couvent. J'entendis, le long des murs extérieurs de l'église, des pas précipités qui semblaient, dans leur fuite pleine d'épouvante, vouloir percer les marbres du pavé. Sans doute, il y eut un grand pillage, des violences, une orgie... Alexis, à genoux sur la pierre du *Hic est*, semblait sourd à tous ces bruits. Absorbé dans ses pensées, il avait l'air d'une statue sur un tombeau.

Tout à coup la porte de la sacristie s'ouvrit avec fracas; un soldat s'avança avec méfiance; puis, se croyant seul, il courut à l'autel, força la serrure du tabernacle avec la pointe de sa baïonnette, et commença à cacher précipitamment dans son sac les ostensoirs et les calices d'or et d'argent. Alors Alexis, voyant que j'étais ému, se tourna vers moi et me dit :

« Soumets-toi, l'heure est arrivée; la Providence, qui me permet de mourir, te commande de vivre. »

En ce moment, d'autres soldats entrèrent et cherchèrent querelle à celui qui les avait devancés. Ils s'injurièrent et se seraient battus si le temps ne leur eût semblé précieux pour dérober d'autres objets, avant l'arrivée d'autres compagnons de pillage. Ils se hâtèrent donc de remplir leurs sacs, leurs shakos et leurs poches de tout ce qu'ils pouvaient emporter. Pour y mieux parvenir, ils se mirent à casser, avec la crosse de leurs fusils, les reliquaires, les croix et les flambeaux. Au milieu de cette destruction qu'Alexis contemplait d'un visage impassible, le christ du maître-autel, détaché de la croix, tomba avec un grand bruit.

« Tiens! s'écria l'un des soldats, voilà le sans-culotte Jésus qui nous salue! »

Les autres éclatèrent de rire, et, courant après les morceaux de cette statue, ils virent qu'elle était seulement de bois doré. Alors ils l'écrasèrent sous leurs pieds avec une gaieté méprisante et brutale; et l'un d'eux, prenant la tête du crucifié, la lança contre les colonnes qui nous protégeaient; elle vint rouler à nos pieds. Alexis se leva, et plein de foi, il dit:

« O Christ! on peut briser tes autels, et traîner ton image dans la poussière. Ce n'est pas à toi, Fils de Dieu, que s'adressent ces outrages. Du sein de ton Père, tu les vois sans colère et sans douleur. Tu sais que c'est l'étendard de Rome, l'insigne de l'imposture et de la cupidité, que l'on renverse et que l'on déchire au nom de cette liberté que tu eusses proclamée aujourd'hui le premier, si la volonté céleste t'eût rappelé sur la terre.

— A mort! à mort ce fanatique qui nous injurie dans sa langue! s'écria un soldat en s'élançant vers nous le fusil en avant.

— Croisez la baïonnette sur le vieil inquisiteur! » répondirent les autres en le suivant.

Et l'un d'eux, portant un coup de baïonnette dans la poitrine d'Alexis, s'écria :

« A bas l'inquisition! »

Alexis se pencha et se retint sur un bras, tandis qu'il étendait l'autre vers moi pour m'empêcher de le défendre. Hélas! déjà ces insensés s'étaient emparés de moi et me liaient les mains.

« Mon fils, dit Alexis avec la sérénité d'un martyr, nous-mêmes nous ne sommes que des images qu'on brise, parce qu'elles ne représentent plus les idées qui faisaient leur force et leur sainteté. Ceci est l'œuvre de la Providence, et la mission de nos bourreaux est sacrée, bien qu'ils ne la comprennent pas encore! Cependant, ils l'ont dit, tu l'as entendu: c'est au nom du *sansculotte Jésus* qu'ils profanent le sanctuaire de l'église. Ceci est le commencement du règne de l'Évangile éternel prophétisé par nos pères. »

Puis il tomba la face contre terre, et un autre soldat, lui ayant porté un coup sur la tête, la pierre du *Hic est* fut inondée de son sang.

« O Spiridion! dit-il d'une voix mourante, ta tombe est purifiée! O Angel! fais que cette trace de sang soit fécondée! O Dieu! je t'aime, fais que les hommes te connaissent!... »

Et il expira. Alors une figure rayonnante apparut auprès de lui, je tombai évanoui.

FIN DE SPIRIDION.

TABLE

—

UN HIVER A MAJORQUE................................ 1

SPIRIDION.. 187

POISSY. — TYP. ET STÉR. DE AUG. BOURET

www.ingramcontent.com/pod-product-compliance
Lightning Source LLC
Chambersburg PA
CBHW060932230426
43665CB00015B/1913